생사학총서 5

자살이론의 과거, 현재, 미래

Theories of Suicide
Past, Present and Future

John F. Gunn III & David Lester 지음

김영범 · 양준석 · 유지영 · 이정은 옮김

박문사

이 저서는 2012년 정부(교육부)의 재원으로 한국연구재단의 지원을 받아
수행된 연구임(NRF-2012S1A6A3A01033504)

• • •

이 책은 자살에 대한 연구에서 이론이 얼마나 부족한지 보여주고 있다. PubMed, PsycINFO 뿐만 아니라 www.safetylit.org를 통해서 일주일에 20-30건의 자살에 대한 연구논문들을 발견할 수 있다. 2014년 1월 26일이 있는 주에는 다음과 같은 연구들이 소개되었다.

- 동남아시아의 비폭력주의자, 평등주의자, 협동조합원의 높은 자살률
- 아동과 청소년에게 있어 항우울제와 자살위험
- 1998-2005년 덴마크 정신질환자의 입원과 퇴원 후 자살률 변화

이러한 연구들은 자살 그 자체에 대한 이해를 심화시키지는 않는다. 이 책에서는 자살에 대한 이론들을 검토하고 있는데, 이 책을 통해 연구자들이 이론에 기반하여 연구를 진행하고, 가능하면 더 좋은 자살이론을 제안하도록 자극받기를 기대한다.

우선, 잊혀져 있던 학자들을 다시 기억해 내고, 그 이론들을 새롭게 재구조화하기 위해 자살에 대한 고전이론들을 검토한다. 예를 들

면, 학자들은 Rootman과 다른 학자들이 제안한 수정된 이론보다는 여전히 Durkheim이 제안한 독창적이지만 한계점이 많은 이론에 기반한 연구를 수행하고 있다. Henry와 Short, 그리고 Naroll이 제안한 이론 역시 상대적으로 무시되고 있다. 또한 성격 이론에 대한 제안들과 심리치료에 대한 고전이론들에 대해서도 검토한다. 이러한 이론에 기반한 가설들은 이론, 조사, 임상 등 다양한 영역에 기반하고 있다.

뿐만 아니라 최근에 제안된 자살에 대한 이론들도 검토하는데, 여기에는 대인관계 심리학 이론, 패배감-속박감 이론, 스트레스-소인 이론, 최근의 경제학 이론들이 포함된다. 물론 새로운 이론을 제안하는 것은 쉬운 일은 아니다. 이 책에서는 과거의 이론을 수정하고 새로운 이론을 제안하기 위한 방법을 제시하고 있다. 이와 함께 미래를 위해 현재의 연구들(현재 학위과정에서 소개되고 있는 주제들)을 비판적인 사고를 통해 평가했으며, 비판적 사고 중 일부를 미래의 자살이론가와 연구자들을 인도하는데 필수불가결한 아이디어로 자살연구에 적용하였다.

J. F. G. III

D. L.

● ● ●

흔히 우리 삶을 여행에 비유하기도 합니다. 어디로부터 와서 살다가 다시 어디론가 갑니다. 각자의 여행의 목적이 있듯이 열심히 살다가 결국은 마지막을 맞이하게 됩니다. 이렇듯 생의 시작이 여행의 출발이라면 생의 마지막은 여행의 종착지입니다. 그런데 여행을 그만두고 갑자기 떠나는 사람들이 있습니다. 자살자들이 그들이 아닌가하는 생각이 듭니다. 자살자들은 많은 시간을 준비하기도 했을 것이며 나름대로의 생각으로 자살을 했을 것입니다. 하지만 남아있는 유가족이나 생존자들에게는 왜 갑자기 가야했는지, 특히 아무런 단서조차 남기지 않았다면 이해할 수 없는 일들로 생각되어 혼란스러워하며 삶의 어두운 그림자를 안고 살아갑니다.

실제 자살을 시도하려는 사람이나 자살유가족을 만났을 때 누구나 느끼는 막막함과 답답함이 있습니다. 뭘 어떻게 해야할 지 무슨 말을 해야할 지 물어보지도 못하고 그저 주변만 빙빙돌다가 말을 마칩니다. 혹시 내 말이 상대의 자살행동에 어떤 영향을 미치지 않을까라는 두려움과 더불어 자살이라는 말이 주는 무게와 부담스러움 때문일 것입니다.

　사실 우리사회의 급격한 변화 중 가장 큰 문제가 자살사망률입니다. 굳이 통계를 들지 않더라도 자살의 심각성을 누구나 느끼고 있으며 자살예방이나 관리를 위해 다양한 노력들이 이루어지고 있습니다. 그럼에도 불구하고 여전히 왜 같은 주제를 반복하는지에 대한 의문이 드는 것이 여전히 우리의 현실입니다. 자살은 사회적 전염성이 큰 주제라 적절히 대처하지 못하면 사회 위기를 가중시키는 일입니다. 그러기에 자살에 대한 연구는 예방이나 관리적인 측면과 더불어 생존자나 유가족들에 대한 치유적 측면에서도 다학제적 연구와 실천방안이 필요합니다.

　이 책은 John F. Gunn Ⅲ과 David Lester의 『Theories of Suicide』를 번역한 것입니다. 1부에서는 자살에 대한 심리학 이론들을 정리하였고, 2부에서는 사회학, 경제학 이론들을 개관하여 정리하였습니다. 또한 각 이론들을 소개하면서 이론들에 대한 장점과 단점, 이론별로 가설에 대한 검증을 시도하였습니다. 지금까지의 자살이론에 대한 책들과는 다르게 각 이론들을 검증한 책이라서 이 책을 번역하는 과정에서 자살문제에 대한 학제적 연구를 좀 더 깊고 광범위하게 이해할 수 있게 되었습니다. 특히 자살에 대한 연구자들이나 상담자나 치료사, 교사, 사회복지사, 군의관 등 정신건강을 담당하고 있는 분들이 폭넓게 활용할 수 있을 것입니다.

　더불어 이 책을 통해 나누고 싶은 것은 자살의 이유가 각자 다르듯이 자살에 대한 논의를 다양하게 나누는 계기가 되었으면 하는 것입니다. 수많은 자살예방과 대안들이 논의되지만 여전히 설명되지 않는 자살이 출현하고 있다는 것은 기존의 우리의 관점과 시각에 대

6

한 변화를 요구하는 것이 더 합리적일 수 있다는 것입니다. 기존의 의학적, 치료적, 윤리적 시각에서 벗어나 보다 다양한 차원에서 죽음, 자살에 대한 논의들이 이루어지고 소통된다면 또 다른 결과를 가져올 수 있습니다. 죽음과 자살에 대한 담론들을 만드는 과정에서 자살을 준비하거나 시도하는 이들에게 그리고 자살생존자나 유가족들에게 열린 시선으로 자살에 대한 의미를 새롭게 소통한다면 지금과는 분명하게 다른 도움을 줄 수 있다고 생각합니다.

끝으로 이 책은 좋은 책으로 독자들에게 전해질 거라 믿으며 출간에 도움을 주신 박문사 대표님과 출판 관계자들에게 진심으로 감사의 마음을 전합니다. 그리고 이 책을 읽는 독자들에게 여행자로서 삶의 의미와 풍요로움을 지금 여기에서 느끼시길 바랍니다.

2019년 8월

역자들

목 차

제1장

서론

사실이나 자료들을 통해 다양한 행동들을 이해할 수 있다. 그러나 이론 없이 사실만으로는 행동의 원인에 대해 알아내지 못한다. 어떤 사실들은 조직화되지 못한 채 의미없이 흩어져 있는 경우도 있다. 이론은 사실들을 조직화하여 이론에 따른 예측이 맞는지 틀리는지 검증할 수 있도록 한다.

자살에 대해서는 이미 많은 이론들이 존재하였고, 현재에도 연구자들의 관심을 불러일으키는 많은 이론들이 존재하고 있다. 그러나 자살학의 일부 연구자들은 우리가 과거의 이론에 너무 얽매여 있어 자살에 대한 새로운 이론을 발전시키는 것이 어렵다고 주장한다. Jack Gibbs (2004)는 Emile Durkheim의『자살론』이 출판된 지 100주년이 되던 해, 논문을 통해 "*사회학자는 Durkheim 이 천재였다는 사실을 지속적으로 인정해야 한다. 만약 그렇지 않으면 자살연구는 비생산적이 될 것이다*"라고 주장한 바 있다.

하지만 과거의 이론들이 아주 회의적인 것은 아니다. 이 책에서는 자살에 대한 심리학, 사회학 고전이론들을 검토하는데, 이는 해당 이론들이 자살행동에 대한 이해를 높이는 기반이 되기 때문이다. 또한 이 책에서는 현재의 이론들을 검토하여, 미래에 가능한 이론의 틀을 제시하고자 노력할 것이다. 이 책의 목표는 연구자들에게 이론들을 제시함으로써 자신들의 연구를 진행하고, 기존 이론들을 수정하도록 독려하며, 가끔은 이론들을 결합하여 새로운 이론을 만들도록 하는데 있다.

최근 자살을 대인관계 심리학 이론과 패배감-속박감 이론 등 심리학 이론으로 설명하고 있는데, 이 이론들에 대해서는 1부에서 검토한다. 또한 크게 관심을 두지 않았던 성격 이론과 심리치료의 체계 안에서 자살을 규명하는 것은 매우 중요하며, 이를 통해 자살행동에 대한 새로운 연구를 촉발할 수 있을 것으로 기대된다. 따라서 우리는 자살행동과 관련된 해당 이론들을 검토할 것이다.

뿐만 아니라 이론들이 모든 자살을 설명할 수는 없기 때문에, 기존에 제시되었던 자살유형들을 검토할 것이다. 특정 자살사례는 특정 이론으로 설명되는 경우가 많다. 자살에 대한 30개의 유명한 사례를 살펴본 Lester(1994)는 15개의 자살이론 중 어떤 이론이 각 사례를 잘 설명하는지 분석하였다. Carl Jung의 이론은 여성에 비해 남성의 자살을 설명하는데 더 적합하고, Ludwig Binswanger의 이론은 청년층보다는 노년층의 자살을 설명하는데 더 적합하며, 어린 시절 중요한 다른 사람의 상실을 경험한 사람들의 자살을 설명하는데는 Alfred Adler, Gregory Zilboorg, Andrew Henry, James Short의 이론이 더 적합하다. Sylvia Plath의 삶과 죽음을 분석한 결과,

Lester(1998)는 Aaron Beck, Henry Murray, Edwin Shneidman의 이론이 다른 이론에 비해 그녀의 자살선택을 더 잘 설명하고 있음을 발견하였다.

2부에서는 자살에 대한 사회학과 경제학 이론을 검토한다. 자살에 대한 Durkheim의 고전 이론은 현재까지도 자살에 대한 가장 영향력 있는 사회학 이론으로 알려져 있다. 미래에는 사회학자들이 좀 더 창의적으로 새로운 이론들을 개발하여 Durkheim의 영향으로부터 자유로워질 필요가 있다. David Lester는 Durkheim의 이론을 원시사회에 적용한 논문을 제출하였다가 사회학 학술지의 논문심사에서 탈락되었는데, 심사자는 Durkheim이 원시사회를 연구한 적이 없다는 점을 들어 탈락시켰다. 자살률과 살인율을 비교한 논문도 사회학 학술지의 논문심사에서 탈락되었는데, 심사자는 Durkheim이 그런 비교를 한 적이 없다는 이유로 탈락시켰다. Durkheim의 억압에 대해 반대했던 Jack Gibbs(2004)의 논문이 올바른 것으로 보인다.

사회학자들이 자살에 대한 새로운 이론을 만드는데 창의적이지 못한 반면, 경제학자들은 최근 행동경제학의 성장에 영향을 받아 자살행동과 자살연구에 경제학적 관점을 적용하는 것에 많은 관심을 보이고 있다. 심리학과 사회학 전공의 자살학자들은 이러한 경향에 대해 잘 인지하지 못하는 것으로 보이는데, 미래에는 학제 간 협력이 더 많이 이루어질 필요가 있다. 이 책이 학제 간 협력을 촉진하는 데 기여할 수 있기를 바란다.

이 책의 결론은 어떤 내용을 담고 있을까? 물론 자살에 대한 종합적이고, 창의적이며, 새로운 이론을 제안했을 수도 있다. 하지만 이는 미래 자살학자들의 몫이다. 대신 비판적 사고에 대해 글을 쓴 바 있고, 학계에 영향력이 증가하고 있으며, 자살학에 자신의 이론을 적용한 바 있는 심리학자의 주장을 결론에 포함하였다. David Levy 의 통찰 중 일부 내용은 연구자와 이론가에게 잘 알려져 있지만, 도 발적인 것들도 있다. Levy의 사고가 자살행동에 대한 이해를 확장 시켜 새로운 자살이론을 창출해 낼 것으로 기대한다.

[참고문헌]————————————

Gibbs, J. P. (2004). Durkheim's heavy hand in the sociological study of suicide. In D. Lester (Ed.), *Emile Durkheim, Le Suicide 100 years later,* pp. 30-74. Philadelphia: Charles Press.

Lester, D. (1994). A comparison of 15 theories of suicide. *Suicide & Life-Threatening Behavior,* 24, 80-88.

Lester, D. (1998). Theories of suicidal behavior applied to Sylvia Plath. *Death Studies,* 22, 655-666.

제1부

심리학 이론

자살이론의 과거, 현재, 미래

제2장

도피 이론

John F. Gunn III

이 장에서는 자살을 고통스러운 상황에서의 도피로 본 이론들에 대해 검토해 본다. Baechler(1975), Shneidman(1993, 1996, 2005), Baumeister(1990) 등의 이론을 중심으로 살펴볼 것이다. 우선 Baechler (1975)의 사례들을 살펴보도록 한다.

사례 1

René G. 59세. 전쟁에서 부상을 당해 왼쪽 눈은 실명하였고, 청각도 일부 손상되었다. 5년 전 반신마비로 인해 오른쪽이 마비되었고, 점점 더 상태가 악화되었다. 더이상 일을 할 수 없으며, 대부분의 시간을 누워 있거나 의자에 앉아서 지낸다. 사소한 일상생활에서도 도움이 필요하다. 점점 더 괴로워하고, 슬퍼하며, 짜증이 늘어났다. 본인이 자신의 가족에게 버겁고 짐스러운 존재라고 인식하게 되었다. 이러한 상황에서 모든 것을 주의깊게 생각한 후, 자살하기로 결정하였다. 아내가 없을 때 왼손으로 면도날을 들고 목과 오른쪽 손목에 길게 상처를 내었다. 그의 아내는 의식을 잃고 바닥에 쓰러져 있는 그를 발견하였다. 병원에서 깨어난 그는 죽고 싶어서 그렇게 행동했다고 설명하였다(Baechler, 1975, p.66).

사례 2

Mr. Lee는 Yangchow에 있는 한 상점의 점원이었다. 29살밖에 되지 않지만, 4명의 자녀가 있었다. 돈을 빌릴 수밖에 없는 상황이었고, 결국 많은 빚을 졌다. 높은 이자율로 대출금 상환이 불가능해졌고, 점점 더 많은 빚에 허덕이게 되었다. 이는 그에게 큰 걱정거리였다. 몇 달 후, 그는 불행히도 고용된 가게에서 해고되어 실직상태가 되었다. 가난한 집안에서 들려오는 아내와 아이들의 울음소리는 그를 비참하게 만들었고, 그는 마침내 대운하에 뛰어들어 익사하였다(Baechler, 1975, p.69).

이 장의 뒷부분에서 더 자세히 논의하게 될 Baechler의 이론에서는, 고통스러운 상황에서 벗어날 동기로 도피적 자살을 고려한 사례들을 설명하고 있다. 사례 1에서 René는 비참함을 느꼈고, 자신의 상황을 용납할 수 없었다. 그에게 자살은 점점 더 악화되는 건강 때문에 오는 비참함에서 벗어나 가족에 대한 부담을 덜어주기 위한 수단이었다(짐스러움에 대한 자세한 내용은 3장 참조). 사례 2에서 Mr. Lee는 자신과 가족이 겪고 있는 재정적 부담을 극복할 수 없었고, 대출금과 실직으로 인한 불행을 피하는 방법으로 자살을 선택하였다.

Baechler의 도피적 자살유형

Jean Baechler(1975)의 저서 『자살론』에서는 자살유형을 도피적 자살(일탈, 비애, 처벌), 공격적 자살(범죄와 복수, 협박과 호소), 강박적 자살, 유희적 자살로 구분하였다. 이 섹션에서는 도피적 자살에 대해 검토해 본다.

일탈적 자살

일탈적 자살은 견딜 수 없는 문제 상황에서 도피하기 위해 자살을 선택하는 것이다(Baechler, 1975, p.66).

이 장의 시작부분에 제시된 사례는 Baechler의 저서에 제시된 내용이며, 일탈적 자살유형의 적절한 예이다. Baechler는 자살을 "문제에 대한 해결책"으로 보았고(p.69), 자살행동을 "해결된" 문제의 유형으로 나누었다. 일탈적 자살은 "계속 게임하기를 거부"하기 위해 자살을 하는 것이다(p.69). Baechler는 이러한 결정을 정상 또는 병리학적인 것으로 보기보다는 개인의 논리적 결정으로 보아야 한다고 주장하였다. 즉, 개인이 견딜 수 없는 상황을 끝내기 위한 결정인 것이다. 일탈적 자살은 개인이 특정 상황을 충분히 경험하고, 한계점에 이르러 해당 상황을 벗어나기로 결정하면 발생한다. 일탈적 자살의 특성은 개인적 고통의 한계를 넘어선 후에 발생하기 때문에 "가장 이해하기 쉽지만(개인의 입장에서), 가장 해석하기 어렵다" (p.72). 개인의 기준은 각각 다르므로 동일한 상황에 처한 두 사람이 매우 다른 결과를 선택할 수도 있다. 예를 들어 강제수용소에 있는 두 명의 유태인 포로는 똑같이 고난과 상실을 겪을 수 있지만, 한 사람은 자살을 하려고 하고 다른 사람은 살려고 할 수 있다. 사람들은 서로 다른 수준의 회복탄력성을 가지고 있기 때문이다.

비애적 자살

비애적 자살은 성격이나 생활방식의 핵심 요소들이 상실된 후에 발생한다(Baechler, 1975, p.84).

다음은 Baechler가 제시한 비애적 자살의 사례이다.

사례 17

Madame St. A. 43세. 그녀의 남편과 딸은 끔찍한 자동차 사고로 사망했다. 이들의 장례를 치루고 난 후, 그녀는 밤새도록 너무 많은 약을 복용하였다. 그녀는 4일 동안 혼수상태에 있었고, 약물 및 전기충격 치료를 받았다. 이전에 정신과적 병력은 없었다. 이후, 그녀는 친척들과 함

께 살기 시작했다. 5일 후, 그녀는 향수를 삼키고, 혈관을 긋는 등 또다
시 자살시도를 하여 병원에 입원하였다. 그녀는 자살을 성공할 때까지
시도하였다. 이러한 자살시도는 충동적이고 아무런 의미없이 고양된
상태에서 발생하며, 환자본인에 의하면 전혀 고통이 없어 보인다. 그
녀는 폐쇄병동에서 머물렀다가 퇴원하였다. 몇 주 후, 그녀는 자살을
시도하여 성공하였다(Baechler, 1975, p.84).

Baechler는 일반적으로 받아들일 수 없는 상황에 의해 동기부여
된다는 사실 때문에 비애적 자살을 일탈적 자살과 구별하였지만,
비애적 자살은 매우 구체적인 상실에 대한 반응이다. Baechler는 비
애적 자살이 일탈적 자살의 한 유형이지만, 일탈적 자살이 반드시
비애와 관련되는 것은 아니라고 설명하였다. 비애적 자살은 핵심대
상의 상실과 관련된 것이다. 이 대상은 개인의 삶에서 중요한 역할
을 담당한다면 실질적으로 무엇이든 될 수 있다. 그러나 Baechler는
비애적 자살을 초래하는 공통된 상실대상을 다음과 같이 규정하고
있다.

1. 사랑하는 대상의 상실. 대부분 아내 또는 남편과 같이 중요한
   대상일 수 있지만, 드물게는 비교적 평범한 대상(예: 애완동물)
   일 수도 있다.

2. 완전함(신체적 또는 지적 상태)의 상실. 이는 노화, 질병, 또는
   지적 쇠퇴를 통해 가장 자주 위협받거나 상실된다. 일탈적 자
   살은 건강이 좋지 않아 발생할 수 있지만, 비애적 자살은 특정
   질병이나 노화로 인해 발생한다. Baechler는 노화의 결과로 창

의력이 상실된 후 비애를 겪게 되는 사람들의 예를 들었다.

3. 사회적 요인의 상실. 비애적 자살과 관련된 일반적 상실 중 하나는 사회적 지위의 상실이다. 파산과 같은 경제적인 어려움으로 인해 사회적 지위가 위협받으면 비애적 자살을 촉발할 수 있다.

4. 믿음이나 신념의 상실. Baechler는 배신당한 믿음이나 신념의 상실이 비애적 자살을 촉발할 수 있다고 주장하였다. 믿음이나 신념이 잘못되었다는 사실에 직면하게 되면, 이는 재앙이 될 수 있다.

5. 명예의 상실. 명예의 상실 또한 비애적 자살을 촉발할 수 있는 대상이다. 이는 명예를 잃는 수치심에 직면하기보다는 자살을 선택하는 병사들(예: 일본 사무라이)로 설명될 수 있다.

6. 독립과 자유의 상실. 개인의 자유나 스스로 결정을 내릴 수 있는 독립성을 잃게 되면, 비애적 자살이 촉발될 수 있다.

7. 지도자의 죽음. 현재에는 과거에서와 같이 많이 나타나지는 않지만 지도자의 상실로 인해 다른 사람들이 자살할 수 있다. 현대사회에서는 유명인의 자살(예: Kurt Cobain) 이후 나타나는 모방자살을 예로 들 수 있다.

여기에 제시된 상실대상은 Baechler가 주장한 비애적 자살을 초래하는 상실대상 중 일부이며, 실제로 개인에게 비애적 자살을 초래할 수 있는 대상은 그 어떤 것도 될 수 있다. 상실대상의 중요한 정도에 따라 자살의 촉발여부가 결정된다.

처벌적 자살

처벌적 자살은 실제 또는 가상의 잘못을 속죄하기 위해 자살을 시도하는 것이다(Baechler, 1975, p.96).

Baechler가 제시한 처벌적 자살의 사례는 다음과 같다.

사례 33

Mme. Ch. 51세. 파리 St. Antoine병원 응급정신과에 입원한 간질환자. 1949년, 그녀는 가상현실에서 도둑질을 하는 자신을 발견하고 경찰에게 신고를 하면서, 심한 수치심과 모욕감을 느꼈다. 이후, 가스를 이용하여 자살을 시도하였고, 2주 동안 St. Anne 병원에 입원하였다. 1957년 1월, 새로운 절도 혐의로 붙잡혔고, 참담함을 느껴, 죽여 달라고 요청하였다. 하지만 그녀는 병원을 경찰서로 착각한 것이었다. 1957년 8월, 병원에 재입원하였고, 재차 죽여 달라고 요청하였다. 1959년 2월, 그녀는 다음과 같이 말하며 불에 태워 죽여 달라고 요청하였다. "불에 태우면 적어도 쓰레기로 처리될 수 있을 것이다. 내가 그냥 썩어 버리면, 아무런 도움도 되지 못한다. 사회를 정화하기 위해서는 반드시 태워버려야 한다"(Baechler, 1975, p.98).

처벌적 자살은 실제 또는 가상의 범죄나 개인적 실패에 대한 처벌 또는 속죄의 수단으로 발생하는 자살행동이다. Baechler는 처벌적 자살을 촉발시키는 상황을 네 가지로 구분하였다.

1. **수치심**: 수치심은 일반적으로 실패감과 관련이 있다. 여기에서 특히 중요한 것은 수치심이 특정 행동(예: 도둑질)에 대한 죄의식에서 불러일으켜지는 것이 아니라, 그 행동을 자기자신이 했다는 점에서 불러일으켜진다는 것이다. 이들은 일반적으로 어떤 행동을 했는지가 아니라 자기자신이 그 행동을 했다는 사실에 수치심을 갖는다.

2. **죄책감**: 수치심과 달리 죄책감은 특정한 상황이나 행동으로 인해 발생한다. 이것은 수치심을 느끼는 상황과 반대이다. 이들은 어떤 행동을 했는지를 중요하게 생각하며, 그 행동을 자신이 했는지 여부는 중요하게 생각하지 않는다.

3. **불명예**: 불명예는 특정 잘못을 중심으로 발생하므로 죄책감과 유사하다. 그러나 차이점은 해당 문제의 범위이다. 여기서 특정 잘못은 사회 전체에서 지각되는 것이다. 따라서 친구나 이웃들이 그 사람이 한 잘못된 행동을 알게 되어, 적대적으로 행동하게 된다.

4. **모욕**: 모욕은 정치권력의 명령(예: 로마제국 시대에 상원의원을 자살에 이르게 함)에 따라 수행되는 자살을 설명한다.

Baechler의 이론은 이 장에서 논의될 다른 이론들보다 철학적이지만, 도피적 자살을 이해하는 데 좋은 길잡이 역할을 한다. Reynolds와 Berman(1995)은 미국의 2개 도시에서 검시관들이 제공한 자료를 통해 484건의 자살사건을 연구하였는데, 그 결과 도피적 자살유형이 64%, 공격적 자살유형이 19%, 강박적 자살유형이 1%, 유희적 자살유형이 2%, 분류되지 않은 유형이 14%로 나타났다. 따라서 제한된 표본의 결과이기는 하지만, 미국에서는 적어도 도피적 자살유형이 가장 일반적인 것으로 보인다.

Shneidman: 정신증적 자살

Shneidman의 정신증적 자살이론은 도피 이론에서는 가장 잘 알려진 자살이론 중 하나이다. Shneidman에 따르면, 자살은 생명욕구의 박탈로 인해 야기된 심리적 고통(정신증)의 결과이다. Shneidman은 Murray(1938, p.22, 표 2-1 참조)가 제시한 욕구들 중 일부 또는 하나라도 박탈되면 정신증이 발생한다고 주장하였다. 정신증이 높은 수준의 임계치에 도달하면, 개인은 혐오적 심리상태에서 도피하기 위한 방법으로 자살행동을 한다. 예를 들어, 개인의 생명욕구가 수치심을 피하는 것이었는데, 굴욕감과 당혹스러움을 겪는 상황(또는 상황들)에 처하게 되면 정신증이 발달하게 된다. 그리고 정신증이 한계의 임계치에 충분히 도달하게 되면, 자살행동의 위험에 빠질 수 있다.

정신증 이외에도 *압력*과 *심리적 혼란*은 자살행동을 일으키는데 중요한 역할을 한다. Shneidman은 압력을 "외부 세계의 압력과 역경"이라고 정의하였고(Shneidman, 2005, p.9), 심리적 혼란을 "모든 DSM의 진단에 포함된 내면적인 혼란"이라고 정의하였다(Shneidman, 2005, p.9). 다시 말하면, (1) 도피하기를 원하는 고통스러운 상태로 인해 괴로워할 때, (2) 부정적인 사회적 압력이 있을 때, (3) 정신질환이 심한 경우, 개인은 자살을 시도하게 된다.

그렇다면 도피적 자살을 촉발시키는 정신증의 특성은 무엇일까? 아마도 심리적 고통으로 인한 부정적 상태와, 이로 인한 인지적 붕괴로 볼 수 있을 것이다. 정신증에 대해 더 명확하게 이해하려면, Shneidman이 Psychological Pain Survey에서 제시한 심리적 고통의 정의를 살펴볼 필요가 있다.

> 심리적 고통의 정의. 심리적 고통은 신체적 고통과 동일하지 않다. 이는 개인이 주관적으로 느끼는 것으로, 내면에서 어떻게 느끼는지가 중요하다. 인간으로서 얼마나 상처받았는지가 바로 심리적 고통이라 할 수 있으며, 이를 정신증이라고 한다. 정신증은 상처, 괴로움, 쓰림, 아픔, 불행을 의미한다. 지나친 수치심, 죄책감, 굴욕감, 고독감, 상실감, 비애, 또는 노화나 죽어가는 것에 대한 두려움에 대한 고통을 느끼게 되면, 내면에서는 부인할 수 없다(Shneidman, 1996, p.173).

위에 제시된 심리적 고통에 대한 정의를 보면, Shneidman이 주장한 정신증의 의미가 포괄적이라는 것을 알 수 있다. 이는 거대한 고통과 괴로움이다. 심리적 고통은 신체적 고통보다 더 심해서 벗어날 수가 없다. 하지만 개인이 자살을 선택하는 것은 심리적 고통 때문만이 아니라 정신증에 노출되면서 나타나는 인지적 붕괴 때문이다.[1]

---

1 7장 참조.

가장 중요한 것은 위축된 인지상태인데, 이는 단일선택, 즉 자살에 집중하게 한다.

Shneidman은 "모든 자살행위에서 가장 위험한 단어는 *only*"라고 지적하였다(Shneidman, 1996, p.59). 사람들이 "자살은 나의 유일한 선택이었다", "내가 할 수 있는 유일한 것은" 등과 같은 이야기를 하기 시작하면, 이들은 정신증으로 인한 위축된 인지상태에 있는 것이다. 위축뿐만 아니라 양가적인 인지상태도 있는데, 이는 살기를 원하면서 동시에 죽기를 원하는 것이다. 그러나 이는 진정 죽기를 원하는 것이 아니라, 고통을 멈추기를 원하는 것이다. 이것이 불가능하다고 여겨지면(아마도 위축의 결과로), 사람들은 죽음이 고통보다 더 낫다고 결정하게 된다. Reynolds와 Berman(1995)은 Murray의 욕구에 따라 자살유형을 분류하였는데, 그 결과 가장 흔한 유형의 자살은 상처회피형(29%)이었고, 공격형이 두 번째인 13%로 나타났다.

마지막으로, "100명의 자살자 중 적어도 95명의 자살자"(Shneidman, 1996, p.130)에게서 나타나는 10가지 공통점이 있다. 이는 일부 자살자(남성 vs 여성, 아프리카계 미국인 vs 유럽계 미국인)에게는 해당되지 않지만, 모든 자살자에게 일반적으로 적용될 수 있다. 자살자의 10가지 공통점은 다음과 같다.

1. 자살자의 목적은 해결책을 찾는 것이다.
2. 자살자의 목표는 의식을 정지시키는 것이다.
3. 자살자에게 자극이 되는 것은 견딜 수 없는 심리적 고통이다.

4. 자살자의 스트레스원은 좌절된 심리적 욕구이다.

5. 자살자가 갖는 감정은 절망감과 무기력함이다.

6. 자살자의 인지상태는 양가적이다.

7. 자살자의 인지상태는 위축되어 있다.

8. 자살자의 행동은 도피이다.

9. 자살자는 다른 사람들에게 자살의도를 알리는 행동을 한다.

10. 자살자의 삶의 방식에는 일관성이 있다.

이러한 공통점을 살펴보면 Shneidman의 자살이론이 어떻게 구체화되는지 알 수 있다. 중요한 심리적 욕구가 좌절되면 심리적 고통(정신증)이 생기고, 정신증에 의해 위축되고 양가적인 인지상태에서의 유일한 해결책은 자살로 도피하는 것이다.[2] 이는 미래에 대한 절망감과 결합하여 자살행동을 불러일으킨다. Shneidman은 자살행동의 수많은 요인들(예: 심리적 고통, 압력, 혼란 등)에 대해 논의하였지만, 이는 하나로 요약될 수 있다. 자살은 견딜 수 없는 심리적 고통으로부터 도피하기 위해 발생한다는 것이다.

Baumeister: 자신으로부터의 도피

Baumeister(1990)의 자살이론은 6가지 주요 원리를 중심으로 전

---

[2] 양가성은 자살성공보다는 자살시도나 죽음도박으로 이어질 수 있다(Lester & Lester, 1971).

개된다. 첫째, 개인은 비현실적으로 높은 기대, 최근의 어려움이나 좌절로 인해 기대수준(결과 또는 상황)과의 괴리를 경험하게 된다. 기대수준이 높지 않고 오히려 낮다면, 실패나 좌절감이 자살행동을 일으키지는 않을 것이다. 그러나 심각한 좌절은 자살을 초래할 수 있다. Baumeister는 "기대수준이 비현실적으로 높거나 사건이 비정상적으로 나쁜 경우(또는 모두), 자살이 발생할 가능성이 높다"고 주장하였다(Baumeister, 1990, p.91). 둘째, 개인은 이러한 좌절을 자신의 잘못으로 간주하기 때문에 자신을 부정적으로 본다. 이러한 부정적 속성은 개인에게 지속적으로 의미부여를 한다.

셋째, 자신을 특정 기대수준과 비교하게 되면, 개인은 높은 자의식 상태에 빠지게 된다. 이때의 기대수준은 일반적으로 높으며, 첫번째 원리에서 논의된 최근의 좌절에서 유래한 자기비난이 복합적으로 나타난다. 높은 자의식 상태에서는 자신을 "부적절하고, 무능하거나, 매력적이지 않고, 죄책감이 있는"(p.91) 사람으로 여기게 된다. 넷째, 이러한 부정적 자의식은 이전에 논의된 기대수준과 자아를 비교하면서 부정적인 영향을 일으킨다. 부정적 영향에는 우울, 죄책감, 불안감이 포함될 수 있다. 다섯째, 부정적 자의식으로 인한 부정적 영향 때문에 개인은 "상대적으로 마비된 상태"(p.91)라고 불리는 인지적 붕괴를 경험하게 되지만, 인지적 붕괴는 비효율적인 도피수단이다. 여섯째, 인지적 붕괴로 인해 억제력이 감소하며, 억제력이 감소하면 자살행동이 증가할 수 있다.

Baumeister의 이론에서는 자살을 6가지 원리에 따라 "현재 삶의 문제와 자기자신에 대한 의미있는 자의식으로부터 벗어나려는 욕구가 확대된 것"이라고 설명한다(p.91). Baumeister는 이러한 원리들이 자살에 이르는 각 단계에서 특정 결과에 의존하는 의사결정나무의 역할을 한다고 설명하였다. 즉, 어떤 단계에서라도 자살경로를 선택하지 않으면 자살은 발생하지 않는다. 예를 들어, 개인이 자신의 상황에 대한 책임을 내적요인이 아닌 외적요인으로 돌리는 경우, 자살은 발생하지 않는다. 이 이론은 평가를 할 수 있는 상황이 많이 발생하지 않기 때문에, 자살이 왜 드문지를 설명하는 데 도움이 된다. 많은 사람들이 우여곡절을 겪으면서 대부분 자신과 상황에 대해 평가를 하지만, 모두가 자살을 선택하는 것은 아니다. Baumeister의 이론은 일부 자살을 설명하기 위한 것이었다. 직접 인용하자면, "모든 자살은 하나의 심리적 과정에서 비롯된다고 볼 수는 없다"(p. 90).

Roseman과 Kaiser의 고통 이론

Roseman과 Kaiser(2001)는 자살을 개별적 감정들로 설명하였다. Roseman(2001)은 기본 감정을 발달시키는 특정 경로에 대한 이론을 주장하였다. 이 이론은 감정에 영향을 미치는 다음의 일곱 가지 평가상황을 기반으로 한다. (1) 의외성: 예상됨 또는 예상되지 못함(사건에 대한 기대여부). (2) 상황: 동기와 일치함 또는 동기와 일치하지 않음(사건을 일으키고 싶어 하는지 여부). (3) 동기: 사건을 혐오함 또는 사건을 좋아함. (4) 가망성: 사건이 불확실함 또는 사건이 명확함. (5) 행위: 무엇이 발생함 또는 누가 사건을 일으킴. 여기서 행위는 환경(예: 천둥), 타인, 자신에 의해 발생할 수 있다. (6) 통제력: 통제력이 낮음 또는 통제력이 높음. (7) 문제유형: 사건을 원함 또는 사건을 원치 않음.

Roseman과 Kaiser(2001)의 이론에서는 여러 감정의 정신병리적 역할을 가정하였다. 이 이론에서 도출된 한 가설에서는 비애가 아니라 고통이 자살행동과 관련이 있을 가능성을 제시하였다. 비애와 고통은 몇 가지 중요한 차이점이 있다. 비애는 상실을 지각하거나 상실된 것이 회복되기를 바라면서 나타나는 감정이며, 무기력함, 울음, 비활동성을 동반한다(Roseman, Wiest, & Swartz, 1994). 고통은 현재의 피해와 관련되어 있으며, 마음을 동요시키기 때문에 사람들은 고통스러움이 사라지기를 원한다(Roseman, 1996). 따라서 현재의 고통에 따른 심리적 고통에서 벗어나고 싶은 마음에서 자살행동이 발생한다.

도피 이론에 대한 검증

지금까지 도피 이론에 대해 몇 가지를 소개했지만, 아직 이를 검증한 연구에 대해서는 살펴보지 못했다. 이 섹션에서는 이와 관련된 문헌들을 간단히 검토해 볼 것이다. 전체적이지는 않지만, 해당 주제를 대표하는 몇 가지 연구에 초점을 맞추어 살펴보기로 한다.

Dean과 Range(1996)는 Baumeister(1990)의 도피 이론을 완벽주의자의 자살행동에 초점을 맞추어 살펴보았다. 완벽주의자의 높고 어쩌면 비현실적인 목표설정은 Baumeister의 도피 이론과 관련이 있다. 완벽주의자의 목표 또는 기준이 충족되지 않으면, 그 결과는 혐오적인 자의식으로 나타날 수 있다. 연구결과, 사회적으로 규정된 완벽주의는 자살행동과 유의미한 관련이 있는 것으로 나타났지만, 자기중심적 또는 타인지향적 완벽주의는 자살행동과 관련이 없는 것으로 나타났다. 하지만 완벽주의는 다른 변수(우울증과 절망감)를 통제한 다중회귀분석에서는 자살행동과 관련이 없는 것으로 나타났다.

Dean과 Range(1999)는 Baumeister의 도피 이론을 구조방정식모델(SEM)을 사용하여 다시 검증하였다. 그 결과, 완벽주의와 자살생각의 관계는 여전히 유의미하였지만, 우울증, 절망감, 삶의 동기를 통해서만 그 관계가 유의미한 것으로 나타났다. 이 모델을 통해 완벽주의에서 우울증, 우울증에서 절망감, 절망감에서 삶의 동기 부재 및 자살생각에 이르는 과정이 제시되었다. 이는 Baumeister의 이론을 부분적으로 지지하고, 다른 이론(Beck의 절망감 이론, 7장 참조)과도 연결된다.

Flamenbaum과 Holden(2007)은 완벽주의와 자살행동의 관계에서 정신증의 매개효과를 살펴보았다. 구조방정식모델 결과, 정신증이 사회적으로 규정된 완벽주의와 자살행동의 관계를 완전히 매개하는 것으로 나타났다. 또한, 완벽주의와 정신증의 관계는 미완된 심리적 욕구에 의해 부분적으로 매개되었다. Troister와 Holden(2012)은 기초선과 2년 후 추적조사가 포함된 종단연구를 통해 정신증의 역할을 살펴보았다. 회귀분석 결과, 우울증과 절망감을 제외하고는 기초선과 추적과정 모두에서 정신증이 유일하게 "자살생각의 예측변인"이라는 것이 발견되었다(p.1019).

Leenaars와 Wenckstern(1998)은 자살과 관련된 주제를 찾기 위해 Sylvia Plath의 죽기 직전 6개월 동안의 시를 살펴보았다. 이 연구를 통해 Shneidman의 정신증적 자살과 관련이 있는 주제는 견딜 수 없는 심리적 고통으로 나타났다. 또한, 위축된 인지상태도 나타났는데, 이는 "유일한"과 같은 단어의 사용과 죽음에 대한 편협한 관점을 통해 측정하였다. 뿐만 아니라 도피의 필요성도 확인되었다.

Leenaars와 Wenckstern(1998)의 연구처럼, Lester(1998)는 자살행동에 대한 서로 다른 15가지 이론을 바탕으로 Sylvia Plath의 자살을 살펴보았다. 그 결과, Murray, Beck, Shneidman의 이론이 Plath의 삶과 죽음을 가장 잘 설명한다는 것을 발견하였다.[3] Lester는 Sylvia Plath의 자살은 심한 정신증의 결과이며(Shneidman), 사고과정은 절망감으로 특징지을 수 있으며(Beck), 해당 고통을 멈추고 싶다는 동기로 인해(Shneidman과 Murray) 자살에 이르렀다고 결론지었다.

Lester, Wood, Williams, Haines(2004)는 자살동기가 반영된 유서의(n=262) 내용을 살펴보았다. 자살동기에서 성별과 연령 차이가 발견되었는데, 여성은 견딜 수 없는 고통에서 벗어나기 위한 도피로서의 자살가능성이 높았고 남성에 비해 사랑과 낭만적인 문제는 적

---

3 Beck과 Shneidman은 모두 자살행동이론을 제안했고, Murray는 성격이론을 제안했다(앞에서 논의된 것처럼 Murray의 이론은 Shneidman의 이론에 크게 영향을 미쳤다).

다는 사실을 발견했다. 나이든 사람들은 고통으로부터 벗어나려는 자살이 많았지만, 타인에 대한 분노는 크지 않았다. 또한, 나이든 사람에게는 사랑과 낭만적인 문제는 적게 나타났다. 이 연구를 통해 성별과 연령에 따라 자살의 동기가 다르다는 것이 나타났지만, 고통에서 벗어나기 위한 도피로서의 자살행동은 모든 집단에서 나타났고, 특히 여성과 노인에게서 두드러졌다.

결론

이 장에서는 도피로서의 자살을 설명하는 잘 알려진 이론들(Baechler, Shneidman, Baumeister)과 잘 알려지지 않은 이론(Roseman & Kaiser)에 대해 검토해 보았다. 또한, 자살동기로서 도피의 역할을 검토한 일부 문헌에 대해서도 검토하였다. 다음에서는 도피 이론의 강점과 약점 및 임상적 함의에 대해 논의할 것이다.

강점과 약점

Shneidman의 정신증적 자살이론은 미국에서 자살이론에 관한 선구적 역할을 담당했으며, 오늘날 알려진 바와 같이 Shneidman은 여러 방면에서 자살론의 창시자로 볼 수 있다. 따라서 자살에 관한 가장 현대적인 이론들은 Shneidman의 연구에서 비롯된 것이라고 볼 수 있다(12장과 13장의 사회학 이론 제외).

도피 이론의 강점은 해당 이론에서 설명하는 요인들이 다른 이론에 비해 더 완전한 경향이 있다는 것이다. 심리적 고통은 자살과 관련된 많은 위험요인을 포괄하는 광범위한 용어이다. 따라서 이 이론에서는 자살행동을 광범위하게 기술한다. 일부 이론에서는 별개로 간주되는 비애, 죄책감, 수치심, 후회, 분노 등의 감정이 도피 이론에서는 모두 심리적 고통을 유발하는 요인으로 간주될 수 있다. 이러한 위험요인들을 모두 심리적 고통과 연관시킬 수 있기 때문에, 다른 제한적인 이론에 비해 경험적 연구결과들을 도출해낼 가능성이 크다. 그러나 이러한 점이 또한 약점으로 간주될 수 있다. 특정 핵심 요인에 초점을 맞추지 않고서는 자살행동에 대해 거의 설명할 수 없기 때문이다.

결국, 이론의 광범위함 때문에 최근의 경험적 연구들은 거의 도피이론을 사용하지 않았다. 자살이론을 검증하기 위한 대부분의 자살연구에서는 경험적으로 친숙하고(즉, 분명한 가설을 세우는) 구체적인 이론에 초점을 맞추었다. 예를 들어, 대인관계 심리학 이론[4]을 중심으로 지난 10년간 많은 경험적 연구가 진행되었는데, 이는 검증할 수 있는 구체적인 가설을 가지고 있다는 사실에서 비롯된 것이다. 광범위하고 추상적인 구조(예: 정신증)로 인해 경험적으로 검증이 어렵기 때문에 연구자들은 도피 이론을 피하는 경향이 있었다.

---

4 3장 참조.

임상적 함의

도피 이론은 강점과 약점을 차치하더라도 이론에서 도출할 수 있는 명확한 임상적 함의가 있다. Shneidman이 이론화한 것처럼 자살이 심리적 고통에 의해 야기되는 경우 자살은 심리적 욕구의 좌절에서 기인하기 때문에, 해당 욕구에 초점을 둔 심리치료는 자살생각을 갖는 내담자에게 유익할 것이다. 감정을 완화시키는 심리치료는 Shneidman(2005)에 의해 대략적인 윤곽이 제시되었다. 또한, 인지행동치료(CBT)는 자살충동을 가진 환자가 위축된 인지상태에서 벗어나도록 도와주는 효과적인 수단으로 볼 수 있다. CBT에서는 자살충동을 가진 환자가 보다 현실적인 목표를 설정하도록 하여 Baumeister(1990)가 가정한 바와 같이 목표를 달성하는데 있어 좌절감이 부정적인 자의식을 유발하지 않도록 할 수 있다.

도피 이론에 근거한 심리치료에서는 무엇보다도 환자들이 도피하고자 하는 것을 줄이는 데 초점을 맞추어야 한다. 도피의 필요성이 제거되면 자살은 발생하지 않기 때문이다. 대부분 심리적 고통이 문제이지만, 대인관계 문제(이 경우에는 대인관계 중심 심리치료가 필요함)나 다른 문제가 있을 수 있다. 자살충동을 가진 환자를 대상으로 한 심리치료에서 "가장 중요한 것은 가족력, 혈액검사, 척수검사가 아니라 '어디가 힘드십니까?' 또는 '어떻게 도와드릴까요?'라는 질문임을 명심해야 한다"(Shneidman, 1996, p.6). 당신이 그들을 걱정하고, 그들의 고통을 알고 있고, 그들을 도와주려 한다는 것을 보여주는 것이 중요하다.

맺음말

이 장에서는 사람들이 심리적 고통이나 혐오적인 자기인식 등에서 도피하려고 하는 경우 자살이 발생한다고 주장한 4가지 자살이론을 검토하였다. 해당 이론들은 시사점이 많고 직관적으로 타당해 보이지만, 도피하려는 동기를 살펴본 경험적 연구는 최근 거의 이루어지지 않았다. 또한, 다양한 인구에 대한 적용가능성을 확인하기 위해서는 더 많은 연구가 필요하다. 최근에는 다른 이론들(예: 대인관계 심리학 이론)의 중요성이 부각되고 있기 때문에, 도피 이론과 다른 이론들을 비교하는 연구의 필요성도 제기되고 있다.

[참고문헌]

Baechler, J. (1975). *Suicides*. New York: Basic Books.

Baumeister, R. F. (1990). Suicide as escape from self. *Psychological Review, 97*, 90-113.

Dean, P. J., & Range, L. M. (1996). The escape theory of suicide and perfectionism in college students. *Death Studies, 20*, 415-424.

Dean, P. J., & Range, L. M. (1999). Testing the escape theory of suicide in an outpatient clinical population. *Cognitive Therapy & Research, 23*, 561-572.

Flamenbaum, R., & Holden, R. R. (2007). Psychache as a mediator in the relationship between perfectionism and suicidality. *Journal of Counseling Psychology, 54*, 51-61.

Leenaars, A. A., & Wenckstern, S. (1998). Sylvia Plath: A protocol analysis of her last poems. *Death Studies, 22*, 615-635.

Lester, D. (1998). Theories of suicidal behavior applied to Sylvia Plath. *Death Studies, 22*, 655-666.

Lester, D., Wood, P., Williams, C., & Haines, J. (2004). Motives for suicide: A study of Australian suicide notes. *Crisis, 25*, 33-34.

Lester, G., & Lester, D. (1971). *Suicide: The gamble with death.* Englewood Cliffs, NJ: Prentice-Hall.

Murray, H. A. (1938). *Explorations in personality.* New York: Oxford University Press.

Reynolds, F. M. T., & Berman, A. L. (1995). An empirical typology of suicide. *Archives of Suicide Research, 1,* 97-109.

Roseman, I. J. (2001). A model of appraisal in the emotion system: Integrating theory, research, and applications. In K. R. Scherer, A. Schorr, & T. Johnstone (Eds.), *Appraisal processes in emotion: Theory, methods, research,* pp. 68-91. New York: Oxford University Press.

Roseman, I. J., & Kaiser, S. (2001). Applications of appraisal theory to understanding, diagnosing, and treating emotional pathology. In K. R. Scherer, A. Schorr, & T. Johnstone (Eds.), *Appraisal processes in emotion: Theory, methods, research,* pp. 249-267. New York: Oxford University Press.

Roseman, I. J., Wiest, C., & Swartz, T. S. (1994). Phenomenology, behaviors, and goals differentiate discrete emotions. *Journal of Personality & Social Psychology, 67,* 206-221.

Shneidman, E. S. (1993). *Suicide as psychache: A clinical approach to self-destructive behavior.* Northvale, NJ: Jason Aronson.

Shneidman, E. S. (1996). *The suicidal mind.* Oxford, UK: Oxford University Press.

Shneidman, E. S. (2005). Anodyne psychotherapy for suicide: A psychological view of suicide. *Clinical Neuropsychiatry, 2,* 7-12.

Troister, T., & Holden, R. R. (2012). A two-year prospective study of psychache and its relationship to suicidality among high-risk undergraduates. *Journal of Clinical Psychology, 68,* 1019-1027.

Table 2-1

Needs from Murray (1938)

ABASEMENT	To submit passively; to belittle self
ACHIEVEMENT	To accomplish something difficult; to overcome
AFFILIATION	To adhere to a friend or group; to affiliate
AGGRESSION	To overcome opposition forcefully; to fight, attack
AUTONOMY	To be independent and free; to shake off restraint
COUNTERACTION	To make up for loss by restriving; to get even
DEFENDANCE	To vindicate the self against criticism or blame
DEFERENCE	To admire and support, praise, emulate a superior
DOMINANCE	To control, influence, and direct others; to dominate

EXHIBITION	To excite, fascinate, amuse, entertain others
HARM AVOIDANCE	To avoid pain, injury, illness, and death
INVIOLACY	To protect the self and one's psychological space
NURTURANCE	To feed, help, console, protect, nurture another
ORDER	To achieve organization and order among things and ideas
PLAY	To act for fun; to seek pleasure for its own sake
REJECTION	To exclude, banish, jilt, or expel another person
SENTIENCE	To seek sensuous, creature-comfort experiences
SHAME-AVOIDANCE	To avoid humiliation and embarrassment
SUCCORANCE	To have one's needs gratified; to be loved
UNDERSTANDING	To know answers; to know the hows and whys

제3장

대인관계 심리학 이론

John F. Gunn III

대인관계 심리학 이론(IPTS; Joiner, 2005)은 자살에 대한 가장 대중적인 현대이론 중 하나가 되었다. 이 장에서는 IPTS의 이론 및 해당 이론을 지지하는 연구와 지지하지 않는 연구를 검토하고, 해당 이론에 대한 유용한 비판을 통해 임상적 함의와 향후 방향을 제시할 것이다. 그 전에 치명적인 자살시도를 한 여성과 자살로 사망한 남성의 사례를 살펴보도록 한다.

"... 그래서 나는 친구들이 있는 집에 토스터기를 가져갔어요. 그냥 집안을 걸어다니다가 또다시 울음을 터뜨렸지만 친구들은 나에게 한마디도 하지 않았어요. 집에는 친구들이 4명 정도 있었던 것 같아요. 나는 그냥 부엌 식탁 위에 토스터기를 놓고 곧장 걸어 나왔어요. 아무도 날 붙잡지 않았고, 누구도 무슨 일이 있냐고 묻지도 않았고, 아무런 태도도 취하지 않았어요. 이제는 끝이라는 생각에 나는 더욱 화가 났어요. 아무도 나를 위해 어떤 식으로든 손을 내밀어 주지 않았어요. 나는 정말로 문제가 있어서 도움이 필요했지만 아무도 응답하지 않았어요 (Shneidman, 1996, p.42).

"여보, 어떻게 말해야할지 잘 모르겠지만 이 글을 읽고 괴로워하거나 슬퍼하지마. 우리가 이렇게 엉망이 된 것은 모두 내 잘못이야. 연금과 보험은 당신 명의로 바꿔야만 돈을 쓸 수 있어. 아이들을 잘 부탁해. 나는 내 일을 감당할 수 없어서 다른 사람들에게 다 넘겨주고, 그냥 매달려있는 느낌이었어. 당신은 그동안 열심히 일했으니 더 나은 무언가를 받을 가치가 있어. 그러니 나는 빨리 잊어버려"(Leenaars, 1988, pp.235-236).

이 두 가지 사례는 IPTS의 세 가지 핵심 구성요소 중 두 가지를 보여준다. 첫 번째 사례는 좌절된 소속감의 개념을 보여주며 이는 나중에 더 자세히 논의될 것이다. 두 번째 사례는 인식된 짐스러움의 개념을 설명한 것이다.

이론 검토

우선, IPTS와 다른 이론들을 구별할 필요가 있다. 대부분의 자살 행동과 관련된 이론에서는 치명적이거나 비치명적인 자살행동을 모두 다루지만, IPTS는 치명적인 자살행동을 설명하기 위한 이론이다. 이 이론에서는 죽을 의도가 높은지 낮은지를 구별하여, 죽을 의도가 높은 사람들의 치명적인 자살시도를 설명한다. IPTS와 다른 이론들의 또다른 차이점은 IPTS는 모든 치명적인 자살행동을 설명할 수 있다는 점이다.

> 하지만 이 이론은 Joiner의 아버지와 관련된 것만은 아니다(Joiner의 아버지는 자살로 사망하였다). 이 이론은 포괄적이지만 간결하다. 적어도 세 가지 기본개념을 이용하여 전 세계적인 문화 전반에 걸쳐 자살에 관해 설명한다(Joiner, 2005, p.226).

자살에 대한 대부분의 이론에서는 자살행동이 너무 복잡해서 하나의 이론으로는 설명할 수 없다고 주장한다. Shneidman은 "거의 모든 경우, 자살은 고통, 즉 심리적 고통(정신증)에 기인한다"고 주장하면서도, "유대교-기독교 전통과 다른 문화권, 즉 중국이나 인도 또는 이슬람에서의 자살은 설명하기 어렵다"(Shneidman, 1996, pp.4-5)고 하였다. Baumeister(1990)는 "모든 자살을 하나의 심리적 과정에서 기인한다고 주장하는 것을 못마땅해 하면서, 자신으로부터의 도피는 이타적 자기희생, 의례적 자살, 명예자살 등의 형태로 나타난다"(Baumeister, 1990, p.90)고 주장하였다. IPTS의 가장 독특한 특징 중 하나는 포괄적이라는 것이다. 이에 대해서는 뒤에서 자세히 논의할 것이다.

Joiner(2005): 고유 개념

IPTS에서는 다음과 같은 3가지 개념이 존재할 때, 자살행동이 발생한다고 주장한다. (1) 좌절된 소속감, (2) 인식된 짐스러움, (3) 자해능력 획득.

좌절된 소속감은 타인과의 단절감, 가까운 사회적 관계의 단절, 사회적 소외감, 사회적 지지가 제한적이거나 아예 없는 것으로 묘사된다. 좌절된 소속감은 외로움과 밀접하게 관련되어 있으며, 현실에 근거하지만 인지왜곡일 수 있다.

인식된 짐스러움은 주변 사람들이나 사회전체에 부담을 준다는 인식이다. 그렇기 때문에 자신이 없으면 다른 사람들이 더 나아질 것이고, 자신의 죽음이 다른 사람들에게 가해진 짐을 덜어줄 것이라고 생각한다. 이 또한 현실에 근거하지만 인지왜곡일 수 있다. 좌절된 소속감과 인식된 짐스러움은 자살동기를 만들어낸다. 즉, 좌절된 소속감을 갖고 있으면서 타인에게 짐이 된다고 인식하는 사람은 자살생각을 갖게 된다.

위의 요인들이 모두 존재할 경우, 자살의도가 낮은 자살행동(예: 자살 제스처)은 나타날 수 있지만 치명적인 자살행동은 발생하지 않는다. 치명적인 자살행동이 발생하기 위해서는 자해 능력을 획득해야 한다. 자해능력 획득은 자살시도와 관련된 고통과 공포에 초점을 두고 있다. 사람들은 자살을 "쉬운 길"이나 "겁쟁이의 탈출구"라고 말하지만, 현실에서 인간은 생존을 위해 적응해 왔다. 따라서 자살을 결정한다는 것은 행위의 기술적 측면(예: 효과적인 수단을 선택)

을 이해하고, 행위와 관련된 죽음과 고통에 대한 두려움을 극복해야 한다는 것을 의미한다. IPTS에서는 자살자들이 이미 고통스러운 경험을 통해 죽음과 고통에 대한 두려움에 익숙해져 있었다고 가정한다. 이는 어린 시절의 신체적 학대, 성적 학대, 자해, 자살시도 등의 경험을 통해 가능하다. IPTS에 따르면, 이러한 경험이 성별에 따른 자살률의 차이를 설명하는데 도움이 된다. 일반적으로 폭력적이고 공격적인 삶을 사는 남성들이 자해능력 획득으로 인해 자살로 사망할 가능성이 높은 반면, 자해능력을 획득하지 못한 여성들은 자살시도는 많이 하지만 자살로 사망할 가능성은 낮다.

Van Orden 외(2010): 재개념화

Van Orden 외(2010)는 IPTS의 고유 개념(좌절된 소속감, 인식된 짐스러움, 자해능력 획득)을 유지하면서, (i) 절망감을 도입하고, (ii) 좌절된 소속감, 인식된 짐스러움, 자해능력 획득에 대한 정의를 구체화함으로써 본래 이론을 확장시켰다. 새로운 모델에서는 절망감[5]이 좌절된 소속감, 인식된 짐스러움, 자살에 대한 욕구의 발판으로 간주된다. 좌절된 소속감과 인식된 짐스러움 모두 절망감을 불러일으키는데, 이는 결국 자살에 대한 욕구로 이어진다.

또한, 좌절된 소속감, 인식된 짐스러움, 자해능력 획득의 관계를

---

5 7장 참조.

다양한 변수를 이용하여 논의하였다. 먼저 좌절된 소속감("나는 혼자"라는 생각)은 크게 *외로움*과 *상호주의*라는 두 가지 차원으로 구분된다. 외로움은 "타인과의 단절"로 개념화되고, 상호주의는 "서로 의지할 사람 없음"(Van Orden et al., 2010, p.581)으로 개념화된다. 외로움은 독거, 사회적 지지 부재, 고독감, 손상된 가족형태와 관련이 있고, 상호주의는 사회적 위축, 아동기 학대경험, 가족 갈등, 가정 폭력, 구금 및 구속과 관련이 있다.

인식된 짐스러움은 *부담감*과 *자기혐오*라는 두 가지 차원으로 구분된다. 부담감은 "타인에게는 나의 죽음이 나의 삶보다 가치가 있다"로 개념화되며, 자기혐오는 "나는 내 자신이 싫다"(Van Orden et al., 2010, p.584)로 개념화된다. 부담감은 노숙, 수감, 실직에서 오는 고통, 달갑지 않고 소모적이라는 생각, 가족에게 짐이라는 생각과 관련이 있다. 반면 자기혐오는 낮은 자존감, 자기비난과 수치심, 불안과 관련이 있다.

자해능력 획득은 죽음에 대한 낮은 두려움과 신체적 고통에 대한 높은 내성이라는 두 가지 차원으로 구분되며, 자살에 대한 가족력, 세로토닌 기능장애, 충동성, 타인의 자살경험, 전투경험, 이전의 자살시도, 아동기 학대경험 등 다양한 자살 위험요인들과 관련이 있는 것으로 나타났다(Van Orden et al., 2010, p.586).

위와 같은 새로운 차원들을 바탕으로, 좌절된 소속감과 인식된 짐스러움은 자살에 대한 욕구로 이어지고, 자살에 대한 욕구와 자해능력 획득이 결합되면 자살이 발생하게 된다. 그러나 이 모델에서는 좌절된 소속감과 인식된 짐스러움이 각각 외로움과 상호주의, 부담감과 자기혐오의 차원에서 더 잘 설명된다. 즉, 좌절된 소속감과 인식된 짐스러움에서 자살에 대한 욕구로 연결되는 경로에는 절망감이 존재한다. 따라서 재개념화를 통해 기본 가정은 유지하면서, 절망감을 포함함으로써 자살에 대한 이해를 넓혔다고 볼 수 있다.

연구

그렇다면 IPTS를 바탕으로 어떤 연구들이 수행되었는가? 다음에 제시되는 연구들은 IPTS를 대표하는 연구들 중 일부이다. 이 연구들을 검토한 후, IPTS 이론의 강점과 약점에 대해 논의할 것이다.

정신과 환자

Van Orden, Lynam, Hollar, Joiner(2006)는 성인 외래환자의 대규모표본을 이용하여 자살의 위험요인 중 하나인 절망감을 통제한 후 인식된 짐스러움의 효과를 살펴보았다. 연구결과, 인식된 짐스러움이 절망감을 통제한 후에도 자살행동(예: 자살시도 및 자살생각)의 유의한 예측변인으로 나타났다.

Van Orden 외(2008)는 성인 정신과 외래환자 표본연구를 통해 고통스럽고 화나게 하는 경험이 자해능력 획득과 유의미한 관계가 있다는 것을 발견하였는데, 이러한 경험이 자해능력 획득을 향상시킨다는 것이다. 또다른 외래환자 표본연구에서는 자해능력 획득과 인식된 짐스러움의 자살위험과의 관련성을 살펴보았는데, 좌절된 소속감은 포함되지 않았다. 인식된 짐스러움은 자살위험을 유의미하게 예측하는 변인이었지만, 자해능력 획득은 유의미하지 않았다. 하지만 인식된 짐스러움과 자해능력 획득의 상호작용은 자살위험의 유의미한 예측변인으로 나타났다.

Joiner 외(2009)는 육군의료센터에 등록된 청년들의 임상표본을 이용하여 인식된 짐스러움(중요하다는 인식), 좌절된 소속감(가족의 낮은 사회적 지지), 평생 자살시도 횟수(자해능력 획득의 척도) 사이의 3요인 상호작용을 조사하여 현재의 자살시도 가능성을 예측하였다. 연구결과, 3요인 상호작용이 현재의 자살시도를 유의미하게 예측하는 변인으로 나타났고, 이는 IPTS를 지지하는 결과이다.

고등학생과 대학생

Van Orden, Witte, Gordon, Bender, Joiner(2008)는 대학생들을 대상으로 IPTS의 동기 유발요인인 좌절된 소속감과 인식된 짐스러움이 자살생각에 미치는 영향을 살펴보았다. 연구결과, 인식된 짐스러움은 자살생각의 유의미한 예측변인이었지만, 좌절된 소속감은 유의미한 예측변인이 아니었다. 그러나 좌절된 소속감과 인식된 짐스러움의 상호작용은 자살생각의 유의미한 예측변인으로 나타났다.

Joiner 외(2009)는 고등학생들을 대상으로 가족의 낮은 사회적 지지(좌절된 소속감의 척도)와 중요하지 않다는 느낌(인식된 짐스러움의 척도)의 상호작용에 대해 살펴보았다. 연구결과, 두 변수의 상호작용이 우울증을 통제한 후에도 현재의 자살생각을 유의미하게 예측하는 변인으로 나타났다.

Davidson, Wingate, Rasmussen, Slish(2009)는 대학생들을 대상으로 희망과 IPTS 변수들 사이의 관계를 살펴보았다. 앞에서도 설명하였듯이 IPTS의 최근 모델에는 절망감이 포함된다. 희망, IPTS 변수들, 자살행동과 관련된 몇 가지 가설을 검증한 결과, 희망은 인식된 짐스러움 및 좌절된 소속감과 부적 관계가 있는 것으로 나타났다. 즉, 높은 희망수준을 가진 사람들은 인식된 짐스러움이 낮고 좌절된 소속감이 약한 것으로 나타났다. 그러나 높은 희망수준은 높은 자해능력 획득과도 관련이 있는 것으로 나타났는데, 특이하게도 이 두 변수 사이의 관련성을 설명할 만한 연역적 이유는 없다. 또한 가설과는 달리 희망과 자살생각 사이에 유의미한 부적 관계를 발견하지는 못했지만, IPTS 변수들(좌절된 소속감, 인식된 짐스러움, 자해능력 획득)이 모두 자살생각의 유의미한 예측변인임을 발견하였다. 따라서 본 연구는 희망과 절망을 IPTS의 주요 변수로 포함시키는 것을 지지하는 결과는 아니었다. Davidson, Wingate, Slish, Rasmussen(2010)은 아프리카계 미국인 대학생들을 대상으로 희망, IPTS 변수들, 자살행동의 관계를 살펴보았다. 희망은 좌절된 소속감 및 인식된 짐스러움과는 부적 관계, 자해능력 획득과는 정적 관계가 있는 것으로 나타나, 이러한 결과는 인종집단에 상관없이 존재한다는 것을 알 수 있다.

Brown, Brown, Johnson, Olsen, Melver, Sullivan(2009)은 대학생들을 대상으로 진화심리학과 관련된 변수들과 자살생각의 관계를 살펴보았다. 진화관련 변수들(가족에 대한 짐스러움, 낮은 건강 수준, 낮은 친밀도)은 IPTS 변수들과 거의 유사하다. 연구결과, 짐스 러움은 자살생각과 관련이 있는 것으로 나타났고, 이 관계는 낮은 건강수준과 낮은 친밀도를 가진 사람들에게서 강력하게 나타났다.

Wong, Koo, Tran, Chiu, Mok(2011)은 아시아계 미국인 대학생 들을 대상으로 한 연구에서 인식된 짐스러움이 좌절된 소속감보다 자살생각을 더 강력하게 예측한다는 것을 발견하였다. 하지만 좌절 된 소속감은 인식된 짐스러움과 자살생각의 관계를 조절하는 것으 로 나타났다. 또한 개방형 질문을 통해 참가자들의 생각을 질적으로 분석하였는데, 미충족된 기대감이 핵심주제로 나타났다. 미충족된 기대감은 개인내부, 대인관계 모두와 관련된 것이었고, (1) 가족, (2) 관계, (3) 문화적 차이, (4) 인종차별의 하위주제로 범주화되었다.

Davidson, Wingate, Grant, Judah, Mills(2011)는 대학생들을 대 상으로 IPTS 변수들, 우울, 사회적 불안의 관계를 살펴보았다. 연구 결과, 인식된 짐스러움과 좌절된 소속감 모두 자살생각과 유의미한 상관관계가 있었지만, 회귀분석 결과에서는 인식된 짐스러움만 자 살생각과 유의미한 관계가 있는 것으로 나타났다. 또한 우울은 좌절 된 소속감과 인식된 짐스러움 모두를 예측하는 것으로 나타났지만, 사회적 불안은 좌절된 소속감만 예측하는 것으로 나타났다.

노인

Jahn, Cukrowicz, Linton, Prabhu(2011)는 지역사회 노인을 대상

으로 우울에 대한 인식된 짐스러움의 매개효과를 살펴보았다. 연구 결과, 인식된 짐스러움은 자살생각의 중요한 예측 변인일 뿐만 아니라, 우울과 자살생각의 관계를 매개하는 것으로 나타났다. 즉, 인식된 짐스러움이 모형에 포함되자, 우울은 자살생각과 유의미한 관계가 없는 것으로 나타났다.

Cukrowicz, Cheavens, Van Orden, Ragain, Cook(2011) 또한 지역사회 노인을 대상으로 인식된 짐스러움과 자살생각의 관계를 살펴보았다. 첫 번째 연구에서, 인식된 짐스러움과 외로움은 자살생각과 유의미한 정적 상관관계가 있는 것으로 나타났다. 하지만 자살생각을 예측하는 모형에서는 연령, 우울, 외로움은 유의미하지 않았고, 인식된 짐스러움과 성별이 자살생각을 유의미하게 예측하는 것으로 나타났다. 두 번째 연구에서는 일차의료 노인환자들을 대상으로 하였고, 절망감과 신체적, 정신적 건강상태에 대한 척도를 포함하였다. 연구결과, 외로움과 인식된 짐스러움이 자살생각의 유일한 예측변수로 나타났다.

군인과 전투경험

Bryan, Morrow, Anestis, Joiner(2010)의 현역군인을 대상으로 한 연구에서는 인식된 짐스러움과 자해능력 획득의 상호작용이 자살행동과 유의미한 관련이 있는 것으로 나타났지만, 인식된 짐스러움, 좌절된 소속감, 자해능력 획득의 상호작용은 자살행동과 유의미한 관련이 없는 것으로 나타났다. 이는 좌절된 소속감을 제외하면

IPTS를 일부 지지하는 결과이다.

Bryan와 Cukrowicz(2011)는 현역군인을 대상으로 전투경험의 다양한 유형과 자해능력 획득의 관계에 대해 살펴보았다. 연구결과, 모든 유형의 전투경험이 자해능력 획득과 관련이 있는 것으로 나타났다. 그러나 IPTS의 주장과 마찬가지로 폭력성, 심각한 부상, 사망이 수반되는 전투경험이 자해능력 획득과 가장 밀접한 관계가 있는 것으로 나타났다.

Bryan, Cukrowicz, West, Morrow(2010) 또한 군인을 대상으로 IPTS를 살펴보았다. 연구결과, 전투경험의 수준이 다른 요인들(예: 우울증, PTSD 증상)을 통제하고도 자해능력 획득의 유의미한 예측변수로 나타났다. 하지만 전투경험은 인식된 짐스러움이나 좌절된 소속감의 유의미한 예측변수는 아닌 것으로 나타났다. 따라서 전투경험은 자해능력 획득에 중요한 역할을 하는 것으로 보이며, 이를 통해 전투경험이 있는 군인들의 높은 자살률을 설명할 수 있을 것이다.

유서

Joiner 외(2002)는 유서를 통해 IPTS의 두 가지 요소, 즉 인식된 짐스러움과 자살수단의 치명성에 대해 살펴보았다. 첫째, 자살시도자와 자살사망자의 유서에 나타난 인식된 짐스러움에 대해 살펴본 결과, 자살시도자보다 자살사망자의 유서에서 인식된 짐스러움이 더 자주 나타난다는 것을 발견하였다. 둘째, 유서에 나타난 인식된 짐스러움과 자살수단의 치명성의 관계에 대해 살펴본 결과, 덜 폭력적인 수단(예: 음독, 약물 과다복용, 절개, 유해환경 노출)을 이용한 자살자보다 폭력적인 수단(예: 총상, 목맴, 추락, 차량낙하, 감전, 분신)을 이용한 자살자의 유서에서 인식된 짐스러움이 더 자주 나타난다는 것을 발견하였다. 따라서 인식된 짐스러움이 자살수단의 치명성과 정적 관계가 있다는 것을 알 수 있다. 그러나 Pettit 외(2002)가 중국표본의 유서를 살펴본 연구에서는 인식된 짐스러움과 자살수단의 치명성에 부적 관계가 있는 것으로 나타나 Joiner 외(2002)의 결과와 상충되었다.

Joiner 외(2002), Pettit 외(2002)와 유사하게 Gunn 외(2012)는 Tasmania 표본을 대상으로 261개의 유서를 통해 좌절된 소속감과 인식된 짐스러움에 대해 살펴보았다. IPTS에서 도출된 기준에 따라 좌절된 소속감과 인식된 짐스러움을 두 명의 연구자가 독립적으로 평가하였다. 261개의 유서 중 234개(89.7%)에서는 인식된 짐스러움이 나타나지 않았고, 17개(6.5%)에서는 약간의 인식된 짐스러움이 나타났고, 10개(3.8%)에서는 확실하게 인식된 짐스러움이 나타났다. 좌절된 소속감은 181개(69.3%)에서는 나타나지 않았고, 23개(8.8%)에서는 약간 나타났고, 57개(21.8%)에서는 확실하게 나타났다. 유서에 나타난 두 변인의 교차분석을 통해 두 변인은 서로 관련이 없는 것으로 나타났다. 실제로, 11개의 유서만이 인식된 짐스러움과 좌절된 소속감을 모두 담고 있었다. Lester와 Gunn(2013)은 Gunn과 Lester(2012)의 연구를 바탕으로 총 664개 중 11개의 유서의 내용을 살펴보았다. 연구결과, 좌절된 소속감이 인식된 짐스러움보다 더 자주 나타났으며(42.5% 대 15.5%), 함께 나타난 경우는 거의 없었다(9.5%). 대다수의 유서에는 좌절된 소속감과 인식된 짐스러움이 포함되어 있지 않았다. 좌절된 소속감과 인식된 짐스러움을 자살자의 삶에서는 발견할 수 있지만, 유서에는 기록되지 않았을 수 있기 때문에 유서를 이용한 연구결과는 타당성이 낮을 수 있다.

강점과 약점

강점

IPTS의 가장 분명한 강점 중 하나는 일반 대중에게 널리 알릴 수 있는 단순화된 형식이라는 점이다. Van Orden 외(2010)가 주장한 더 복잡한 형식도 있지만, Joiner(2005)가 주장한 단순화된 모델이 일반 대중에게 자살에 대해 교육하기에는 이상적이다. Joiner가 주장한 IPTS 모델은 자살행동을 심리적 특수용어가 아닌 일반용어로 설명하는 방식을 취하고 있다. 그 결과, 해당 이론은 이전의 이론들과 비교하여 언론으로부터 호평을 받았다.

이 이론의 또 다른 강점은 명확하고 실용적인 치료 프로토콜이 있다는 점이다. IPTS에서는 세 가지 변수 중 하나를 제거(또는 강도를 줄임)하면 자살위험이 감소하게 된다. 따라서 IPTS를 이용한 치료에서는 소속감을 높이고 짐스러움을 해소시키면 된다. 인식된 짐스러움과 좌절된 소속감은 때로는 인지왜곡으로 볼 수 있기 때문에,

왜곡된 사고패턴에 집중하는 인지행동치료(CBT) 또한 사용될 수 있다.

다른 자살이론에서 주장하는 치료기술은 항상 실용적이지는 않다. 감정을 완화시키는 심리치료(Shneidman, 2005)를 제안한 Shneidman의 정신증적 자살이론[6]에서는 내담자의 박탈된 욕구를 확인해서 해당 욕구를 강화시키면 정신증이 완화된다고 설명한다. 이러한 심리치료는 급성자살의 위험이 있는 환자를 치료하기에는 시간이 많이 걸리고 비실용적이다. IPTS를 기반으로 한 위험평가에서는 좌절된 소속감, 인식된 짐스러움, 자해능력 획득의 수준을 평가하는 데 초점을 맞춘다. 이때, 이러한 변수들이 동시에 나타나는 환자들에게 특별한 관심을 기울일 필요가 있다.

이 이론의 마지막 강점은 이론을 검증할 수 있는 확실한 가설을 가지고 있다는 점이다. (i) 좌절된 소속감과 인식된 짐스러움이 자살의 동기요인이며, (ii) 자살의 동기요인이 자해능력 획득과 결합되면 치명적인 자살행동이 발생한다는 것이다. 이전의 자살이론이나 심리학 이론은 일반적으로 검증할 수 있는 명확한 가설을 가지고 있지 않다.

약점

모든 이론과 마찬가지로 IPTS는 확실한 강점도 가지고 있지만,

---

6 2장 참조.

약점도 가지고 있다. 첫째, 강점이라고 할 수 있는 것이 약점이 될 수 있다. 자살은 오랫동안 복잡한 행동으로 알려져 왔지만, IPTS에서는 자살행동의 전부 또는 대부분을 3가지 변수로 단순화하여 설명하고 있다. 이는 일반 대중에게 매력적으로 보일 수도 있지만, 자살행동을 지나치게 단순화하는 것일 수 있다. 하지만 해당 이론이 대부분의 자살행동을 설명한다고 주장하는 것이 아니라면 이 또한 특별한 약점이 되지는 않을 것이다. 그렇다면 단일 이론으로 모든 자살행동을 설명할 수는 없을까? 이 질문은 IPTS가 문화, 성별, 연령에 관계없이 모든 자살행동을 설명할 수 있지 않다면 매우 곤란한 질문이다. 단일 이론이 모든 자살행동을 설명할 수 있다고 주장하는 것은 매우 대담한 진술이기 때문에 주저할 수밖에 없다. 많은 연구에서 IPTS를 지지하는 결과가 제시되었지만, 대부분의 연구대상은 대학생이나 같은 연령대의 임상표본이었다. 최근에는 노인을 대상으로 IPTS를 검증하는 연구가 진행되어 왔지만, 다양한 문화에 걸쳐 더 많은 연구가 필요하다. 이를 배제하고서라도, 자살은 다양한 위험요인과 상황에 의해 촉발되는 복잡한 행동이기 때문에 하나의 단일 이론이 모든 자살행동을 설명할 수는 없다.

이 이론을 검증하면서 나타나는 또 다른 약점은 모집단과 관련이 있다. 대부분의 연구대상자들이 자살시도에서 살아남았기 때문에 자살시도와 자살생각에 초점을 맞춘 연구들이 주로 수행되었다. 자살사망자들에 대한 심리부검의 어려움과 정보의 부족을 감안한다면, 연구대상이 제한될 수밖에 없다는 점은 이해할 수 있다. 이 장에서 살펴본 연구들 중 오직 4개의 연구에서만 자살사망자들이 대상이었다(Joiner et al., 2002; Pettit et al., 2002; Gunn & Lester, 2012; Lester & Gunn, 2012). 해당 연구들은 유서를 통해 IPTS 가설을 검증하였는데, Joiner 외(2002)는 가설을 지지, Pettit 외(2002)는 가설을 기각, Gunn과 Lester(2012), Lester와 Gunn(2012)은 가설을 거의 지지하지 못했다. 물론 해당 연구들은 유서를 사용했기 때문에 한계가 있다. 인식된 짐스러움과 좌절된 소속감이 자살행동에 영향을 미칠 수는 있지만, 유서의 흔한 주제는 아니기 때문이다.

향후 방향

IPTS를 강화시킬 수 있는 제언을 하면 다음과 같다. 첫째, 앞에서도 언급했듯이 IPTS의 연구대상은 대학생 참가자들을 벗어나야 한다. IPTS의 효과성을 살펴보기 위해서는 자살행동을 예측할 때 다양한 문화의 표본을 비교해야 한다. 어떤 문화권에서는 서구 문화권보다 IPTS의 구성요소를 더 많이 지지할 수도 있다. 예를 들면, 인식된 짐스러움은 개인보다 집단을 강조하는 아시아 문화권의 노인에게서 더 많이 나타날 수 있다. 이러한 차이점을 비교하는 연구, 또는 다양한 문화권의 IPTS 기반 치료법의 효과성을 살펴보는 연구늘이 IPTS를 강화시킬 수 있을 것이다.

둘째, 연구설계의 변경이 이론을 강화시키고, 인과관계 검증을 가능하게 할 것이다. IPTS를 검증한 대부분의 연구는 횡단연구였다. 따라서 인식된 짐스러움과 좌절된 소속감이 자살행동을 야기하는지, 자살충동이 인식된 짐스러움과 좌절된 소속감을 유발하는지 여부를 확인하기는 어렵다. 반면, 종단연구는 비록 어렵고 시간이 많이 걸리지만, IPTS를 평가하는데 훨씬 강력하고 견고한 방법론을 구축할 수 있다. 또한 자살사망자에게 더 집중할 필요가 있다. 심리부검 또한 어렵고 시간이 많이 걸리지만, 이를 통해 IPTS가 강력하게 지지받을 수 있을 것이다.

마지막으로, IPTS의 구성요소들을 다른 위험요인들과 함께 살펴보는 다양한 연구가 필요하다. Van Orden 외(2010)는 재개념화를 통해 절망감을 모델에 포함시켰다. 이렇듯, 모델에 다른 위험요인을 포함시키는 것도 중요하다.

결론

IPTS에서는 인식된 짐스러움, 좌절된 소속감, 자해능력 획득이 자살행동으로 이어진다고 가정한다. 해당 이론이 모든 자살행동을 설명하기에는 일부 과장이 있지만, 많은 경험적 연구들을 통해 지지를 받아왔다. 또한 대중들이 쉽게 이해할 수 있는 자살이론을 제시함으로써 자살에 대한 건전한 논의도 불러일으켰다. 하지만 모든 이론들과 마찬가지로, IPTS는 강점과 약점을 가지고 있으며, IPTS를 광범위하게 뿌리내릴 수 있는지에 대한 결정은 더 많은 연구를 필요로 한다. IPTS가 모든(또는 대부분의) 자살행동을 설명할 수 있을까? 이 질문은 여전히 답을 내기가 어렵다. 아마도 자살행동의 복잡성 때문에 그 대답은 '아니오'일 것이다. 하지만 이 이론이 자살사망자들의 자살행동을 일부라도 설명할 수 있다면 유용하다고 할 수 있다.

[참고문헌]

Baumeister, R. F. (1990). Suicide as escape from self. *Psychological Review, 97*, 90-113.

Brown, R. M., Brown, S. L., Johnson, A., Olsen, B., Melver, K., & Sullivan, M. (2009). Empirical support for an evolutionary model of self-destructive motivation. *Suicide & Life-Threatening Behavior, 39*, 1-12.

Bryan, C. J., & Cukrowicz, K. C. (2011). Associations between types of combat violence and the acquired capability for suicide. *Suicide & Life-Threatening Behavior, 41*, 126-247.

Bryan, C. J., Cukrowicz, K. C., West, C. L., & Morrow, C. E. (2010). Combat experience and the acquired capability for suicide. *Journal of Clinical Psychology, 66*, 1044-1056.

Bryan, C. J., Morrow, C. E., Anestis, M. D., & Joiner, T. E., Jr. (2010). A preliminary test of the interpersonal-psychological theory of suicidal behavior in a military sample. *Personality & Individual Differences, 48*, 347-350.

Cukrowicz, K. C., Cheavens, J. S., Van Orden, K. A., Ragain, R. M., & Cook, R. L. (2011). Perceived burdensomeness and suicide ideation in older adults. *Psychology & Aging, 26*, 331-338.

Davidson, C. L., Wingate, L. R., Grant, D. M., Judah, M. R., & Mills, A. C. (2011). Interpersonal suicide risk and ideation: The influence of depression and social anxiety. *Journal of Social & Clinical Psychology, 30*, 842-855.

Davidson, C. L., Wingate, L. R., Rasmussen, K. A., & Slish, M. L. (2009). Hope as a predictor of interpersonal suicide risk. *Suicide & Life-Threatening Behavior, 39*, 499-507.

Davidson, C. L., Wingate, L. R., Slish, M. L., & Rasmussen, K. A. (2010). The great black hope: Hope and its relation to suicide risk among African Americans. *Suicide & Life-Threatening Behavior, 40*, 170-180.

Gunn, J. F. III, Lester, D., Haines, J., & Williams, C. L. (2012). Thwarted belongingness and perceived burdensomeness in suicide notes. *Crisis, 33*, 178-181.

Jahn, D. R., Cukrowicz, K. C., Linton, K., & Prabhu, F. (2011). The mediating effect of perceived burdensomeness on the relation between depressive symptoms and suicide ideation in a community sample of older adults. *Aging & Mental Health, 15,* 214-220.

Joiner, T. E., Jr. (2005). *Why people die by suicide.* Cambridge, MA: Harvard University Press.

Joiner, T. E., Jr., Pettit, J. W., Walker, R. L., Voelz, Z. R., Cruz, J., Rudd, M. D., & Lester, D. (2002). Perceived burdensomeness and suicidality: Two studies on the suicide notes of those attempting and those completing suicide. *Journal of Social & Clinical Psychology, 21,* 531-545.

Joiner, T. E., Jr., Van Orden, K. A., Witte, T. K., Selby, E. A., Ribeiro, J. D., Lewis, R., & Rudd, M. D. (2009). Main predictions of the Interpersonal-Psychological Theory of Suicidal Behavior: empirical tests in two samples of young adults. *Journal of Abnormal Psychology, 118,* 634-646.

Leenaars, A. A. (1988). *Suicide notes: Predictive clues and patterns.* New York: Human Sciences Press.

Lester, D., & Gunn, J. F. III. (2012). Perceived burdensomeness and thwarted belonging. *Clinical Neuropsychiatry, 9,* 221-224.

Pettit, J. W., Lam, A. G., Voelz, Z. R., Walker, R. L., Perez, M., Joiner, T. E., Jr., Lester, D., & He, Z. (2002). Perceived burdensomeness and lethality of suicide method among suicide completers in the People's Republic of China. *Omega, 45,* 57-67.

Shneidman, E. S. (1996). *The suicidal mind.* New York: Oxford University Press.

Shneidman, E. S. (2005). Anodyne psychotherapy for suicide: A psychological view of suicide. *Clinical Neuropsychiatry, 2,* 7-12.

Van Orden, K. A., Lynam, M. E., Hollar, D., & Joiner, T. E., Jr. (2006). Perceived burdensomeness as an indicator of suicidal symptoms. *Cognitive Therapy & Research, 30,* 457-467.

Van Orden, K. A., Witte, T. K., Cukrowicz, K. C., Braithwaite, S. R., Selby, E. A., & Joiner, T. E., Jr. (2010). The interpersonal theory of suicide. *Psychological Review, 117,* 575-600.

Van Orden, K. A., Witte, T. K., Gordon, K. H., Bender, T. W., & Joiner, T. E., Jr. (2008). Suicidal desire and the capability for suicide: tests of the Interpersonal-Psychological Theory of Suicidal Behavior among adults. *Journal of Consulting & Clinical Psychology, 76,* 72-83.

Wong, Y. J., Koo, K., Tran, K. K., Chiu, Y., & Mok, Y. (2011). Asian American college students' suicide ideation: a mixed-methods study. *Journal of Counseling Psychology, 58,* 197-209.

제4장

패배감-속박감 이론

John F. Gunn III

1859년 Charles Darwin의 『종의 기원』이 발표된 이후, 연구자들은 인간의 다양한 행동을 진화론적 관점에서 설명해왔다. 이 장과 다음 장에서는 진화론적 관점에서 자해와 자살행동을 어떻게 설명하고 있는지에 대해 살펴보려고 한다. 특히, 이 장에서는 패배감-속박감 이론에 대해 검토해 본다.

패배감과 속박감

정신병리학과 자살행동에서의 패배감과 속박감의 역할에 대한 논의를 시작하기 전에, 해당 용어들의 정의를 살펴볼 필요가 있다.

패배감

패배감이라는 개념은 우울증을 사회적 지위로 설명하면서 생겨 났다(Price, Sloman, Gardner, Gilbert, & Rhode, 1994). 패배감은 사회적 비교의 부산물이다. 패배감은 사회적 투쟁에서 실패했다고 느끼거나, 사회적 지위의 상실, 사회적 지위의 추락이 있을 때 발생한 다. 패배감은 대인관계에서의 갈등, 사회적 자원의 손실, 얻고자 하는 사회적 자원을 얻는데 실패하는 것과 관련이 있다(Gilbert, 2006).

그렇다면 왜 패배감이 발생하는가? 사회적 지위가 낮다고 인식하 는 동물들은 사회적 지위가 높은 동물들로부터 공격받을 가능성이 있다. 이에 순종적인 모습과 패배감을 드러냄으로써 더 이상 표적이 되지 않으려 한다. 진화론자들(Price & Sloman, 1987)은 동물에게 서 나타나는 이러한 순종적인 모습들이 우울 증상과 매우 유사하다 고 주장하였다.

속박감

패배감이라는 개념이 사회적 지위 이론의 우울증에서 비롯된 반 면, 속박감은 저지된 탈출 개념에서 비롯된다. 예를 들면, 동물 두 마 리가 짝짓기를 위해 경쟁을 하다보면 상대의 공격으로 심각한 부상 을 입을 수 있다. 이러한 결과에 대한 방어기제는 도피로 나타난다. 그러나 도피가 저지되면(봉쇄되면), 우울 증상(예: 시선 회피, 환경 주시 감소, 얼어붙거나 부동자세를 취함)과 매우 유사한 행동이 나타난다(Dixon, 1998). 따라서 속박감이라는 개념은 모든 가능한 도피수단이 봉쇄되고 있다는 걸 인지하면서도 해당 상황으로부터 벗어나려는 욕구로 정의할 수 있다.

패배감과 속박감의 차이

패배감과 속박감은 매우 유사한 구조를 가지고 있으므로, 정신병리학과 자살행동에 미치는 영향을 더 잘 이해하기 위해서는 그 차이를 구별해야 한다. 우선, 두 개념이 실제로는 구별되는 개념인지 살펴볼 필요가 있다. Taylor, Gooding, Wood, Tarrier(2011b)는 패배감과 속박감에 대한 문헌연구를 통해 다음과 같은 견해를 제시하였다.

> 패배감은 주로 목표를 달성하거나 지위를 유지하려는 과정과 관련이 있다. 반면, 속박감은 개인적 의지나 타인의 도움을 통해서도 탈출할 가능성이 없는 상황에 대한 지속적인 평가와 관련이 있다. 이론가들은 패배감과 속박감을 시간에 따라 구별할 수 있다고 주장하였는데, 이는 앞에서 묘사된 동물모델에 근거한다(Sloman et al., 2003; Williams, 1997). 상황에 대한 초기평가의 결과로 패배감이 먼저 나타나고, 이후에 패배감 상황을 피하거나 해결할 능력에 대한 개인의 판단에 의해 속박감이 나타나기 때문이다(p.394).

그러나 Taylor 외(2011b)는 반대되는 견해도 제시하였다.

패배감과 속박감은 단일한 핵심주제를 갖고 있는데, 이는 혐오스러운 상황에서 벗어날 수 있는 능력이 없거나 무기력하다는 인식에서 출발한다(Johnson et al., 2008; Taylor et al., 2009). 물론 다양한 판단이나 과정을 통해 이 상태에 도달하게 되지만, 이러한 현상을 패배감과 속박감으로 명백하게 구분할 수는 없다(p.394).

정신병리학에 적용

이 섹션에서는 정신병리학에 적용되는 패배감과 속박감의 역할에 대해 검토할 것이다. 우선, 우울증 발병에 대해 살펴보고, 외상 후 스트레스 장애(PTSD)와 정신분열증에 미치는 영향에 대해서도 간략하게 검토해 본다.

우울증

Sloman(2000)이 주장한 사회적 지위 이론에서는 비자발적 패배감 전략(IDS)의 활성화를 통해 우울증과 패배감의 관계를 설명한다. IDS는 정신생물학적 반응으로, 사람들이 패배감 상황에 처해 있다고 인식할 때 발생한다. IDS는 타고나는 것이며, 동물과 마찬가지로 사회적 패배감 상황에서 드러나게 된다. IDS는 자신이 타인에게 위협이 아님을 알리기 위한 적응전략으로, 위축이나 억제와 관련이 있다. IDS는 부정적(즉, 우울증을 유발)임에도 불구하고, 신체적 통증,

발열, 구토와 같은 부정적인 특성을 보이지는 않기 때문에 적응전략으로 간주된다(Nesse, 1998).

IDS 활성화와 관련된 반응은 우울증 증상에서 확인할 수 있는데, 이는 자신에 대한 부정적 인식(예: 실패자, 무능력자), 긍정적 정서 감소, 과민반응, 행동억제 등을 포함한다(Gilbert, 2000, 2006; Shively, 1998; Sloman, 2000; Sloman, Gilbert, & Hasey, 2003).

하지만, 어떻게 진화적으로 유리한 것이 우울증을 유발하게 되었을까? Nesse(2000), Nettle,(2004), Sloman 외(2003)는 장애나 오작동으로 이를 설명하였다. IDS가 우울증을 유발하는 것이 아니라, IDS의 정상기능 오작동이 우울증을 유발하는 것이다. 여기에서 속박감의 역할이 요구된다. IDS는 잠깐 동안만 발생하도록 되어 있지만, 탈출 또는 도피수단이 봉쇄될 경우(예: 속박감), IDS의 반응이 격렬해져서 정신병리가 발생한다(Sloman, 2000). Taylor 외(2011b)는 이를 다음과 같이 설명하였다.

> 속박감은 IDS 반응의 오작동을 유발함으로써 우울증을 유발하게 된다. 초기의 패배감이 유지되고 악화되면, IDS 반응은 만성적으로 과도한 손상을 일으키게 된다. 이러한 상태에서 IDS의 적응반응은 긍정적 정서 감소, 부정적 자기인식, 행동억제, 제어불능과 같은 우울증 증상으로 나타난다(pp.398,405).

이 개념에서 IDS는 순환적이다. 속박감은 패배감을 더 많이 인식하도록 하여 IDS 반응을 지속시킨다. IDS는 사람들이 부정적인 상

황이나 상태에서 도피하도록 동기를 부여하지만, 만약 도피가능성
이 없다고 판단되면 속박감이 증가하고, 이는 패배감 증가로 이어지
는 악순환을 만들어낸다.

불안

패배감과 속박감은 대부분 우울증이나 자살행동과 관련이 있는
것으로 알려져 있지만, 불안 또한 관련이 있다. 불안은 IDS 활성화
와 관련된 인지적 평가로 설명할 수 있다. 우울증은 과거의 패배감
에서 비롯된 것으로 여겨지는 반면, 불안은 미래에 대한 평가에서
비롯된 것으로 여겨지기 때문이다(Sturman & Mongrain, 2005). 앞
에서 설명한 바와 같이, IDS 반응은 자신을 부정적으로 보는 인지적
평가와 관련이 있다(예: 나는 실패자이고 쓸모없는 존재이다). IDS
에 오작동이 발생하면, 이러한 인식으로 인해 미래에 대한 평가가
왜곡되어 불안이 증가할 수 있다(Taylor et al., 2011b). 또한, 패배
감과 속박감은 IDS와 관련된 감정적이고 행동적 반응을 통해서 불
안에 영향을 미칠 수 있다. IDS가 오작동하는 상황에서는, 위협에
대한 과민반응이나 행동억제로 인해 불안이 유지되기 때문이다
(Taylor et al., 2011b).

외상 후 스트레스 장애(PTSD)

PTSD는 불안장애이기 때문에, 패배감-속박감 이론이 PTSD와

불안에 미치는 차이는 거의 없다. 한 가지 차이점은 불안은 미래에 초점을 맞추는 반면, PTSD는 과거에 초점을 맞춘다는 점이다. 패배감은 "나는 쓸모없다", "나는 실패했다"와 같은 부정적 자기인식을 불러일으킨다. 이러한 부정적 자기인식은 개인이 미래의 실패와 대면할 수 있는 능력에 영향을 미치며, 개인이 "지속적인 위협"을 느끼도록 한다(Taylor et al., 2011b, p.411). 이러한 지속적인 위협이 PTSD 증상을 가져오는 것이다. 다른 불안장애와는 달리, 사람들은 미래의 사건을 부정적으로 바라보는 대신 과거의 충격적인 사건들에 집중한다. 또한, 패배감에 대한 대처행동들이 PTSD 증상을 유지하는데 기여하게 된다(예: 반추).

또 다른 차이점은 속박감의 역할인데, 이는 PTSD에서는 덜 분명하게 나타난다. Taylor 외(2011b)의 설명을 살펴보면 이는 두드러진다.

> PTSD의 일반적 특징은 뒤따르는 침입적 이미지, 사고, 플래시백 등을 통해 충격적인 사건을 재경험하게 되는 것이다. 특히, 트라우마와 관련된 기억들을 어떻게 자주 경험하게 되는지 주목할 필요가 있다. 사람들은 지속적으로 트라우마 사건뿐만 아니라 관련된 감정과 인식을 재경험하게 되는데, 여기에는 패배감의 인식도 포함된다. 따라서 반복되는 패배감의 인식에 갇혀 있다고 느낄 수도 있다(p.412).

자살행동에 적용

패배감과 속박감의 역할은 앞에서 논의한 정신병리학 모델뿐만 아니라 자살행동의 발달에도 영향을 미쳤다. 2장에서 논의한 바와 같이, 도피 이론은 자살학에 오랫동안 적용되어 왔고, 패배감-속박감 이론과도 직접적으로 연결될 수 있다.

Mark Williams의 고통호소 모델

Williams(1997)의 고통호소 모델(COP)은 패배감과 속박감의 역할을 강조하는 자살행동 모델 중 하나이다. COP에서는 저지된 탈출의 역할을 강조한다. 앞서 언급된 바와 같이, 저지된 탈출은 탈출구가 막혀있다는 느낌을 준다. 자살은 속박감이 수반되는 고통스럽고 혐오스러운 상태에서 탈출할 필요성을 느끼면 발생하며, 속박감은 패배감을 경험한 후에 발생한다. Williams에 따르면, 패배감과 속박감을 경험하면 사회적 지위 이론에서 설명하는 IDS와 매우 유사한 "무기력한 각본"이 활성화된다고 한다. IDS와 마찬가지로, 무기력한 각본은 진화적 적응전략으로 간주되지만, 기능이 오작동하는 경우 자살행동이 발생하게 된다.

자살행동을 설명하는 COP와 우울증을 설명하는 사회적 지위 이론은 매우 유사하다. 하지만 왜 하나는 자살행동을 설명하고, 다른 하나는 우울증을 설명하는 것일까? 어떻게 두 경로중 하나의 경로를 선택하게 되는 것일까? 그 이유는 다양한 문헌을 통해 설명할 수 있다. 우선, 이는 7장에서 자세히 논의될 자살을 유발하는 인지패턴과 관련이 있다. 자살을 유발하는 특정한 인지패턴에 따라 어떤 경로를 취할지(우울증 또는 자살)가 결정될 수 있다. 또한, 타인의 자살행동 경험여부가 우울증과 자살행동으로 가는 경로에 영향을 미칠 수 있다(Taylor et al., 2011b). 이는 특정 가족(예: Ernest Hemingway의 가족)의 자살패턴이나, 유명인의 자살이 보도된 이후 발생하는 집단자살 현상을 설명할 수 있다.

Williams의 COP에서는 자살행동의 발달에 왜 개인적인 차이가 있는지를 설명하려고 하였다. Taylor 외(2011b)는 이를 다음과 같은 변수들로 설명하였다.

1. 사람들은 패배감에 대한 취약성이 다를 수 있다. 어떤 사람들은 예민하지 않은 반면, 어떤 사람들은 예민할 수 있다(Williams, 1997).
2. 사람들은 도피가능성(혐오적인 상황에서 벗어날 수 있는 능력)이 다를 수 있다. 문제해결능력 부족은 자살행동으로 이어질 수 있다(Clum & Febbraro, 2002).
3. 사람들은 다양한 구조가능성을 갖고 있다. 구조가능성은 사회적 지지와 같은 외부 도피수단을 의미한다.
4. 미래에 대한 속박감으로 인해 절망감이 생기면 자살행동이 발생한다(Williams, 1997).[7]

---

7 7장 참조.

자살의 도식적 평가 모델(SAMS)

Johnson, Gooding, Tarrier(2008)는 COP를 기반으로 SAMS를 발전시켰다. 이 모델은 정신병 환자의 자살에 COP를 적용하기 위한 수단으로 제안되었지만, 일반적인 자살행동에도 적용할 수 있다. Johnson 외(2008)는 Williams(1997)가 제안한 COP의 몇 가지 한계점을 다음과 같이 언급하였다.

1. 패배감, 속박감, 절망감의 차이는 분명하지 않다. 또한, 패배감을 측정하는 척도에는 일관성이 없으며, 다른 변수를 측정하는 일부 항목이 포함되어 있다(예: "나는 단념하였다"는 체념이나 항복 등을 측정하는 항목).
2. 절망감의 역할은 애매하다. 이 이론의 세 번째 요소는 한편으로는 절망감으로, 다른 한편으로는 탈출구 없음으로 언급된다. 이 두 변수는 독립적으로 측정되기도 하고, 동일한 개념으로 취급되기도 한다. 절망감은 미래에 대한 비관론과 관련이 있고, 탈출구 없음은 어떠한 도움도 받지 못할 것이라는 믿음과 관련이 있다. 이 두 변수는 유사하고 관련성이 있어 보이지만, 동일한 개념으로 취급해서는 안된다. COP에서도 절망감과 속박감을 구분하지 않고 있다.
3. 모든 구성요소의 관계가 애매하다. 이 이론에서는 여러 모델이 파생될 수 있는데, Johnson 외(2008)는 COP에서 파생될 수 있는 다양한 경로를 다음과 같이 제시하였다.

- 모델 1: 패배감→ 속박감→ 절망감(탈출구 없음)→ 자살행동
- 모델 2: 패배감→ 속박감/절망감→ 탈출구 없음→ 자살행동
- 모델 3: 패배감→ 속박감→ 탈출구 없음→ 절망감/자살행동
- 모델 4: 패배감→ 속박감→ 절망감→ 탈출구 없음→ 자살행동

위의 경로들은 COP에서 변수들의 관계를 설명할 수 있는 잠재적 경로들 중 일부이다. 이처럼 COP의 구성요소들과 자살행동의 경로는 명확하지 않다.

4. Johnson 외(2008)에 따르면, 또 다른 약점은 절망감/탈출구 없음을 모델에 포함시킬지 여부이다. Gilbert(1989)는 패배감과 속박감에 사로잡힌 새는 해당 상황에서 벗어나면 회복될 것이라고 주장하였다. Williams와 Pollock(2001)은 그렇기 때문에 이론의 세 번째 구성요소가 필요하다고 주장하였다. 그러나 Johnson 외(2008)는 해당 상황에서 새를 벗어나게 하는 것은 속박감에 사로잡혔다는 느낌을 완화시키기 때문에 세 번째 구성요소(절망감/탈출구 없음)는 실제로 필요하지 않다고 지적하였다.

COP의 이러한 "약점"을 고려하여, Johnson 외(2008)는 자살행동의 새로운 모델인 SAMS를 제시하였다. 다음 섹션에서는 SAMS의 3가지 주요 구성요소인 부정적 정보-처리 오류, 자살도식, 평가 시스템에 대해 검토해 본다.

부정적 정보-처리 오류

부정적 정보-처리 오류의 예로는 잘못된 정보제공, 잘못된 추론, 파국화, 위협에 대한 오해, 선택적 주의 등이 있다(Freeman et al., 2002, 2007; Garety & Freeman, 1999; Jolley et al., 2006; Startup, Freeman & Garety, 2007). 기억으로 정보를 부호화시키는 데 영향을 미치는 이러한 부정적 오류들은 자살도식과 평가 시스템에 영향을 미친다.

자살도식

SAMS에서 자살은 개인이 혐오적인 감정 혹은 상황에서 도피하고자 하는 반응이다. 자살 행동은 "생각, 계획, 행위로 이어지는 일련의 인지적이고 행동적인 사건"(Johnson et al., 2008, p.65)으로 개념화할 수 있다. 따라서 자살도식이 활성화되면 자살생각이 발생한다. 자살도식은 도피를 위한 행동계획이다.[8] 이 모델에 따르면, 자살도식은 개인에 따라 다양한 수준으로 표현된다. 자살도식은 "자극, 반응, 감정정보가 상호연결된 느슨한 네트워크로, 특정 부분이 활성화되면 도피전략으로 자살생각을 유발하게 된다"(p.65). 건강한 도피방법을 촉진시킬 수 있는 다른 도식을 자살도식이 억제시키기 때문에, 자살도식이 강력할수록 다른 도식이 활성화될 가능성은 적어

---

8 2장 참조.

진다. 자살도식은 부정적 정보-처리 오류와 평가 시스템에 의해 강화되고 구체화된다. Johnson 외(2008)는 "도식은 평가 시스템을 구동하고, 평가 시스템의 영향을 받으며, 평가 시스템에 의해 개선된다"(p.66)고 주장하였다. 도식은 고통스러운 사건 때문에 시작될 수도 있지만, 자살행동과 관련이 없는 것으로 보이는 무해한 사건 때문에도 시작될 수 있다.

평가 시스템

평가는 주의, 해석, 추론에 기초한 판단이다. 태도와 신념이 개인의 지각과 관련이 있기 때문에 평가에도 영향을 미칠 수 있다. SAMS는 4가지 평가를 수반하는데, 이는 다음과 같다. (1) 현재 상황에 대한 평가, (2) 역사적 요인과 패턴에 대한 평가, (3) 미래에 대한 평가, (4) 개인적 특성에 대한 평가.

현재 상황에 대한 평가는 현재 일어나고 있는 스트레스원에 대한 평가이다. Johnson 외(2008)는 정신병 환자의 자살에 주목하면서, 환청 및 위협과 관련된 환시가 환자들에게 큰 고통을 가져온 사례를 설명하였다. 이 모델을 정신병이 없는 경우의 자살에 적용하면, 스트레스원의 예로 대인관계 스트레스(예: 부부문제, 폭력성), 실직, 정신질환으로 인한 스트레스(정신병 환자의 경우 환각, 우울 증상 등), 재정적 어려움 등을 들 수 있다.

역사적 요인과 패턴에 대한 평가는 과거에 자살을 시도한 사람들이 많이 경험했던 부정적이거나 괴로운 사건 또는 패턴과 관련된 평가이다. 예를 들면, 아동기 성적 학대경험, 신체적 학대경험, 자연사나 자살로 부모를 상실한 경험, 기타 충격적인 사건에 대한 경험들은 자살행동으로 이어지는 경우가 많다.

미래에 대한 평가는 절망감 개념이 모델로 들어가는 지점이다. 미래에 대한 평가는 (1) 현재의 문제에 대한 잠재적 해결방안 생성, (2) 해결방안의 내용, (3) 해결방안의 평가라는 세 가지 관점에서 이루어지게 된다. 이전의 연구를 통해 자살행동이 해결방안 생성 부족(Schotte & Clum, 1987) 및 해결방안의 부정적 내용(MacLeod, Rose, & Williams, 1993)과 관련이 있는 것으로 나타났다.

마지막으로, 개인적 특성에 대한 평가는 자신 및 자존감에 대한 평가이다. 자살충동을 가진 사람들은 흔히 자존감이 낮고, 자신에 대한 부정적인 시각을 갖고 있다(Palmer, 2004; Wild, Flisher, Bhana & Lombard, 2004; Cox, Enns & Clara, 2004). 이들은 자신을 "쓸모없음", "형편없음"으로 평가하는데, 이러한 부정적 자기 평가는 현재 상황, 역사적 요인과 패턴, 미래에 대한 평가에 영향을 미칠 수 있다. 반대로, 역사적 패턴(예: 아동기 성적 학대경험)이 부정적 자기 평가를 가져올 수도 있다.

아직까지 SAMS에서 패배감과 속박감의 역할에 대해서는 논의하지 않았다. Johnson 외(2008)는 "현재 모델에서는 앞에서 기술한 4가지 평가 유형에서 패배감과 속박감이 발생하게 된다"(p.68)고 주장하였다. 인지 이론(7장 참조)에서 SAMS의 4가지 평가에서 나타나는 패배감과 속박감의 역할에 대해 설명할 것이다.

통합된 동기-의지모델(IMV)

패배감 및 속박감과 관련된 마지막 모델은 O'Connor(2011)가 제안한 IMV이다. IMV는 자살행동과 관련된 여러 모델들을 통합하는 모델이다. 이 "통합형" 모델에서는 자살행동과 관련된 모델들의 주요 구성요소들을 선택해서 3단계 모델로 자살을 설명한다. IMV의 3단계는 (1) 동기 전 단계, (2) 동기부여 단계, (3) 의지적 단계이다. 이 모델은 "특정 행동을 가장 잘 예측하는 변수는 행동의도"(O'Connor, 2011, p.185)라고 주장한 계획된 행동 이론(TPB)(Ajzen, 1991)에 기초하고 있다. TPB에서는 의도가 형성되는 동기부여 단계와 행동을 규정하는 의지적 단계의 2단계를 통해 행동이 발생한다고 주장한다. O'Connor는 TPB가 의도와 의도에 따라 행동하는 것을 구별하는 장점이 있기 때문에 자살행동 모델의 기초로 사용하였다. IMV에서 의도는 자살생각을 의미하고, 의도에 따라 행동하는 것은 자살시도를 의미한다. 자살생각은 동기부여 단계에서 형성되며, 자살생각에서 자살시도로의 전환은 의지적 단계에서 이루어진다.

O'Connor는 이 이론에서 주목해야 할 IMV의 5가지 주요 원칙에 대해 논의하였다. 5가지 주요 원칙은 다음과 같다.

1. 이 모델은 심리학을 기반으로 하고 있지만, 학제간 모델이다.
2. 이 모델은 기존에 존재하는 경험적으로 지지된 자살행동 모델들을 기반으로 한다.
3. 이 모델은 자살생각과 자살행동을 구분한다.

4. 이 모델은 경험적으로 검증할 수 있는 가설이 분명하다.

5. 이 모델은 예방과 개입 모두에 영향을 미친다.

이미 논의된 바와 같이, IMV는 TPB를 기반으로 하고 있고, Schotte와 Clum(1987)이 제안한 스트레스-소인 이론과 Williams (2001)의 저지된 탈출 개념에도 의존하고 있다.

동기 전 단계

첫 번째 단계인 동기 전 단계에서는 자살행동과 관련된 생물사회적 요인의 영향력을 조정한다. O'Connor에 의하면, 동기부여 단계와 의지적 단계는 "생물사회적 진공상태에서는 작동하지 않는다"(p.186). 동기 전 단계는 3요소인 소인-환경-생활사건이 배경요인과 촉발사건으로 표현되는 단계이다. 스트레스-소인 이론에서 소인은 스트레스를 받으면 촉발되는 유전적 또는 생물학적 인자나 취약성을 나타내고, 스트레스는 환경요인이나 부정적 생활사건을 나타낸다. 또한 동기 전 단계에는 위험을 내포하는 성격적 요인이 포함된다.

동기부여 단계

두 번째 단계인 동기부여 단계는 패배감과 속박감 개념이 모델에 포함되는 단계이다. 패배감과 속박감 개념은 Williams가 고통호소 모델에서 제안한 개념과 동일하다. 그러나 패배감과 더불어 굴욕감

개념도 포함되어 있다. O'Connor는 동기 전 단계에서 논의된 배경 요인들이 패배감과 굴욕감을 가져온다고 주장하였다. 패배감과 굴욕감을 가져오는 요인 중 하나는 비현실적인 기대감이나 완벽주의 같은 인지적 요인이다.[9] 패배감과 굴욕감을 겪은 후, 도피하려는 동기는 있지만 도피가 차단될 때 속박감에 빠지게 된다. 패배감과 굴욕감이 속박감에 이르는 과정에 영향을 미치는 요인을 자기 중재자에 대한 위협(TSM)이라고 부르며, TSM은 패배감/굴욕감과 속박감의 관계를 강화시키는 요인이다. O'Connor는 TSM의 예로 사회적 문제해결능력 부족, 기억오류, 반추 등을 제시하였다. 속박감은 자살생각과 자살시도로 이어지는데, 패배감/굴욕감과 속박감의 관계에서와 마찬가지로, 속박감과 자살생각의 관계는 동기부여 중재자(MM)의 영향을 받는다. MM은 속박감이 자살생각으로 이어질 가능성을 증가시키거나 감소시키며, 그 예로는 좌절된 소속감, 인식된 짐스러움,[10] 미래에 대한 평가, 목표, 주관적 규범 등이 있다.

의지적 단계

마지막 단계인 의지적 단계에서는 의도에서 행동으로의 전환에 초점을 맞춘다(자살생각 →자살시도). 앞에서 논의된 TSM 및 MM과 마찬가지로, 의도에서 행동으로의 전환에 영향을 미치는 요인을 의지적 중재자(VM)라고 부른다. VM은 "자살의도-자살행동 사이

---

9 7장 참조.
10 3장 참조.

의 간극을 메우는"(p.193) 요인으로, 예를 들면, 자해능력 획득(3장 참조), 충동성, 계획, 수단에 대한 접근, 모방 등이 포함된다.

IMV에 대한 결론

IMV의 다양한 개념들은 자살행동에 대한 다른 이론들로부터 도출되었다. IMV의 독특한 점은 개념들의 왜곡이나 변형 없이 해당 개념들을 이론적 틀 안에 집어넣은 최초의 이론이라는 점이다. 과거의 다른 이론들은 새롭게 제안된 개념이나 기존 개념을 일부 변경함으로써 새로운 이론의 개념을 설명하려고 시도해 왔다. 하지만 IMV는 경험적으로 지지된 개념들을 변경하지 않고 모델에 통합시켰다. 또한, 다른 이론들은 자살행동에 대한 설명이 너무 단순하다는 비난을 받는 반면, IMV는 자살의 복잡성을 인정하고 자살에 영향을 미치는 모든 요인을 모델에 포함시켰다. O'Connor(2011)는 IMV를 다음과 같이 요약하여 설명하였다.

> IMV는 자살행동이 복잡한 요인들의 상호작용 결과로 발생하며, 자살행동을 하려는 의도(행동 의도)가 자살행동의 가장 중요한 예측변수라고 제안한다. 행동 의도는 자살을 해당 상황에 대한 중요한 해결책으로 여겨 속박감에 빠지게 되면 결정되고, 속박감은 패배감/굴욕감에 의해 촉발된다. 결정적으로, 패배감/굴욕감에서 속박감으로, 속박감에서 자살생각/자살의도로, 자살생각/자살의도에서 자살행동으로의 전환은 단계별로 특정한 중재자의 영향을 받는다(p.185).

경험적 연구

지금까지 패배감과 속박감이라는 개념을 바탕으로 한 세 가지 자살관련 모델에 대해 살펴보았다. 이제부터는 패배감과 속박감, 정신병리학, 자살행동의 관계를 검증한 연구들을 간략히 검토해 본다.

대학생

Goldstein과 Willner(2002)는 32명의 여대생을 대상으로 우울한 기분을 유발한 후, 패배감과 속박감을 자기보고식으로 측정하였다. 우선, 음악적 기분유도 절차를 이용하여 우울한 기분 또는 고양된 기분을 유발하였다. 우울한 기분을 유발하기 위해 Bartok의 "Divertimento for String Orchestra"를 들려주었고, 고양된 기분을 유발하기 위해 Delibes의 "Coppelia"를 들려주었다. 앞에서 논의된 이론에서와 같이, 부정적 기분유도는 패배감과 속박감 증가와 관련이 있는 반면, 긍정적 기분유도는 패배감과 속박감 감소와 관련이 있는 것으로 나타났다.

Taylor 외(2011a)는 대학생들을 1년 간격으로 두 시점에서 조사하여 패배감과 속박감, 자살생각의 관계를 검증하였다. 기초신에서의 패배감은 추적조사에서의 자살생각에 영향을 미치는 것으로 나타났지만, 속박감은 영향이 없는 것으로 나타났다. 역관계는 나타나지 않아, 패배감이 자살생각으로 이어지는 경로만 검증되었다. 또한, 패배감과 속박감을 하나의 변수로 결합시킨 변수는 자살생각에 유의미한 영향을 미치는 것으로 나타났다.

Lester(2012)는 대학생들을 대상으로 패배감과 속박감이 우울과 자살생각에 미치는 영향력을 절망감과 무기력함이 우울과 자살생각에 미치는 영향력과 비교하였다. 연구결과, 패배감/속박감과 절망감/무기력함이 우울과 자살생각에 미치는 영향력이 유사하다는 사실을 발견하였다.

성인

Willner와 Goldstein(2001)은 스트레스와 우울의 관계를 살펴보았고, 해당 관계가 패배감과 속박감에 의해 매개되는지 여부를 검증하였다. 연구대상은 특별한 욕구를 가진 아이들 때문에 매우 높은 스트레스를 갖고 있는 76명의 어머니들이었다. 연구결과, 패배감과 속박감을 통제한 후, 스트레스와 우울의 관계는 유의미하지 않았다. 이는 스트레스와 우울의 관계가 패배감과 속박감에 의해 매개된 것을 의미한다.

임상사례

Gilbert와 Allan(1998)은 대학생과 우울증 환자를 대상으로 패배감과 우울의 관계를 절망감을 통제한 후 살펴보았다. 연구결과, 절망감을 통제한 후에도 패배감은 우울에 강력한 영향을 미치는 것으로 나타났다. 또한, 다른 사회적 서열 변수(예: 사회적 비교 요인)들을 통제한 후에도 패배감과 속박감의 우울에 대한 설명력이 높은 것으로 나타났다.

O'Connor(2003)는 자살시도자 집단과 통제집단의 정서, 스트레스, 외상 후 스트레스를 측정하여 비교하였다. 연구결과, 자살시도자 집단이 통제집단에 비해 높은 패배감, 낮은 도피가능성, 낮은 사회적 지지 수준을 가지고 있는 것으로 나타났다. 또한, 우울과 절망감을 추가하여 분석한 결과에서도, 고통호소 변수에 대한 자살시도자 집단과 통제집단의 차이는 통계적으로 유의미하였다.

Taylor, Gooding, Wood, Johnson, Pratt, Tarrier(2010)는 정신분열증 환자들을 대상으로 패배감과 속박감의 관계를 살펴보았다. 연구결과, 단일항목으로 측정된 패배감과 속박감이 자살생각과 자살행동을 많은 부분 설명하는 것으로 나타났다(31%). 또한, 절망감과 우울을 통제한 후에도, 패배감과 속박감은 증상의 심각성과 자살생각의 관계를 매개하는 것으로 나타났다.

논의

제한점과 강점

대부분의 자살이론과 마찬가지로, 패배감-속박감 이론에도 제한점과 강점이 있다. 가장 명백한 제한점 중 하나는 관련된 자살연구들이 제한되어 있다는 점이다. 패배감과 속박감이 자살행동에 미치는 영향을 살펴보는 연구에서는 임상적 증상을 증대시키기 위해 의료적 처치를 거의 하지 않는다. 윤리적 사항을 고려한다면, 이는 거의 불가능한 일이다. 앞에서 언급된 한 연구에서는 약한 기분저하를 유발할 가능성이 있었지만, 이러한 연구는 패배감과 속박감이 우울과 자살행동에 미치는 영향을 잘 이해하고 인과관계를 증명하는 데 도움이 될 수 있다. 또한 이미 패배감과 속박감을 경험한 사람들을 대상으로 추가적인 연구가 이루어질 필요가 있다. 이러한 사람들을 대상으로 개입을 진행하면, 패배감 및 속박감과 관련된 자살행동과 우울에 대한 추가 정보를 수집할 수 있을 것이다.

패배감-속박감 이론에는 몇 가지 강점이 있다. 첫째, 인간과 동물의 행동을 이전의 자살이론에서는 다루지 않았던 방식으로 통합하며, 진화론적 관점을 적용하였다. 진화론적 관점은 인간의 다양한 행동(예: 관계부정, 공격성)을 설명하기 위해 사용된 적은 있지만, 자살행동을 설명하기 위해 사용된 적은 거의 없었다.[11] 둘째, 특히 IMV의 경우, 자살행동과 관련된 많은 요인들(예: 좌절된 소속감, 인식된 짐스러움, 절망감, 자해능력 획득)을 설명하였다. 패배감-속박감 이론에서는 이러한 개념들을 어렵지 않게 모델에 포함시킬 수 있다. 마지막으로, 이론의 가장 중요한 측면 중 하나인 검증 가능한 구체적인 가설이 있다. 이는 다른 자살이론에서는 할 수 없는 가설검증을 포함한다. 향후 연구에서는 이러한 가설들에 초점을 맞추어 패배감과 속박감이 자살행동과 정신병리학에 미치는 영향을 검증해야 한다.

---

11 5장 참조.

예방 및 임상적 함의

패배감-속박감 이론은 명확한 예방 및 임상적 함의를 지니고 있다. 패배감과 속박감은 자살행동을 불러일으키는 중요한 요인이므로, 이를 완화시키는데 초점을 맞추는 치료는 자살위험을 감소시킬 수 있다. 특히, 패배감과 속박감이 발생하게 되는 평가에 주목할 필요가 있다. 인지행동치료(CBT)는 정신병리와 자살행동을 촉진하는 사고패턴과 오류에 초점을 맞추기 때문에 이상적인 치료법이다. 따라서 CBT는 패배감과 속박감이 있는 대상에게 실시할 수 있다. 또한, 패배감과 속박감의 역할에 집중하게 되면, 임상의들은 자살위험을 잘 평가할 수 있을 것이다. 만약 내담자가 패배감과 속박감의 징후를 보이고, 절망감과 같은 다른 위험요인이 동반되고 있다면, 고위험군으로 분류할 수 있다. 패배감과 속박감(예: 완벽주의)의 발달을 촉진하는 인지왜곡이나 패턴에도 주목하여야 한다.

결론

이 장에서는 자살행동에 대한 패배감-속박감 이론에 대해 검토하였다. 이 이론에서는 사람들이 패배감을 느끼거나, 패배감을 느끼는 경험으로부터의 탈출이 봉쇄되었을 때, 자살행동이 발생한다고 가정한다. COP에서는 절망감을 추가적인 개념으로 제시하였고, IMV에서는 다른 자살이론에서 제시된 좌절된 소속감, 인식된 짐스러움

등을 모델에 통합하였다. 이 이론은 예방 및 치료에 대한 다양한 함
의를 지니고 있다. 향후 연구에서는 이 이론의 구체적인 가설들을
더욱 자세히 검증해야 한다.

[참고문헌]

Ajzen, I. (1991). The theory of planned behavior. *Organization Behavior and Human Decision Process, 50,* 170-211.

Clum, G. A., & Febbraro, G. A. R. (2002). Social problem solving and suicide risk. In E. C. Chang, T. J. D'Zurilla & L. J. Sanna (Eds.), *Social problem solving: Theory, research, and training,* pp. 67-82. Washington, DC: American Psychological Association.

Cox, B. J., Enns, M. W., & Clara, I. P. (2004). Psychological dimensions associated with suicidal ideation and attempts in the National Comorbidity Survey. *Suicide & Life-Threatening Behavior, 34,* 209-219.

Dixon, A. K. (1998). Ethological strategies for defense in animals and humans: Their role in some psychiatric disorders. *British Journal of Medical Psychology, 71,* 417-445.

Freeman, D., Garety, P. A., Kuipers, E., Fowler, D., & Bebbington, P. E. (2002). A cognitive model of persecutory delusions. *British Journal of Clinical Psychology, 41,* 331-347.

Freeman, D., Garety, P. A., Kuipers, E., Fowler, D., Bebbington, P. E., & Dunn, G. (2007). Acting on persecutory delusions: The importance of safety seeking. *Behaviour Research & Therapy, 45,* 89-99.

Garety, P. A., & Freeman, D. (1999). Cognitive approaches to delusions: A critical review of theories and evidence. *British Journal of Clinical Psychology, 38,* 113-154.

Gilbert, P. (1989). *Human nature and suffering.* London: Erlbaum.

Gilbert, P. (2000). The relationship of shame, social anxiety and depression: The role of the evaluation of social rank. *Clinical Psychology & Psychotherapy, 7,* 174-189.

Gilbert, P. (2006). Evolution and depression: Issues and implications. *Psychological Medicine, 36,* 287-297.

Gilbert, P., & Allan, S. (1998). The role of defeat and entrapment (arrested flight) in depression: An exploration of an evolutionary view. *Psychological Medicine, 28,*

585-598.

Goldstein, R. C., & Willner, P. (2002). Self-report measures of defeat and entrapment during a brief depressive mood induction. *Cognition & Emotion, 16*, 629-642.

Johnson, J., Gooding, P., & Tarrier, N. (2008). Suicide risk in schizophrenia: explanatory models and clinical implications. *Psychology & Psychotherapy: Theory, Research & Practice, 81*, 55-77.

Jolley, S., Garety, P. A., Bebbington, P. E., Dunn, G., Freeman, D., Kuipers, E. et al. (2006). Attributional style in psychosis: the role of affect and belief type. *Behaviour Research & Therapy, 44*, 1597-1607.

Lester, D. (2012). Defeat and entrapment as predictors of depression and suicidal ideation versus hopelessness and helplessness. *Psychological Reports, 111*, 498-501.

MacLeod, A. K., Rose, G. S., & Williams, J. M. G. (1993). Components of hopelessness about the future in parasuicides. *Cognitive Therapy & Research, 17*, 441-455.

Nesse, R. (1998). Emotional disorders in evolutionary perspectives. *British Journal of Medical Psychology, 71*, 397-15.

Nesse, R. (2000). Is depression an adaptation? *Archives of General Psychiatry, 57*, 14-20.

Nettle, D. (2004). Evolutionary origins of depression: A review and reformation. *Journal of Affective Disorders, 81*, 91-102.

O'Connor, R. C. (2003). Suicidal behavior as a cry of pain: Test of a psychological model. *Archives of Suicide Research, 7*, 297-308.

O'Connor, R. C. (2011). Towards an integrated motivational-volitional model of suicidal behavior. In R. C. O'Connor, S. Platt & J. Gordon (Eds.), *International handbook of suicide prevention: Research, policy and practice*, pp. 181-198. Hoboken, NJ: Wiley-Blackwell.

Palmer, C. J. (2004). Suicide attempt history, self-esteem, and suicide risk in a sample of 116 depressed voluntary inpatients. *Psychological Reports, 95*, 1092-1094.

Price, J., Sloman, L, Garnder, R., Gilbert, P., & Rhode, P. (1994). The social competition hypothesis of depression. *British Journal of Psychiatry, 164*, 309-315.

Price, J., & Sloman, L. (1987). Depression as yielding behavior: an animal model based on Schjelderup-Ebbe's pecking order. *Ethology & Sociobiology, 8*, 85-98.

Schotte, D. E., & Clum, G. A. (1987). Problem solving skills in suicidal psychiatric patients. *Journal of Consulting & Clinical Psychology, 55*, 49-54.

Shively, C. A. (1998). Social subordination stress, behavior, and central monoaminergic function in female cynomolgus monkeys. *Biological Psychiatry, 44*, 882-891.

Sloman, L. (2000). How the involuntary defeat strategy relates to depression. In L. Sloman & P. Gilbert (Eds.), *Subordination and defeat: An evolutionary approach to mood disorders and their therapy*, pp. 47-67. Mahwah, NJ: Erlbaum.

Sloman, L., Gilbert, P., & Hasey, G. (2003). Evolved mechanisms in depression: The role and interaction of attachment and social rank in depression. *Journal of Affective Disorders, 74*, 107-121.

Startup, H., Freeman, D., & Garety, P. A. (2007). Persecutory delusions and catastrophic worry in psychosis: Developing the understanding of delusion distress and persistence. *Behaviour Research & Therapy, 45*, 523-537.

Sturman, E. D., & Mongrain, M. (2005). Self-criticism and major depression: An evolutionary perspective. *British Journal of Clinical Psychology, 44*, 505-519.

Taylor, P. J., Gooding, P., Wood, A. M., Johnson, J., Pratt, D., & Tarrier, N. (2010). Defeat and entrapment in schizophrenia: The relationship with suicidal ideation and positive psychotic symptoms. *Psychiatry Research, 178*, 244-248.

Taylor, P. J., Gooding, P., Wood, A. M., Johnson, J., & Tarrier, N. (2011a). Prospective predictors of suicidality: Defeat and entrapment lead to changes in suicidal ideation over time. *Suicide & Life-Threatening Behavior, 41*, 297-306.

Taylor, P. J., Gooding, P, Wood, A. M., & Tarrier, N. (2011b). The role of defeat and entrapment in depression, anxiety, and suicide. *Psychological Bulletin, 137*, 391-420.

Taylor, P. J., Wood, A. M., Gooding, P., & Tarrier, N. (2009). Are defeat and entrapment best defined as a single construct? *Personality & Individual Differences, 47*, 795-797.

Wild, L. G., Flisher, A. J., Bhana, A., & Lombard, C. (2004). Associations among adolescent risk behaviours and self-esteem in six domains. *Journal of Child Psychology & Psychiatry, 45*, 1454-1467.

Williams, J. M. G. (1997). *Cry of pain: Understanding suicide and self-harm*. New York: Penguin.

Williams, J. M. G. (2001). *Suicide and attempted suicide: Understanding the cry of pain*. London: Penguin.

Williams, J. M. G., & Pollock, L. R. (2001). Psychological aspects of the suicidal process. In K. van Heeringen (Ed.), *Understanding suicidal behaviour*, pp. 76-93. Chichester, UK: Wiley.

Willner, P., & Goldstein, R. C. (2001). Mediation of depression by perceptions of defeat and entrapment in high-stress mothers. *British Journal of Medical Psychology, 74*, 473-485.

제5장

생태학 및 사회생물학 이론

David Lester

4장에서 논의한 패배감-속박감 이론은 진화론적 이론이다. 그 외에도, 다른 진화론적 개념들이 자살행동에 적용되어 왔다. 이 장에서는 본능에 따르는 동물의 행동을 연구하는 생태학 이론이 자살행동에 적용될 수 있는지에 대해 다음의 질문을 통해 검토해 본다. 인구 중 일부가 자살을 통해 사라진다고 본다면, 자살이 진화에 영향을 미치는 것일까? 비교적 새로운 분야인 사회생물학 이론이 자살을 설명할 수 있을까? 동물도 자살을 하는가? 자살행동에서 밈(meme)은 어떤 역할을 하는가?

생태학 이론[12]

생태학은 동물의 행동을 연구하는 학문으로, 동물의 행동이 어떻

---

12 Lester와 Goldney(1997) 참조.

게, 그리고 왜 일어나는지에 집중한다.[13] 생태학자들은 서식지에서의 동물의 행동을 정확하게 관찰하고 묘사하는 것을 강조하지만, 동물에게 자극을 체계적으로 제시하는 실험상황에서의 관찰도 중요시한다. 동물행동의 메커니즘은 동물의 신경네트워크에 프로그래밍되어 있기 때문에, 유전자나 동물의 특성을 변화시키는 진화방식에 의해 결정된다.

하지만 자살행동에 어떻게 생태학의 개념이 적용될 수 있는지는 명확하지 않다. 왜냐하면 자연사를 자살로 분류하기 위해서는 자살의도를 입증해야하기 때문이다(Goldstein, 1940). 하지만 Menninger(1938)는 이러한 제한된 정의에 동의하지 않았다. 돌고래에게서도 자살행동으로 보이는 행동이 관찰되었고, 생물학자들은 솜벌레 나방(Bariola, 1978), 나비(Trail, 1980), 진디(McAllister & Roitberg, 1987), 조류(O'Connor, 1978), 박테리아(Namdari & Cabelli, 1989)와 같은 하등동물의 행동을 묘사할 때 종종 "자살"이라는 용어를 사용하였다.[14]

이 섹션에서는 생태학의 기본 원리에 대해 간략히 살펴보고, 이를 통해 자살행동을 설명할 것이다.

생태학의 기본 개념

생태학의 기본 개념은 노벨의학상을 수상한 Konrad Lorez와

13 Gould(1982), Immelmann(1980) 참조.
14 Preti(2005, 2007)는 최근 동물들이 자살을 한다는 사실을 발견하였다.

Niko Tinbergen이 제시하였다. 예를 들어, 회색거위의 알을 굴리는 행동에 대해 살펴보자. 알을 품고 있던 거위가 둥지 근처에서 다른 알을 발견하면, 관심은 다른 알에 집중된다. 이후 거위는 천천히 일어나 다른 알에 목을 뻗어 알의 하단을 굴려서 둥지 안으로 집어넣는다. 이러한 행동을 *고정 행동패턴*이라고 한다. 이러한 반응은 학습된 것이 아니라 타고난 것으로 보이며, 행동의 조정과 패턴은 정형화되어 있다. 따라서 별다른 지각이 없어도 패턴이 완성된다. 고정 행동패턴을 방출하는 자극을 *선천적 방출 메커니즘*이라고 한다. 거위는 물체의 한 측면에만 반응하기 때문에, 해당 자극을 *신호 자극*이라고도 한다. 고정 행동패턴은 특정 시점까지만 행동을 제한하는 *동기*에 의해 작동되는데, 거위의 경우에는 부화하는 것이 이에 해당된다. 선천적 방출 메커니즘은 동물행동의 선천적으로 프로그래밍된 본성을 보여주며, 동물들로 하여금 집중하고 자극에 신속하게 반응하도록 한다. 이러한 자극은 초기에는 복잡하지 않고 개별적인 것으로 보이지만, 시간이 지남에 따라 초기에 의존했던 선천적 방출 메커니즘에서 변형되어 빠르고 복잡한 그림으로 대체된다. Tinbergen은 회색거위의 고정 행동패턴에 대해 살펴보았고, 볼록한 물체들이 거위가 알을 굴리는 행동을 촉발한다는 것을 발견하였다. 실제로, 거위는 알보다 큰 물체, 즉 배구공을 선호하였다. 여기에서 배구공은 *특별한 자극제*라고 할 수 있다.

　이러한 행동은 매우 엄격하게 나타난다. 예를 들어, 말벌은 귀뚜라미를 잡으면, 굴에서 약 1인치 떨어진 곳에 버려둔다. 이후에는, 굴을 살펴본 후 귀뚜라미를 찾게 된다. 만약 말벌이 굴을 살펴보는 동안 실험자가 귀뚜라미를 멀리 떨어진 곳으로 옮기면, 말벌은 귀뚜라미를 다시 근처로 옮긴다. 계속해서 실험자가 귀뚜라미를 옮기더라도, 말벌은 절대 귀뚜라미를 굴속으로 집어넣지 않는다.

선천적 방출 메커니즘과 고정 행동패턴은 순차적으로 나타날 수 있다. 하나의 고정 행동패턴이 선천적 방출 메커니즘을 자극하면, 다음의 고정 행동패턴을 불러일으킬 수 있다. 이는 동물의 구애 패턴에서 가장 많이 관찰된다. *각인*은 행동 프로그래밍의 또 다른 예로 볼 수 있다. 예를 들면, 새는 부화한 후 몇 시간 동안 특정한 자극을 주는 물체를 따라가게 되는데, 이는 해당 물체를 어미로 받아들이기 때문이다.

행동의 해제에 필요한 자극의 진폭을 *임계값*이라고 한다. 행동을 반복적으로 수행하면 필요한 임계값이 조금씩 증가하게 되며, 이를 *행동-피로*라고 한다. 동물은 선천적 방출 메커니즘에 익숙해지면 자극에 반응하지 않을 수 있는데, 이를 *자극-피로*라고 하며, 이는 신경에서 발생하는 것으로 추정된다.

모든 고정 행동패턴은 Freud의 에너지 모델(Cofer & Appley, 1964, p.597)에서 제시된 것과 유사한 반응 에너지를 가지고 있다. 만약 행동패턴이 한동안 발생하지 않았다면, 고정 행동패턴은 단순하고 구체적이지 않은 자극에도 해제될 수 있다. 예를 들어, 먹이의 목을 물어뜯을 수 있는 기회가 없는 개들은 슬리퍼나 다른 가정용품 등의 *대체물*을 물어뜯으려 한다. 극단적인 상황에서도 외부자극 없이 고정 행동패턴은 발생할 수 있으며, 이를 *진공행동*이라고 한다.

선천적 방출 메커니즘

Stengel과 Cook(1958, p.17)은 자살행동에 생태학을 처음으로 적용하면서 Lorenz와 Tinbergen의 연구를 언급하였다. 즉, 자살시도는 사회적 해제자의 역할을 한다는 것이다. Stengel(1962)은 "자살시도는 경보시스템과 도움호소의 기능을 하며, 규칙적으로 '선천적 방출 메커니즘'을 따른다"(p.726)고 주장하였다. Farberow와 Shneidman (1961)의 유명한 저서 『The Cry for Help』에 자살시도, 선천적 방출 메커니즘, 고정 행동패턴의 개념이 소개된 것은 흥미로운 사실이며, 타인에게서 이끌어낸 반응은 돌봄과 관련이 있었다. Henderson (1974)은 자살시도가 돌봄을 촉발하는 행동이며, 돌봄을 위한 원초적 신호가 자살시도라고 주장하였다.[15]

고정 행동패턴

자살시도는 고정 행동패턴으로도 볼 수 있다. Freud의 초기 정신분석이론에서는 리비도(성욕)라고 불리는 오직 하나의 에너지원만 존재하였다. 이때, 좌절에 대한 자연스러운 반응은 좌절을 주는 대상을 공격적으로 대하는 것이다. 만약 해당 대상에 대한 공격이 금지되거나 처벌된다면, 공격성은 차단되어 자기내부로 들어가 우울증이나 자기파괴적 행동을 초래하게 된다(Henry & Short, 1954).

---

15 이러한 주장이 가능하려면, 중요한 다른 사람들에 대한 돌봄 행동이 나타나야 한다. 하지만, 돌봄 행동이 부족하다고 해서 생태학적 가설을 부인할 수는 없다.

그러나 Freud의 후기 이론에서는 인간의 주요 본능인 에로스(삶)와 타나토스(죽음)를 주장하였다. Menninger(1938)에 의하면, 자기 파괴적 행동은 생존하기 위해 통제해야 할 기본적 패턴이 된다. 이런 관점에서, 자살행동은 타고난 행동패턴이며, 생태학적 용어로는 고정 행동패턴이라 할 수 있다.

자살행동을 고정 행동패턴으로 본다면, 두 가지 의문점을 제기할 수 있다. 첫 번째 의문점은, 이러한 행동을 가능하게 하는 선천적 방출 메커니즘은 무엇인가이다. 일반적으로 스트레스원이 행동을 불러일으키는 자극이라 볼 수 있지만, 자살행동을 촉진하는 스트레스원은 연령, 성별, 기타 개인적 특성에 따라 다르다는 것이 연구결과를 통해 나타났다(Lester, 1992).

생태학적 관점에서 흥미로운 것은, 대인관계와 관련된 자극이 자살행동을 불러일으키는데 중요한 역할을 한다는 것이다. Richman(1986)은 자살행동의 발생과 감소에 가족이 영향을 미친다고 주장하였다. 이는 순차적으로 나타나게 되는데, 한 사람의 행동이 다른 사람의 자살행동을 불러일으키면, 이는 다시 첫 번째 사람에게 돌봄 행동으로 돌아간다는 것이다. 그동안은 살인자와 희생자의 역동적 교류(Luckenbill, 1977)가 자살자와 중요한 다른 사람과의 역동적 교류보다 더 많이 연구되었기 때문에, 향후에는 자살행동에 대한 연구를 통해 간극을 좁힐 필요가 있다.

두 번째 의문점은, 자살행동이 고정 행동패턴이라면, 선천적 방출 메커니즘이 없는 경우에는 어떤 일이 발생하는가이다. 생태학에 따르면, 고정 행동패턴은 수시로 나타나야 한다. 고정 행동패턴이 없이 시간이 지나면, 패턴을 방출하는 데 필요한 자극은 점점 더 약해져서, 방출자극이 없어도 패턴이 발생하는 진공행동 상태에 이르게 된다.

Lorenz(1966)는 외적지향 공격에 대해 설명하면서, 사회적으로 용인되는 스포츠나 준군사조직 등을 통해 공격성을 표출할 수 있어야 한다고 주장하였다. 즉, 자살행동을 방지하기 위해 자기파괴적 행동이 안전하게 실행될 수 있는 사회적으로 용인되는 방법이 필요한 것이다. 자기파괴적 행동을 표출하는 방법으로 사람들은 죽음을 무릅쓰고 등산을 하거나, 약물을 남용하거나, 자해를 한다. 개가 먹이의 목을 물어뜯을 수 없어서 슬리퍼를 물어뜯듯이, 사람들은 약물 과다복용으로 자살을 할 수는 없어서 알코올이나 다른 약물을 남용하는 것일 수 있다. 이런 관점에서는 약물남용도 자살예방 수단이 될 수 있다.

진화

오래전부터 동물의 개체 수는 영양분의 크기와 양에 비례한다고 알려져 왔다. 자원이 풍부하면 개체 수는 늘어나고, 자원이 부속하면 개체 수는 줄어든다. 이러한 패턴이 인간에게도 적용될 수 있을까? 인간의 행동은 인구를 규제하는데 기여하였다. 일반적인 살인, 유아살해, 노인살해는 자원이 부족할 때 인구를 감소시키는 방법이었다. 결혼에 대한 사회적 규제, 근친혼이나 동성애에 대한 금기 또한 인구를 조절하는 방법으로 볼 수 있다.

Jonas와 Jonas(1980)는 약물중독이 초기에는 사람들을 만족시키는 것처럼 보이지만, 약물중독자는 건강문제와 사회적 적응혼란을 겪게 된다고 지적하였다. 따라서 약물중독자의 생식능력은 손상되어, 해당 유전자는 일반적으로 유전자 풀에서 사라지게 된다(자연선택에 따라 적합한 유전자는 생존하게 되고, 덜 적합한 유전자는 시간이 지남에 따라 사라지는 것이다).

Jonas와 Jonas는 약물중독자(또는 정신질환자)의 유전자가 외부 자극이나 집단압력에 민감하게 반응하는 경향이 있다고 주장하였다. 이러한 경향은 사회가 작을수록 사람들이 생존하기 위해 환경의 위험에 민감해질 때 나타난다. 하지만 현대사회에서 이러한 민감성은 불편함으로 이어지는데, 마약을 하는 사람들은 지각이 손상되어 이러한 불편함을 덜 느낄 수 있다. Jonas와 Jonas는 현대사회의 약물중독자들은 인구감소에 쉽게 순응할 수 있는 가용한 유전자 풀을 이미 형성하고 있다고 보았다. 스트레스성 질환의 증가 또한 인구를 감소시키는 방법으로 볼 수 있는데, Jonas와 Jonas는 자기희생적 행동이 중요한 역할을 한다고 지적하였다. 약물중독이나 이와 유사한 행동은 사람들이 유전자 풀에서 자신의 유전자를 제거하는 방법이 될 수 있다.

자살 적용

이러한 과정은 자살행동에 잘 적용될 수 있다. 자살은 유전자 풀에서 자살자의 유전자를 제거하고, 인구를 감소시킨다. 자살사망자들을 살펴보면, 빈곤한 국가를 제외하고는 일반적으로 나이가 많거나 가임기가 지난 사람들의 자살률이 가장 높은 것으로 나타난다 (Lester, 1982). 빈곤한 국가에서는 자원이 부족하기 때문에 가임기 여성들(15-24세)의 자살률이 높으며, 이는 인구증가의 잠재력을 감소시킨다. 정신장애자들의 자살률이 높다는 사실(Lester, 1992)은 유전적으로 도움이 될 수 있다. 왜냐하면 이들의 자살로 인해 사회의 유전자 풀에서 결함이 있는 유전자가 제거되기 때문이다. Joiner (2005)의 대인관계 심리학 이론(3장 참조)에서는 자살에 영향을 미치는 요인으로 인식된 짐스러움을 포함하고 있는데, 이 개념은 진화론적 관점과 양립할 수 있다.

진화론자에게는 사회적 압력에 따라 자살하는 숙명적 자살(Durkheim, 1897)이 사회적 고립이나 소외(이기적 자살, 아노미적 자살)로 인한 자살유형보다 더 필요한 자살유형으로 여겨질 수 있다. 예를 들어, sati(인도 미망인의 순장)와 seppuku(일본의 할복)는 사회적 압력에 의한 자살이다. 집단자살 역시 진화론적 욕구를 충족시키는 것으로 볼 수 있다.

Abed(1997)는 Durkheim의 이타적 자살도 진화론적 관점을 충족시킨다고 주장하였다. 이타적 자살을 통해 사회적 불명예를 해소하고, 살아남은 친족의 사회적 지위를 회복(또는 강화)함으로써 친족의 생존가능성을 높일 수 있기 때문이다.

사회생물학 및 진화심리학 이론

사회생물학은 비교적 새로운 분야로 "행동생물학, 인구생태학, 진화론을 융합한 학문이며, 주요관심사는 동물의 사회적 행동이 어떻게, 그리고 왜 진화했는지를 이해하는 것이다"(Wittenberger, 1981, p.6). 동물의 행동은 종(種)이 생물학적 건강상태를 유지 및 발전시켜, 존재를 유지하고 번식을 촉진하도록 한다(DeCatanzaro, 1981).

DeCatanzaro(1981)는 자살이 인구 유전자 풀에서 자살자의 유전자를 제거하기 때문에 이러한 추세에 반하는 행동이라고 주장하였다. 그러나 자살은 주로 스트레스(생물학적 적합성을 감소시킴)를 받는 사람들이나 미래세대를 위한 유전자를 육성할 수 있는 능력이 감퇴한 사람들에게서 발생한다. 즉, 자살은 노인이거나, 자녀가 없거나, 이혼을 하거나, 사별을 하거나, 미혼이거나, 정신병을 가진 사람들에게서 더 일반적으로 나타난다. 하지만 자살자는 자살을 통해 생존과 번식을 추구하는 다른 가족원을 도울 수 있다. 예를 들면, 원시사회에서는 노인의 자살로 인해 사회구성원들의 부양부담이 줄어들고, 이주를 방해받지 않을 수 있었다.

1981년에 DeCatanzaro가 주장한 위의 내용은 일리가 있었다. 하지만 1980년대와 1990년대에 대부분의 국가에서 증가한 청소년 자살률은 이러한 주장과 반대되는 것이다. 만약 자살을 하지 않았다면, 해당 청소년들도 나중에 아이를 낳았을 가능성이 높기 때문이다. 또한, DeCatanzaro의 자살통계는 매우 선택적이었다. 예를 들어, 사별한 사람들과 이혼한 사람들의 높은 자살률은 그의 이론과 일치하는 것처럼 보였지만(결혼한 사람들보다 생식가능성이 낮기 때문에), 출산을 한 여성의 자살률이 감소하는 현상에 대해서는 무시하였다. 또한, 사회생물학 이론에서는 치명적이지 않은 자살행동은 무시한다. 따라서 사회생물학 이론은 특정 시점이나 일부 국가에서 발생한 치명적 자살행동만을 설명한다고 볼 수 있다.

Tanaka와 Kinney(2011)는 진화론이 흥미롭게 변형될 수 있음을 제안하면서, 전염병이나 정신분열증과 같은 정신질환이 자살행동과 관련이 있다고 주장하였다(Yolken & Torrey, 2008). 자살은 다른 가족구성원이 감염될 위험을 줄임으로써, 개인의 유전자를 다음 세대로 전달할 확률을 높인다는 점에서 적응적이라고 할 수 있다. 예를 들면, Tanaka와 Kinney는 보건전문가나 수의사와 같이 감염위험에 많이 노출된 직업에서 자살률이 높다는 것을 발견하였다.

동물도 자살을 하는가?

생물학자들은 동물의 자기파괴적 행동을 묘사하기 위해 종종 "자살"이라는 단어를 사용한다. Menninger(1938)는 보다 넓은 의미에서, 무의식적 자살의도나 가벼운 자기파괴적 행동도 "자살"의 범주에 포함시켰다. 하지만 동물도 자살을 한다는 것을 증명할 수 있을까?

이 문제에 대한 접근법은 하나이다. Schaefer(1967)는 동물도 자살을 하는지 여부를 증명하기 위해 다음과 같은 기본적인 문제들을 우선적으로 확인하였다. (1) 동물도 삶과 죽음을 구별할 수 있는가? 더 구체적으로 말하면, 살아있는 동물과 죽은 동물을 구별할 수 있는가? (2) 동물도 치명적 상태와 비치명적 상태를 구별할 수 있는가? (3) 동물은 어떤 상황에서 치명적 상태를 선택하는가?

Schaefer는 다음의 실험들을 통해 위의 질문들에 대한 답을 제시하였다. 동물들도 살아있는 동물과 죽은 동물을 구별할 수 있다는 것을 증명하기 위해, Schaefer는 조작적 조건형성기법을 사용하였다. Schaefer는 실험을 통해 살아있는 쥐와 죽은 쥐를 자극으로 주었을 때, 이에 반응하는 쥐에게 차별화된 강화물을 제시하였으며 쥐들은 이러한 차이를 학습하였다.

치명적 상태와 비치명적 상태를 구별할 수 있다는 것을 증명하기 위해, Schaefer는 쥐들이 두 개의 방 중 하나에 들어가도록 하였다. 한 방에 들어간 쥐는 감전으로 죽었고, 다른 방에 들어간 쥐는 살았다. 이러한 행동은 다른 쥐들에게 자극이 되었고, 이러한 차이를 학습한 쥐들은 비치명적인 방에만 들어갔다. 만약 이를 반복적으로 입증할 수 있다면(최근에는 아무도 Schaefer의 연구를 수행한 적이 없다), 동물들이 어떤 상황에서 치명적인 방에 들어가는지에 대해서도 알아낼 수 있을 것이다.

그러나 Schaefer의 실험에서는 다양한 요인을 통제하지 못했다. 예를 들면, 쥐들이 죽은 쥐와 살아있는 쥐를 구별한 것인지, 아니면 단지 움직이지 않는 쥐와 움직이는 쥐를 구별한 것인지는 알 수 없다. 만약 죽은 쥐가 아니라 잠에서 깨어나는 쥐가 주어졌다면 다르게 반응했을 수도 있다. 아마도 쥐들이 치명적인 방에 들어가지 않은 것은 죽은 쥐 때문이 아니라 쥐의 상태변화 때문이었을 것이다. 이 실험에 대한 다양한 방법론적 문제점이 제기될 수 있었지만, Schaefer가 이러한 문제점들을 공식화함으로써 동물도 자살을 하는지 여부를 살펴볼 수 있는 일련의 연구기반이 마련되었다.

밈(Meme)[16]

Dawkins(1976)는 유전자의 전달과 다윈의 진화론에 기초하여 문화적 전달과정을 설명하기 위해 *밈*이라는 개념을 제시하였다. "진화"라는 용어는 Dawkins가 관심을 가졌던 전달유형의 한 예로 볼 수 있고, "복장과 식단, 의식과 관습, 예술과 건축, 공학과 기술" (p.204)에도 유행하는 방식이 있다. 밈이라는 용어는 문화적 전달 또는 모방의 단위로 정의된다. Dawkins가 이 단어를 선택한 이유는 그리스어로 mimeme이 모방을 의미하기 때문이다. 밈의 예로는 "멜로디, 아이디어, 유행어, 의류, 공예나 건축양식"(p.206) 등이 있다. Heylighen(1992)은 밈을 다른 사람의 기억에 복제할 수 있는 개인의 기억에 담긴 정보패턴으로 정의하였다.

Dawkins는 유전자와 세포의 유사성을 이용하여 밈이 복제[17]를 할 수 있다고 주장하였다. 진화론적 관점에서, 최고의 밈은 지속성, 생

---

16 Lester(2009) 참조.

17 밈은 개인과 사회를 복제하는 것이기 때문에 "복제"가 "자기복제"보다 더 적절한 용어이다.

산력, 복제정확도를 가져야 한다. 지속성은 밈이 해당 문화에서 생존할 수 있는 기간을 의미하고, 생산력은 얼마나 많은 사람들이 그것을 받아들일 수 있는지를 의미하며, 복제정확도는 문화적 전달과정에서 내용이 변화되지 않는 정도를 의미한다. Dawkins는 밈이 계속해서 변이되고, 다른 밈과 혼합되기 때문에 복제정확도는 거의 없다고 지적하였다.[18]

만약 멜로디가 밈이라면, 교향곡은 무엇일까? Dawkins는 각각의 밈이 *밈복합체*로 결합될 수 있다고 주장하였다. 각각의 밈은 다른 밈과 어울리며 상호도움이 되기도 하는데, 이를 *상호적응형 밈복합체*라고 한다.[19] 또한, 각각의 밈은 관심을 끌기 위해 경쟁을 하게 되는데, 이는 인간의 수용력에는 한계가 있기 때문이다.

밈의 속성

밈은 특히 인터넷 시대에 빠르게 퍼질 수 있다(Heylighen, 1992). 소문이 다른 사람에게 전달되면서 바뀌듯이, 많은 사람에게 빠른 속도로 퍼진다는 것은 밈의 돌연변이 가능성을 높인다. 밈의 진화는 (1) 시간이 지남에 따라 밈이 점진적으로 변하는 것, (2) 해당 문화에서 특정한 밈을 제거하는 것을 모두 포함한다. 따라서 생존할 수 있

---

18 Dawkins는 이를 감염 또는 바이러스라는 개념으로 설명하였는데, 중립적 개념이 필요하다.

19 예를 들면, 하느님 밈과 지옥불 밈이 관련이 있고, 신념 밈이 생활양식 밈에 영향을 미친다.

는 가장 좋은 밈은 최고의 의사소통능력을 가진 밈이 될 것이다.

밈의 생존은 밈을 학습할 수 있는 유전적, 문화적 소인 이외에도 밈의 단순성과 명백함에 달려 있다(Heylighen, 1992). 가장 오랫동안 지속되는 밈은 아마도 유전적 행동패턴과 일치하는 밈일 것이다. 사람들은 인지적 부조화를 피하려는 경향이 있기 때문에, 이전의 밈과 모순된 새로운 밈은 문화적으로 받아들여지기가 더 어렵다(Festinger, 1957). Heylighen(1992)은 어떤 밈이 전염성이 높고 낮은지 순위를 매기는 것이 쉽지는 않지만, 다른 밈보다 전염성이 높은 밈이 분명히 존재한다고 주장하였다. 밈은 더 적합한 매개체를 보유하는 것을 내부적 목표로 하고 있지만, 다윈의 진화론에서처럼 사회의 적합한 구성원이 아닐 경우 죽게 되지는 않는다. 밈은 유전자와는 달리 개인이 죽더라도 계속 살아남을 수 있기 때문이다.

성공적인 밈은 주목받고 동화될 수 있는 독특함이 있어야 하며, 참신하고 단순하며 일관되고 유용해야 한다. 정확성과 명료함을 인정받은 밈은 많은 사람들에 의해 강화되어 성공할 가능성이 높다. 반면, 숙주에게만 이로운 밈은 살아남지 못할 수도 있다. 또한, 성공적인 밈은 효과적으로 복제될 수 있어야 한다. 밈은 안정적이면서 날카로울 수 있고, 일시적이면서 국지적일 수 있다.

다윈의 진화론에서는 유전자가 아니라, 표현형이 영향을 받는다는 것에 주목해야 한다. 유전자는 복제자들의 집합체인 반면, 표현형은 물리적 구현이다. 밈은 유전자형이 아니라 표현형과 유사하기 때문에 지시의 결과로 볼 수 있다. 이에 Dawkins는 본래 밈이라고 부르던 것을 밈 생산물(meme product)로 수정하였다(Dawkins, 1981).

McGrath(2005)는 이러한 주장을 Dawkins가 최초로 한 것은 아니라고 지적하였다. Campbell(1960, 1988)은 1960년에 mnemone이라는 "문화적 복제자" 개념을 제안하였고, 사회생물학자들은 culturgen이라는 문화유전자 개념을 제안하였다(Lumsden & Wilson, 1981). 또한, Cloak(1975)는 다윈의 메커니즘을 통해 문화가 진화한다고 주장하였다. McGrath는 밈이 실제로 존재하는지에 대해 다음과 같은 문제를 제기하였다. 밈의 증거는 무엇이며, 밈의 유용성을 어떤 기준으로 평가할 수 있는가? McGrath는 밈이 관찰된 것이라기보다는 관찰을 통해 추론된 가상의 개념이라고 주장하였다. 밈의 개념을 단순히 문화적 전달이라는 개념으로 본다면, 가설을 설정하기에는 유용하지 않을 수 있다.

원형과 밈

일부 학자들은 집단무의식에서의 원형과 밈의 유사성에 주목하였다. 물론, 가장 큰 차이점은 밈이 대인관계나 문화를 통해 전달되는 반면, 원형은 물려받는다는 점이다. Lester(1996)는 자살과 관련된 원형에 대해 설명하였는데(9장 참조), 이는 자살과 관련된 밈을 설명하는데도 적용될 수 있다. Lester는 일부 자살유형이 원형의 사례가 될 수 있다고 주장하였다. 제2차 세계대전 당시 일본의 가미가제 조종사들은 자신이 탄 비행기를 미국 선박이나 다른 목표물에 충돌시켜 사망하였다. 이들은 영웅적 자기희생이라는 대의를 위해 자살을 선택한 것이다. 이란-이라크 전쟁에서도, 이란의 젊은 병사들은 자기희생을 택했다. 사실, 어떤 전쟁에서든 병사들은 소방관이나 구조대원처럼 동료나 민간인을 구하기 위해 목숨을 바친다. 예수의 생애에 대한 이야기는 많은 원형을 보여주지만, 자신의 사형선고와 사형집행을 막지 않은 것은 타인을 구하기 위해 기꺼이 죽는 것이기에 자기희생과 유사하다고 볼 수 있다. 자기희생이라는 주제는 공상이나 이야기 속에서 나타나며, 원형을 반영하는 것이라고 볼 수 있다.

로미오와 줄리엣 이야기 또한 원형으로서의 가능성이 있다. 사회가 용납하지 않는 두 사람의 사랑이야기에서, 주인공은 젊은 보통의 십대들이었다(주인공이 중년이었다면 로미오와 줄리엣 이야기가 그만큼 강렬함이 있었을까?) 부모는 그들이 만나는 것을 허락하지 않았고, 따라서 연인이 되지 못했다. 그래서 그들은 죽음으로 하나됨을 추구하였다. 최근 일본 Mihara 화산 속으로 뛰어들어 죽은 젊은 연인에 대한 이야기도 같은 주제가 실생활에서 기록되고 있는 증거이다(Clarke & Lester, 1989).

Nunn(1998)은 원형과 밈의 관계에 대해 살펴보았는데, 사람들의 생각과 행동에서 나타나는 원형은 밈복합체와 동등하지만 인식의 요소가 더해진 것이라고 주장하였다. 일부 원형은 오직 하나의 밈(예: 만다라)을 포함하고 있지만, 밈복합체(예: 영웅)를 포함하는 원형도 있다. 그리고 Nunn은 원형에는 일부 핵심적인 밈이 포함될 수 있으며, "다양한 표현방식에 따라 변화가 가능한 원형"(p.348)도 있을 수 있다고 주장하였다.

밈과 자살

Dawkins(1976)는 꿀벌이 침을 쏜 후 죽거나, 한 배에서 난 새끼들 중 가장 약한 동물이 살기를 포기하는 것(한 배에서 난 다른 새끼들을 위해) 등을 이타적 자살로 설명하였다. 순교자, 가미가제 조종사, 자살테러분자들 또한 밈이나 밈복합체(종교, 이데올로기, 국가 조직)의 확산을 촉진하기 위해 목숨을 바치는 것이다.

최근의 밈과 자살에 대한 논의에서는 암시와 모방의 역할에 초점을 맞추고 있다. 유명인 자살의 언론보도 이후 자살이 증가한다는 Phillips(1974)의 연구결과는 밈 이론가들의 흥미를 끌었다.[20] 유명인의 자살이 발생한 이후 수일 내에 모방자살이 뒤따른다는 사실은 밈 생산물의 예로 볼 수 있다. 1962년 Marilyn Monroe의 자살이 발생한 이후, 미국에서는 평소보다 많은 198건의 자살이 다음 달에 발생하였다. 하지만 1962년에 자살한 Marilyn Monroe로 인해 오늘날 자살을 하는 사람은 아무도 없을 것이다. 하지만, 유명인의 자살사례는 기억을 강화시킬 수 있다. 특정 밈과 밈 생산물(Marilyn Monroe의 자살 이후에 발생한 자살)은 자살에 단기적인 영향력이 있지만, 전염성이 높지는 않다.

하지만 자살을 모방하는 밈을 추상적 밈이나 밈 생산물로 개념화한다면, 자살의 모방은 수세기동안 많은 국가에서 발생해왔다. 예를

---

20 Marsden, P. (undated) Operationalising memetics: suicide, the Werther effect, and work of David P. Phillips. Accessed at http://pespmcl.vub.ac.be/Conf/MemePap/Marsden.html, March 19, 2007.

들면, 많은 유럽인들이 200년이나 지난 괴테의 소설 『젊은 베르테르의 슬픔』을 읽고 자살을 했을 뿐만 아니라, 1700년대에 일본의 가부키 연극에서 자살을 목격한 관객들이 집단자살을 했다는 사실들이 기록되어 있다(Krysinska & Lester, 2006).

따라서 단기적 밈과 장기적 밈, 구체적 밈과 추상적 밈을 구분할 필요가 있다. Lester(1996)가 제안한 일부 원형은 추상적이고 장기적인 밈으로 해석할 수 있다. 예를 들어, 전쟁에서의 영웅적 자기희생이나 복수를 위한 자살은 추상적이고 장기적인 밈으로 볼 수 있지만, 자살폭탄테러는 20세기 후반과 21세기 초반의 20여년에 걸친 시간에만 한정되는 특정한 밈으로 볼 수 있다.

장기적 밈이나 밈 생산물은 모든 지역에 일반화되거나, 특정 지역에만 한정되기도 한다. 특정 국가에서만 사용되는 자살수단은 국지적 밈으로 볼 수 있다. 예를 들어, "가스흡입"이나 가스난로(석탄가스 사용)를 사용하는 것이 20세기 영국의 일반적인 자살수단이었지만, 석탄가스가 독성이 적은 천연가스로 전환된 이후에는 자살수단으로 자동차 배기가스를 많이 사용하게 되었다(Clarke & Lester, 1989). 싱가포르와 홍콩에서는 투신이 흔한 자살수단인 반면(Lester, 1994), 대부분의 미국인 자살에는 총기가 사용된다(Clarke & Lester, 1989).[21] 자살수단의 선택에서 가장 중요한 것은 가용성이지만(Clarke & Lester, 1989), 한 지역에서 해당 자살수단이 많이 사용된다는 사실은 모방효과가 있다는 것을 의미한다. 때로는 자살수단이

---

21 특정 문화에서의 자살수단은 국지적 밈으로 볼 수 있는데, 불교승려의 등신불이나 아프리카에서 전해액을 삼키는 것을 예로 들 수 있다.

인종이나 성별에 따라 다르게 나타난다. 미국에서 총기는 남성적인 방법으로 간주되는 반면, 약물과다복용은 여성적인 방법으로 간주된다. 문화에 기반을 둔 자살행동인 sati(인도 미망인의 순장)와 seppuku(일본의 할복)는 국지적 밈의 예로 볼 수 있다.

오래전부터 남성은 여성보다 자살성공률이 높은 반면, 여성은 남성보다 자살시도율이 더 높다고 알려져 있다(Lester, 1984). 이러한 차이는 문화나 시기에 관계없이 나타났고, 사회적 기대나 자기충족 예언이 되었다. 따라서 장기적이고 일반적인 밈으로 볼 수 있다. 유명인의 자살 이후 자살이 늘어나는 것은 단기적 밈인 반면, 노인들이 젊은 세대에게 부담이 되지 않기 위해 자살률이 높은 것은 장기적 밈으로 볼 수 있다.

예전에는 밈이 구전을 통해 민속설화나 이야기로 전달되었지만, 이후에는 책으로 전달되었다. 오늘날 인터넷의 출현은 밈이 매우 빠르게 퍼질 수 있도록 정보의 전달속도를 높였다. 인터넷을 통해 자살예방을 돕는 위기개입서비스에 대한 정보뿐만 아니라 자살수단에 대한 정보도 얻을 수 있다. 낯선 사람들끼리도 서로 연락하여 동반자살을 기도하기도 한다(Samuels, 2007). 어떤 사람들은 자신이 자살하는 과정을 녹화하여 인터넷으로 전송하기 때문에, 일부 자살 관련 밈은 다양하게 확산되어 다른 밈을 빠르게 "감염"시킬 수 있다. 하지만, 대부분의 밈은 국지적이고, 단기적이다. 따라서 어떤 밈이 문화에 관계없이 일반화되고, 어떤 밈이 단일 문화권에서만 나타나는지에 대해 살펴볼 필요가 있다.

정부나 관련부처에서는 밈을 검열해왔다. 부모는 자녀가 접근할 수 있는 웹사이트를 제한할 수 있다. 프랑스 정부에서는 자살방법을 설명한 책의 출판을 금지시켰고(Soubrier, 1992), 일부 국가에서는 자살행동을 범죄로 규정했으며(Lester, 2002), 종교에서는 자살행동을 죄악으로 여긴다.

Marsden은 자살자들이 일반적으로 자신의 생각을 전달할 수 있는 능력이 낮다고 주장하였다.[22] 자살자들은 사회적으로 고립되었거나, 사회적 권리를 박탈당했거나, 일탈자로 낙인이 찍힌 경우가 많다. 따라서 자살은 "중립적 또는 부정적 사회문화적 잠재력을 가진 사람들에게 영향을 미치는 한, 미디어를 통한 전달이 용인될 수 있다"(Marsden, 2000, p.99). 반면, 이타적 자살은 개인의 지위와 위신을 향상시킬 수 있기 때문에 자살 밈의 전달가능성을 높일 수 있다.

밈의 전달은 특정한 밈(예: 로미오와 줄리엣 밈)[23] 뿐만 아니라 밈생산물이 해당 문화의 어떤 구성원들에게 영향을 미치는지를 중요시한다. 실제로 성취될 수 없는 사랑 때문에 자살을 하는 행동은 모델링하기 쉽기 때문에, 특히 눈살을 찌푸리게 하는 행동의 모델링에 대해서는 예방활동이 요구된다(Marsden, 2000). 자살을 시도한 사람의 이야기를 듣는 것은 해당 행동을 수행할 것인지에 대한 내적갈등을 해소시키며, 자살에 대해 묘사한 것을 관찰하는 것은 내적규제

---

22 이는 노인이나 자식이 없는 사람들처럼 미래세대에 유전자를 물려줄 가능성이 적은 사람들이 자살가능성이 높다는 사회생물학자들의 주장과 일치한다(DeCatanzaro, 1981).

23 로미오와 줄리엣 주제는 자살을 일으킬 수 있는 구성요소가 많이 포함되어 있는 밈복합체로 볼 수 있다.

를 약화시킬 수 있기 때문에 탈억제가 발생할 수 있다.

사람들은 고통스러운 상황을 해결하려할 때, 모델링을 통해 다른 사람들이 유사한 상황에서 어떤 선택을 했는지 살펴본다. 만약 높은 명성을 가진 사람들이 자살을 선택했다면, 해당 선택이 강화될 수 있다. 모델링이 의식적인 과정인 반면, 점화(프라이밍)는 상대적으로 비자발적인 반사회적 인지로 볼 수 있다. 또한, Marsden은 점화가 생존가능성을 높이는 유전적인 인지메커니즘일 수 있다고 주장하였다. 종의 다른 구성원을 관찰하여 얻은 정보는 비교적 자동화된 방법으로 관찰자의 행동을 이끌어내는 귀중한 자원이 될 수 있다. 하지만 자살의 경우에는 점화가 개인을 파괴하는 결과를 초래하는데, 이는 비교적 고통을 감내하기 어려워서 자기파괴적 행동에 취약한 사람들에게 주로 발생한다. Range, Goggin, Steede(1988)는 학생들에게 고통스러워하는 사람을 묘사하여 제시하였다. 일부 학생에게는 해당 인물의 주변에 자살을 한 사람이 있다는 정보를 주었다(점화). 이런 정보를 얻은 학생들은 해당 인물의 자살가능성이 높다고 보았는데, 이는 점화를 통해 학생들의 반응이 변화한 것이다. 물론, 실제로 사람들의 자살가능성을 점화를 통해 살펴보는 실험은 비윤리적이다.

결론

이 장에서는 자살행동과 관련된 다양한 진화론적 이론들에 대해 검토하였다. 과학적 연구들이 점점 더 발전하면서, 더 많은 행동을 진화론적 이론을 통해 설명하고 살펴볼 수 있게 되었다. 이러한 이론들은 경험적으로 미래의 이론이나 연구에 영향을 미칠 것이다.

[참고문헌]——————————

Abed, R. T. (1997). Suicide as altruism. *Irish Journal of Psychological Medicine, 14*, 144-146.

Amory, C. (1970). After living with a man, a dolphin may commit suicide. *Holiday, May*, 16-18.

Bariola, L. A. (1978). Suicidal emergence and reproduction by overwintered pink bollworm moths. *Environmental Entomology, 7*, 189-192.

Campbell, D. T. (1960). Blind variation and selective retention in creative thought as in other knowledge processes. *Psychological Review, 67*, 380-400.

Campbell, D. T. (1988). A general' selection theory' as implemented in biological evolution and in social belief-transmission-with-modification in science. *Biology & Philosophy, 3*, 171-177.

Clarke, R. V., & Lester, D. (1989). *Suicide: Closing the exits*. New York: Springer-Verlag.

Cloak, F. T. (1975). Is a cultural ethology possible? *Human Ecology, 31*, 161-182.

Cofer, C. N., & Appley, M. H. (1964). *Motivation*. New York: Wiley.

Dawkins, R. (1976). *The selfish gene*. New York: Oxford University Press.

Dawkins, R. (1981). *The extended phenotype*. Oxford, UK: Freeman.

Dawkins, R. (2006). *The God delusion*. Boston: Houghton-Mifflin.

DeCatamzaro, D. (1981). *Suicide and self-damaging behavior*. San Diego, CA: Academic Press.

Durkheim, E. (1897). *Le Suicide*. Paris: Felix Alcan.

Farberow, N. L., & Shneidman, E. S. (Eds.) (1961). *The cry for help*. New York: McGraw-Hill.

Festinger, L. (1957). *A theory of cognitive dissonance*. New York: Harper.

Goldstein, K. (1940). *Human nature in the light of psychopathology*. Cambridge, MA: Harvard University Press..

Gould, J. L. (1982). *Ethology*. New York: Norton.

Henderson, S. (1974). Care-eliciting behavior in man. *Journal of Nervous & Mental*

Disease, 159, 172-181.

Henry, A. F., & Short, J. F. (1954). *Suicide and homicide.* New York: Free Press.

Heylighen, F. (1992). 'Selfish' memes and the evolution of cooperation. *Journal of Ideas, 2,* 70-76.

Immelmann, K. (1980). *Introduction to ethology.* New York: Plenum.

Joiner, T. E. (2005). *Why people die by suicide.* Cambridge, MA: Harvard University Press.

Jonas, D., & Jonas, A. (1980). A bioanthropological overview of addiction. In D. Lettieri, M. Sayers & H. Pearson (Eds.), *Theories on drug abuse* pp. 269-277. Rockville, MD: NIDA.

Krysinska, K., & Lester, D. (2006). Comment on the Werther effect. *Crisis, 27,* 10.

Lester, D. (1982). The distribution of sex and age among completed suicides: A cross-national study. *International Journal of Social Psychiatry, 28,* 256-260.

Lester, D. (1984). Suicide. In C. S. Widom (Ed.), *Sex roles and psychopathology,* pp. 145-156. New York: Plenum.

Lester, D. (1992). *Why people kill themselves.* Springfield, IL: Charles C Thomas.

Lester, D. (1994). Suicide by jumping in Singapore as a function of high-rise apartment availability. *Perceptual and Motor Skills, 79,* 74.

Lester, D. (1996). Jungian perspectives on the unconscious and suicide. In A. A. Leenaars & D. Lester (Eds.), *Suicide and the unconscious,* pp. 49-66. Northvale, NJ: Jason Aronson.

Lester, D. (2002). Decriminalization of suicide in seven nations and suicide rates. *Psychological Reports, 91,* 898.

Lester, D. (2004). *Thinking about suicide.* Hauppauge, NY: Nova Science.

Lester, D. (2009). Memes and suicide. *Psychological Reports, 105,* 3-10.

Lester, D., & Goldney, R. D. (1997). An ethological perspective on suicidal behavior. *New Ideas in Psychology, 15,* 97-103.

Lorenz, K. (1966). *On aggression.* New York: Harcourt, Brace & World.

Luckenbill, D. (1977). Criminal homicide as a situated transaction. *Social Problems, 25,* 176-186.

Lumsden, C. J., & Wilson, E. O. (1981). *The coevolutionary process.* Cambridge, MA: Harvard University Press.

Marsden, P. (2000). *The 'Werther Effect.'* DPhil Research Thesis, University of Sussex.

McAllister, M. K., & Roitberg, B. D. (1987). Adaptive suicidal behavior in pea aphids. *Nature, 328,* 797-799.

McGrath, A. (2005). *Dawkins' God.* Malden, MA: Blackwell.

Menninger, K. (1938). *Man against himself.* New York: Harcourt, Brace & World.

Namdari, H., & Cabelli, V. J. (1989). The suicide phenomenon in motile aeromonads. *Applied & Environmental Microbiology, 55*, 543-547.

Nunn, C. M. H. (1998). Archetypes and memes. *Journal of Consciousness Studies, 5*, 344-354.

O'Connor, R. J. (1978). Brood reduction in birds. *Animal Behavior, 26*, 79-96.

Phillips, D. P. (1974). The influence of suggestion on suicide. *American Sociological Review, 39*, 340-354.

Preti, A. (2005). Suicide among animals. *Psychological Reports, 97*, 547-558.

Preti, A. (2007). Suicide among animals. *Psychological Reports, 101*, 831-848.

Range, L. M., Goggin, W. C., & Steede, K. K. (1988). Perception of behavioral contagion of suicide. *Suicide & Life-Threatening Behavior, 18*, 334-341.

Richman, J. (1986). *Family therapy for suicidal people*. New York: Springer.

Samuels, D. (2007). Let's die together. *The Atlantic, 299*(4), 92-98.

Schaefer, H. H. (1967). Can a mouse commit suicide? In E. S. Shneidman (Ed.), *Essays in self-destruction*, pp. 494-509. New York: Science House.

Soubrier, J. P. (1992). From suicide prevention to suicide promotion. In D. Lester (Ed.), *Suicide '92*, pp. 263-264. Denver, CO: American Association of Suicidology.

Stengel, E. (1962). Recent research into suicide and attempted suicide. *American Journal of Psychiatry, 118*, 725-727.

Stengel, E., & Cook, N. G. (1958). *Attempted suicide: Its social significance and effects*. Maudsley Monograph Number 4. London, UK: Oxford University Press.

Tanaka, M., & Kinney, D. K. (2011). An evolutionary hypothesis of suicide. *Psychological Reports, 108*, 977-992.

Trail, D. R. (1980). Behavioral interactions between parasites and hosts. *American Naturalist, 116*(1), 77-91.

Wittenberger, J. F. (1981). *Animal social behavior*. Boston: Duxbury.

Yolken, R. H., & Torrey, E. F. (2008). Are some cases of psychosis caused by microbial agents? *Molecular Psychiatry, 13*, 470-479.

제6장

스트레스-소인 이론

John F. Gunn III and David Lester

*스트레스-소인*은 스트레스원(스트레스를 유발하는 사건)과 특정한 방식으로 행동하는 경향(소인)을 결합한 것이다. 일반적으로 자살행동을 스트레스-소인 이론으로 설명하면, 소인은 자살행동에 대한 만성적 취약성으로, 스트레스원은 환경적 요인(예: 외상)이나 정신상태의 급격한 변화(예: 급성우울증)로 볼 수 있다. 하지만 자살은 상대적으로 드문 행동이며, 외상사건을 경험하는 대부분의 사람들이 자살을 선택하지는 않는다. 이에 대해 스트레스-소인 이론에서는 자살을 선택하는데 필요한 소인이 부족하기 때문이라고 설명한다.

심리학자들은 *상태변수*와 *특성변수*를 구별하였는데, 이는 스트레스-소인 이론과 유사하다. 상태변수는 개인의 즉각적인 심리상태와 관련된 것으로, 스트레스원에 반응하여 순간적으로 변할 수 있다. 특성변수는 장기적이고 안정적인 변수로, 충동적이지만 만성적인 행동경향, 또는 안정적이지만 낮은 수준의 세로토닌을 예로 들 수 있다.

연구자들은 '로맨틱한 관계의 해체'와 같이 자살을 촉발시키는 명확한 사건들을 발견하였지만, 이러한 사건들이 이론적으로는 거의 설명되지 못하였다. 스트레스-소인 이론에서도 이러한 사건들을 이론으로 설명하지는 않는다. 자살을 선택하는 소인을 가진 사람은 다양한 유형의 스트레스원을 갖고 있으며, 사람마다 겪는 트라우마는 다양하다. 자살행동을 선택하는 시기도 스트레스원에 따라 다르다.

일부 연구에서는 스트레스원이 자살행동에 미치는 영향에 대해 살펴보았다. Walls 외(2007)는 미국원주민 청소년들의 자살시도가 강압적 양육, 보호자의 양육거부, 학교에 대한 부정적 태도, 차별인식 등과 관련이 있다는 것을 발견하였다. Yang과 Clum(1994)은 미국대학에 다니는 아시아학생들의 경우, 전년도의 스트레스원(외로움)이 자살생각과 관련이 있다는 것을 발견하였다.

이 책에서는 다음의 두 이론에서 스트레스원에 대해 설명하고 있다. Joiner의 대인관계 심리학 이론(3장 참조)에서는 자살의 전제조건 중 하나로, '로맨틱한 관계의 해체'와 같은 좌절된 소속감을 들었다. Raoul Naroll의 이론(15장 참조)에서는 이혼과 같은 좌절시키는 혼돈상황을 전제조건으로 포함하고 있다. Stack과 Wasserman(2007)의 연구에서는 경제적 스트레스원에 대해 설명하고 있다. 하지만 Zhang의 이론에서는 스트레스원을 더 추상적으로 제시하고 있다.

Zhang의 긴장 이론

Zhang의 이론은 소인에 대한 언급이 거의 없기 때문에 전형적인 스트레스-소인 이론은 아니지만, 스트레스원 때문에 자살이 일어난 다고 주장한다. Zhang(2005)은[24] 긴장 이론을 제시하면서, 긴장이 단순한 스트레스원과는 다르다고 주장하였다. Zhang의 이론에서 긴장은 개인을 서로 다른 방향으로 밀어내는 최소한 두 개의 스트레스원을 가진다. 긴장은 다음의 네 가지 주요방식을 통해 발생한다.

첫째, 긴장은 두 개의 다른 문화적 가치, 즉, 가치긴장을 가진 개인에게서 발생한다. 예를 들어, 사람들은 주류문화와 상충되는 특정한 종교적 신념을 가지고 있을 수 있다. 오늘날 프랑스 정부에는 프랑스의 세속적인 문화를 유지하려는 강한 압력이 있다. 프랑스에 살고 있는 이슬람인은 이슬람관습을 따르려 하지만, 프랑스정부의 부르카 금지로 인해 이슬람여성은 부르카를 입을 수 없다. 미국에서 태어난 2세대 이민자들도 부모세대와 자주 마찰을 빚는다. 부모는 자녀들이 모국의 문화를 따르기를 원하지만, 자녀들은 미국 주류문화에 합류하기를 원한다. 서로 다른 가치관에서 벗어날 수 없어 고통스러워하는 자녀들은 종종 자살행동을 선택한다(Zimmerman & Zayas, 1995).

Zhang 외(2013)가 제시한 가치긴장의 예는 다음과 같다. (1) 전통적인 여성의 지위 대 현대적인 여성의 지위, (2) 전통적인 결혼 대 현

---

24 사회학자인 Zhang은 범죄행위를 설명하는 긴장 이론의 영향을 받았다(Agnew, 1992).

대적인 결혼, (3) 동양의 가치관 대 서양의 가치관, (4) 집단주의 대 개인주의.

둘째, 긴장은 현실 대 열망에서 발생한다. 즉, 개인은 높은 열망과 목표를 가질 수 있지만, 현실은 더 낮은 것에 안주하도록 강요할 수 있다. 사람들은 부와 권력을 갖거나 해당 직종에서 최고가 되기를 열망하지만, 이러한 목표를 달성할 수 있는 재능이나 기회가 부족할 수 있다. 열망긴장은 (1) 결혼상대자 선택, (2) 교육수준, (3) 경력, (4) 사회적, 정치적 성취 등에서 발생할 수 있다.

셋째, 긴장은 상대적 박탈감에서 발생한다. 경제적으로 가난한 사람들은 비슷한 처지에 있던 사람들이 더 나은 삶을 살고 있다는 소식을 들으면 상대적 박탈감을 느낀다. 긴장은 자신의 비참한 삶과 타인의 부를 비교할 때 발생한다. 인터넷, TV 등의 매체는 성공적인 사회구성원들의 삶을 즉시 알려준다. 타인에게 고용된 사람들이나 공장에서 일하는 사람들은 고용주들과 자신의 삶에 차이가 있다는 것을 알고 있다. 박탈긴장은 개인이 (1) 상대적으로 낮은 소득, (2) 교육기회의 부족, (3) 열악한 취업선택권을 가지고 있을 때 발생할 수 있다.

넷째, 긴장은 부족한 대처능력에서 발생한다. 대처능력이 부족하다는 것은 사람들이 위기나 직면한 문제에 대처할 능력이 없다는 것을 의미한다. 위기 자체보다는 개인이 부정적인 생활사건에 대처할 수 없을 때 긴장감이 발생한다. 대처결여는 (1) 실직, (2) 체면손상, (3) 사랑하는 사람의 상실, (4) 학교에서의 실패, (5) 금전(투자)이나 재산의 손실 등의 위기상황에서 발생할 수 있다.

Zhang 외(2013b)는 긴장을 측정하기 위한 도구를 고안하였다. 최종버전의 검사지에는 긴장유형별로 15개 항목이 포함되었다. 중국 대학생들에게 검사를 실시한 결과, 위의 4가지 긴장유형은 불안, 우울, 자살생각과 정적 상관관계가 있는 것으로 나타났다. 즉, 긴장감이 높을수록 정신병리적이라고 할 수 있다. 다중회귀 분석결과에서도, 총 긴장감 점수는 성별, 결혼상태, 종교, 정당가입여부(공산당원), 신체적 건강상태, 아버지의 교육수준, 거주지역(도시/농촌), 외동여부를 통제한 후에도 정신병리 변수들에 유의미한 영향을 미치는 것으로 나타났다.

Zhang 외(2012)는 중국 농촌지역 15-34세의 자살자 392명을 대조군과 비교하여 심리부검을 실시하였다. 이 연구에서는 주요변수 중 하나로 남녀평등 공산주의이데올로기 대 전통적인 가부장적 여성비하유교관의 갈등을 살펴보았다. 여성의 경우 자살자(30%)가 대조군(18%)에 비해 긴장감이 높았고, 남성의 경우에도 자살자(37%)가 대조군(26%)에 비해 긴장감이 높은 것으로 나타났다. 다중회귀 분석결과에서는, 여성의 경우에만 긴장감이 자살과 관련이 있는 것으로 나타났다.

Zhang, Tan, Lester(2013a)는 자살로 사망한 72명의 유명인의 전기를 분석하였다. 연구결과, 1명은 4가지 긴장유형, 36명은 3가지 긴장유형, 30명은 2가지 긴장유형, 4명은 1가지 긴장유형을 갖고 있었고, 1명만 아무런 긴장유형도 갖고 있지 않은 것으로 나타났다(표 6-1 참조). 가장 일반적인 긴장감은 열망긴장(97%)이었고, 박탈긴장(89%), 가치긴장(54%), 대처결여(4%) 순이었다. 자살자 중 56명

은 남성, 16명은 여성이었으며, 남성과 여성에게서 나타나는 긴장유
형에는 차이가 없었다. 열망과 박탈에 대한 긴장감은 유명인들의 자
살행동을 촉진하는 데에도 중요한 역할을 하였다.

<표 6-1> 자살로 사망한 유명인들

Name	Age	Profession	Country	Date of suicide	V	A	D	C
Men								
Arenas, Reinaldo	47	writer	Cuba/USA	Dec 17,1990	yes	yes	yes	no
Armstrong, Edwin H.	64	scientist	USA	Jan 31,1954	yes	yes	yes	no
Benjamin, Walter	48	writer	Germany	Sep 27,1940	yes	yes	yes	no
Berryman, John	57	poet	USA	Jan 7, 1972	no	yes	yes	no
Bettelheim, Bruno	87	psychologist	Austria/USA	Mar 13,1990	yes	yes	yes	no
Boyer, Charles	78	actor	France	Aug 24,1978	no	yes	no	no
Broughton, Henry	59	English nobility	UK	Dec 5,1942	no	yes	yes	no
Castlereagh, Viscount	53	politician	UK	Aug 12,1822	yes	yes	yes	no
Celan, Paul	49	poet	France	Apr 20,1907	no	yes	yes	no
Chatterton, Thomas	18	writer	England	Aug 24,1770	no	yes	yes	no
Clive, Robert	49	soldier	UK	Nov 22, 1774	yes	yes	yes	no
Cobain, Kurt	27	singer	USA	Apr 5,1994	yes	yes	yes	no
Crane, Hart	33	poet	USA	Apr 27,1932	no	yes	yes	no
De Nerval, Gérard	43	writer	France	Jan 26, 1855	no	yes	yes	no
Esenin, Sergei	30	poet	Russia	Dec 28,1925	no	yes	yes	no
Forrestal, James	57	politician	USA	May 22,1949	yes	yes	yes	no
Freud, Sigmund	83	psychiatrist	Austria	Sep 23,1939	no	no	no	yes
Fumimaro, Konoe	54	politician	Japan	Dec 15,1945	yes	yes	yes	yes
Gertler, Mark	40	artist	England	Jun 23,1939	yes	yes	yes	no
Goebbels, Joseph	48	Nazi minister	Germany	May 2,1945	yes	yes	yes	no
Gorky, Arshille	44	painter	USA	July 21,1948	yes	yes	yes	no
Halliwell, Kenneth	41	writer	UK	Aug 9th, 1967	yes	yes	yes	no
Heggen, Tom	29	writer	USA	May 18?1949	yes	yes	yes	no
Hemingway, Ernest	62	writer	USA	July 2,1961	yes	yes	yes	no
Hoch, Ludvik	68	businessman	UK	Nov 5,1991	yes	yes	yes	no
Hoffman, Abbie	53	yippie/writer	USA	Apr 12,1989	yes	yes	yes	no

Kammerer, Paul	46	scientist	Austria	Sep 23,1926	yes	yes	yes	no
Kees, Weldon	41	poet/writer	USA	July 18,1955	no	yes	no	no
Kosinski, Jerzy	58	writer	USA/ Poland	May 2,1991	yes	yes	yes	no
Kovalevski, Vladimir	41	buisnessman	Russia	Apr 7,1883	yes	yes	yes	no
Ladd, Alan	51	actor	USA	Jan 29,1964	no	yes	yes	no
La Follette, Robert	58	politician	USA	Feb 24th, 1953	yes	yes	no	no
Levi, Primo	68	writer/chemist	Italy	Apr 11, 1987	no	yes	yes	no
Lindsay, Vachel	52	poet	USA	Dec 4,1931	no	yes	yes	no
List, Georg	57	economist	Germany	Nov 30,1846	no	yes	yes	no
Lockridge, Ross	33	writer	USA	Mar 6,1948	no	yes	yes	no
London Jack	39	writer	USA	Nov 21,1915	no	yes	yes	no
Mayakovsky, Vladimir	37	poet	Soviet Union	Apr 14,1930	yes	yes	yes	no
Miller, Hugh	54	scientist	UK	Dec 24, 1856	yes	yes	no	no
Mishimam Yukio	45	writer	Japan	Nov 25, 1970	no	yes	no	no
Ochs, Phil	36	folk singer	USA	Apr 9,1976	no	yes	yes	no
Pavese, Cesare	42	poet/writer	Italy	Aug 27,1950	no	yes	yes	no
Prinze, Freddie	22	comedian	USA	Jan 29,1977	no	yes	yes	no
Puller, Lewis	49	soldier	USA	May 11,1994	yes	yes	yes	no
Rothko, Mark	67	painter	USA	Feb 24,1970	no	yes	yes	no
Rudolph, Prince	31	royalty	Austria	Jan 30,1889	yes	yes	yes	no
Tausk, Victor	40	psychoanalyst	Hungary	July 3,1919	yes	yes	yes	no
Toller, Ernst	76	activist/writer	Germany/ USA	May 22,1939	yes	yes	yes	no
Tucholsky, Kurt	45	writer	Germany	Dec 21,1935	yes	yes	yes	no
Turing, Alan	42	teacher	UK	June 7,1954	no	yes	yes	no
Turpin, Randolph	38	boxer	UK	May 5,1966	no	yes	yes	no
Van Gogh, Vincent	37	painter	Netherlands	July 29, 1890	no	yes	yes	no
Ward, Stephen	51	osteopath	UK	Aug 3, 1963	yes	yes	yes	no
Weininger, Otto	23	psychoanalyst	Austria	Oct 4,1903	yes	yes	yes	no
Young, Gig	65	actor	USA	Oct 19,1978	yes	yes	yes	no
Zweig, Stefan	61	writer	Austria	Feb 22,1942	yes	yes	yes	no

Women

Diane Arbus	48	photographer	USA	July 26, 1971	yes	yes	yes	no
Dora Carrington	38	painter	UK	Mar 11, 1932	no	yes	yes	no
Judy Garland	47	actress	USA	Jun 22, 1969	no	yes	yes	no
Charlotte Gilman	75	feminist	USA	Aug 17, 1935	yes	yes	no	no
Robin Hyde	33	poet	New Zealand	Aug 23, 1939	yes	yes	yes	no

Eleanor Marx	43	feminist	UK	Mar 3, 1898	no yes yes no
Aimee McPherson	53	preacher	USA	Sep 27, 1944	yes yes yes no
Marilyn Monroe	36	actress	USA	Aug 5, 1962	no yes yes no
Sylvia Plath	30	poet	USA	Feb 11, 1963	no yes yes no
Anne Sexton	45	poet`	USA	Oct 4, 1974	yes yes yes no
Elizabeth Stanton	86	feminist	USA	Oct 26, 1902	no no no no
Sara Teasdale	48	poet	USA	Jan 29, 1933	no yes yes no
Marina Tsvetaeva	48	writer	Russia	Aug 31, 1941	no yes yes no
Simone Weil	34	teacher	France	Aug 24, 1943	yes yes yes no
Dolly Wilde	45	socialite	UK	Apr 10, 1941	no yes yes no
Virginia Woolf	58	writer	UK	Mar 28, 1941	yes yes yes no

V 가치긴장
A 열망긴장
D 박탈긴장
C 대처결여

자살사망자와 자살시도자의 유서를 연구한 Zhang과 Lester(2008)는 40건의 유서 중 39건에서 적어도 하나의 긴장감이 있다는 것을 확인하였다. 2개의 유서에는 1가지 긴장유형, 17개의 유서에는 2가지 긴장유형, 16개의 유서에는 3가지 긴장유형, 4개의 유서에는 4가지 긴장유형이 나타났다. 자살사망자와 자살시도자의 유서에는 긴장유형이나 수에 있어 큰 차이는 없었지만, 자살시도자의 유서에서 박탈긴장이 더 자주 발생하였다. 남성과 여성에게서 나타나는 긴장유형은 크게 다르지 않았지만, 노인에게서는 박탈긴장과 대처결여가 많이 나타나고 가치긴장은 적게 나타났다.

Zhang의 긴장 이론은 스트레스원의 영향에 대해 다루고 있다. 명시적으로 논의하지는 않았지만, 이러한 스트레스원에 더 취약한 사람들이 자살로 사망에 이를 가능성이 높기 때문에 소인을 해당 이론에 포함시킬 필요가 있다.

소인

스트레스-소인 이론에서 소인은 개인의 자살취약성을 높이는 장기적 요인을 의미한다. 많은 연구자들이 서로 다른 요인들에 대해 설명하였는데, Mann(2003)은 소인을 선천적 요인으로 보았고, 이를 잠재적 스트레스 요인(예: 약물남용)과 근접 스트레스 요인(예: 중독)으로 구분하였다. 잠재적 스트레스 요인과 근접 스트레스 요인을 구분하는 것은 유용하지만, Mann은 초기연구에서 생리학적 관점을 기반으로 정신질환의 생리학적 원인에 대해 살펴보았다.

Mann 외(1999)는 부정적인 어린 시절 경험, 빈약한 심리사회적 지지, 치명적인 자살수단에 대한 접근, 가족과 유전적 요인, 약물남용 등을 소인으로 열거하였다. Mann(2003)은 소인을 정신질환의 진단과 독립된 것으로 보았지만, 다른 연구자들은 정신질환을 소인의 일부로 보았다. Schotte와 Clum(1987)은 확산적 사고의 어려움으로 인해 위기에 대한 대안적 해결책을 찾을 수 없다는 사실에 주목하였다. Wasserman(2001)은 유전적 성향, 성격 특성, 정신장애, 사회적 고립을 소인으로 열거하였다.

이처럼 연구자들에 따라 소인이라고 생각하는 요인들이 다르다. 또한, 제시된 소인들 중 일부는 다른 이론에서도 검토되었다.

잠재적 스트레스 요인

Mann(2003)은 일부 경험들을 소인의 일부가 아닌 잠재적 스트레스 요인으로 보았다. 자살에 대한 잠재적 스트레스 요인 중 하나는 초기외상이다. 많은 연구를 통해 초기외상과 자살행동의 관계가 검증되었다(Afifi et al., 2008; Brodsky et al., 2001; Ryb et al., 2006). Knox(2008)는 신체적, 정서적, 성적 학대와 관련된 외상에 대해 설명하였다.

어린 시절의 불행한 경험, 특히 성적 학대는 자살의 위험요인으로 밝혀졌다(Nelson et al., 2002; Ystgaard et al., 2004). 이러한 연구결과는 아동기 트라우마 예방을 통해 자살시도와 같은 부정적 결과에 이르는 것을 막을 수 있다는 것을 강력하게 시사한다(Knox, 2008, p.2).

전투노출과 자살의 관계는 최근 논의되고 있는 주제이다. 전쟁외상과 자살행동의 관계를 검증한 연구도 있었지만(Bullman & Kang, 1994), 일부에서는 반대되는 결과도 보고되었다(Farberow et al., 1990). 이러한 모순된 결과에 대해 Knox는 다음과 같이 설명하였다(Knox, 2008, p.2).

베트남전쟁 이후 초기 추적기간 동안 베트남 참전용사는 자살시도나 자살사망의 위험이 높은 것으로 나타났다(Centers for Disease Control, 1987). 하지만, 대상자들을 30년동안 추적조사한 결과, 자살위험이 지속되지는 않았다(Boehmer et al., 2004). 하지만 또다른 연구에서 PTSD환자들은 퇴역 후에도 30년동안 자살위험이 지속적으로 높은 것으로 나타났다(Boscarino, 2006).

Knox(2008)는 자연재해와 같이 일반시민들이 겪는 다른 형태의 외상에 대해서도 논의하였다. Kessler 외(2008)는 자연재해가 자살행동에 미치는 영향에 대해 살펴보았는데, 연구결과 "허리케인 Katrina 발생이후 2년 동안 New Orleans 대도시권에서의 자살행동이 증가한 것으로 나타났다"(p.3). 또한, Knox(2008)는 폭력외상과 자살행동의 관련성에 대해서도 주장하였다.

중추신경계 요인

현재까지 "자살유전자"는 발견되지 않았다. 하지만, 여러 유전자가 자살과 관련이 있는 것으로 알려져 있다. Mann과 Currier(2010)가 자살행동과 관련된 유전적, 후생적 요인을 검토한 결과는 다음과 같다.

지금까지 발견된 가장 강력한 자살유전자 후보는 세로토닌 수송체 (5-HTTLPR)인데, 메타분석을 통해 낮은 수치의 S 대립유전자가 자살과 관련이 있음이 밝혀졌다(p.270).

일부 연구를 통해 유전자와 자살행동의 관계를 살펴보았지만, 해당 관계는 분명히 밝혀지지 않았다. Mann과 Currier(2010)는 "유전자와 환경의 복잡한 상호작용을 통해 주요우울증이나 자살행동에 대한 소인에서 관찰되는 신경생물학적 변화가 나타난다"(p.270)고 주장하였다.

자살에 대한 스트레스-소인 이론

다양한 이론가들이 자살에 대한 스트레스-소인 이론을 주장하였는데, 다음 섹션에서는 이들 중 일부에 대해 검토해 본다.

Rubinstein

초기의 스트레스-소인 이론은 Rubinstein(1986)이 주장하였다. Rubinstein이 주장한 스트레스-소인 이론의 개요는 진화론을 바탕으로 여러 자살모델을 설명한 DeCatanzaro(1980)의 연구에 기초한다.

모델 1: **자살은 학습된 행동.** 동물들 중 인간만이 추상적이고 상징적인 사고능력과 행동 유연성을 가지고 있다. 행동유연성은 자기파괴적 행동이 학습될 수 있는 가능성을 허용한다. 진화론적 관점에서 보면(5장 참조), 자연선택을 통해 자기파괴적 행동은 사라질 수 있다. 하지만, 이 모델에서는 행동유연성이 자연선택되는 것이고, 자기파괴적 행동은 단지 부산물에 지나지 않다. 이에 대해 Rubinstein은 다음과 같이 주장하였다.

인간의 학습능력과 문화적 또는 인지적 유연성이 자살행동을 충분히 설명할 수 있는지, 자살유형의 문화적 다양성을 뒷받침할 수 있는 환경적 스트레스 또는 개인적 성향에 유사성이 있는지 여부는 여전히 의문점으로 남아있다. DeCatanzaro는 문화적으로 패턴화된 학습을 통

124

해 부분적으로 조정되는 동기부여 사건이 있을 수 있다고 주장하였다. 다른 세 가지 모델에서는 이 문제에 대해 다루고 있다(p.101).

모델 2: 자살은 스트레스로 유발된 병리. 이 모델은 스트레스-소인 이론에 가깝다. 여기서 자살은 환경적 스트레스 요인의 결과로 나타나는데, 정확하게 해당 스트레스 요인이 무엇인가에 대해서는 논쟁이 있다. Rubinstein과 DeCatanzaro는 해당 스트레스 요인은 문화를 따라잡지 못한 진화의 부산물이라고 주장하였다. DeCatanzaro (1981)는 "지난 수세기동안 인간의 문화와 기술은 극적인 변화를 겪어왔기 때문에, 유전적 진화와 문화적 상태 사이에는 약간의 시간차가 존재한다"(p.87)고 설명하였다.

여기서 논쟁이 되는 부분은 인류초창기에 발생한 적응은 그 당시에는 적응적인 것이었지만, 현대적 스트레스 요인을 감안하면 부적응적일 수 있다는 것이다. Rubinstein은 이러한 스트레스 요인이 생리적 메커니즘으로 작용할 때 자살가능성이 높아진다고 주장하였다(11장 참조).

모델 3: 이타적 자살. 이 모델은 혈연 이타주의를 강조한다. 자살자는 자신의 죽음이 같은 유전자를 갖고 있는 혈연관계에 있는 사람들에게 이득이 되기 때문에 자살을 선택한다. 이는 3장에서 논의한 인식된 짐스러움의 개념과 같은 것으로 볼 수 있다. 사람들은 자신의 죽음이 가까운 가족에게 이득이 될 것이라고 인식한다. 이타적 자살은 생식능력이 낮은 사람들에게서 높게 나타나기 때문에, 유전자 자체가 전달될 가능성이 적다.

모델 4: 진화가 자살을 허용하는 이유. Rubinstein은 왜 자살이 진화론적 입장에서 허용되는지에 대해 논의하였다. DeCatanzaro에 의하면 "자살은 극한 상황, 특히 현재 상황에 대처할 능력이 없고, 미래에 대한 기대가 거의 없는 사람들에게서 발생하는 절망적인 행동이다. 이들이 용인할 수 있는 생활실태는 심각하게, 영구적으로 위협받고 있다"(DeCatanzaro, 1980, p.276). 따라서 자살은 번식능력이 제한된 사람들에게서 발생한다. 이혼을 하거나, 미혼이거나, 신체적 질병이나 정신병을 가진 사람들이 다른 사람들보다 번식가능성이 낮으므로 자살률이 높게 나타난다.

결론. Rubinstein의 모델은 거의 전적으로 DeCatanzaro의 주장에 기반하고 있으며, 시사하는 바는 많지만 자살에 대한 보편적 이론을 제시하지는 못하였다. 하지만, 자살행동에 대한 스트레스-소인 이론의 기본적인 토대를 제공했다는 점에서 의의가 있다.

Schotte와 Clum

Schotte와 Clum(1982, 1987)은 자살행동 모델을 스트레스-소인 모델과 인지 모델의 두 가지로 분류하여 설명하였다. 이들은 자살로 사망에 이르는 사람들은 확산적 사고의 결함으로 인해 스트레스에 대처하는 능력이 저해되었다고 가정하였다. 인지적 경직성은 스트레스에 적응하는 것을 허용하지 않기 때문에 자살로 사망하거나 자살을 시도할 확률이 높아진다. 특히, 인지적 경직성으로 인해 스트레스 대처능력이 저해되면, 이는 무기력함과 절망감을 가져와 결국 자살에 이르게 된다.

Schotte와 Clum은 다양한 연구를 통해 해당 이론을 검증하였다. Schotte와 Clum(1982)은 자살생각이 있는 대학생들의 경우, 부정적 생활사건, 우울증상, 절망감을 더 많이 경험한다는 사실을 발견하였다. Schotte와 Clum은 대상을 다음의 4그룹으로 나누어서 해당 이론을 재검증하였다. (1) 스트레스는 높은데, 문제해결능력이 낮은 그룹, (2) 스트레스는 낮은데, 문제해결능력도 낮은 그룹, (3) 스트레스는 높은데, 문제해결능력이 높은 그룹, (4) 스트레스는 낮은데, 문제해결능력은 높은 그룹. 연구결과, 스트레스는 높은데, 문제해결능력이 낮은 그룹의 자살생각과 절망감이 다른 그룹에 비해 큰 것으로 나타났다. Schotte와 Clum(1987)은 정신병 환자를 대상으로도 해당 모델을 검증하였다.

Williams의 고통호소 이론

Williams(1997)가 주장한 고통호소 이론(COP)은 이미 4상에서 논의되었지만, 이 또한 스트레스-소인 이론이기도 하다. COP에서는 저지된 탈출의 역할을 강조한다. 저지된 탈출은 탈출구가 막혀있다는 느낌을 준다. 자살은 속박감이 수반되는 고통스럽고 혐오스러운 상태에서 탈출할 필요성을 느끼면 발생하며, 속박감은 패배감을 경험한 후에 발생한다. Williams에 따르면, 패배감과 속박감을 경험하면 "무기력한 각본"이 활성화된다고 한다. 무기력한 각본은 진화적 적응전략으로 간주되지만, 기능이 오작동하는 경우 자살행동이 발생하게 된다.

Williams의 COP에서는 자살행동의 발달에 왜 개인적인 차이가 있는지를 설명하려고 하였다. Taylor 외(2011)는 이를 다음과 같은 변수들로 설명하였다.

1. 사람들은 패배감에 대한 취약성이 다를 수 있다. 어떤 사람들은 예민하지 않은 반면, 어떤 사람들은 예민할 수 있다(Williams, 1997).

2. 사람들은 도피가능성(혐오적인 상황에서 벗어날 수 있는 능력)이 다를 수 있다. 문제해결능력 부족은 자살행동으로 이어질 수 있다(Clum & Febbraro, 2002).

3. 사람들은 다양한 구조가능성을 갖고 있다. 구조가능성은 사회적 지지와 같은 외부 도피수단을 의미한다.

4. 미래에 대한 속박감으로 인해 절망감이 생기면 자살행동이 발생한다(Williams, 1997).

Williams의 이론은 이 책에서 논의된 다른 이론(예: 패배감-속박감 이론, 도피 이론)뿐만 아니라 스트레스-소인 이론으로도 분류될 수 있다. Williams의 이론에 나타난 소인은 패배감에 대한 민감성으로 볼 수 있다(Williams & Pollock, 2001). 스트레스원이 이러한 민감성을 촉발하면, 도피할 수 없거나 구조될 수 없다고 인식하여 자살행동이 발생한다. 다른 스트레스-소인 이론과는 달리, COP에서는 패배경험에 의해 촉발되는 매우 구체적인 소인(즉, 패배감에 대한 민감성)을 설명한다.

O'Connor의 통합된 동기-의지모델

COP와 다른 이론들을 바탕으로, O'Connor(2011)는 통합된 동기-의지모델(IMV)을 주장하였다(4장 참조). IMV의 3단계는 (1) 동기 전 단계, (2) 동기부여 단계, (3) 의지적 단계이다. 이 이론은 "특정 행동을 가장 잘 예측하는 변수는 행동의도"(O'Connor, 2011, p.185)라고 주장한 계획된 행동 이론(TPB)(Ajzen, 1991)에 기초하고 있다.

O'Connor는 이 이론에서 주목해야 할 IMV의 5가지 주요 원칙에 대해 논의하였다. 5가지 주요 원칙은 다음과 같다.

1. 이 모델은 심리학을 기반으로 하고 있지만, 학제간 모델이다.
2. 이 모델은 기존에 존재하는 경험적으로 지지된 자살행동 모델들을 기반으로 한다.
3. 이 모델은 자살생각과 자살행동을 구분한다.
4. 이 모델은 경험적으로 검증할 수 있는 가설이 분명하다.
5. 이 모델은 예방과 개입 모두에 영향을 미친다.

IMV는 Schotte와 Clum(1987)의 이론과 Williams의 COP에서 제

안된 저지된 탈출 개념에 의존하고 있다. IMV에서 스트레스-소인 개념은 동기 전 단계에서 발견된다. 동기 전 단계에서, 소인은 환경 및 생활사건과 상호작용한다. O'Connor는 이를 "소인-환경-생활사건의 삼각관계"라고 불렀다(O'Connor, 2011, p.186). O'Connor는 모델의 다른 요인들이(예: 패배감, 굴욕감, 속박감) 진공상태에서는 작동하지 않는다고 주장하였다. 동기 전 단계는 자살행동을 위한 기반을 설정하는 단계이다.

Mann, Waternaux, Haas, Malone

Mann 외(1999)는 정신과 입원환자를 대상으로 자살행동, 정신질환, 충동성, 공격성, 기타 개인사에 대해 살펴보았다. 인터뷰결과를 바탕으로 자살행동에 대한 스트레스-소인 모델을 고안하였는데, 해당 모델은 다음과 같이 도식화할 수 있다.

우울증 또는 정신증/생활사건 → 절망감/우울감/자살생각 → 자살계획 → 충동성 → 자살행동

우울증이나 정신증, 그리고 생활사건은 절망감, 우울감, 자살생각을 초래하고, 결국 자살계획으로 이어진다. 자살계획을 자살행동으로 이행시키는 핵심적인 요소는 충동성이다. 충동성은 낮은 세로토닌 활동, 알코올중독, 흡연, 약물남용, 두부손상과 같은 다양한 요인들의 결과로 나타난다. 높은 충동성은 높은 공격성으로 연결되어,

공격성과 자살행동의 관계를 설명할 수 있게 된다.

Mann의 주장은 다음과 같다.

일반적인 스트레스 요인은 정신질환을 급속도로 악화시키지만, 급성 심리사회적 위기가 자살행동으로 이어지는 가장 근접한 스트레스 요인으로 볼 수 있다. 비관주의와 공격성/충동성은 자살행동의 소인이 며, 성별, 종교, 가족/유전적 요인, 어린 시절 경험, 콜레스테롤 수준 등이 소인에 영향을 미친다(Mann, 2003, p.820).

따라서 정신질환이나 심리사회적 위기의 갑작스러운 악화는 자살행동으로 이어질 수 있다. Mann의 이론에서 소인은 절망감/비관주의와 충동성으로 볼 수 있으며, 각각 노르아드레날린과 세로토닌 저하에 영향을 받는다. 소인은 성별, 어린 시절 경험과 같이 다른 요인에 의해서도 영향을 받는다.

결론

스트레스-소인 이론에서는 자살로 사망에 이르는 사람들은 그러한 성향을 갖고 있고, 특정한 스트레스 요인이 해당 성향을 활성화시킨다고 주장한다. Van Heeringen(2000)은 스트레스와 소인이 서로 상호작용할 수 있다고 주장하였다. 소인으로 인해 스트레스를 많

이 받는 생활사건을 경험할 수도 있고, 스트레스를 많이 받는 생활
사건을 경험하는 것이 소인에 해로운 영향을 미칠 수도 있다.

앞에서도 언급했듯이, 이 이론은 자살을 유발하는 사건에 초점을
둔 이론 중 하나이며, 심리학자들이 상태변수와 특성변수로 분류한
것을 결합한 이론 중 하나이다. 따라서 자살행동을 이해하는 데 있
어 중요한 이론이라 할 수 있다.

[참고문헌]

Afifi, T. O., Enns, M. W., Cox, B. J., Asmundson, G. J. G., Stein, M. B., & Sareen, J. (2008). Population attributable fractions of psychiatric disorders and suicide ideation and attempts associated with adverse childhood experiences. *American Journal of Public Health, 98*, 946-952.

Agnew, R. T. (1992). Foundation for a general strain theory of crime and delinquency. *Criminology, 30*, 47-87.

Ajzen, I. (1991). The theory of planned behavior. *Organizational Behavior & Human Decision Processes, 50*, 179-211.

Boehmer, T. K. C., Flanders, W. D., McGeehin, M. A., Boyle, C., & Barrett, D. H. (2004). Postservice mortality in Vietnam veterans: 30-year follow-up. *Archives of Internal Medicine, 164*, 1908-1916.

Boscarino, J. A. (2006). Posttraumatic stress disorder and mortality among U.S. army veterans 30 years after military service. *Annals of Epidemiology, 16*, 248-256.

Brodsky, B. S., Oquendo, M., Ellis, S. P., Haas, G. L., Malone, K. M., & Mann, J. J. (2001). The relationship of childhood abuse to impulsivity and suicidal behavior in adults with major depression. *American Journal of Psychiatry, 158*, 1871-1877.

Bullman, T. A., & Kang, H. K. (1996). The risk of suicide among wounded Vietnam veterans. *American Journal of Public Health, 86*, 662-667.

Centers for Disease Control. (1987). Postservice mortality among Vietnam veterans: The Centers for Disease Control Vietnam Experience Study. *Journal of the American Medical Association, 257*, 790-795.

Clum, G. A., & Febbraro, G. A. R. (2002). Social problem solving and suicide risk. In E. C. Chang, T. J. D'Zurilla & L. J. Sanna (Eds.), *Social problem solving: Theory,* research, and training, pp. 67-82. Washington, DC: American Psychological Association.

DeCatanzaro, D. (1980). Human suicide: a biological perspective. *Behavioral & Brain Sciences, 3*, 265-272.

Farberow, N. L., Kang, H. K., & Bullman, T. A. (1990). Combat experience and postservice psychosocial status as predictors of suicide in Vietnam veterans. *Journal of Nervous & Mental Disease, 178*, 32-37.

Johnson, J., Gooding, P. A., Wood, A. M., Taylor, P. J., Pratt, D., & Tarrier, N. (2010). Resilience to suicidal ideation in psychosis: Positive self-appraisals buffer the impact of hopelessness. *Behaviour Research & Therapy, 48*, 883-889.

Kessler, R. C., Galea, S., Gruber, M. J., Sampson, N. A., Ursano, R. J., & Wessely, S. (2008). Trends in mental illness and suicidality after Hurricane Katrina. *Molecular Psychiatry, 13*, 374-384.

Knox, K. L. (2008). Epidemiology of the relationship between traumatic experience and suicidal behaviors. *PTSD Research Quarterly, 19(4)*, 1-8.

Mann, J. J. (2003). Neurobiology of suicidal behavior. *Nature Reviews, 4*, 819-828.

Mann, J. J., & Currier, M. (2010). Stress, genetics and epigenetic effects on the neurobiology of suicidal behavior and depression. *European Psychiatry, 25*, 268-271.

Mann, J. J., Waternaux, C., Hass, G. L., & Malone, K. M. (1999). Toward a clinical model of suicidal behavior in psychiatric patients. *American Journal of Psychiatry, 156*, 181-189.

Nelson, E. C., Heath, A. C., Madden, P. A. F., Cooper, M. L., Dinwiddle, S. H., Bucholz, K. K., et al. (2002). Association between self-reported childhood sexual abuse and adverse psychosocial outcomes: results from a twin study. *Archives of General Psychiatry, 59*, 139-145.

O'Connor, R. C. (2011). Towards an integrated motivational-volitional model of suicidal behaviour. In R. C. O'Connor, S. Platt, & J. Gordon, *International handbook of suicide prevention: Research, policy and practice*, pp. xxx-xxx. New York: Wiley.

Rubinstein, D. H. (1986). A stress-diathesis theory of suicide. *Suicide & Life-Threatening Behavior, 16*, 100-115.

Ryb, G. E., Soderstrom, C. A., Kufera, J. A., & Dischinger, P. (2006). Longitudinal study of suicide after traumatic injury. *Journal of Trauma: Injury, Infection & Critical Care, 61*, 799-804.

Schotte, D. E., & Clum, G. A. (1982). Suicide ideation in a college population: A test of a model. *Journal of Consulting and Clinical Psychology, 50*, 690-696.

Schotte, D. E., & Clum, G. A. (1987). Problem-solving skills in suicidal psychiatric patients. *Journal of Consulting and Clinical Psychology, 55,* 49-54.

Stack, S., & Wasserman, I. (2007). Economic strain and suicide risk. *Suicide & Life-Threatening Behavior, 37,* 103-112.

Taylor, P. J., Gooding, P., Wood, A. M., Johnson, J., & Tarrier, N. (2011). Prospective predictors of suicidality. *Suicide & Life-Threatening Behavior, 41,* 297-306.

Van Heeringen, K. (2000). A stress-diathesis model of suicidal behavior. *Crisis, 21,* 192.

Walls, M. L., Chapple, C. L., & Johnson, K. D. (2007). Strain, emotion, and suicide among American Indian youth. *Deviant Behavior, 28,* 219-246.

Wasserman, D. (2001). A stress-vulnerability model and the development of the suicidal process. In D. Wasserman (Ed.), *Suicide: An unnecessary death,* pp. 19-28. London, UK: Martin Dunitz.

Williams, M. (1997). *Cry of pain: Understanding suicide and self-harm.* New York: Penguin.

Williams, J. M. G., & Pollock, L. R. (2001). Psychological aspects of the suicidal process. In K. van Heeringen (Ed.), *Understanding suicidal behaviour,* pp. 76-93. Chichester, UK: Wiley.

Yang, B., & Clum, G. A. (1994). Life stress, social support, and problem-solving skills predictive of depressive symptoms, hopelessness, and suicide ideation in an Asian student population. *Suicide & Life-Threatening Behavior, 24,* 127-139.

Ystgaard, M., Hestetun, I., Loeb, M., & Mehlum, L. (2004). Is there a specific relationship between childhood sexual and physical abuse and repeated suicidal behavior? *Child Abuse & Neglect, 28,* 863-875.

Zhang, J. (2005). [Conceptualizing a strain theory of suicide.] *Chinese Mental Health Journal, 19,* 778-782.

Zhang, J., & Lester, D. (2008). Psychological tensions found in suicide notes. *Archives of Suicide Research, 12,* 67-73.

Zhang, J., Lu, J., Zhao, S., Lamis, D. A., Li, N., Kong, Y., Jia, C., Zhou, L., & Ma, Z. (2013b). Developing the Psychological Strain Scales (PSS). *Social Indicators Research,* in press.

Zhang, J., Tan, J., & Lester, D. (2013a). Psychological strains found in the suicides of 72 celebrities. *Journal of Affective Disorders, 149,* 230-234.

Zhang, J., Wieczorek, W., Conwell, Y., Tu, X. M., Wu, B. Y. W., Xiao, S., & Jia, C. (2012). Characteristics of young rural Chinese suicides. *Psychological Medicine, 40,* 581-589.

Zimmerman, J. K., & Zayas, L. H. (1995). Suicidal adolescent Latinas. In S. S. Canetto & D. Lester (Eds.), *Women and suicidal behavior,* pp. 120-132. New York: Springer.

제7장

인지 이론 [25]

David Lester

이 장에서는 비합리적 사고가 자살행동에 미치는 영향을 검토한다. 우선, 정신질환의 종류에 따른 다양한 비합리적 사고의 유형과 역할에 대해 검토할 것이다. 또한, 자살충동을 가진 사람들의 비합리적 사고를 분석하기 위해, Beck의 인지도식에서 나타나는 절망감, 패배감, 속박감, 인식된 짐스러움, 완벽주의, 사기꾼 증후군, 수치심 등에 대해 검토할 것이다. 마지막으로, 비합리적 사고의 복잡한 모델인 유형, 프로필, 도식 등에 대해 검토할 것이다.

1980년대에 대중화된 인지 이론은, 부정적 감정과 불안한 행동이 불행한 사건을 경험한 결과로 나타나는 것이 아니라 해당 사건에 대한 사고에서 비롯된다는 개념에서 줄발하였다. 즉, 단순히 직장에서 해고당했거나 배우자와 이혼한다고 해서 불안감이나 절망감에 빠지지는 않는다. 오히려 불안감과 절망감에 빠지는 것은 외상사건을

---

25 Lester(2012a) 참조.

경험한 이후에 나타난다.

Albert Ellis(1962)는 RET(인지정서치료)라고 불리는 치료법을 고안하였는데, 선행사건(A)은 신념(B)을 불러일으키고, 이는 결과 (C)로 이어진다. 비합리적인 신념은 심각한 결과를 가져오고, 합리 적인 신념은 온화한 결과를 가져온다. Ellis는 초기에 10가지 비합리 적인 신념에 대해 설명하였고, 추후에 13가지로 확장시켰다. 비합리 적 신념은 모든 사람에게 사랑받거나 인정받아야 한다는 생각, 모든 면에서 유능한 사람이 되어야 한다는 생각 등을 포함한다.

다음에 설명하는 주요 체계는 Aaron Beck(1976)이 주장하였는 데, 일반적으로 CBT(인지행동치료)로 알려져 있다. 기본적인 생각 은 동일하지만, Beck은 비합리적인 신념을 추론 과정의 오류로 정 의하였다. Burns(1980, pp.40-41)가 제시한 추론 과정의 오류는 다 음과 같다.

- **이분법적 사고**: 모든 것을 흑백으로 분류한다. 성과가 완벽하지 않으면 실패로 본다.
- **과잉일반화**: 한 번의 실패를 모든 상황에서의 실패로 본다.
- **선택적 추상**: 부정적인 것에 집중하여 모든 것이 부정적이라고 인식한다.
- **긍정 격하**: 어떤 이유로든 중요하지 않다고 주장함으로써 긍정 경험을 거부한다. 이를 통해 부정적인 신념을 유지한다.
- **섣부른 결론에 도달**: 결론을 뒷받침할 명백한 사실이 없음에도 불구하고 부정적 결론을 내린다.

- 극대화(파국화) 또는 극소화: 중요성을 과장하거나, 부적절하게 축소하여 본다.
- 정서적 추론: 부정적인 감정을 진실의 증거로 삼는다.
- 당위론적 진술: "해야 한다"(또는 "해서는 안된다")를 동기부여 수단으로 사용한다. 이는 자신에게는 죄책감을, 다른 사람에게는 분노감을 유발한다.
- 명명과 잘못된 명명: 과잉일반화의 극단적 형태로, 행위를 자신으로 과잉일반화한다(예: '나는 실패자다').
- 개인화: 부정적인 외부사건을 지나치게 내면화하여 자신을 비난한다.

예를 들어, *과잉일반화*에서는 하나의 사건을 근거로 정당성이 없는 일반화를 한다. 따라서 한 번의 실패를 통해 어떤 것에서도 성공하지 못할 것이라고 생각한다. *극대화*에서는 사건의 중요성을 과장한다. 따라서 "이것은 나에게 일어난 일 중 최악이라서 견딜 수가 없다"고 생각하게 된다.

정신증 종류에 따른 비합리적 사고

정신증의 종류에 따라 다양한 비합리적 사고가 나타난다. 예를 들면, Beck, Brown, Steer, Eidelson, Riskind(1987)는 우울증이 있는 사람들의 비합리적 사고는 자기비하나 과거와 미래에 대한 부정적 태도를 중심으로 나타난다고 주장하였다. 이는 "나는 쓸모가 없다", "나는 사회적 실패자다", "내가 죽든지 살든지 아무도 신경쓰지 않는다"와 같은 표현으로 나타난다. 이와는 대조적으로, 불안장애가 있는 사람들은 신체적, 심리사회적 위험이나 미래에 예상되는 피해를 생각하며 "나는 부상을 입을 것이다", "나는 병이 들면 만성환자가 될 것이다", "나는 건강한 사람이 아니다"라는 표현을 하게 된다.

공황장애 환자들은 신체적 또는 정신적 파국경험과 관련된 비합리적 사고를 한다. 이들은 미쳐가는 것, 심장마비, 굴욕감, 실패를 두려워한다. 이러한 사고는 대개 내부증상(가슴통증, 현기증, 두근거림 등)이나 외부사건(밤중에 혼자 있을 때, 논쟁상태나 혼잡한 장소에 있을 때)에 의해 유발된다. 신체적 감각이 잘못 전달되면, 내부에서는 매우 심각하다고 믿게 된다(Ottaviani & Beck, 1987). 이는 다음과 같이 특이한 연쇄반응으로 나타난다(Chambless et al., 2000).

어지럼증	→	졸도
가슴통증	→	심장마비
난시	→	실명
마비	→	뇌종양

Butler 외(2002)가 설명한 경계성 성격장애에서 나타나는 비합리적 사고는 다음과 같다.

외로움(나는 항상 혼자일 것이다)

의존성(나는 스스로 살아나갈 수 없으며, 기댈 사람이 필요하다)

무지함(나는 내가 원하는 것을 정말로 모른다)

개인통제력 결함(나는 스스로 자제할 수 없다)

나쁨(나는 악한 사람이므로 처벌받아야 한다)

대인관계 불신(다른 사람들은 사악하고, 나를 학대한다)

취약성(나는 무력하고 취약해서 스스로를 보호할 수 없다)

Neuringer(1964, 1967)는 많은 연구를 통해 자살충동을 가진 사람들의 사고에서 2가지 특징을 도출하였다. 첫째, 이들은 이분법적 사고를 한다. 즉, 사건, 관계, 대상을 유연하게 보기보다는 "좋음" 또는 "나쁨"으로 평가한다. 그 결과, 삶과 죽음에 대해 극단적 태도를 취하는 경향이 있으며, 이때 삶은 매우 부정적이고 죽음은 매우 긍정적인 것으로 여긴다. 둘째, 이들은 문제에 대한 해결책을 찾기 어려운 경직된 사고방식을 갖고 있다. 하지만 Neuringer의 연구에서는 의학적으로 아픈 환자와 심신증 환자를 통제집단으로 사용하였기 때문에, 이 연구를 통해 발견한 것은 자살충동을 가진 사람들보다는 일반적인 정신병 환자에게서 나타나는 특징일 가능성이 높다.

다음 섹션에서는 정신질환의 종류와 상관없이 자살충동을 가진 사람들에게서만 나타나는 독특한 인지기능 장애에 대해 살펴보기로 한다.

자살충동을 가진 사람들의 비합리적 사고를 분석하기 위한 체계

Wenzel과 Beck(2008)은 자살충동을 가진 사람들의 인지과정을 설명하기 위한 구성체계를 제시하였다. 기본 구성체계로는 정신질환 및 자살행동의 인지과정에서 나타나는 스트레스와 기질적 취약성을 모두 포함하는 스트레스-소인 이론을 사용하였다. 이에 따르면, 기질적 취약성이 강하거나 정신질환이 심할수록, 자살관련 인지과정을 활성화시키는 데 필요한 스트레스는 적어진다.

Wenzel과 Beck은 기질적 취약성으로 충동성, 문제해결능력 부족, 과일반화 기억, 성격특성(내향성, 위험회피), 부적응적 인지방식, 신경증, 정서조절장애를 제시하였다. 여기에서, Wenzel과 Beck이 부적응적 인지방식으로 절망감을 제시한 것은 흥미롭다. 절망감은 자살충동을 가진 사람들의 특징으로 제시되는 인지왜곡 중 하나이기 때문에, 부적응적 인지방식은 특성변수와 상태변수가 모두 될 수 있다.

자살충동을 가진 사람들의 비합리적 사고

다음은 자살충동을 가진 사람들을 특징짓는 비합리적 사고의 몇 가지 예이다.

절망감

Beck의 자살이론에서 가장 핵심적인 인지과정은 절망감이다 (Wenzel & Beck, 2008). 절망감은 미래에 대한 부정적인 기대로, 특성변수(장기적 특성)와 상태변수(일시적인 감정 또는 상태)가 모두 될 수 있다(Beck et al., 1974). Beck은 절망감특성이 모든 자살과 관련이 있는 것이 아니라, 계획된 자살행동과 관련이 있다고 주장하였다. 충동적 자살행동을 하는 사람에게는 절망감특성의 역할이 크지 않고, 견딜 수 없는 심리적 상태의 영향이 더 크기 때문이다. 하지만 절망감특성과 견딜 수 없는 심리적 상태 모두 절망감상태와 자살행동을 가져온다.

Beck의 이론에서는 절망감 이외에도 많은 인지과정을 도입하였다(Wenzel & Beck, 2008). 예를 들면, 자살생각을 가졌던 사람들, 특히 자살을 시도했던 사람들은 자살관련 자극에 주의를 기울이는 주의력 편향이 있다. 이는 자살관련 자극들로부터 벗어나는데 어려움을 초래하고, 자살관련 자극에 압도당해, 도피수단으로써의 자살을 고착시키게 된다.

Wenzel과 Beck은 자살위기에 처한 사람들이 질주본능(급성 불안과 동요를 동반)과 터널시야(인지적 위축)를 경험한다고 지적하였다. Wenzel과 Beck은 이 상태를 주의고착이라고 명명하였고, 이 상태에서는 관심집중이 좁아져서(위축), 이를 해결하기 위해 자살에 몰두하게 된다. 주의고착은 절망감상태와 상호작용하여 자살행동이 더 쉽게 일어날 수 있는 하향곡선(인지적, 정서적)을 조성하게 된다.

무기력함

Lester(2001)는 절망감 척도(Beck, Weissman, Lester, & Trexler, 1974)가 절망감과 무기력함이라는 두 가지 개념을 혼동하고 있다고 느꼈다. 절망감은 미래에 대한 부정적인 기대(비관주의)와 관련이 있는 반면, 무기력함은 개인이 상황을 개선하기 위해 할 수 있는 일이 없다는 생각과 관련이 있다. 즉, 어떤 사람은 비관론자임에도 불구하고 결과를 바꾸기 위해 노력하기도 한다. Lester는 무기력함과 결합된 절망감이 자살행동의 더 강력한 원인이 될 수 있다고 주장하였다. 이와 관련된 항목으로는 "희망과 열정을 가지고 미래를 기대한다"(절망감-반대로 점수산정)와 "타인의 도움 없이는 위기에 대처할 수 없다"(무기력함)가 있었다.[26] 또한, Gencoz, Vatan, Walker, Lester(2008)는 무기력함과 절망감이 대학생들의 자살생각과 상관관계가 있음을 검증하였다.

패배감과 속박감

Gilbert와 Allan(1988)은 패배감을 경험한 후 도피할 수 없는 속박감에 빠질 때 우울증이 발생한다고 주장하였다. 동물의 세계에는, 싸움에서 패배한 동물은 도전적 행동을 억제하고, 승리한 동물은 싸움을 끝내는 내장된 메커니즘이 있다(4장 참조). 이러한 억제 메커

---

26 Lester는 "내 인생의 불행한 일들은 운이 나쁘기 때문이다"라는 항목으로 불행 척도를 만들었다.

니즘은 순종적인 행동으로 간주된다. 하지만 우울한 사람은 자신이 열등하고 지위가 낮다고 인식하여, 수치심을 느끼고 자존감이 낮다. 하지만 모든 사람이 극단적으로 반응하는 것은 아니다. 어떤 사람은 소심하고 조심스럽게 살며, 어떤 사람은 심각하게 해제되기도 한다. Gilbert와 Allan은 해당 가설을 검증하기 위해 자기보고식 측정도구를 이용하여 속박감과 패배감을 측정하였다. 이와 관련된 항목으로는 각각 "나는 속박감 상황에 처해 있다"와 "나는 인생에서 패배감을 느낀다"가 있었다. 대학생을 대상으로 한 연구에서 해당 척도는 우울 및 절망감과 정적 상관관계가 있는 것으로 나타났다.

Williams(1997)는[27] 다음과 같은 6가지 구성요소를 가진 유사한 모델을 주장하였다(Johnson, Gooding, & Tarrier, 2008). (1) 스트레스원, (2) 패배감을 인식하는 상황에 대한 평가, (3) 패배감에 대한 인식을 높이는 인지적 편향(인지적 위축), (4) 저지된 탈출, (5) 탈출이 불가능하다는 인식, (6) 자살수단에 대한 접근 및 자살행동 모델. 만약 속박감이 외부적(타인에 의해 야기된 경우)이 아니라 내부적(자신에 의해 야기된 경우)이면, 자살을 통해서만 이를 도피하려고 하게 된다(Baumeister, 1990).

하지만, 이 모델에는 몇 가지 문제점이 있다. Johnson, Gooding, Tarrier(2008)는 패배감과 속박감이라는 두 개념을 중첩되지 않게 정의하는 것이 어렵다고 주장하였다. 실제로, Gilbert와 Allan이 고안한 척도에서 패배감은 "나는 무기력하다"고 되어 있고, 속박감은

---

27 4장 참조.

"나는 상황을 바꿀 힘이 없다"고 되어 있다. 또한, 이 두 개념이 상호
배타적인지도 의심스럽다. 예를 들어, Williams(1997) 모델에서 절
망감은 인식된 속박감과 유사하다. 속박감은 과거와 현재를 의미하
지만, 패배감은 미래를 의미하기 때문에, 자기보고 검사지에서 해당
개념의 정의를 명확하게 구별하는 것은 어려운 일이다.

인식된 짐스러움

Joiner(2005)는 대인관계 심리학 이론(2장 참조)에서 3가지 개념을
강조하였다. 첫째, 개인은 가족, 동료, 집단, 문화에 소속되어야 한다.
따라서, 좌절된 소속감은 자살의 첫 번째 위험요인이다. 둘째, 사람들
은 서로 도와주려는 욕구를 갖고 있으며, 다른 사람에게 짐이 되는 것
을 싫어한다. 따라서, 인식된 짐스러움은 자살의 두 번째 위험요인이
다. 셋째, 자살을 시행하기 위해서는 자해능력을 획득해야 한다. 자해
능력은 이전의 부상, 자살시도, 전투경험 등을 통해 획득할 수 있다.

Van Orden, Witte, Gordon, Bender, Joiner(2008)는 이 3가지 변
수를 측정하기 위한 척도를 고안했는데, 인식된 짐스러움과 관련된
항목에는 "요즘 나는 내 주변의 사람들에게 짐이 되는 것 같다"가
있었다. 대학생을 대상으로 한 연구에서, 인식된 짐스러움은 우울과
자살생각에 정적인 영향을 미치는 것으로 나타났다(Van Orden et
al., 2008). 최근에는 낮은 자아존중감(Van Orden et al., 2010), 정서
조절장애(Anestis, Bagge, Tull, & Joiner, 2011)와 같은 다른 성격특
성을 이론에 통합시켰다.

완벽주의

완벽주의가 자살생각 및 자살행동과 관련이 있다는 연구결과가 제시되었다. Hamilton과 Schweitzer(2000)는 호주 대학생을 대상으로 완벽주의와 자살생각의 관련성을 발견하였다. 이는 완벽주의에 대한 정의에 따라 달라질 수 있는데, Hamilton과 Schweitzer의 연구에서 완벽주의를 하위척도로 구분한 결과, '실수에 대한 우려'와 '행동에 대한 의심' 하위척도에서만 자살충동을 가진 대학생과 일반 대학생의 차이가 나타났다. 반면, '부모의 비판', '부모의 기대', '개인적 기대수준'을 측정한 학위척도에서는 차이가 나타나지 않았다.

Frost 외(1990)는 완벽주의를 높은 기준의 설정과 해당 기준을 추구하는데 지나치게 비판적인 자기평가를 결합하여 정의하였다. 이들은 '긍정적 성취노력'과 '부적응적 평가우려'라는 두 가지 요인을 가진 다차원적 완벽주의 척도(Multidimensional Perfectionism Scale)를 고안하였다. 정신병리와 정적 상관관계를 가진 요인은 '부적응적 평가우려'로 나타났다(DiBartolo, Li, & Frost, 2008). DiBartolo 외(2004)는 간이정신진단검사(Brief Symptom Inventory) 점수가 활동기반 자기가치("자유시간이 주어졌을 때 생산적인 일을 하지 않으면 죄책감을 느낀다")와 성공기반 자기가치("만약 무언가에 실패한다면, 나는 비탄에 빠질 것이다")와는 관련이 있지만, 순수한 개인적 기대수준("나는 대부분의 사람들보다 더 높은 목표를 세운다")과는 관련이 없음을 발견하였다.

사기꾼 증후군

사기꾼 증후군은 유능한 사람들이 실제로는 자신이 무능하다고 믿어, 사기꾼이라고 인식되기를 두려워하며 사는 상황을 말한다. 사기꾼 증후군을 측정하는 항목으로는 "사람들은 내가 실제보다 더 유능하다고 믿는 경향이 있다"(Harvey & Katz, 1985)가 있다. Lester와 Moderski(1995)는 이 척도에서 높은 점수를 얻은 고등학생들이 우울점수를 통제한 후에도 자살생각 및 자살시도 가능성이 높다는 것을 발견하였다. 유명인의 자살사례도 이런 예에 속한다. Lester(2012b)는 자살을 기도한 한 학자의 일기를 분석하였다. 그는 성공한 학자였지만, 무능한 사람으로 드러날 것을 두려워하며 살았다. 그는 컨퍼런스와 학술기관에서 강연에 초청을 받자, 자살을 시도하였다.

수치심과 자존감

수치심은 인지, 정서, 또는 이 둘의 조합으로 볼 수 있는 심리적 개념 중 하나이다. 수치심은 자살행동과 관련이 있으며(Lester, 1997), 정서와 인지영역으로 구분된다. Lester는 인지적 측면에서 수치심과 죄책감을 구분하였다. 죄책감은 사죄를 하는 행위에 초점을 맞추며, "내가 *그러한 행동*을 한 것을 믿을 수 없다"로 묘사된다. 반면, 수치심은 스스로를 숨기기 위한 방법으로 상황에서 도피하는 자신에게 초점을 맞추며, "*내가* 그러한 행동을 한 것을 믿을 수 없다"로 묘사된다.

자존감도 인지적, 정서적 측면을 모두 가지고 있다. 자살행동을 연구하는데 있어서는, 정서적 측면보다는 인지적 측면을 평가할 수 있도록 자기보고 검사지에서 사용할 단어를 신중하게 선택하는 것이 중요하다. 예를 들면, 느낌이라는 단어는 주로 감정을 내포하기는 하지만, 생각을 의미할 때 사용되기도 하므로 피해야 한다. Rosenbaum의 자존감 척도(Janis, 1954)에는 "대부분의 사회적 상황을 스스로 처리할 수 있다고 느낀다"는 항목이 있다. 여기서 '느낀다'는 단어는 '나는 생각한다'로 대체해야 한다.

Neimeyer(1984)는 낮은 자존감을 *부정적 자기이해*라는 인지적 측면으로 개념화하였다. 그는 부정적 자기이해가 자살몰두의 중요한 요인이라고 가정하였지만, 이론적 분석에서는 자살충동을 가진 사람들의 자존감과 우울증의 관계를 살펴보았다. 가벼운 수준의 우울증에서는, 자아에 대한 정보를 긍정적이나 부정적으로 수용하기 시작하면 자기도식의 일부가 사라지기 시작한다. 이는 모순된 자기이해가 주도하는 보통 수준의 우울증에 다다를 때까지 지속된다. 우울증이 심해지면, 안정적이고 일관된 부정적 자기이해가 나타난다. 부정적 자기이해 정도는 증상의 강도에 따라 달라지는 반면, 편견과 같은 특성은 자살충동을 가진 사람들의 안정적 성격특싱으로 보인다.

기타 비합리적 사고

Revere(1985)는 합리적 사고에 의해 반박의 여지가 있는 자살자가 갖고 있는 다섯 가지 환상에 대해 다음과 같이 설명하였다. (1) 자살은 유가족에게 매우 파괴적인 사건이다, (2) 자살자의 죽음 이후 수용과 영광은 자살자의 몫이다 (3) 자살은 타인에 대한 통제권을 주는 것이다, (4) 자살은 이미 고인이 된 사랑하는 사람과의 재결합(재회 환상)을 가능하게 한다, (5) 자살은 고통이 없이 죽는 방법이다.

일부 연구자들은 터널시야라고 불리는 인지적 위축(Neimeyer, 1984; Shneidman, 1996)이 문제에 대한 해결책으로 자살을 선택하는 사람들의 특징이라고 주장하였다. 하지만 인지적 위축이 자살자에게만 해당되는 것인지, 일반적으로 우울한 사람에게도 해당되는지는 명확하지 않다. 또한, 인지적 위축은 임상환자의 경우에는 문서화할 수 있음에도 불구하고(Shneidman, 1996), 평가도구를 개발하는 것이 어렵기 때문에 해당 개념에 대한 연구는 거의 이루어지지 않았다. 대신 자살충동을 가진 사람들의 문제해결능력에 대한 연구가 주로 이루어졌다(Sidley et al., 1997).

자살충동을 가진 사람들의 비합리적 사고에 대한 새로운 모델

지금까지 우울증, 불안장애, 경계성 성격장애와 같은 정신질환을 가진 사람들의 비합리적 사고에 대해 살펴보았다. 각각의 비합리적 사고유형을 A, B, C, 등으로 분류하고, 자살충동을 가진 사람들의 비합리적 사고유형을 α, β, γ, 등으로 분류하면, 다양한 모델을 만들어 낼 수 있다.

단순합산

다중회귀분석을 이용하면, 자살행동을 예측할 수 있다. 심리검사지를 통해 측정된 점수(x1, x2, ...)를 다중회귀방정식에 집어넣으면, 자살위험(SR)을 계산할 수 있다.

$$SR = a1x1 + a2x2 + \cdots\cdots$$

가중된 요인들을 단순합산하면 자살위험이 예측된다. 예를 들면, 자살위험은 절망감, 인식된 짐스러움, 완벽주의 등이 조금씩 합산된 것이다.

여기에서, 다중회귀분석의 유형은 다양하게 나타날 수 있다.

1. 변수의 효과는 덧셈이 아닌 곱셈식으로 계산될 수 있으므로, 이 경우에는 해당 점수를 로그로 변환하여 다중회귀방정식에 집어넣는 것이 적절하다.

$$SR = (a1x1)(a2x2)\cdots\cdots$$
$$logSR = loga1x1 + loga2x2 + \cdots\cdots$$

2. 변수의 효과는 선형이 아니라 곡선형일 수 있으므로, 이 경우에

는 비선형 관계로 회귀방정식을 설정하는 것이 적절하다.

정신질환(변수 A, B, C)과 자살충동(변수 α, β, γ)을 가진 사람들에게서 나타나는 비합리적 사고를 결합할 수 있는 방법은 다양하다. 두 개의 점수를 단순합산 하는 것이 좋을까, 아니면 더 복잡한 방법으로 결합하는 것이 좋을까?

유형

자살충동을 가진 사람들의 유형은 다양하다(예: 완벽주의자 유형, 짐스러움 유형, 절망감 유형 등). Wenzel과 Beck(2008)은 충동적이거나 계획된 자살을 서로 다른 인지적 기능장애에 의한 것으로 보았다.

프로필

자살충동을 가진 사람들은 그 정도에 차이만 있을 뿐, 모두 서로 다른 유형의 비합리적 사고를 어느 정도 가지고 있다. MMPI에서와 같이, 자살충동을 가진 사람들이 어느 정도의 비합리적 사고를 갖고 있는지에 따라 프로필을 그려낼 수 있다. 따라서 서로 다른 조합의 비합리적 사고(프로필)는 서로 다른 수준의 위험을 나타낼 것이다.

도식과 경로분석모델

Kovacs와 Beck(1978)은 한 사람이 가진 별개의 사고들이 어떻게 연결되어 하나의 사고가 다음 사고로 이어지는지에 대해 설명하였다. 이를 위해 D씨의 사례를 예로 들어보도록 한다. D씨는 아내와 소통하면서도 다음과 같은 사고과정을 겪었다. "나는 내 아내에게 정서적인 반응을 보이지 않는다", "나는 가족으로부터 소원해졌다", "내 아내의 우울증은 나 때문이다". 또다른 측면에서는, 다른 사람들이 D씨의 가치를 한번 인정하자, 자신의 존재감을 정당화시키기 위해 매일 다른 사람들의 인정을 받으려 하였다. 만약 다른 사람들의 인정을 받지 못하면, 자신이 인정받을만한 자격이 없다고 생각하여, 존재의 이유가 사라지게 된다. 내담자에 대한 정확하고 자세한 정보를 가진 치료사는 이러한 순서를 도표로 나타낼 수 있다. Kovacs와 Beck은 이러한 사고복합체를 *도식*이라고 불렀다.

Lester(2009)는 자살로 사망한 이탈리아 소설가 Cesare Pavese(1908-1950)의 일기를 분석하여 다음과 같은 경로를 발견하였다. Pavese는 매력을 느낀 여성이나 사랑에 빠진 여성에게 거절을 당할 때마다, 일기에 해당 내용을 기록하고, 때로는 작품에서 이들을 모욕하였다.

경로분석은 변수들과 경로의 방향을 도표로 그려냄으로써, 앞에서 설명한 도식을 더 추상적으로 모사하는 것이다. 예를 들면, O'Connor(2011)는 일부 인지적 요인이 포함된 자살행동에 대한 흥미로운 경로를 주장하였다.[28] 패배감과 굴욕감은 속박감으로 이어지고, 이는 다시 자살생각으로 직접 연결된다. 반추는 다른 경로를 통해 속박감과 연결되며, 짐스러움은 속박감과 마찬가지로 자살생각으로 연결된다. 이러한 경로들은 제안할 수 있는 많은 경로들 중 일부이다. 하지만, 경로분석은 상관관계와 다중회귀분석이 확장된 것일 뿐이며, "경로 다이어그램이 아무리 설득력 있고 합리적일지라도, 여기서 도출된 인과관계는 통계적 환상에 지나지 않는다"[29] (Everitt & Dunn, 1991).

O'Connor는 자살충동을 가진 대상자의 변수들을 두 시점에서 측정하여, 1차 조사에서 측정한 변수가 2차 조사에서 측정한 변수와 관련이 있는지를 살펴보았다. 하지만, 여기서 특성-상태 딜레마에 빠질 수 있다. 어떤 인지방식은 특성일 수 있고, 어떤 인지방식은 상태일 수 있기 때문이다. 만약 Lester, Beck, Mitchell(1979)의 연구를 통해 1차 조사에서 측정된 절망감이 2차 조사에서의 자살사망을 예측하는 것으로 나타났다면, 1차 조사에서 측정된 절망감은 절망감 특성이었을 것이다.

반추의 역할

Kerkhof와 van Spijker(2011)는 반추가 자살행동을 불러일으키는 역할을 한다고 주장하였다. 대학생들을 대상으로 한 연구에서,

---

28 4장 참조.

29 비합리적 사고는 자살생각이나 자살행동의 직접적 원인이거나 매개(또는 조절) 변수일 수 있다. 따라서 이론적으로는 경로분석을 통해 이를 검증해야 한다.

반추는 어떠한 유형의 비합리적 사고와도 동반될 수 있고, 자살생각과 상관관계가 있는 것으로 나타났다(Eshun, 2000). 예를 들면, 인식된 짐스러움을 강하게 갖고 있는 사람은, 항상 그렇지는 않더라도 대부분의 시간을 이를 곱씹으면서 보내게 된다. 이러한 반추는 자살위험을 악화시킬 수 있다. 따라서 반추는 단순히 합산요소가 아닌 곱셈요소로 알고리즘에 통합될 수 있다.

$$SR = (절망감 + 짐스러움) \times 반추$$

아마도 위의 방정식에서는 z-점수를 사용할 것이다. 이러한 유형의 복잡성은 다중회귀모델에 쉽게 통합시킬 수 있지만, 회귀분석에 적합하지 않은 더 복잡한 공식이 있을 수 있다.[30] 따라서 잠재계층분석, 배열빈도분석, 생존분석, 군집분석, 다차원척도 등을 이용하면 보다 더 면밀한 연구가 가능하다. 또한, 자살위험을 예측하는 알고리즘에 단순히 해당 요인을 추가하는 것 이외에도 더 복잡한 역할을 하는 인지적 변수가 있을 수 있다.[31]

인지방식

인지방식이라는 개념은 1960년대에 대중화되었는데, Witkin의

---

30 일반적 물리교과서의 공식이 수식의 복잡성을 보여준다.
31 자살은 드문 사건이지만, 이러한 통계적 분석기법을 사용하기 위해서는 큰 표본 수가 필요하다.

장 의존성에 대한 연구에서부터 시작되었다(Witkin et al., 1977). 장 의존성은 개인이 주변의 자극에 교란되지 않고 대상에 집중할 수 있는 정도를 의미한다. 인지방식과 자살행동의 관계를 살펴본 연구는 많이 수행되지 않았지만, Levenson과 Neuringer(1974)는 자살자들이 다른 정신질환 환자들에 비해 장 의존적이라는 사실을 발견하였다. 인지방식이 무엇인지(또한 인지적 능력과의 차이는 무엇인지)에 대한 의견이 분분함에도 불구하고, 수렴적사고-확산적사고, 좌뇌형-우뇌형, 외향성-내향성, 직관-감각 등 다양한 인지방식이 제시되었다.

내적통제 대 외적통제에 대한 신념(Rotter, 1966) 또한 인지방식으로 볼 수 있다. 내적통제는 자신이 얻는 결과를 자신의 행동 때문이라고 믿는 것인 반면, 외적통제는 자신이 얻는 결과를 다른 사람의 행동이나 행운, 운명, 우연 때문이라고 믿는 것이다. 비록 통제와 자살생각 및 자살행동의 관계에 대한 결과에는 일관성이 없었지만(Lester, 2000), 인지적 특성이 자살생각 및 자살행동에 어떠한 영향을 미치는지 이해하기 위해서는 다양한 인지방식에 대한 연구가 더 많이 수행될 필요가 있다(Gosalvez, Chabrol, & Moron, 1984).

상태인지 대 특성인지

Wenzel과 Beck(2008)은 상태절망감과 특성절망감 모두 자살생각 및 자살행동에 영향을 미칠 수 있다고 주장하였다. 상태의 측정은 장기간의 사고나 행동패턴을 반영하기 때문에 인지방식은 상태변수로 볼 수 있다. 연구자들은 정서를 측정하기 위해 상태측정도구와 특성측정도구를 모두 개발하였다. 예를 들면, 불안은 상태측정도구와 특성측정도구로 모두 측정할 수 있다(Spielberger, Gorsuch, & Lushene, 1970). 상태인지와 특성인지를 모두 측정할 수 있는 척도를 개발하는 것이 향후 자살행동을 연구하는데 유용할 것이다.

인지적 보호요인

낙관주의나 희망과 같은 자살의 보호요인은 대중적 관심을 끌었다(Rasmussen & Wingate, 2011). 이러한 변수들을 측정하는 척도를 통해, 해당 점수가 자살생각 및 자살행동과 부적 상관관계가 있음이 밝혀졌다. 비관주의나 절망감도 척도를 이용하여 측정하였고, 자살생각 및 자살행동과 정적 관계가 있는 것으로 나타났다. 따라서 대부분의 경우에는, 인지적 보호요인은 인지적 위험요인을 측정하는 척도에서 낮은 점수로 나타나게 되고, 위험요인은 보호요인을 측정하는 척도에서 낮은 점수로 나타나게 된다.

척도를 구성할 때에는, 어쩔 수 없이 응답하는 것을 최소화하기 위해, 절반정도의 항목은 반대방향으로 표현한 후 역순으로 채점한다. 예를 들면, Beck의 절망감 척도(Beck et al., 1974)는 11개의 절망적 항목(예: 미래가 모호하고 불확실해 보인다)과 9개의 희망적 항목(예: 희망과 열정을 갖고 미래를 기대한다)으로 구성되어 있다. 따라서 희망적 항목들을 보호요인으로 명명하는 것(Davidson et al., 2009)은 자살행동에 대한 이해를 증진시키는 것이 아니다. 이는

Beck의 절망감 척도를 단순히 반대로 채점하거나, 해당 척도의 두 요인을 각각 살펴본 것에 지나지 않는다.

자살의 보호요인인 낙관주의에 대한 연구(Rasmussen & Wingate, 2011)에서도 유사한 문제점이 발생한다. 일부 척도에는 낙관주의 및 비관주의 항목(Abdel-Khalek & Lester, 2006)이 모두 포함되어 있어, 두 요인의 점수를 각각 위험요인과 보호요인으로 사용하거나, 모든 항목의 점수를 하나의 척도로 결합하여 사용할 수 있다. 위험요인과 보호요인을 별개로 살펴보는 것이 유용한지에 대해서는 더 많은 이론적 고려와 경험적 연구가 필요하다.

Linehan, Goodstein, Nielsen, Chiles(1983)가 고안한 '삶의 이유 척도(Reasons for Living Scale)'는 예외가 될 수 있다. 이 척도는 "자살을 생각했지만, 살아가는 이유"를 인지적 변수들을 포함하여 측정한다. 따라서 하위척도를 통해 생존과 대처에 대한 신념("나는 삶에 대한 애착이 있다"), 가족에 대한 책임감("나는 훗날 가족들이 죄책감을 느끼지 않기를 바란다"), 자녀와 관련된 염려("자살은 내 자녀들에게 해로운 영향을 미칠 수 있다"), 자살에 대한 두려움("나는 언제, 어디서, 어떻게 자살을 해야 할지 결정하지 못했다"), 사회적 비난에 대한 두려움("나는 다른 사람들이 나를 어떻게 생각하게 될지 걱정이다"), 자살과 관련된 도덕적 금기("나는 자살이 도덕적으로 옳지 못하다고 여긴다")에 대해 평가할 수 있다. 죽는 이유에 대해 살펴본 연구들도 있었지만(Jobes, 2006), 신뢰할 수 있고 타당한 심리측정도구로 평가하지는 않았다. 따라서 현재까지 '삶의 이유 척도'는 가장 실용적인 인지적 보호요인으로 볼 수 있다.

특이성

자살충동을 가진 사람들의 인지적 기능장애를 분석할 때 나타나는 한 가지 문제점은, 정신질환을 설명하는 모든 인지적 이론에서 공통으로 나타난다. 예를 들면, 결핍에 대해 이야기할 때, 일반적 결핍 또는 특정한 결핍을 구분하여 살펴보아야 하는가? Gold와 Harvey(1993)는 정신분열증환자의 인지적 기능장애를 살펴본 연구를 통해, 정신분열증환자는 일반적인 인지적 결핍을 갖고 있다고 주장하였다. 반면, Carter 외(2010)는 정신분열증환자가 감각관문이나 주의력결핍과 같은 특정한 결핍을 갖고 있다고 주장하였다.

그렇다면 자살충동을 가진 사람들은 일반적인 인지적 결핍을 갖고 있는가, 아니면 특정한 인지적 결핍을 갖고 있는가? 만약 특정한 인지적 결핍을 갖고 있다고 주장하려면, Braginsky, Braginsky, Ring(1969)이 정신분열증환자의 결핍을 논의하면서 지적한 것처럼, 자살충동을 가진 사람들이 일반적인 인지적 결핍은 갖고 있지 않지만, 특정한 인지적 결핍은 갖고 있다는 것을 증명해야 한다. 즉, Joiner (2005)의 자살이론이 모든 자살행동을 설명하려면, 자살충동을 가진 모든 사람들은 인식된 짐스러움을 갖고 있고, 절망감이나 완벽주의와 같은 다른 인지적 결핍은 없다는 것을 증명해야 한다.

이를 연구하기 위해서는, 표본에게 비합리적 사고와 관련된 일련의 항목들을 제공하고, 요인분석과 군집분석을 통해 서로 다른 유형의 인지적 기능장애의 관련성을 살펴본 후, 점수에 따라 개인을 서로 다른 유형으로 구분할 수 있어야 한다.

자살경향성

인지적 요인들의 역할 및 상호작용방식은 다양한 수준의 자살경향성에 따라 달라질 수 있다. 대부분의 연구는 자살생각, 또는 과거나 최근에 치명적이지 않은 자살행동을 한 사람들을 대상으로 진행되며, 자살사망자에 대한 연구는 훨씬 적다. 자살로 사망한 사람들에게는 심리검사를 할 수 없기 때문에, 대부분의 연구에서는 유서(Joiner et al., 2002)나 일기(Lester, 2004)에 작성된 내용을 중심으로 인지적 기능장애에 대해 살펴보았다. 자살시도자에 대한 연구를 통해 치명적 자살행동을 하는 사람들을 추정하려면, 연구대상자를 자살경향성의 수준에 따라 분류하여야 한다(Lester, Beck, & Mitchell, 1979).

자살생각, 자살시도, 자살사망과 관련된 특정한 인지적 기능장애의 역할 및 상호작용방식은 다를 수 있다. 또한, 현재의 자살행동에서 나타나는 인지적 기능장애는 과거의 자살행동에서 나타난 것과 다를 수 있다.

결론

이 장에서는 정신질환의 종류에 따라 나타나는 비합리적 사고와 자살충동을 가진 사람들에게서 나타나는 비합리적 사고에 대해 검토하였다. 또한, 비합리적 사고의 구성요소들을 단순합산 방식 이외에도 다중회귀분석을 통해 결합할 수 있는 방법을 제시하였다.

물론, 자살과정은 성격특성, 정서적 요인, 생애경험, 신경생리학적 상태를 비롯한 다양한 요인의 영향을 받는다. 또한, 기억력과 주의력을 포함한 다른 인지적 요인들도 관련이 있다. 이 장에서는 이러한 요인들에 대해 자세히 살펴보지는 않았지만, 자살과정의 한 구성요소(비합리적 사고)를 보다 깊고 복잡하게 탐구하려고 하였다. 최종적으로, 여기서 논의된 과정들은 자살자의 심리를 살펴보는 다면적인 이론에 통합시켜야 한다.

[참고문헌]────────

Abdel-Khalek, A., & Lester, D. (2006). Optimism and pessimism in Kuwaiti and American college students. *International Journal of Social Psychiatry, 52*, 110-126.

Anestis, M. D., Bagge, C. L., Tull, M. T., & Joiner, T. E. (2011). Clarifying the role of emotion dysregulation in the interpersonal-psychological theory of suicidal behavior in an undergraduate sample. *Journal of Psychiatric Research, 45*, 603-611.

Baumeister, A. F. (1990). Suicide as escape from the self. *Psychological Bulletin, 97*, 90-113.

Beck, A. T. (1976). *Cognitive therapy and emotional disorders.* New York: International Universities Press.

Beck, A. T., Brown, G., Steer, R. A., Eidelson, J. I., & Riskind, J. H. (1987). Differentiating anxiety and depression. *Journal of Abnormal Psychology, 96*, 179-183.

Beck, A. T., Weissman, A., Lester, D., & Trexler, L. (1974). The measurement of pessimism: The hopelessness scale. *Journal of Consulting & Clinical Psychology, 42*, 861-865.

Braginsky, B. M., Braginsky, D. D., & Ring, K. (1969). *Methods of madness.* New York: Holt, Rinehart & Winston.

Burns, D. (1980). *Feeling good.* New York: Signet.

Butler, A. C., Brown, G., Beck, A. T., & Grisham, J. R. (2001) Assessment of dysfunctional beliefs in borderline personality disorder. *Behaviour Research & Therapy, 40*, 1231-1240.

Carter, J. D., Bizzell, J., Kim, C., Bellion, C., Carpenter, K. L., Dichter, G., & Belger, A. (2010). Attention deficits in schizophrenia. *Schizophrenia Research, 122*, 104-112.

Chambless, D. L., Beck, A. T., Gracely, E. J., & Grisham, J. R. (2000). Relationship of cognitions to fear of somatic symptoms. *Depression & Anxiety, 11*, 1-9.

Davidson, C. L., Wingate, L. R., Rasmussen, K. A., & Slish, M. L. (2009). Hope as a predictor of interpersonal suicide risk. *Suicide & Life-Threatening Behavior, 39*, 499-507.

DiBartolo, P. M., Frost, R. O., Chang, P., LaSota, M., & Grills, A. E. (2004). Shedding light on the relationship between personal standards and psychopathology. *Journal of Rational-Emotive & Cognitive Behavior Therapy, 22*, 241-254.

DiBartolo, P. M., Li, C. Y., & Frost, R. O. (2008). How do dimensions of perfectionism relate to mental health? *Cognitive Therapy & Research, 32*, 401-417.

Ellis, A. (1962). *Reason and emotion in psychotherapy*. Secaucus, NJ: Lyle Stuart.

Eshun, S. (2000). Role of gender and rumination in suicidal ideation. *Cross-Cultural Research, 34*, 250-263.

Everitt, B. S., & Dunn, G. (1991). *Applied multivariate analysis*. New York: Wiley.

Frost, R. O., Marten, P., Lahart, C., & Rosenblate, R. (1990). The dimensions of perfectionism. *Cognitive Therapy & Research, 14*, 449-468.

Gencoz, F., Vatan, S., Walker, R., & Lester, D. (2008). Helplessness, hopelessness, and haplessness as predictors of suicidal ideation. *Omega, 57*, 315-318.

Gilbert, P., & Allan, S. (1998). The role of defeat and entrapment (arrested flight) in depression. *Psychological Medicine, 28*, 585-598.

Gold, J. M., & Harvey, P. D. (1993). Cognitive deficits in schizophrenia. *Psychiatric Clinics of North America, 16*, 295-312.

Gosalves, C., Chabrol, H., & Moron, P. (1984). Assertion, lieu de contröle et dépendance au champ dans les tentatives de suicide de l'adolescence. *Neuropsychiatrie de l'Enfance et de l'Adolescence, 32*, 583-589.

Hamilton, T. K., & Schweitzer, R. D. (2000). The cost of being perfect. *Australian & New Zealand Journal of Psychiatry, 34*, 829-835.

Harvey, J. C., & Katz, C. (1985). *If I'm so successful, why do I feel like a fake?* New York: St. Martin's Press.

Janis, I. L. (1954). Personality correlates of susceptibility to persuasion. *Journal of Personality, 22*, 504-518.

Jobes, D. A. (2006). *Managing suicidal risk*. New York: Guilford.

Johnson, J., Gooding, P., & Tarrier, N. (2008). Suicide risk in schizophrenia. *Psychology & Psychotherapy, 81*, 55-77.

Joiner, T. E. (2005). *Why people die by suicide*. Cambridge, MA: Harvard University Press.

Joiner, T. E., Pettit, J. W., Walker, R. L., Voelz, Z. R., Cruz, J., Rudd, M. D., & Lester, D. (2002). Perceived burdensomeness and suicidality. *Journal of Social & Clinical Psychology, 21*, 531-545.

Kerkhof, A. J. F. M., & van Spijker, B. A. J. (2011). Worrying and rumination as proximal risk factors for suicidal behaviour. In R. O'Connor, S. Platt & J. Gordon (Eds.), *International handbook on suicide prevention*, pp. 199-209. Chichester, UK: Wiley-Blackwell.

Kovacs, M., & Beck, A. T. (1978). Maladaptive cognitive structures in depression. *American Journal of Psychiatry, 135*, 525-533.

Lester, D. (1997). The role of shame in suicide. *Suicide & Life-Threatening Behavior, 27*, 352-361.

Lester, D. (2000). *Why people kill themselves*. Springfield, IL: Charles C Thomas.

Lester, D. (2001). An inventory to measure helplessness, hopelessness, and haplessness. *Psychological Reports, 89*, 495-498.

Lester, D. (Ed.) (2004). *Katie's diary*. New York: Brunner-Routledge.

Lester, D. (2009). Learning about suicide from the diary of Cesare Pavese. *Crisis, 30*, 222-224.

Lester, D. (2012a). The role of irrational thinking in suicidal behavior. *Comprehensive Psychology, 1*, #8.

Lester, D. (2012b). The "I" of the storm. Paper presented at the annual meeting of the American Association of Suicidology, Baltimore, April 19, 2012.

Lester, D., Beck, A., & Mitchell, B. (1979). Extrapolation from attempted suicide to completed suicide. *Journal of Abnormal Psychology, 88*, 78-80.

Lester, D., & Moderski, T. (1995). The impostor phenomenon in adolescents. *Psychological Reports, 76*, 466.

Levenson, M., & Neuringer, C. (1974). Suicide and field-dependency. *Omega, 5*, 181-186.

Linehan, M. M., Goodstein, J. L., Nielsen S. L., & Chiles, J. K. (1983). Reasons for staying alive when you are thinking of killing yourself. *Journal of Consulting & Clinical Psychology, 51*, 276-286.

Neimeyer, R. (1984). Toward a personal construct conceptualization of depression and suicide. In F. Epting and R. Neimeyer (Eds.), pp. 41-87. *Personal meanings of death*. Washington, DC: Hemisphere.

Neuringer, C. (1964). Rigid thinking in suicidal individuals. *Journal of Consulting*

Psychology, 28, 54-58.

Neuringer, C. (1967). The cognitive organization of meaning in suicidal individuals. Journal of General Psychology, 76, 91-100

O'Connor, R. C. (2011). The integrated motivational-volitional model of suicidal behavior. Crisis, 32, 295-298.

Ottaviani, R., & Beck, A. T. (1987). Cognitive aspects of panic disorder. Journal of Anxiety Disorders, 1, 15-28.

Rasmussen, K. A., & Wingate, L. R. (2011). The role of optimism in the interpersonal-psychological theory of suicidal behabior. Suicide & Life-Threatening Behavior, 41, 137-148.

Revere, V. L. (1985). Treatment of suicidal patients. Independent Practitioner, 5, 17-18.

Rotter, J. (1966). Generalized expectancies for internal versus external control of reinforcement. Psychological Monographs, 80, #1.

Shneidman, E. S. (1996). The suicidal mind. New York: Oxford University Press.

Sidley, G. L., Whitaker, K., Calam, R. M., & Wells, A. (1997). The relationship between problem-solving and autobiographic memory in parasuicide patients. Behavioural & Cognitive Psychotherapy, 25, 195-202.

Spielberger, C. D., Gorsuch, R. L., & Lushene, R. E. (1970). Manual for State-Trait Anxiety Inventory. Palo Alto, CA: Consulting Psychologists Press.

Van Orden, K. A., Witte, T. K., Gordon, K. H., Bender, T. W., & Joiner, T. E. (2008). Suicidal desire and the capability for suicide. Journal of Consulting & Clinical Psychology, 76, 72-83.

Van Orden, K. A., Witte, T. K., Cukrowicz, K. C., Braithwaite, S. R., Selby, E. A., & Joiner, T. E., Jr. (2010). The interpersonal theory of suicide. Psychological Review, 117, 575-600.

Wenzel, A., & Beck, A. T. (2008). A cognitive model of suicidal behavior. Applied & Preventive Psychology, 12, 189-201.

Witkin, H. A., Moore, C. A., Goodenough, D. R., & Cox, P. W. (1977). Field dependent and field independent cognitive styles and their educational implications. Review of Educational Research, 47, 1-64.

Williams, M. (1997). Cry of pain. New York: Penguin.

제8장

학습 이론

David Lester

Lester(1987)는 자살행동에 대한 공식적이고 광범위한 학습 이론을 제안했다. 인간행동에서의 학습 이론은 실험실연구에서 하등동물을 실험대상으로 확인한 것과 동일한 패러다임을 사용한다. 이러한 패러다임은 인간에게 적절하게 적용될 수 있으며, 인간은 하등동물이 학습하는 것과 같은 방식으로 행동을 학습한다.

그동안 두 가지 주요한 학습 패러다임이 확인되었다. 첫째, *고전적 조건형성*에서는, 이전의 중립 자극(조건 자극)이 생성하는 자극(무조건 자극)과 결합된다. 결국, 많은 자극과 반응의 결합 후에 이전의 중립적인 자극이 현재의 반응을 이끌어낸다. 예를 들어, 에로틱한 포르노는 정상적인 남성 이성애자의 성석 흥분을 유발한다. Rachman과 Hodgson(1968)은 부츠 사진을 에로틱한 포르노와 연결지었고, 결국 부츠는 성적 흥분을 유발하였다. 이전에는 에로틱한 포르노(무조건 자극)만 일으켰던 반응을 부츠(조건 자극)가 이끌어낸 것이다. Rachman이 남성에게 일시적인 성적대상물을 만들어 준 것이다. *처벌*은 고전적 조건형성에 의해 기능한다. 무조건 자극을 처벌하는 것은 두려움이나 통증과 같은 무조건적 반응을 일으킨다. 두려움과 통증은 고전적 조건형성에 의해서 처벌자가 강력히 비난했던 부정행위인 이전의 중립 자극에 고착된 것이다. 만약에 교사가 무조건 자극을 생략하면 결국 조건 자극에 대한 조건 반응이 사라지거나 *소거된다*. 소거 후, 조건 자극은 다시 중립 자극이 된다.

두 번째 주요 학습 패러다임은 조작적 조건형성이다. 조작적 조건형성에서는 자극이 있는 상태에서 반응이 일어나고 강화(또는 보상)가 뒤따르면, 자극이 주어짐에 따라 더 많은 반응이 나오게 된다. 강화는 두 가지 종류가 있다. 정적 강화는 좋은 결과를 발생시키는 반면에 부적 강화는 불쾌한 결과를 가져온다. 예를 들면, 아기가 침대에 홀로 남겨지고, 엄마가 침실을 떠날 때 불빛이 꺼진다. 아기가 울고, 잠시 후 엄마가 돌아와서 불을 켜서 아기가 괜찮은지 살펴본다. 아기가 우는 반응은 엄마의 존재와 관심이라는 정적 강화로 보상받았지만, 어둠에 홀로 남겨지는 부적 강화에 의해서도 보상받았다. 엄마는 아기가 밤에 울도록 가르친 것이다.

조작적 조건형성은 새로운 행동을 *형성*하는 데 사용될 수 있다. 사람들은 처음에 교사가 원하는 반응에 대해 근사치만으로도 보상을 받는다. 교사가 원하는 행동에 대한 근사치를 제공하기 시작하면 교사는 반응에 보상하기 이전보다 더 엄격한 기준을 강요한다. 이는 아이들이 능숙한 말하기를 습득하는 방식이다. 강화는 학습의 강점을 결정하는 중요한 요소로 밝혀졌다. 부분강화(자극에 대한 일부의 반응에만 보상받는 것)는 연속강화보다 더 효과적인 학습으로 이어지는 것으로 나타난다. *일반화*는 특정한 자극에 반응하도록 훈련받은 사람이 다른 유사한 자극에도 반응하는 것이다. 그러나 유사한 자극에 대한 반응에 보상받지 못하면 자극에 대한 반응을 멈추고 *차별*을 배우게 된다.

Bandura(1977)는 *사회학습이론*을 통해 사람들이 앞에서 설명한 간단한 학습 패러다임에 영향을 줄 수 있는 생각, 신념 및 기대를 가지고 있다고 주장했다. 생각은 자극을 줄 수 있고, 반응은 예상될 수 있으며, 강화는 인지(예. 자기 칭찬)될 수 있다. 예를 들어, 어떤 사람은 내적인 생각만을 사용하여 시행착오적인 문제해결에 관여할 수 있다. 이런 경우, 관찰자는 자극, 반응 또는 강화를 관찰하지 못할 수 있다. 사회학습이론에서는 모델링이나 모방을 통해 다른 사람들을 관찰함으로써 학습할 수 있다고 주장한다.

Bandura는 또한 *자기효능감*이라는 개념을 소개했다. 이는 스스로가 자신의 인생에 영향을 미칠 수 있다는 믿음이다. 사람들은 자신의 행동이 예측하는 결과를 가져온다고 생각한다. 그리고 특별한 결과(결과기대치)를 가져올 수 있다고 믿는다. 효능감에 대한 기대(효능기대치)는 자신의 성공과 실패로 인한 경험과 다른 사람을 보고 얻게 되는 대리경험 등에 의해 형성된다.

우울에 대한 학습이론

우울에 대한 두 가지 주요한 학습 이론이 있다.

부적절한 강화

Lewinsohn(1974)은 우울이 강화의 부족에 의한 것이라고 주장했다. 예를 들어 과거에 보상을 받은 반응은 더 이상 보상되지 않는데, 이는 보상의 근원이 더 이상 존재하지 않기 때문이다. 배우자가 사망했을 수도 있고, 자녀가 멀리 떠나있을 수도 있으며, 정리해고나 은퇴에 의해 직장을 잃었을 수도 있다. 정적 강화가 없으면 이전에 보상받았던 반응들을 더 이상 수행하지 않고 수동적이고 내성적인 성격으로 바뀐다. Lewinsohn은 한 사람이 받는 강화의 양은 강화를 일으키는 사건의 횟수, 환경 속에서 강화의 유효성, 그리고 강화를 이끌어내는 행동을 표출하는 능력에 의해 결정된다는 점에 주목했다. 따라서 이 세 가지 가능성 중 하나 때문에 보상을 받지 못할 수도 있다. Lewinsohn은 우울한 사람이 크게 보상받는 상황에 놓이게 될 때 기분이 좋아진다는 것을 발견함으로써 이 이론을 뒷받침했다. 다른 의견으로는 우울증 환자가 우울하지 않은 사람보다 사회적 기술이 적기 때문에 다른 사람들처럼 보상을 받으려고 행동하지 않는다는 것이다.

학습된 무기력

Seligman(1974)은 우울증을 학습된 무기력이라는 현상의 징후로 보았다. Seligman은 개를 도망갈 수 없게 하고 전기충격을 주었다. 이후 개에게 전기충격을 피할 수 있는 환경을 제공하였으나 개들은 도망가는 방법을 학습하지 못했다. 반면 이전에 피할 수 없는 전기충격에 노출되지 않았던 개들은 전기충격에서 피하는 방법을 금방 학습했다. Seligman은 피할 수 없는 전기충격을 억지로 견뎌야 했던 개들은 무기력함을 학습한 것이라고 주장했다. 즉, 전기충격은 피할 수 없다는 것을 학습했다는 것이다. 이전의 실패경험은 미래에 어떠한 노력도 하지 않게 하는 원인이 된 것이다. 우울증의 경우에도 마찬가지이다. 어떤 사람은 심리적으로 고통스러운 상황에서 그 고통을 피하려고 하지만 실패하는 경우가 있다. 이러한 경험이 일상화되면, 결국 그 고통으로부터 절대 헤어날 수 없음을 학습하게 된다.

이러한 주장은 통제소제와 관련이 있다(Rotter, 1966). Rotter는 누가 우리 삶의 결과를 통제하는지에 대한 세 가지 신념을 주장했다. 첫 번째 신념은 우리에게 일어나는 일은 우리가 하는 일과 행동의 결과라는 믿음이다(예를 들면, 열심히 공부하지 않았기 때문에 시험에 실패했다). 이것은 내적통제에 대한 믿음이다. 두 번째 신념은 우리에게 일어나는 일은 타인이 우리에게 얼마나 강한 반응을 보이는가와 관련이 있다는 믿음이다(예를 들면, 그 교수는 절대 나를 좋아하지 않아서 분명히 다른 애들보다 나를 더 가혹하게 평가할 것이다). 마지막 신념은 행운과 운명이 삶의 결과를 결정한다는 믿음이다(예를 들면, 아침에 별자리를 확인한 결과 그 날은 내가 시험치기에 적당한 날이 아니었다). 두 번째와 세 번째 신념은 외적통제에 대한 믿음이다.

외적통제를 믿는 사람들은 학습된 무기력과 그로 인한 우울증에 더 취약할 수 있다. 하지만 상황은 이보다 더 복잡할 수 있다. Henry 와 Short(1954, 12장 참조)는 자신의 불행에 대해 다른 누군가를 비난할 수 있으면, 외적으로 표현되는 분노가 정당화된다고 주장했다. 반면 불행의 탓을 자신에게만 돌려야 한다면, 외적으로 표현되는 분노는 더 이상 정당화되지 못하고, 우울해져서 자살에 이르게 될 것이다. 만일 이것이 사실이라면, 내적통제는 자살행동과 관련이 있을 수 있다[32].

Lester(1983b)는 통제와 자살의 관련성에 대한 연구를 살펴보았다. 6개의 연구 중 3개의 연구에서 자살자들은 외적통제에 대한 강한 믿음이 있었지만, 다른 3개의 연구에서 자살자와 비자살자들에게 통제에 대한 믿음의 차이는 없는 것으로 나타났다. 그러나 Lester 는 자살자들이 내적통제를 믿는 경향이 더 많다는 연구 결과는 발견하지 못했다. 즉, 자살자들의 우울증에 대한 학습된 무기력 이론은 지지되었다.

Seligman에 의하면 우울한 사람들은 실패의 원인이 고정적이고 미래에도 지속될 것이라고 결론을 내린다. 그들은 우울한 상태가 일시적이라기보다는 영구적이라고 본다. 그리고 스스로를 어리석다고 생각하거나(내적통제) 일이 수행하기에 너무 어렵다고 생각한다(외적통제). 이처럼 두 가지 원인은 모두 고정적이다. 마지막으로 우울한 사람들은 실패를 일반화한다. 특정한 업무 상황에서의 실패를 통해 미래의 모든 상황에서 계속되는 실패를 예상한다.

---

32 자살행동은 내적통제 및 외적통제와 관련되어 두 가지 유형으로 나뉜다. 이는 자살행동에 있어서 동기와 환경 및 자살행동을 행하는 사람의 유형에 따라 구분된다.

보상행동

Frederick과 Resnick(1971)은 우울증이 다른 중요한 사람들에 의해 강화될 수도 있다고 주장했다. 우울한 행동은 보살핌이라는 정적 강화를 유발할 수 있다. 또한 부모는 공격적인 반응에 대해 아이들을 벌함으로써 분노를 외부로 표출하는 것을 억제하려 한다. 이렇게 차단된 분노는 자기자신에게 향해질 수 있고, 전통적인 정신분석적 관점에서 설명하는 우울증으로 이해할 수 있다.

논의

이 섹션에서는 이상행동에 대한 학습 이론을 소개하였고, 특히 우울에 대한 학습 이론을 검토하였다. 구체적으로는 우울에 대한 두 가지 주요한 학습 이론과 인지를 포함하는 보다 더 복잡한 사회학습이론을 살펴보았다. 우울증은 자살행동과 밀접한 관련이 있기 때문에 우울에 대한 학습 이론을 통해 자살을 설명할 수 있다.

자해행동과 자살의 학습: 조작적 측면

자해행동은 자신을 해치고, 손상시키며, 훼손시키는 것이다. 이는 자신을 물거나 할퀴고, 머리를 찧거나, 주먹으로 치는 형태로 나타나서, 때로는 심각한 신체적 피해를 유발할 수 있다. Carr(1977)와

DeCatanzaro(1981)는 지적장애와 정신질환이 있는 환자들의 자해행동의 원인과 관련된 이론을 검토했다. 두 개의 학습 이론으로 자해행동을 설명할 수 있는데, 하나는 정적 강화에 기초하고 있고, 다른 하나는 부적 강화에 기초하고 있다.

Ferster(1961)는 머리를 찧거나 얼굴을 할퀴는 것과 같은 자해행동은 종종 정적 강화가 된다고 주장했다. 예를 들어, 이러한 행동은 또래나 어른의 관심을 높이기 위해 나온다. 언어적 또는 신체적 처벌이 있을지라도, 자해행동이 발생하지 않았을 때 경험하게 되는 사회적 무관심과 비교하면, 이는 정적 강화가 될 수 있다. Carr는 아이가 혼자 있으면 자해행동이 덜 나타난다는 연구를 살펴보았다. 자해행동은 감각 자극과 관련이 있을 수 있는데, 이것 역시 정적 강화라고 할 수 있다.

부적 강화는 어둠 속에서 침대에 혼자 있는 아이가 머리를 쾅쾅 찧고 있을 때, 그의 부모가 와서 불을 켜고 들여다보는 상황에서 발생할 수 있다. 머리를 찧는 행동은 어둠 속에서 혼자라는 두려움을 감소시키기 위해 나온다. 손목긋기와 같은 자해행동은 부적 강화인 안도감을 동반한다. 청소년의 손목자해는 긴장을 고조시키고 최면 상태에 이르게 한다. 통증이 없을 수도 있는 손목자해 후에는 긴장이 풀리고 안도감을 느낀다(Graff & Mallin, 1967). 이 두 이론은 항상 성공적이지는 않지만, 이에 기초한 치료법이 종종 아이들의 자해행동 빈도를 줄이는 데 도움이 된다는 점에서 일부 지지를 받고 있다(Carr, 1977; DeCatanzaro, 1981).

자해행동에 대해 앞에서 설명한 것과 같은 조작적 조건형성이라는 패러다임은 자살시도와 자살위협을 유사하게 설명할 수 있다. 자살행동은 조작적인 행위로 보인다. 실제로 자살시도에 대한 Farberow와 Shneidman(1961)의 저서 『The Cry For Help』는 자살행동을 통해 환경을 조종하고자 하는 욕구에 대한 관심을 불러 일으켰다.

Lester(1972a)에 의하면 자살예방센터는 자살행동을 알림으로써 자살을 조장할 수 있다. 또한 개인이 자살예방센터에 연락하여 자살증상을 묘사할 때 이에 대해 강화된 방식으로 반응하는 경우 자살행동이 정적으로 강화될 수 있다.

Sifneos(1966)는 자살시도자들에 대한 연구에서 그들의 행동에 조작적인 측면이 있다는 사실에 충격을 받았다. 66%는 조작적 행위였는데, 이는 다른 사람이 떠나가는 것을 막기 위해 시도되었거나 다른 사람의 행동을 어떤 방식으로든 제어하려고 시도되었다. Sifneos는 이러한 환자들의 대다수는 심리치료를 받으려 하지 않았고, 조작적 행위가 효과적이었을 때 대부분이 그 결과에 만족했다는 것에 주목했다. 환자들은 불안감이 적었고, 무관심하며, 운명론적인 것처럼 보였다. Sifneos는 조작적 자살자가 내성적이고, 소수지만 강한 사회관계망을 가지고 있고, 감정을 표현하는데 어려움이 있으며, 자신에 대한 과장된 기대를 하고, 자기중심적이고, 감정적인 문제를 내면화하는 특징이 있다고 주장하였다.

조작적 조건형성은 자살행동의 시도와 위협을 유사하게 설명할 수 있다. 자살행동에 대한 정적 강화에는 중요한 사람이 보이는 관심의 증가, 사랑이나 우려의 표현, 다른 사람을 고통 받게 하는 것 등이 포함된다. 부적 강화에는 병원에 입원함으로써 스트레스 상황에서 벗어나는 것과 긴장이 사라지는 것이 포함된다. 어떤 상황에서든 강화는 상당히 빨리 획득되고 강력한 효과가 있다.

다음은 주변 사람들의 거절을 유도한 자살시도자의 사례이다.

> 자살시도자는 거의 모든 사람들이 좋아하지 않았던 남자 대학생이었다. 그는 다른 사람들을 괴롭히며 즐거움을 찾는 "심리적 가학성(psychological sadism)"을 보였다. 그는 방학 중에 자살을 시도했는데, 그를 좋아했던 룸메이트는 없고 다른 사람들과 함께 지내고 있을 때였다. 그는 약을 많이 먹고, 그 사실을 알리기 위해 기숙사의 공용공간으로 내려갔다. 그 곳에 있던 사람들은 그의 이야기를 들었지만 텔레비전을 보러 돌아갔다. 그는 잠에서 48시간 후에 깨어났다. 그의 룸메이트는 학교로 돌아오자마자 그를 학교 양호실로 데려갔다. 이 일에 대해 이야기하면서 그는 "저 놈들이 나를 죽게 했다"고 말했지만, 이 모든 과정에 만족해하는 것 같았다. 심리검사 결과에서 Buss와 Durkee(1957)의 적대감 척도 점수는 매우 높았으며, 특히 세상에 대한 냉소감과 불신을 측정하는 분노 점수는 매우 높게 나타났다. 그의 자살시도는 다른 사람들의 거절을 유도하고, 그를 구할 수 있는 사람이 멀리 떨어져 있던 시간을 신중하게 계산하여 이루어진 것이었다. 다른 사람들의 거절은 그를 기쁘게 하였다.

다른 사람들로부터 특정 반응을 강요하기 위해 자살을 조작적 행위로 사용하는 것은 다른 사람들에게 원하는 반응을 강요하기 위해 더 심각한 자살행동을 해야만 하는 단계로 이어질 수 있다. Lester,

Beck, Narrett(1978)은 후에 자살사망에 이른 자살시도자의 경우, 이전의 자살행동에서 마지막 자살시도에 이르기까지 자살의도가 증가한 것(객관적 평가도구에 의한 측정결과)을 발견하였다.

조작적 행동은 어린 시절과 청소년기에 학습된다. 아이가 부모로부터 자해행동에 대해 긍정적 반응을 얻으면, 다른 사람들을 조종하기 위해 자신을 다치게 하는 법을 학습한다. 예를 들어, 아이가 학업에 실패했을 경우 저지르는 잘못된 행동 때문에 "고통 받는" 부모는 자해행동이 다른 사람들에게 불안, 슬픔, 분노와 같은 고통을 유발할 수 있음을 가르치는 것이다. 자살자의 조작적 행동이 가장 자주 논의되는 자살자의 특성 중 하나였음에도, 지금까지 이 변수에 대한 연구가 없었다는 점은 흥미롭다.

논의

자해행동에 대한 학습 이론은 과거에 설명된 적이 있다. 이 섹션에서는 이러한 패러다임을 자살행동까지 확대하여 유용하게 설명하였다. 자살행동은 조작적 조건형성에 의해 학습될 수 있다. 자살행동이 조작적 행위라는 개념은 암묵적으로 그러한 입장을 취하는 것이다. 조작적 행동은 다른 사람들에 의해 강화되기 때문에 발생한다.

사회화 실패로서 자살

대부분의 문화에서 자살은 눈살을 찌푸리게 한다. 실제로 자살이 죄악에 해당되는 경우도 있다. 게다가 어떤 문화에서든 자살은 흔하지 않다. 예를 들어, 헝가리는 세계에서 가장 높은 자살률을 기록했던 나라였는데, 연간 자살률은 인구 10만 명 당 40명이었다. 자살은 통계적으로 일탈행동이다. 이는 자살자가 비사회화 될 수 있음을 시사한다. 자살자들은 전통적으로 비자살문화에 적응하지 못했다. 사회화와 순응정도를 측정하는 심리검사에서 자살자들은 상대적으로 사회화되지 못했음이 드러난다. Durkheim(1897)은 사회적으로 덜 통합되고 덜 규제된 사람들에게 자살이 특히 일반적이라는 개념을 주장하였다. 이러한 유형의 자살을 각각 이기적 자살과 아노미적 자살이라고 한다.

적절한 양육의 부재도 중요한 요인이다. 해체된 가정의 경우 양육의 질이 떨어질 수 있다. 또한 부모 중 한 명 또는 두 명 모두 신체적 혹은 정신적으로 결함이 있을 수 있다. Jacobs(1971)는 자살청소년들의 가족생활이 극도로 혼란에 빠져 있음을 발견하였다.

종교 역시 강력한 요인이다. 종교단체의 회원들은 자살을 인정하지 않는 가치관과 사회통합을 주장하면서 자살에 반대하는 행동을 취한다. 종교적인 참여는 부분적으로 부적절한 양육을 대신할 수도 있다. 종교단체의 회원이라는 것은 그 사람이 적절하게 사회화되었음을 의미한다.

하지만 이러한 요인들은 필요요인이지 충분요인은 아니다. 비사회화된 사람에게는 동료와 역할모델이 중요하다. 비사회화된 사람들은 다른 비사회화된 사람들과 주로 어울린다. 따라서 비사회화된 사람들은 그들만의 작은 하위문화를 형성한다. 이러한 하위문화에서는 자살에 필요한 정보를 공유하기도 한다. 어떤 수단을 사용할까? 약을 얼마나 먹어야 할까? 역할모델은 친한 친구이든 신화적인 영웅이든 적절하지 않은 모델을 제공하게 된다. Marilyn Monroe나 Freddie Prinze가 자살을 한 후 이들은 일반인들의 역할모델이 되었다. 학교에서 한 청소년이 자살을 하면, 이는 또래집단의 더 많은 자살로 이어지게 된다.

만성 자살시도자의 사회적 일탈

Lester(1983b)는 자살을 반복적으로 시도하는 사람에 대한 연구를 살펴보았다. 연구 결과, 그들이 성격 장애(특히 반사회적 성격 장애)를 갖고 있고, 무직 상태에 범죄기록을 갖고 있으며, 알코올 중독자가 될 가능성이 높은 것으로 나타났다. 그들은 만성화된 부적응적 생활방식을 갖고 있고, 사회적으로 일탈을 한다. 지역사회의 자살시도에 대한 연구에서도 인구과밀과 빈곤을 포함하여 사회해체지수가 높을수록 자살시도율이 높게 나타났다(Lester, 1983b). 따라서 만성 자살시도자는 사회적 일탈이 일반화된 지역에서 주로 나타난다. 이런 지역의 가정에서 자란 아이들은 훈육되지 못하고 사회의 가치에 대해 학습하지 못하는 경우가 있다. 또한 일탈행위를 제지할 수 있는 관심과 활동도 제공받지 못한다.

이러한 환경에서 자란 아이는 일반적으로 장기목표를 달성하기 위한 태도와 기술을 배우지 못하며 성장한다. 따라서 목표를 달성하기 위하여 마약, 비행행동, 자살시도와 같은 단기적인 수단에 의지하게 된다. 성별에 따른 차이가 있는데, 남성의 경우 마약이나 범죄행동을 선택하는 반면 여성은 자살시도를 선택한다. 이런 지역의 여성들은 사생아 출산율 또한 높다. 이들에게 자살시도는 카타르시스적인 행동이며, 다른 사람들로부터 즉각적인 반응을 불러일으킨다.

흥미로운 질문은 왜 이러한 지역에 사는 사람들이 마약이나 범죄행동보다 자살을 선택하는가이다. 앞에서 언급한 것처럼 선택은 성별과 관련이 있을 수 있다. 또한 해당 지역에서 마약을 구할 수 있는 가능성, 지지그룹(또는 폭력조직)의 존재, 부모의 가치관 등이 관련이 있을 수 있다.

논의

스트레스를 받는 상황에 놓여 있더라도 자살은 언제나 흔치 않은 일탈행위이다. 그러므로 자살자를 비사회화된 사람, 특히 삶과 죽음에 대한 일반적인 문화적 가치를 학습하지 못한 사람으로 볼 수 있다.

도박행위로서 자살

자살은 흔히 도박으로 간주되어 왔다. 자살을 시도할 때 자신이 정말 죽게 될지를 알지 못하는 경우가 많다. 이는 생존에 영향을 미치는 요인들이 충분히 알려져 있지 않았기 때문일 것이다. 예를 들어, 자살하려는 사람은 구조대원들이 와서 개입할 것인지 여부를 예측하지 못할 수 있다. 또한 자살수단에 대한 정보가 충분하지 않을 수 있다. 예를 들어 특정 약물의 치사량이 얼마인지 모를 수 있다.

Lester와 Lester(1971)는 심각하게 자살을 고민하는 사람들도 죽음이 어떤 것인지 모른다고 지적했다. 이들은 실망을 무릅쓰고 행동하지만, 승리나 만족을 바란다. 약간의 자살충동이 있는 사람들은 그들의 행동이 삶을 변화시키기를 희망하지만 더 나은 삶에 대한 각성보다는 죽을 위험을 무릅쓴다. 행복을 얻거나 불행으로부터 탈출하는 것 외에도 위협받는 자아상을 보존하려는 희망으로 자살을 시도하기도 한다. 만약 심각한 질병, 가난, 정실질환이 예상된다면, 자신을 지키기 위해 자살을 시도할지도 모른다. 이 또한 도박으로 볼 수 있는데, 비난받을만한 행동인 자살행위가 자신의 이미지를 손상시킬 수도 있기 때문이다.

Firth(1961)는 태평양에 있는 섬인 티코피아 주민들이 바다로 헤엄쳐나가 자살을 시도하는 것에 대해 설명했다. 언제 수영할 것인가(늦은 밤 또는 이른 아침), 얼마나 빨리 수영할 것인가, 바다를 향해 수영할지 또는 어떤 방향으로 수영할지 등의 선택은 구조와 생존에 영향을 미칠 수 있다. 더군다나, 자살시도자들은 자신의 부재가 발견되는 시기나 구조대원들이 자신이 있는 곳을 바로 찾아올 수 있는 지 등 예측할 수 없는 요인들에 직면해 있다. 따라서 자살시도는 도박이며, 자살시도자의 선택이 생존 확률에 영향을 미칠 수 있다.

도박행위는 언뜻 보기에 학습 이론으로 설명할 수 없는 것처럼 보인다. 왜냐하면 도박꾼들은 결국 지기 마련이어서, 도박행위는 결국 소멸될 수밖에 없기 때문이다. 그러나 Frank(1979)가 지적했듯이 학습 이론은 도박행위를 설명하는 데 사용될 수 있다.

자살행동 강화

Frank(1979)는 도박행위를 형성하는데 영향을 미치는 몇 가지 보상 효과에 대해 설명하였다.

1. *강화는 우연히 이루어져야 한다. 보상은 목표반응에 따라 발생해야 하며, 반응이 나타나지 않을 때는 발생하지 않아야 한다.* 사람들이 환경으로부터 어떤 반응을 얻기 위해 자살을 시도할 때가 그들이 반응을 얻는 유일한 시점인 경우가 많다. 사랑하는 사람이 떠나지 못하게 하거나 사랑 표현을 얻으려고 자살을 시도하는 사람은 다른 방법으로는 반응을 얻지 못한다. 이런 경우에는 자살시도 이외에 연인이 떠나는 것을 막을 방법은 없어 보인다.

2. *행동형성 초기에 매우 높은 비율의 반응이 강화되어야 한다. 행동이 형성된 후 강화된 반응비율의 감소는 전체 반응비율을 증가시킬 수 있다.* 이는 처음 몇 번의 자살시도가 원하는 반응을 유도해야 함을 의미한다. 중요한 다른 사람이 처음 몇 번의 자살시도에는 상

당히 불안해할 수 있다. 하지만, 결국 자살에 대한 이야기, 위협, 시도에 면역이 되며, 매번 반응하지 않게 된다. 따라서 강화는 연속강화에서 부분강화로 전환된다.

3. *행동발달 초기에 많은 강화가 주어져야 한다. 이후에 보상의 점진적인 감소로 반응비율을 증가시킨다(그러나 갑작스러운 강화의 감소는 반응비율을 감소시킬 수 있다).* 이는 자살행동에서 주로 나타난다. 초기 자살위협과 자살시도는 가장 많은 보상을 이끌어 내지만, 자살위협이나 자살시도가 계속될 때마다 보상은 감소한다. 이것이 바로 자살자가 연이은 자살위협과 자살시도의 심각성을 높이려는 이유이다.

4. *만약 과거행동에 대하여 보상받지 못한 적이 있다면 강화가 없어도 반응은 계속될 것이다. 부분강화는 소거에 대하여 더욱 강한 저항을 가져온다.* 다시 말해서 중요한 다른 사람은 일반적으로 처음으로 자살위협이나 자살시도가 있을 때 반응하며, 다음에는 즉시 반응하지 않을 수 있다. 따라서 두 번째 반응이 나타날 때까지 계속해서 위협을 가하게 된다. 만성적으로 자살위협이 있는 경우, 자살위협의 내용, 심리상태, 사회적 상황에 따라 일부의 경우에만 반응이 나타난다.

5. *강화는 반응 뒤에 즉각적으로 제시되어야 한다.* 처음에는 일련의 자살행동에서 발생할 가능성이 매우 높다. 예를 들어, 중요한 사람 앞에서 한 줌의 약을 먹었을 때 상대방이 즉시 개입하면 그 행동은 강화된다. Steer 외(1988)는 자살시도자들의 자살행동이 중단된 적이 있는 경우, 이후에 자살로 사망할 가능성이 가장 높다는 사실

을 발견했다.

6. *강화를 발생시키는 상황과 그렇지 않은 상황을 구별하기가 어려울 때 소거에 대한 저항은 증가한다.* 인간행동의 복잡성 때문에 자살시도자에게 중요한 사람이 언제 자살위협이나 자살시도에 반응할지를 예측하는 것은 어렵다. 게다가 자살행동으로 자신에게 중요한 사람을 조종하려는 사람은 좋은 대인관계 기술을 가지고 있지 않을 것이다. 따라서 이들은 좋은 대인관계 기술을 가진 사람들보다 중요한 사람의 반응을 예측하기 힘들 수 있다.

7. *증가된 반응에 따라 동기는 증가한다.* 따라서 자살행동에 많이 관여할수록, 자살행동에 대한 동기가 증가하게 된다.

학습 이론에 따르면, 중요한 사람들에 의한 자살행동의 형성은 강한 학습과 높은 반응(자살행동 표출)으로 이어질 것이라고 예측할 수 있다. 이러한 분석을 통해 어떤 사람들이 자살행동을 하고 나서 멈추거나 지속할지를 예측하는 것이 가능해진다. 이는 중요한 다른 사람들이 초기 자살행동에 반응하는 방법에 따라 달라진다. 적절한 방식으로 시간이 지남에 따라 부분강화(위의 2. 참조)로 대응하면 만성 자살경력이 형성된다.

처벌이 자살행동에 미치는 영향

처벌에 의해 행동이 제거되어야 하지만, 처벌의 영향이 최소화되는 상황도 있다(Frank, 1979). 자살행동에서 처벌은 중요한 다른 사람의 부정적인 반응(이것이 보상에 집중하게 되는 결과를 가져올 수도 있지만)과 자살시도의 고통을 포함할 수 있다.

그렇다면 처벌은 언제 비효과적일까?

1. *처벌이 약해야 한다.* 자살의 고통은 예상만큼 크지 않을 수 있다. 안구를 손가락으로 만지는 행위를 생각해 보자. 이런 행위를 해본 적이 없는 사람들에게 이러한 행위는 위험하고 불안해 보인다. 하지만 직접 해보면 거의 고통이 없다는 것을 알게 된다. 그래서 이후에는 그 행위를 더 쉽게 할 수 있다. 손목을 칼로 베는 것은 상상만으로도 고통스러울 것으로 예상된다. 하지만 면도날로 자주 피부를 베었을 때에도 피를 보기 전에는 알아채지 못하는 경우가 많다. 땀과 먼지가 상처로 들어간 후에야 아픔을 느끼기 때문이다.

중요한 다른 사람들의 부정적 반응 또한 자살자에 대한 걱정과 불안으로 인해 초기 자살시도에서 완화되는 경우가 많다. 처벌은 보상을 포함한 염려와 관심을 동반한다. 결국, 중요한 다른 사람들의 반응에 대한 처벌적 측면이 보상의 측면보다 더 클 수도 있지만, 초기에는 그렇지 않을 수 있다.

2. *처벌이 비효과적이기 위해서는, 강도를 세게 하지 말고 약하게 시작해야 한다.* 자살위협이나 자살시도에 대하여 중요한 다른 사람의 초기 반응은 최대 강도가 아닐 수 있다. 이런 경우, 처벌은 비효과적이 된다.

3. *처벌빈도는 낮아야 한다.* 자살행동을 걱정, 관심, 사랑으로 강화하는 것이 함께 동반되기 때문에 처벌은 높은 빈도로 주어지지 않는다.

4. 처벌을 받는 것보다 더 큰 보상을 이끌어 내는 대체 반응이 있어서는 안 된다. 자살자들은 대부분 가족이 해체되어 처벌보다 더 큰 보상을 가져오는 대체 반응이 없는 경우가 많다. 이런 경우, 자살행동은 제거되지 않는다.

5. 처벌을 하는 것이 보상 가능성에 대한 신호가 되어야 한다. 자살자에게 중요한 다른 사람의 처벌적 반응은 보상이 뒤따른다는 신호이어야 함을 의미한다. 중요한 다른 사람은 자살자의 고통에 대한 책임감과 죄의식을 느끼기 때문에 처벌은 중요한 다른 사람의 즉각적인 긍정적 반응신호인 걱정을 동반할 수 있다.

이와 같이 중요한 다른 사람들에 의해 자살자에게 주어지는 처벌은 일반적으로 효과적인 처벌의 기준을 충족시키지 못한다는 것을 알 수 있다. 그러므로 자살행동이 처벌에 의해 근절되기 어렵다는 사실은 놀랍지 않다.

기대효과

Frank(1979)는 기대감이 도박행위의 학습에 영향을 미친다고 하였다. 삶의 결과에 대한 외적통제를 믿는 사람들은 도박할 가능성이 더 많다. 강화에 대한 내적통제와 외적통제에 대한 믿음이 자살행동의 결정에 영향을 미칠 수 있음에 대해서는 앞에서 언급한 바 있다. 운(luck)과 운명(fate)의 힘을 강하게 믿는 사람들은 도박적 측면을 최대화함으로써 자살행동을 당연시 할 수도 있다. Edwin Shneidman이 제시한 어떤 여자의 사례에 대해 살펴보자. 그녀의 남편이 다른 여자와 바람을 피우고 집을 나가자, 그녀는 약을 과다복용 하였다. 그녀는 약을 먹은 후 자신이 위층에 있다는 메모를 남편에게 남겼다. 만약 남편이 그녀를 사랑한다면 그녀를 살리기 위해 병원에 데려갔을 것이고 그녀는 살았을 것이다. 만약 남편이 그녀를 사랑하지 않는다면, 그는 그녀를 죽게 내버려 두거나 그녀가 죽기를 바랐을 것이다. 따라서 자살시도의 순간에 그녀는 자신이 살게 될지 죽게 될지 알지 못했고, 결과 또한 예측할 수 없었다.

어린 시절의 엄격한 훈육은 외적통제에 대한 믿음을 발달시킨다고 한다(Phares, 1976). 아이는 다른 사람들이 보상과 처벌을 강력하고 완전하게 통제한다는 것을 학습한다. 이러한 어린 시절 경험은 성인기의 자살가능성을 증가시킬 수 있다.

논의

만약 자살행동을 도박행위 모델로 설명할 수 있다면 학습 이론은 자살이 어떻게 발생하는가에 대한 이해를 제공할 수 있다.

어린 시절 처벌에 대한 경험

처벌에 대한 어린 시절 경험은 아이가 외부로 자신의 공격성을 표현하는지 아니면 외부로 표현하는 것을 억제하고 자신의 내부로 공격성을 돌리는지를 결정하는 중요한 요인이다.

Henry와 Short의 주장

Henry와 Short(1954, 12장 참조)는 공격의 기본 및 주요한 대상은 자신이 아닌 타인이라고 가정했다. Henry와 Short는 성인기에 자살 위험을 높이는 두 가지 처벌 상황을 제시했다. 하나는 물리적 처벌이 아닌 사랑 중심의 처벌이고, 다른 하나는 아버지의 처벌이 아닌 어머니의 처벌이다. 양육과 사랑의 근원인 부모로부터 사랑 중심의 처벌을 경험하는 것이 어떻게 타인지향 공격성을 억제시킬 수 있을까? 이에 대한 논쟁은 양육과 사랑의 근원인 부모가 물리적 처벌을 가하게 되면, 이로부터 벗어나기 위해 타인지향 공격성이 발휘된다는 주장을 중심으로 진행되고 있다. 만약 아이가 앙갚음을 하게 되면, 더 이상 양육을 받지 못하게 될 수 있다. 따라서 아이는 타인지향 공격성을 억제하는 습관을 기르게 된다. 마찬가지로 사랑을 더 이상 주지 않겠다고 위협하면서 아이를 처벌하게 되면, 아이는 처벌받을 때 자신의 분노를 억제하게 된다. 이는 분노를 표출했을 때 사랑을 잃게 될 수도 있기 때문이다.

Lester(1968)는 자살시도와 자살위협 경험이 있는 대학생과 자살과는 무관한 대학생들의 어린 시절 처벌경험을 비교해 보았지만 별다른 차이는 없었다. 어린 시절 처벌경험에 대한 기억을 실제 어린 시절 경험의 척도로 사용하는 것은 타당하지 않다. 하지만 어린 시절 경험이 이후 행동에 미치는 영향을 고려할 때, 어린 시절 처벌경험과 이후 자살행동에 대한 연관성을 살펴본 연구가 거의 없다는 것은 놀라운 일이다.

일반적인 학습 경험

어린 시절의 학습 경험은 앞에서 언급된 것보다 더 일반적일 수 있다. 예를 들어, Hendin(1965)은 스웨덴과 노르웨이의 자살률 차이가 성격 차이 때문이며, 성격 차이는 두 나라의 자녀 양육방식의 차이에서 기인한다고 하였다. 두 나라의 아이들은 다른 목표와 다른 전략을 갖고 대처한다.

Eysenck(1970)는 정신분석학자들이 정의한 초자아를 고전적 조건형성의 단순한 결과로 보았다. 처벌과 관련된 행동은 두려움과 고통으로 고전적 조건형성이 된다. 그러면 아이는 이러한 행동을 피하는 법을 학습하게 된다. 만일 부모가 아이를 지나치게 엄격하게 키우게 되면, 아이는 지나치게 강한 초자아를 발달시킬 수 있는데(Toman, 1960), 이것이 성인기에 높은 수준의 우울증과 죄책감을 가져오게 할 수 있다. 왜냐하면 표현을 금지하는 초자아(superego)와 표현을 추구하는 원초아(id)의 욕망이 무의식적으로 억압받았을 수 있기 때문이다. 특히 죄책감의 근원이 무의식적이거나 의식적이고 합리적인 수단에 의해 완화되지 않으면, 죄책감을 완화시키기 위해 처벌이 필요하다고 느낄 수 있다.

Menninger(1938)는 죽고 싶은 욕구, 죽이고 싶은 욕구, 죽임을 당하고 싶은 욕구로 자살의 세 가지 동기를 설명하였다. 죽임을 당하고 싶은 욕구를 가진 사람들은 일반적으로 우울하고, 죄책감과 무가치함을 느끼며, 자신의 잘못을 속죄하기 위해 자살을 선택한다. 이러한 자살 동기는 앞에서 설명한 과정을 거친 사람들에게 특히 강력하게 나타난다.

비효과적 적응대처기술

Jacobs(1971)는 자살충동을 가진 청소년의 삶이 점진적으로 붕괴되는 과정을 분석하였다. 그는 자살충동을 가진 청소년과 그렇지 않은 청소년들이 겪는 심신을 약화시키는 사건들의 수와 유형을 살펴보았다. 그 결과, 자살충동을 가진 청소년들이 이사, 이별, 입원 등의 사건을 더 많이 경험하고, 그러한 사건들의 빈도 차이는 청소년기에 들어서서 두드러지게 나타난다는 사실을 발견했다. 자살충동을 가진 청소년들의 문제는 더 광범위하고 집중적이었으며, 청소년기에 그 문제들은 줄어들지 않았다.

청소년들이 경험한 사건에 어떻게 대처하려고 노력했는지 알아보기 위해 Jacobs는 청소년기의 문제행동에 대해 살펴보았다. 자살충동을 가진 청소년들은 그렇지 않은 청소년들보다 훨씬 더 많은 문제행동을 경험했다. 두 집단의 청소년들을 '반항'으로 분류된 문제행동에 직면하게 하자 자살충동을 가진 청소년들은 그렇지 않은 청소년들보다 자기 안으로 침잠하려는 경향과 물리적 금단현상을 더 많이 보였다. Jacobs는 이러한 현상을 통해 자살충동을 가진 청소년들이 부모로부터 소외당하고 더 많은 문제행동을 보이는 것을 확인하였다.

청소년과 부모의 문제행동에 대한 인식의 차이는 두 그룹에서 유사하게 나타났다. 그러나 자살충동을 가진 청소년들은 더 많은 문제행동이 나타냈기 때문에 그렇지 않은 청소년들보다 부적절한 훈육을 받았다고 느꼈다. 부모는 문제행동을 단순하게 여겼지만, 청소년들은 문제행동을 가족의 문제에 대처하는 데 적용할 수 있는 기술로 보았다. 부모가 청소년의 문제행동을 인식하지 못하면 실망감과 소외감이 증가되었다. 자살충동을 가진 청소년들은 그렇지 않은 청소년들보다 더 많은 잔소리와 고함을 들으며, 인정받지 못하고, 매를 맞는다. 따라서 자살충동을 가진 청소년들은 부당한 훈육과 배제를 당했다고 느끼게 된다. 부모는 문제행동을 억누르지 못한 것에 대해 좌절감을 느끼게 되며, 이는 부모와 청소년 사이를 더 멀어지게 하는 결과를 가져온다.

Jacobs는 대부분의 청소년들이 가출이나 자살시도와 같은 부적응적인 방법을 취하기 이전에 집에서 문제를 해결하기 위해 적응기술을 이용했다는 것을 발견하였다. 한 명의 청소년만이 다른 적응기술을 취하지 않고 자살을 시도하였는데, 이는 건강이 좋지 않았기 때문이라 문제 자체가 달랐다. 자살충동을 가진 청소년들은 중요한 다른 사람들이 적응대처기술에 반응하지 않는 경우에 자살에 이르게 된다.

적절한 대처기술의 학습 실패

Leonard(1967)는 아이들이 어머니로부터 독립성과 자율성을 얻기 위한 투쟁을 시작하는 2, 3학년 시기의 중요성을 강조하면서 자살의 발달이론을 주장했다. 개체로 성장하기 위한 아동의 성장이 막히게 되면, 외적통제에 더 많이 의존하게 되고 적절한 충동조절을 하지 못하게 될 수도 있다. Leonard는 잘못된 충동조절이 성인기에 자살충동으로 나타날 수 있다고 보았다. Leonard는 해당 발달단계에서 문제들이 발생하면 상황에 반응함에 있어서 융통성이나 유연성이 부족해질 수 있다고 하였다. 이후 발달단계에서 자살충동을 가진 사람들은 위기에 처하면 해결책을 발견할 수 없을 뿐만 아니라 타협, 변화, 패배를 받아들이지 못하게 된다. 이는 Neuringer(1964)의 연구에서도 언급되었다.

논의

이 섹션에서는 어린 시절의 처벌과 일반적인 양육경험이 아이가 우울하거나 공격적인 생활방식을 발달시키는데 중요한 역할을 할 수 있다는 것을 살펴보았다. 특히, 양육과 사랑의 근원인 부모가 사랑 중심의 처벌을 하게 되면 우울이나 자살충동으로 이어질 수 있다.

자살행동의 사회적 형성

사회적 비난

자살에 대한 사회적 비난이 적은 곳에서 자살은 더 흔하게 나타난다는 주장이 제기되었다. 이는 Dublin과 Bunzel(1933), 그리고 Farber(1968)에 의해 제기되었는데, 카톨릭 신자들의 낮은 자살률은 이와 관련지어 설명할 수 있다. 또한 이슬람 국가들의 낮은 자살률도 설명할 수 있다.

자살에 대한 사회적 인정이 자살의 발생을 촉진한다는 가설을 검증하기 위하여 Lester(1983a)는 미국 9개 지역의 거주자들을 대상으로 설문조사를 실시하고 자살 인정여부에 대해 질문하였다. 각 지역에서의 자살 인정과 그 지역의 자살률 사이에는 연관성이 없는 것으로 나타났다. 일부 지역의 소수응답자를 대상으로 한 이 연구는 적절하지는 않았지만 후속 연구에는 자극제가 되었다. Stack과 Kposowa(2008)가 31개국을 대상으로 연구를 실시한 결과, 자살을 인정하는 나라의 자살률이 높게 나타났다.

자살은 대부분의 종교적 가르침과 상충되는 행동이기 때문에 사회적 규범에서 벗어난 일탈행위이다. Kelleher 외(1998)는 49개국을 대상으로 자살에 대한 종교적 제재가 있는지 여부에 대해 살펴보았다. 아일랜드와 멕시코를 포함한 21개국은 제재가 있었고, 오스트리아와 일본을 포함한 28개국은 제재가 없었다. 제재가 있는 국가의 자살률은 제재가 없는 국가보다 더 낮았고, 여성의 자살률은 남성보다 더 낮았으며, 두 경우 모두 통계적으로 유의미하였다.

사회적 기대

사회적 기대는 자살행동에 대한 성별 차이를 설명하는데 사용된다. 자살행동에서 한 가지 분명한 현상은 남성의 자살사망률은 여성보다 높은 반면, 여성의 자살시도율은 남성보다 높다는 것이다. 이러한 현상은 전 세계 거의 모든 국가의 모든 하위집단에서 발생한다(Lester, 1979). 이 현상에 대한 주된 설명으로는 남성이 여성과는 다른 자살수단을 선택하고, 남성이 선택하는 자살수단이 여성이 선택하는 자살수단보다 더 치명적이라는 것이다. 예를 들어, 남성은 총기를 더 많이 사용하는 반면, 여성은 약물을 더 많이 사용한다.

Linehan(1973)은 사람들이 자살을 대안으로 선택하게 되는 위기 순간, 자살행동의 사회적 수용성을 고려하게 된다고 주장하였다. 만약 자살시도가 "연약한" 혹은 "여성적인" 행동으로 비춰진다면, 남성이 자살을 선택할 가능성은 낮아진다. 남성은 가벼운 수준의 고통을 전달할 수 있는 수단이 없기 때문에 치명적인 자기파괴적 행동을 일으킬 때까지는 우울증이나 자기파괴적 충동을 억제할 가능성이 더 크다.

Linehan은 위기에 처한 남성과 여성을 대상으로 한 사례연구를 대학생들에게 보여주고, 환자의 특성을 일부는 "남성적"으로 묘사되고 일부는 "여성적"으로 묘사되도록 하였다. 학생들은 여성보다 남성이, 그리고 여성적인 환자보다 남성적인 환자가 더 많이 자살에 이를 것이라고 예측했다. 학생들은 남성적인 남성의 71%, 남성적인 여성의 62%, 여성적인 남성의 43%, 여성적인 여성의 22%가 자살을 할 것이라고 예측하였다. 이것은 성역할에 대한 기대가 자살행동의 성별 차이를 형성할 수 있음을 시사한다.

논의

자살행동의 사회적 형성에 대한 연구는 거의 없지만, 향후 연구에 대한 방향은 제시할 수 있다. 자살에 대한 사회적 비난이 자살행동을 억제한다는 주장이 제기되었지만, 이에 대한 연구는 수행되지 않았다. 자살행동의 성별 차이에 대한 사회적 고정관념과 기대에 대한 연구를 통해 Linehan은 남성과 여성의 자살행동의 실제 차이가 사회적 기대와 유사하다는 것을 발견했다.

자살행동 형성에서 가족의 역할

완벽하게 혼자인 사람을 제외하고, 자살자는 가족과 친구들의 네트워크 속에 존재한다. 이러한 사회적 네트워크에 있는 사람들은 한 사람의 자살행동을 형성하는 데 중요한 역할을 한다. 혼자 사회적으로 고립된 사람들조차도 가족과 친구들 속에서 자랐기 때문에 그들의 자살행동은 어린 시절 경험에 의해 형성되었을 수 있다.

Freud의 이론에서는 상실을 핵심경험으로 보았다. 우울증에서는 사랑하는 사람을 상실하면 동일시를 통해 자기 자신과 상실한 사람을 통합하는데, 이를 자아분열(ego-splitting)이라고 부른다. 만일 상실한 사람이 미움을 받았다면 상실한 사람과 자기 자신의 통합된 모습 내부로 분노가 향하게 된다. Freud는 이를 분리불안이라고 설명하였다.

Richman(1986)은 분리경험이 가족 전체에게 일어나서 모든 사람들이 불안을 느낄 수도 있다고 하였다. 이러한 분리경험과 불안은 대를 이어 전해질 수 있다. Richman은 자살자들이 어린 시절 상실을 경험했던 사람이어서 이후에 일어나는 상실에 민감해질 수 있다고 주장하였고, Lester와 Beck(1976)은 이러한 주장을 지지하였다.

하지만, 가족 구성원 모두가 분리를 경험하는 것은 아니다. Richman은 분리불안의 표적이 되는 사람이 자살할 가능성이 높다고 주장하였다. 가족의 생존에 대한 책임이 한 사람에게 지워지면, 그 사람은 떠날 수 없게 되는 반면, 다른 가족 구성원은 자율성을 누릴 수 있게 된다. 자살충동을 가진 가족구성원들은 서로에 대한 착취와 신경증적 욕구를 만족시키기 위해 공생관계를 맺게 된다.

일탈행동의 형성

부모가 자녀에게 일탈행동을 형성시켜 주는 방법은 쉽게 찾아 볼수 있다. Richman은 어떤 어머니의 경우를 예로 들었다. 그녀는 고등학생인 딸이 동성애 행위를 하다가 걸렸다고 했을 때 충격을 받았지만, 딸을 데리고 멋진 식당에 가고 옷을 사주며 딸의 동성애 행위를 확실하게 보상해주었다[33].

Paul Federn은 자신의 죽음을 다른 누군가가 원하지 않으면 아무도 자살하지 않는다고 주장하였다. Meerloo(1962)도 비슷한 주장을

---

33 어머니는 동성애자인 딸이 자기를 두고 결혼해서 떠나지 않기를 바랬다.

했는데, 자살하는 사람은 다른 사람들이 원하는 죽음을 실행한다는 것이다. Meerloo는 비록 무의식적이기는 하지만 자살자가 다른 누군가로부터 자살할 수 있는 용기를 얻은 경우를 설명했다. 그는 이러한 상황을 정신적 살인(자살을 하도록 해서 타인을 죽이는 것)이라고 하였다. Richman은 심리학자의 입장에서 봤을 때 부모가 분명히 죽일 것 같은 말을 하여 자살을 시도하는 자녀들의 사례를 언급 하였다. 예를 들어 16살 소녀의 아버지는 딸에게 이렇게 말했다. "자살하지 그랬어. 그러면 적어도 네가 어디에 있는지는 알게 됐을 텐데." Richman은 아버지와 딸이 공생관계였으며, 아버지는 딸의 죽음을 두려워했다고 설명하였다.

항상은 아니지만 적대감도 나타날 수 있다. Richman은 78세 노인의 예를 들었다. 그는 아내에게 자살할 것이라고 말하고 그녀에게 작별 키스를 하려고 하였다. 하지만 아내는 집을 나와 쇼핑을 갔다. 아내가 집에 돌아왔을 때 그는 이미 목을 칼로 그었다. 또 다른 사례에서는 딸이 약을 과다복용하고 나서 침대에 누워있는 아버지 옆에 누우며 약 과다복용 사실을 말했다. 아버지는 다시 잠이 들었고, 다음 날 아침 일어나자마자 옆에 누워있는 딸을 남겨두고 일하러 갔다.

Richman은 훨씬 더 극단적인 사례들을 제시하였는데, 이는 거의 살인에 가깝다. 한 어머니는 14살 딸의 마약사용과 달갑지 않은 친구들 때문에 화가 나 있었다. 어느 날 밤, 여동생이 어머니를 화나게 하자 그녀의 15살짜리 오빠는 여동생이 약을 과다복용하게 했다. 또 다른 예에서 한 어머니는 함께 살고 있는 마약 중독자인 아들이 죽어야만 한다는 신비한 계시를 받았다. 그녀는 아들의 방으로 가서 한 통의 약을 모두 먹게 했다(Richman은 이 어머니가 정신병자가 *아니 었다*는 사실에 주목했다).

희생양

가족치료사들은 병적인 가족들이 종종 가족 중의 한 명을 병적인 증상을 견뎌낼 희생양으로 선택한다는 것을 알고 있다. Richman은 일부 가정에서 희생양이 가정 내의 모든 문제에 대한 책임을 지게 된다고 하였다. 희생양의 역할은 가족이 견딜 수 없는 문제를 피할 수 있게 돕는 것이다. 자살의 경우, 희생양은 분리를 막는 데 사용 된다. 예를 들면, 18살짜리 아들은 마약과 자살의 충동 때문에 집 을 떠나고 싶어도 떠날 수 없었다. 아들은 분리의 어려움을 호소하 였다. 다른 사례에서 아들은 대학에 가면 부모가 이혼하겠다는 이야 기를 들었다. 대학에 가자마자 그는 자살을 시도했고 집으로 돌아 갔다.

논의

가족은 가족구성원의 자살행동을 형성시킬 수 있다. 가족구성원 의 자살행동은 자신의 욕구와 가족구성원의 욕구를 모두 충족시키 는 역할을 한다. 가족 모두 자살생각이나 자살행동으로부터 이익을 얻을 수 있기 때문에 자살행동을 보상하고 대안적인 행동을 처벌하려 한다. 따라서 자살충동을 가진 사람은 가족을 통해 학습되고, 다른 가족구성원들의 명시적이고 암묵적인 요구에 따르게 된다.

자살수단 선택의 학습 효과

자살수단의 선택은 학습된다. Hirsh(1960)는 자살수단의 유행에 대해 발표하였다. 가스는 1900년대 초반에 매우 유행했고 "to take the pipe(자살하라)"는 흔한 말이 되었다. 비닐봉지는 발명되자마자 질식에 의한 우발적인 죽음에 대한 보고 이후에 더 빈번하게 사용되었다. Church와 Phillips(1984)는 영국의 한 마을에서 비닐봉지를 이용한 모방자살로 집단자살이 발생한 사례를 보고하였다. 1960년대와 1970년대에는 분신자살이 유행하였다(Ashton & Donnan, 1979). 분신자살의 3분의 2는 정치적 의도가 있었는데(Crosby 외, 1977), 베트남 불교 승려들이 정치상황에 항의하기 위해 시행한 분신자살의 영향을 받은 것으로 보인다.

이민자들의 자살수단

Burvill 외(1973)는 영국인의 자살수단과 호주로 이주한 영국이민자들의 자살수단을 비교하였고, 이민자들의 자살수단이 영국식에서 호주식으로 바뀌었다는 것을 발견했다. Burvill 외(1982, 1983)는 다른 나라에서 호주로 이주한 이민자들에게도 비슷한 경향이 있음을 발견했다. 예를 들어 호주 남성의 52%가 폭력적인 자살수단을 선택한 반면, 영국 남성은 32%, 아일랜드 남성은 79%가 폭력적인 자살수단을 선택했다. 하지만, 호주로 이주한 영국 남성의 43%와 아일랜드 남성의 57%가 폭력적인 자살수단을 선택한 것은 호주식으로의 변화라고 할 수 있다.

자살장소

세계적으로 유명한 자살장소가 많이 있다. 미국에서 유명한 자살장소는 Niagara Falls(Lester & Brockopp, 1971)와 San Francisco의 Golden Gate Bridge이다. Seiden과 Spence(1983-1984)는 이 현상을 학습효과로 설명하였다. 그들은 Bay Bridge가 Golden Gate Bridge에서 불과 6마일 떨어져 있고, Golden Gate Bridge보다 6개월 먼저 완성되었으며, 같은 높이라는 것에 주목했다. 1937년부터 1979년 사이에 Golden Gate Bridge에서는 672명이 뛰어내린 반면, Bay Bridge에서는 121명만이 뛰어내렸다. 두 다리의 차이점은 Golden Gate Bridge만이 보행자들을 허용한다는 점이다. 그러나 보행자를 제외하더라도 Golden Gate Bridge에서 자살한 사람들의 수는 Bay Bridge에서 자살한 사람들보다 많게는 325명에서 적게는 107명 더 많다.

Seiden과 Spence는 Bay Bridge에서의 자살은 거의 기사화되지 않지만 Golden Gate Bridge에서의 자살은 종종 신문의 첫 페이지에 실린다는 점에 주목했다. Gray Line 투어와 Golden Gate 국립휴양지 가이드북에서 Golden Gate Bridge는 자살로 유명하다. 어떤 이들은 다음 자살이 언제 발생할지에 대해 내기를 하기도 한다.

East Bay 주민들이 Golden Gate Bridge에 가기 위해서는 Bay Bridge를 지나가야 한다. Golden Gate Bridge에서 자살하는 East Bay 주민의 50%가 이러한 방법을 취한다. Seiden과 Spence는 Golden Gate Bridge가 낭만적인 자살장소의 상징이 되었기 때문이라고 설명했다. Bay Bridge에서 자살하기 위해 Golden Gate Bridge를 건너가는 Marin County의 주민은 아무도 없었으며, California 외곽에서 온 모든 자살시도자들은 Golden Gate Bridge에서 뛰어내렸다. Golden Gate Bridge에서 뛰어내리는 사람들은 학습된 것이 분명하다.

자살수단 경험

Marks와 Stokes(1976)는 Georgia와 Wisconsin의 대학생들을 비교하는 연구를 수행하였다. 남학생과 여학생 모두 Georgia의 학생들이 Wisconsin의 학생들보다 총을 더 많이 갖고 있었다. 또한 Georgia의 학생들은 Wisconsin의 학생들보다 부모들이 총을 소유하거나 어린 시절 총을 사용해본 경험이 훨씬 많았다. 총을 소유한 부모나 친척이 있다는 것은 총을 사용해본 경험과 정적 상관관계가 있었다.

따라서 남부사람들이 어린 시절부터 총을 소지한 경험이 더 많다는 것은 분명해 보인다. Marks와 Abernathy(1974)는 남부지수(Index of Southernness)가 높은 지역일수록 총을 이용한 자살률이 더 높다는 것을 발견했다. 총을 소지한 경험은 총을 이용한 자살을 증가시키는 것으로 보인다. 이는 학습이 자살수단 선택에 미치는 영향을 보여준다. 그리고 총기에 대한 익숙함과 사용에 있어서 성별 차이는 지역 차이보다 훨씬 더 큰 것으로 나타났다.

문화적으로 결정되는 자살

Durkheim(1897)은 사회적 제약의 두 가지 기본적인 측면을 바탕으로 네 가지 유형의 자살을 주장했다. 첫째, 만약 개인의 사회통합 정도가 매우 높거나 낮다면 자살가능성이 높다. 둘째, 개인에 대한 사회규제가 매우 약하거나 매우 강한 경우에도 자살가능성이 높다. 어떤 자살유형은 극도로 심한 사회적 압력의 결과로 보인다. 예를 들어, 인도의 일부 하위문화에서 아내가 남편과 함께 화장장에 묻히는 sati(인도 미망인의 순장)는 심한 사회적 압력에 의해 결정되는 것처럼 보인다(Lester, 2013). 일본의 seppuku(할복) 역시 학습된 문화적 전통으로 볼 수 있다.

DeCatanzaro(1981)는 문화적으로 독특한 자살수단에 대해 설명하였다. 예를 들어, 티코피아에서는 색다른 방식으로 목을 매어 자살한다. 가는 밧줄을 이용해 올가미를 만들고, 그것을 집의 한 쪽에 고정시킨 뒤 집의 다른 쪽으로 뛰어가면 가는 밧줄이 목을 조여 죽음에 이르게 한다. 죽는 과정에서 배변을 하지 않기 위해 자살하기 하루 전에는 음식물을 먹지 않는 경우도 있다.

일시적으로 유행하는 자살수단도 있다. 최근 몇 년간, 집에서 만든 황화수소가스를 자살수단으로 사용하는 것이 인터넷으로 확산되어 유행하였다. 일본에서는 2008년 3월 27일부터 7월 15일까지 총 208명의 사람들이 황화수소가스를 사용하여 자살했는데(Morii et al., 2010), 이는 같은 건물에 살고 있는 다른 사람들이나 차 안에서 발생한 사고에 대응하는 경찰에게 피해를 입히는 원인이 되었다. 미국에서도 2008년 2건이 발생했고, 2010년에도 18건이 발생했다(Reedy et al., 2011). 대부분의 경우는 자동차에서 발생했고, 응급구조요원이 부상당한 경우는 5건이었지만 사망자는 없었다.

자살과 도구사용

자살은 도구를 사용하는 능력과 관련이 있다. DeCatanzaro(1981)는 인간은 도구를 사용할 수 있는 소수의 종들 중 하나이기 때문에 동물에게서는 자살을 찾아보기 힘들다고 하였다. 일반적으로 인간의 기술혁신의 결과물이 자살수단으로 사용되며, 그 방법과 효과는 학습된다. 목맴, 화재, 절단, 독극물, 그리고 총기에 의한 자살은 모두 도구의 사용과 관련이 있다.

논의

자살수단의 선택은 분명히 문화적 요인의 영향을 받는다. 문화마다 이용가능한 자살수단이 무엇인지도 중요하지만, 이용가능한 자살수단은 문화에 의해서도 형성되기 때문이다. 이러한 사실은 사회학습이론을 뒷받침한다.

중요한 사람들의 자살

자살자의 가족, 친척, 친구들의 자살행동이 많이 나타난다면, 사회학습이론은 엄청나게 강력해질 것이며, 이는 모방효과의 근거를 제시하게 된다[34]. 자살충동을 가진 사람은 다른 사람의 자살행동과 그 행동의 효과를 관찰하면서 자살을 학습하게 된다. 이에 대한 근거는 무엇일까?

Brent 외(2002)는 우울증에 걸린 정신질환자의 자녀(평균연령 약 20세)들을 살펴보았는데, 이들 중 일부는 자살을 시도했다. 부모가 자살을 시도한 적이 있는 경우, 자녀들이 자살을 시도할 확률은 6배 높았다. 자녀들이 성적으로 학대를 받았거나, 여성이거나, 이들 자신도 정신질환을 갖고 있는 경우, 자살시도는 더 많이 발생했다. Mann 외(2005)는 정신질환자의 가까운 친척들을 살펴보았다. 자살을 시도한 적이 있는 정신질환자의 경우 가까운 친척의 23.2%가 자살을 시도했고, 자살을 시도한 적이 없는 정신질환자의 가까운 친척은 13.2%가 자살을 시도했다. 가까운 친척들은 각각 5.5%와 2.7%가 자살로 사망했는데, 그 차이는 통계적으로 유의미하지 않았다.

Sletten 외(1973)는 자살시도자의 친척들도 자살시도자가 많고 자살사망자의 친척들도 자살사망자가 많다는 사실을 발견하였다. 이 결과는 사회학습이론을 강력하게 뒷받침하는 근거가 된다.

---

34 이는 정신질환의 유전적 소인에 대한 간접적 증거가 될 수 있다.

자살자의 소셜네트워크

Kreitman 외(1969)는 자살시도자에게 자살한 친척이나 친구가 많을 것이라고 예상했다. 자살시도자의 소셜네트워크에 있는 사람들을 추적한 결과, 또다른 자살시도자를 많이 발견할 수 있었다. 이 현상은 35세 미만이나 약물로 자살을 시도한 사람들에게서 특히 강하게 나타났다. 이러한 결과는 암시와 모방의 효과이거나 자살자들 간의 상호끌림 때문이라고 볼 수 있다.

논의

자살행동은 자살자의 친척이나 친구들에게 많이 나타날 수 있다. 하지만 연구결과가 일관성이 없는 것에 대한 이유는 명확하지 않다. 게다가 자살행동 유형의 중요성에 대해서는 확실하게 밝혀진 바 없다. 자살시도와 자살사망이 중요한 사람의 자살행동에 어떻게 다른 영향을 미치는가? 자살사망이 중요한 사람의 자살사망을, 자살시도가 중요한 사람의 자살시도를 가져온다는 Sletten의 연구결과는 흥미롭지만, 후속 연구가 필요하다.

자살에서 암시의 역할

언론의 보도, 자살행동의 유행, 자살수단의 유행, 중요한 사람의 자살행동은 모두 자살에 대한 암시효과의 결과라고 볼 수 있다. 이 섹션에서는 언론의 보도, 자살행동의 유행, 그리고 동반자살에 대해 검토한다.

언론의 보도

언론의 보도가 자살에 미치는 영향에 대해 살펴본 Phillips(1974)의 연구를 통해 자살기사가 신문의 1면에 실리는 경우, 자살자 수가 증가하는 것으로 나타났다. 이러한 결과는 신문이 발행되는 지역에서만 나타났다. 또한 Phillips는 대통령이 사망한 다음 달에는 자살자 수가 증가하지도 감소하지도 않는다는 것을 발견했다. Phillips는 언론의 보도가 자살충동을 가진 사람들의 자살을 부추기기보다는 추가적 자살자를 만들어낸다고 결론지었다.

많은 연구자들은 이 연구에 관심을 보였고, Stack(2000)은 이와 관련된 42개의 연구에서 발견된 293개의 연구결과를 검토했다. 모방효과는 가상의 이야기[35]보다 실제 이야기, TV보다는 신문보도, 자살시도보다는 자살사망, 그리고 자살자가 유명인(연예인 또는 정치인)인 경우 더 강하게 나타났다.

---

35 예를 들면, TV영화나 드라마 속의 자살.

자살행동의 유행

자살행동의 "유행"은 모방에서 비롯된다. Hankoff(1961)는 해외 해병기지에서 발생한 자살시도의 유행에 대해 설명하였다. 자살시도는 연쇄적으로 일어났고, 사용되는 자살수단도 유사했다. 자세히 조사한 결과, 첫 번째 자살시도는 2차 이득(입원 및 업무에서 제외)을 최대로 얻게 한 반면, 마지막 자살시도는 2차 이득을 최소로 가져다주었다. 자살시도로 인한 보상이 줄어들자, 이득을 얻기 위한 수단으로 사용된 행동은 중단되었다. Coleman(1987)은 10대들을 포함하여 모방으로 보이는 많은 집단의 자살사례를 보고했는데, 일부 연구자들은 모든 집단의 자살이 모방을 반영하는지에 대해서는 의문을 나타냈다(Selkin, 1986).

Seiden(1968)은 1개월 사이에 University of California Berkeley에서 투신한 다섯 명의 자살자에 대해 살펴보았는데, 이는 모방자살처럼 보이지 않았다. 왜냐하면 (a) 모두 심각한 정신질환병력을 가지고 있었고, (b) 유형은 시작과 동시에 갑자기 멈추었으며, (c) 다섯 명은 서로 아는 사이가 아니었다. 이러한 주장은 모방의 가능성을 논리적으로 배제하지는 않지만, 자살이 독립적으로 발생하거나, 우연히 연달아 발생한 것일 수도 있음을 시사한다.

동반자살

일반적으로 자살의사가 없는 사람이 파트너의 제안으로 동반자살을 하는 것인지 여부는 명확하지 않다. 특히 남편과 아내 사이의 동반자살에서는 종종 한 사람이 죽기를 원하면 배우자에게 함께 죽자고 설득한다[36]. 최근, 특히 일본과 한국에서, 서로 모르는 사람들이 인터넷을 이용하여 함께 자살할 사람들을 찾고 있다. Ozawa-de Silva(2008)는 한 남성이 자신과 함께 죽자고 다른 사람들을 권유한 사건이 2003년 2월 일본에서 처음 발생한 것에 주목했다. 그의 제안에 동의한 두 여성이 일산화탄소 중독으로 그와 함께 사망한 채 발견되었다. 그 이후로 점점 더 많은 수의 동반자살이 발생했다.

집단자살

집단자살은 드물지만 다수의 사람들이 함께 자살하는 것은 매우 안타까운 일이다. 1978년 가이아나의 존스타운에서 수백 명의 사람들이 집단자살한 사건은 그것이 강압(살인까지 포함)에 의한 것이라 할지라도 파급력이 컸다.

논의

앞에서 언급된 내용들은 암시의 역할을 명확하게 나타낸다. 신문과 TV보도에 관한 Phillips와 Stack의 연구는 자살행동이 암시의 영향을 받았을 가능성을 제시하였다. 적절한 통제가 연구설계에 포함

---

36 Lester(1997)는 아내를 설득해 함께 자살한 두 명의 남자(Arthur Koestler와 Stefan Zweig)의 사례를 제시하였다.

되었으므로, 그 결과는 다른 설명이 가능하지 않다.

암시와 모방의 영향을 가장 잘 보여주는 연구는 Marzuk 외(1993)의 연구일 것이다. Derek Humphry(1992)는 자살하는 방법에 대한 지침을 담은 책『Final Exit』을 출판했다. Marzuk 외(1993)는『Final Exit』이 발표되기 직전 해에 뉴욕시에서 발생한 672건의 자살과 책이 발표된 다음 해에 발생한 663건의 자살을 비교하였다. 이 책에서 권고하는 방법을 사용한 자살 건수는 책이 출판된 후 8건에서 33건으로 증가했다. 책 출판 이후에 발생한 33명의 자살자 중에서 9명은『Final Exit』을 갖고 있었다[37].

DeCatanzaro(1981)는 대부분의 자살이 상대적으로 고립된 행동이기 때문에 이러한 암시효과는 소수에 불과하다고 주장하였다. 물론 고립은 암시를 배제하지는 않는데, 이는 고립된 자살시도자가 어떻게 자살을 선택했는지 알 수 없기 때문이다. 그들이 언론에서 어떤 기사를 읽었는지, 그들이 어떤 자살에 대해 들었는지, 이러한 영향이 발생한 나이는 언제였는지에 대해 알 수는 없다. DeCatanzaro는 심지어 집단에서의 자살은 개인적인 어려움과 스트레스에 의해 동기부여 될 수 있다고 지적했다. 하지만 사람들마다 스트레스와 정신내적 문제에 대응하는 방법이 다를 수 있다. 암시와 모방이 스트레스 반응에 대한 선택에 영향을 미칠 수 있나.

---

37 그 다음 해에 이 책의 권고 방법을 사용한 6명의 자살자도『Final Exit』을 갖고 있었다.

Leenaars 공식

Leenaars(1990, p.163)는 자살에 대한 Lester의 학습 이론을 10가지로 요약했다.

1. 자살은 학습된 행동이다. 어린 시절의 경험과 환경의 영향력이 자살자를 만들고 자살행동을 촉진한다.

2. 자녀 양육방식은 특히 아동의 처벌경험에 있어서 매우 중요하다. 특히 자살자는 외적지향 공격을 억제하는 법을 학습함과 동시에 이를 자신의 내면으로 돌리는 법을 학습한다.

3. 자살은 학습 이론에 기초하여 예측될 수 있다. 자살은 행동에 의해 형성되고, 그 행동은 환경에 의해 강화된다.

4. 자살자의 생각은 자극을 제공하고, 자살(반응)은 상상될 수 있다. 자기칭찬과 같은 인지는 행동을 강화시키는 역할을 한다.

5. 자살자의 기대감은 자살에 중요한 역할을 미친다. 자살자는 자살행동에 대한 강화(보상)를 기대한다.

6. 우울증에서도 특히 인지적인 요소들은 자살과 관련이 있다. 따라서 우울증은 자살을 설명하는데 도움이 된다. 우울증은 강화의 부족, 학습된 무기력, 그리고 보상에 의해 발생할 수 있다.

7. 자살은 조작적 행동일 수 있으며, 이는 타인에 의해 강화된다.

8. 자살은 처벌에 의해 제거되지 않는다.

9. 자살자는 사회화되지 못하여 전통문화에 완전히 동화되지 않는다. 자살자는 특히 삶과 죽음에 대한 일반적인 문화적 가치를 학습하지 못했을 수 있다.

10. 자살은 하위문화적 규범, TV를 통한 암시, 특정 자살수단에 대한 성별 선호도, 중요한 사람의 자살(모델링), 소셜네트워크, 문화 유형과 같은 다양한 환경요인에 의해 강화될 수 있다.

결론

자살이 학습된 행동이라는 사실은 분명하다. 정신병리학에서 학습 이론은 불안 행동(낙인 이론과 양립[14장 참조])을 설명한다. 자살행동은 보통 우울증과 관련되기 때문에 우울에 대한 학습 이론은 자살에 즉각적으로 적용된다.

자해행동 역시 학습된 행동으로, 주변 반응의 영향을 받는다. 치명적이지 않은 자살행동은 전형적으로 행동을 강화시킬 수 있는 반응을 이끌어 낸다. 흥미롭게도 자살시도는 주변의 강화에 의해 영향을 받기 쉽다. 만약 강화가 중단되면 자살시도자는 그 위험성과 치사율을 증가시키려고 하며 결국에는 자살에 이르게 된다. 소거(보상생략)는 치명적이지 않은 자살행동을 없애는 것이 아니라 오히려 치사율을 증가시키게 된다.

어린 시절 경험이 자살행동에 중요한 역할을 한다는 Henry와 Short의 이론을 받아들이는 사람은 많지만, 이것을 주제로 한 연구는 거의 수행되지 않았다. 자살자의 어린 시절 경험에 대한 더 많은 연구가 수행될 필요가 있다[38].

자살의 학습은 자살에 대한 사회적 태도의 영향을 받는다. 실제로 자살을 강하게 비난하는 종교철학을 가진 국가들의 자살률이 낮다. 사회적 태도는 일반적으로 인간행동을 결정하는 데 큰 역할을 하기 때문에 자살발생에 영향을 미칠 가능성 또한 높다.

Phillips와 Stack의 언론보도가 국가자살률에 미치는 영향에 대한 연구를 통해 자살에서 암시의 역할이 분명하게 드러났다. 암시와 학습 경험은 자살수단의 선택에 중요한 역할을 한다. 자살로 유명한 장소가 이것을 입증하는데, 특히 San Francisco의 두 개의 다리의 자살률 차이를 보면 더 명확하다. 어린 시절 총을 사용해본 경험은 총기자살의 가능성을 높이기도 한다. Burvill의 연구에서 이민자들의 자살수단이 호주식으로 바뀌었다는 사실은 사회학습이론을 뒷받침한다. 마지막으로 자살자들의 친구나 친척들의 자살률이 높다는 것은 암시와 모방의 효과로 볼 수 있다.

[참고문헌]

Ashton, J., & Donnan, S. (1979). Suicide by burning. *British Medical Journal, 2*, 769-770.

Bandura, A. (1977). *Social learning theory*. Englewood Cliffs, NJ: Prentice-Hall.

Brent, D. A., Uquendo, M., Birmaher, B., Greenhill, L., Kolko, D., Stanley, B., Zelazny, J., Brodsky, B., Bridge, J., Ellis, S., Salazar, O., & Mann, J. J. (2002). Familial pathways to early-onset suicide attempt. *Archives of General Psychiatry, 59*, 801-807.

Burvill, P., McCall, M., Reid, T., & Stenhouse, N. (1973). Methods of suicide in English and Welsh immigrants in Australia. *British Journal of Psychiatry, 123*, 285-294.

---

38 어린 시절 성적학대 경험에 대한 연구는 있었지만 다른 경험에 대한 연구는 거의 없었다.

Burvill, P., McCall, M., Woodings, T., & Stenhouse, N. (1983). Comparison of suicide rates and methods in English, Scots and Irish immigrants in Australia. *Social Science & Medicine, 17*, 705-708.

Burvill, P., Woodings, T., Stenhouse, N., & McCall, M. (1982). Suicide during 1961-1970 migrants in Australia. *Psychological Medicine, 12*, 295-308.

Buss, A., & Durkee, A. (1957). An inventory for assessing different kinds of hostility. *Journal of Consulting Psychology, 21*, 343-348.

Carr, E. (1977). The motivation of self-injurious behavior. *Psychological Bulletin, 84*, 800-816.

Church, I., & Phillips, J. (19840. Suggestion and suicide by plastic bag asphyxia. *British Journal of Psychiatry, 144*, 100-101.

Coleman, L. (1987). *Suicide clusters.* Boston: Faber & Faber.

Crosby, K., Rhee, J., & Holland, J. (1977). Suicide by fire. *International Journal of Social Psychiatry, 23*, 60-69.

DeCatanzaro, D. (1981). *Suicide and self-damaging behavior.* New York: Academic Press.

Dublin, L., & Bunzel, B. (1933). *To be or not to be.* New York: Harrison Smith & Robert Haas.

Durkheim, E. (1897). *Le suicide.* Paris: Felix Alcan.

Eysenck, H. (1970). *Crime and personality.* London, UK: Paladin.

Farber, M. (1968). *Theory of suicide.* New York: Funk & Wagnalls.

Farberow, N., & Shneidman, E. (1961). The cry for help. New York: McGraw-Hill.

Ferster, C. (1961). Positive reinforcement and behavioral deficits of autistic children. *Child Development, 32*, 437-456.

Firth, R. (1961). Suicide and risk-taking in Tikopia. *Psychiatry, 24*, 1-17.

Frank, M. (1979). *Why people gamble.* In D. Lester (Ed.), Why people gamble, pp. 71-83. Springfield, IL: Charles C Thomas.

Frederick, C., & Resnick, H. (1971). How suicidal behaviors are learned. *American Journal of Psychotherapy, 25*, 37-55.

Graff, H., & Mallin, R. (1967). The syndrome of the wrist-cutter. *American Journal of Psychiatry, 124*, 36-42.

Hankoff, L. (1961). An epidemic of attempted suicide. *Comprehensive Psychiatry, 2*, 294-298.

Hendin, H. (1965). *Suicide and Scandinavia.* New York: Doubleday.

Henry, A., & Short, J. (1954). *Suicide and homicide.* Glencoe, IL: Free Press.

Hirsh, J. (1960). Methods and fashions of suicide. *Mental Hygiene, 44*, 3-11.

Humphry, D. (1992). *Final exit.* Eugene, OR: Hemlock Society.

Jacobs, J. (1971). *Adolescent suicide.* New York: Wiley.

Kelleher, M. J., Chambers, D., Corcoran, P., Williamson, E., & Keeley, H. S. (1998). Religious sanctions and rates of suicide worldwide. *Crisis, 19*, 78-86.

Kreitman, N., Smith, P., & Tan, E. (1969). Attempted suicide in social networks. *British Journal of Preventive & Social Medicine, 23*, 116-123.

Leenaars, A. A. (1990). Psychological perspectives on suicide. In D. Lester (Ed.), *Current concepts of suicide*, pp. 159-167. Philadelphia: Charles Press.

Leonard, C. (1967). *Understanding and preventing suicide*. Springfield, IL: Charles C Thomas.

Lester, D. (1968). Punishment experiences and suicidal preoccupation. *Journal of Genetic Psychology, 113*, 89-94.

Lester, D. (1972a). The myth of suicide prevention. *Comprehensive Psychiatry, 13*, 555-560.

Lester, D. (1972b). Self-mutilating behavior. *Psychological Bulletin, 78*, 119-128.

Lester, D. (1979). Sex differences in suicidal behavior. In E. Gomberg & V. Franks (Eds.), *Gender and disordered behavior*. New York: Brunner/Mazel.

Lester, D. (1983a). Societal approval of suicide. *Australian & New Zealand Journal of Psychiatry, 17*, 293.

Lester, D. (1983b). *Why people kill themselves*. Springfield, IL: Charles C Thomas.

Lester, D. (1987). *Suicide as a learned behavior*. Springfield, IL: Charles C Thomas.

Lester, D. (1997). The sexual politics of double suicide. *Feminism & Psychology, 7*, 148-154.

Lester, D. (2013). Sati In E. Colucci & D. Lester (Eds.), *Suicide and culture*, pp. 217-236. Cambridge, MA: Hogrefe.

Lester, D., & Beck, A. (1976). Early loss as a possible sensitizer to later loss in attempted suicides. *Psychological Reports, 39*, 121-122.

Lester, D., Beck, A. T., & Narrett, S. (1978). Suicidal intent in successive suicidal actions. *Psychological Reports, 43*, 110.

Lester. D., & Brockopp, G. (1971). Niagara Falls suicide. *Journal of the American Medical Association, 215*, 797-798.

Lester, G., & Lester, D. (1971). *Suicide: The gamble with death*. Englewood Cliffs, NJ: Prentice-Hall.

Lewinsohn, P. (1974). A behavioral approach to depression. In R. J. Friedman & M. M. Katz (Eds.), *The psychology of depression*. New York: Halstead.

Linehan, M. (1973). Suicide and attempted suicide. *Perceptual & Motor Skills, 37*, 31-34.

Maddison, D., & Mackey, K. (1966). Suicide. *British Journal of Psychiatry, 112*, 693-703.

Mann, J. J., Bortinger, J., Oquendo, M. A., Currier, D., Li, S., & Brent, D. A. (2005).

Family history of suicidal behavior and mood disorders in probands with mood disorders. *American Journal of Psychiatry, 162*, 1672-1679.

Marks, A., & Abernathy, T. (1974). Toward a sociocultural perspective on means of self-destruction. *Life-Threatening Behavior, 4*, 3-17.

Marks, A., & Stokes, C. (1976). Socialization, firearms and suicide. *Social Problems, 23*, 622-629.

Marzuk, P. M., Tardiff, K., Hirsch, C. S., Leon, A. C., Stajic, M., Hartwell, N., & Portera, L. (1993). Increase in suicide by asphyxiation in New York City after the publication of Final Exit. *New England Journal of Medicine, 329*, 1508-1510.

Meerloo, J. (1962). *Suicide and mass suicide.* New York: Grune & Stratton.

Menninger, K. (1938). *Man against himself.* New York: Harcourt Brace & World.

Morii, D., Miyagatani, Y., Nakamae, N., Murao, M., & Taniyama, K. (2010). Japanese experience of hydrogen sulfide. *Journal of Occupational Medicine & Toxicology, 5*, #28.

Neuringer, C. (1964). Rigid thinking in suicidal individuals. *Journal of Consulting Psychology, 28*, 54-58.

Ozawa-de Silva, C. (2008). Too lonely to die alone. *Culture, Medicine & Psychiatry, 32*, 516-551.

Phares, E. (1976). *Locus of control in personality.* Morristown, NJ: Silver Burdett.

Phillips, D. (1974). The influences of suggestion on suicide. *American Sociological Review, 39*, 340-354.

Rachman, S., & Hodgson, R. (1968). Experimentally induced "sexual fetishism." *Psychological Record, 18*, 25-27.

Reedy, S. J., Schwartz, M. D., & Morgan, B. W. (2011). Suicide fads. *Western Journal of Emergency Medicine, 12*, 300-304.

Richman, J. (1986). *Family therapy for suicidal people.* New York: Springer.

Rotter, J. (1966). Generalized expectancies for internal versus external reinforcement. *Psychological Monographs, 80*, #1.

Seiden, R. (1968). Suicide behavior contagion on a college campus. In N. L. Farberow (Ed.), *Proceedings of the 4th International Congress for Suicide Prevention*, pp. 360-365. Los Angeles, CA: Delmar.

Seiden, R., & Spence, N. (1983-1984). A tale of two bridges. *Omega, 3*, 201-209.

Seligman, M. (1974). Depression and learned helplessness. In R. J. Friedman & M. Katz (Eds.), *The psychology of depression*, pp. 83-113. New York: Halstead.

Selkin, J. (1986). Probe of suicides points way to prevention. *Network News, #4*, 14.

Sifneos, P. (1966). Manipulative suicide. *Psychiatric Quarterly, 40*, 525-537.

Sletten, I., Evenson, R., & Brown, M. (1973). Some results from an automated statewide comparison among attempted, committed and nonsuicidal patients.

Life-Threatening Behavior, 3, 191-197.

Stack, S. (2000). Media impacts on suicide. *Social Science Quarterly, 81*, 957-971.

Stack, S., & Kposowa, A. J. (2008). The association of suicide rates with individuallevel suicide attitudes. *Social Science Quarterly, 89*, 39-59.

Steer, R., Beck, A., Garrison, B., & Lester, D. (1988). Eventual suicide and suicidal intent in interrupted and uninterrupted attempters. *Suicide & Life-Threatening Behavior, 18*, 119-128.

Toman, W. (1960). *An introduction to the psychoanalytic theory of motivation.* New York: Pergamon.

제9장

성격 이론

David Lester

성격이나 심리치료에 관한 주요 이론에서는 자살을 광범위하게 다루고 있지는 않지만, 이러한 이론들이 자살행동에 적용되는 경우가 있다. 이 장에서는 이러한 적용에 대해 검토해 본다.

Freud의 정신분석 이론

Freud는 자살행동과 관련된 정신역동에 대해서는 깊이 고려하지 않았다. 그러나 자살행동에 대한 간략한 언급은 여러 곳에서 찾아볼 수 있으며, Litman(1967)이 관련 내용들을 문서화하고 체계화하였다. 1910년까지 Freud는 자살행동의 다양한 임상적 특징들을 발견하였다. 타인의 죽음을 원했던 것에 대한 죄책감, 자살한 부모와의 동일시, 만족감 상실을 받아들이기를 거부, 복수행위로서의 자살, 굴욕을 회피하기 위한 수단으로서의 자살, 의사소통 방법으로서의 자살, 성(性)과 관련된 죽음 등이 그것이다. 좀 더 체계적인 견해는 우울증에 대한 논의로부터 시작되었다. 자살행동의 본질적인 특징은 사랑하는 대상을 잃으면, 잃어버린 사랑하는 대상으로부터 철회된 에너지를 자아에 재배치하여, 자기내부에 영구적인 사랑의 대상을 재창조하는 데 사용하는 것이다. Litman은 이러한 과정을 자아분열이라고 하였다.

물론 여기에서 제시된 Freud의 이론은 더 오래 전부터 알려져 있었다. 좀 더 현대적인 용어(Toman, 1960)로 표현하면, 개인은 사랑하는 사람의 욕망의 일부를 내적 투사한다. 아이들은 부모의 욕망을 내적 투사하고, 어른들은 연인의 욕망을 내적 투사한다. 이런 방식으로, 자신의 마음 일부가 사랑하는 사람들의 상징이 된다. 만약 그 사람을 잃게 되더라도(예를 들어 죽음이나 이혼에 의해), 여전히 내적 투사된 욕망을 갖고 있으며, 잃어버린 사랑하는 사람은 우리 마음의 일부에 상징적으로 남게 된다. 개인이 잃어버린 대상에 대해 적대적 소망을 가지고 있을 때 자살이 일어날 수 있다. 분노가 사랑하는 대상을 상징화한 자신의 마음으로 향하기 때문이다.

Draper(1976)는 구강기 후반기의 어머니에 대한 애착이 나중에 자살행동으로 발전된다고 보았다. 이 단계에서 상실이 발생하는 경우, 나중에 일어나는 상실은 첫 번째 관계 상실로의 퇴행을 유발한다. 이때 자살은 포기함으로써 얻어지는 안도감이다. 대상 차별화와 에너지 집중을 이루지 못하는 사람들(예: 정신분열증 환자)은 자살을 실행할 가능성이 적다.

Freud는 후에 삶의 본능에 의해 균형이 잡힌 죽음 본능에 대한 이론을 발전시켰다. 죽음 본능은 주로 자기학대적이고, 사람들은 그러한 죽음 본능을 공격성이나 가학성으로 외재화하려고 한다. 하지만, 가학성에 반대하는 문화적인 힘은 그러한 죽음 본능을 자기 자신에게로 향하게 한다. Futterman(1961)은 삶의 본능과 죽음의 본능 둘 다 서로 독립적으로 기능할 수 없지만, 항상 융합된다고 강조했다. Futterman은 두 본능이 심리적 발달의 단계에서 일련의 유사한 발전을 겪는다고 가정하는 것이 타당하다고 하였다. Litman은 이 후기 이론이 매우 일반적인 수준의 담론으로 옮겨가고 있으며 인간의 보편적인 요소에 초점을 맞췄다고 하였다. 그러므로 어떤 사람들은 자살하는 반면 어떤 사람들은 자살하지 않는지에 대해 이러한 과정으로 설명할 수 있는지는 분명하지 않다. 기껏해야, 사실에 대한 단순한 설명을 제공할 뿐이다. 초기의 이론은 자살로 이어지는 발달과정을 제안했다는 점에서 더 경험적이었다.

Freud의 죽음 본능에 대한 가정은 그의 시대의 산물로도 볼 수 있다. 20세기 초, 모든 심리학자들은 인간이 왜 행동하는지에 대한 설명의 필요성을 느꼈다. 그래서 그들은 이론에 에너지 개념을 제안했다. Hebb(1949)의 고전적 저서인 『The Organization of Behavior』 이후에 심리학자들은 더 이상 왜 인간이 행동하는지에 대해 설명할 필요가 없다고 느꼈다. 오히려 인간은 왜 *그렇게* 하기보다 *이렇게* 하는가에 동기유발적인 질문의 초점이 맞춰졌다.

죽음의 본능에 대한 Freud의 가설은 증명할 수는 없지만 자살에 대한 사유에 큰 영향을 미쳤다. 예를 들어, Menninger(1938)는 자살 충동이 처음 언뜻 보기에는 분명히 자살이 아닌 행동의 이면에 나타날 수 있다고 하였다. Menninger는 어떤 사람들은 술이나 약물 남용, 과도한 흡연 등과 같은 자기파괴적인 삶의 방식을 선택함으로써 삶을 단축시키며, 이러한 행동을 *만성 자살(chronic suicide)*이라고 하였다. 그리고 어떤 사람들은 자기파괴적 충동을 신체 특정부위에 집중시킴으로써 마음은 손상시키지 않는 것처럼 보인다고 하였다. 예를 들어 산업 재해로 인하여 시력을 잃거나 팔을 잃을 수 있다. Menninger는 죽음의 본능이 이러한 행동 뒤에 있는 것으로 보았고, 이를 *초점 자살(focal suicide)*이라고 하였다.

Farberow(1980)의 편집된 논문집에 실린 이러한 결과는 간접적인 자기파괴적 행동과 전반적으로 생명을 위협하는 행동에 대한 자살학자들의 관심을 불러 일으켰다. 미국 자살학회의 공식 저널명은 *자살과 생명위협행동(Suicide and Life-Threatening Behavior)*이다. 물론, 자살에 관한 글을 쓰는 사람들은 *자살*이라는 용어의 확대사용에 반대하였다. 예를 들어, Goldstein(1940)은 자살이라는 단어의 사용을 자살하려는 의식적인 의도를 가진 행동으로 제한하였고, 자살하려는 사람은 죽음에 대한 성숙한 개념을 가져야 한다고 주장하였다.

자살의 진짜 이유

정신분석이론이 자살의 분석에 미친 중요한 영향은 '자살의 진짜 이유는 무엇인가?'라는 질문을 던진 것이다. 일반적으로 연구자들은 자살의 원인이 되는 가장 흔한 촉발사건들의 목록을 작성하고, 그 목록에는 일반적으로 친밀한 관계의 깨짐, 재정적 문제, 법적 문제 등이 포함된다. 하지만 문제는 이런 경험을 가진 대부분의 사람들이 자살을 하지 않는다는 것이다. 이러한 촉발사건들은 자살을 설명함에 있어서 필요하지도 충분하지도 않다. 이는 정신분석가들로 하여금 자살행동 이면의 심리적 그리고 어쩌면 무의식적인 동기를 조사하게 하였다.

모든 자살은 독특한 동기를 가지고 있다. 예를 들어, Sylvia Plath의 자살은 그녀의 글에 따르면 분명히 오이디푸스 콤플렉스 때문인 것으로 보인다. 그녀는 시 'Daddy'에서 돌아가신 아버지에 대한 애정과 분노를 표현하고, 아버지를 대신할 사람을 찾기 위한 노력으로 결혼을 묘사하며, 아버지와의 재회를 위하여 자살을 제시하였다. 그러나 다른 사람들은 더 일반적인 동기를 밝혀냈다. 예를 들어 Menninger(1938)는 자살의 세 가지 동기를 제시했다. 죽고 싶은 욕구(참을 수 없는 심리적 또는 육체적 고통을 피하기 위해), 죽이고 싶은 욕구(다른 사람에게 화나거나 공격적일 때), 그리고 죽임을 당하고 싶은 욕구(죄책감과 우울함을 느끼고 스스로에게 공격적일 때)가 이에 해당된다.

Leenaars 공식

Leenaars(1988)는 자살자에 대한 Freud의 견해를 10가지로 요약했다.

1. 사람은 의식적으로 자살하고자 하는 욕망을 갖고 있지만, 그 행동은 무의식적인 욕망에 의해 동기부여가 되는 것으로 보인다.

2. 자살자는 상실했거나 자신을 거부한 사람에게 집착한다.

3. 자살자는 상실했거나 자신을 거부한 사람에 대해 애정과 적대감이라는 양가감정을 갖고 있다.

4. 자살자는 상실했거나 자신을 거부한 사람과 직접적 또는 간접적으로 동일시한다.

5. 자살자는 다른 사람에게 반응하듯이 자신을 대한다.

6. 자살자는 다른 사람들에 대한 분노뿐만 아니라 자신에 대한 복수심과 공격성을 가지고 있다.

7. 자살자는 다른 사람을 향해 느꼈던 살인적 충동을 자신에게 돌린다.

8. 자살자는 자살을 자신을 벌하는 수단으로 본다.

9. 자살자는 죄책감을 느끼고 자기비판적이다.

10. 자살자는 자신의 경험에 대한 개인적 체계가 손상되어 자신의 경험을 더 이상 적절하게 나타낼 수 없다.

논평

정신분석 이론은 사람들의 일반적인 행동에 대한 질문을 던짐으로써 자살에 대한 질문에도 지대한 영향을 준 것으로 보인다.

Jung의 성격 이론

James Hillman(1964)은 자살연구에 Jung의 *이론보다는 접근법*

을 제시하였다. 자살은 인간의 많은 의도적인 가능성 중 하나이며, 심리학자에게 있어 중요한 질문은 자살의 개인적 의미에 관한 것이다. 자살은 사회적(Douglas, 1967)인 것이 아니라, 즉 자살이 발생하는 사회적인 맥락에서 제공되지 않고, 오히려 개인의 정신에서 제공되는 내적인 의미를 갖는다. 따라서 무엇이 근거없는 환상을 만들어 내는지 확인할 필요가 있다.

자살은 성급한 변화이지만 변화를 위한 시도이다. 자살에 대한 환상은 사물에 대한 실제적이고 일상적인 관점에 자유를 제공한다. 자살은 분명 신체에 대한 공격이며, 영혼에 대한 공격은 아니다. 왜냐하면 우리는 영혼이 죽는지 아닌지를 알지 못하기 때문이다. 죽음에 대한 충동은 신을 만나고자 하는 충동이다. 죽음이 없으면 재탄생은 불가능하다. 우리는 태어나는 순간, 죽을 수도 있다. 죽음은 모든 삶을 고려해야 하는 유일한 상태이기 때문에 인간만이 *선험적(a priori)*이다. 삶과 죽음은 서로를 암시하기 때문에, 죽음을 방해하는 행동은 삶도 방해한다. 자살은 이기적인 행동이며, 다른 사람들로부터의 독립을 나타내는 패러다임이지만, 또한 개별성의 확인이기도 하다.

한 사람의 자살을 이해하기 위해서는 먼저 그의 삶을 이해해야 한다. 자살을 이해하기 위해서는 먼저 영혼의 역사를 이해해야 한다. 즉, 트라우마를 가져오는 사건보다는 그 사람의 콤플렉스에 대한 원형적 의미를 탐구해야 한다. 암살자의 총탄이나 바이러스 감염으로 인한 죽음과 같이 자살은 한 사람의 운명의 신화적인 패턴에 속한다. 신화는 좋든 나쁘든 우리의 삶을 지배한다. 어떤 사람들은 잘못된 방식으로 삶을 살고, 잘못된 방식으로 삶을 떠난다.

Hillman의 관점은 Progoff(1975)의 관점과 유사하다. Progoff 역시 우리의 삶에는 우리가 결코 지적인 용어로 이해할 수 없는 패턴이 있다고 하였다. 하지만, 우리의 삶을 곰곰이 반성해본다면, 의식의 어느 수준에서 분별되는 패턴이 있다. Progoff는 자신의 *Intensive Journal* 연구를 통해 참가자들을 조용히 앉힌 후, 그들의 무의식이 패턴을 제시하도록 하기 위하여 그들의 삶에서 중요한 순간들을 열거하게 하였다.

한 사람의 죽음은 Lester(2002)가 적절한 죽음을 위하여 제시한 기준 중 하나인 그 사람의 생활방식과 일치해야 한다. 예를 들어, 당신이 어떻게 죽고 싶어 하는지에 대하여 생각해 보자. 당신은 죽음에 대해 어떤 환상을 갖고 있는가? 사춘기 때 나는 다른 사람들을 구하기 위하여 야생 동물을 죽이며(그리고 그 동물과 함께 죽어 가는) 영웅적인 희생을 치르는 몽상으로 하루를 보냈다. 외국 전쟁(선의의 편)에서 싸우고 전사하는 꿈도 꾸었다. 내가 자살하여 나에게 불친절했던 모든 사람들이 내 무덤 곁에 서서 느끼게 될 죄책감도 상상하였다. 많은 사람들처럼 나도 늙어서 잠든 채 죽고 싶다. 이러한 환상과 욕망은 우리의 성격과 두려움을 반영하지만 우리의 생활방식도 반영한다. 사람들은 종종 자신의 생활방식에 적합한 죽음을 맞이한다. 수동적인 사람은 질병으로 죽는 것을 선택할 수도 있다. 공격적인 사람은 싸움이나 전쟁에서의 죽음을 선택할 수도 있다. 자기파괴적인 생활방식을 가진 사람은 자살할 수도 있다.

Ernest Hemingway의 죽음을 예로 들어보자(Lester, 2008).

Hemingway는 제1차 세계대전 중 그의 뒤에서 폭발한 폭탄에 의해 부상당한 이후로 죽음의 위험을 무릅쓰고 죽음을 찾아다녔다. 그 경험으로 인한 두려움과 불안은 그가 두려움 없이 죽음에 직면할 수 있다는 것을 입증하기 위한 반복적인 충동으로 이어졌다. 그가 늙어 심각한 병을 앓고 정신질환의 징후를 보였을 때, 전기충격치료로 기억이 사라진 채 정신병동에 갇혀 노망난 늙은이로 죽기보다는 총기로 자살한 것이 그의 생활방식과 일치했다.

Antigone의 자살에 대해 생각해 보자(Lester, 2002). 그녀의 집안은 불명예스러웠다. 그녀의 아버지 Oedipus는 자기의 아버지를 실수로 살해하고 자기의 어머니와 결혼함으로써 Thebes를 파멸시켰다. Antigone의 오빠들은 서로 전쟁을 벌였고, Creon은 오빠인 Polynices의 매장을 금지했다. 명령에도 불구하고 그녀는 오빠를 묻어 주었고, Creon은 그녀를 동굴에 가둬 죽이라고 명령하였다. Antigone에게 변호할 기회가 주어지자, 그녀는 Creon을 모욕하고 반감을 표시하며 자신은 죽기를 원한다는 것을 감시관에게 분명히 하였다. 그녀는 자신의 임박한 죽음에 대해 이야기하면서 자신을 여신 Niobe와 비교하고, 자기와 가족의 이미지를 형성하려고 하였다. 그녀의 죽음은 가족에게 약간의 명예를 회복시키고 고귀한 영웅으로서의 자신을 확립시켰다. 또한 그녀가 사랑하는 가족과 재회하게 하였다. 그녀는 Creon이 자신을 동굴에 가둬 죽게 함으로써(자기방어 살인) 죽음에 이르게 된다. 그러나 그녀는 죽음을 재촉하기 위해 동굴 속에서 목을 매었다. 그녀의 자살은 *변형(transfiguration)*의 좋은 사례이다.

자아상이나 생활방식을 보존하기 위한 자살의 사례들이 최근 Litman (1989)에 의해 제시되었다. 그는 조울증 치료중이지만 입원을 거부한 정신과 의사의 예를 들었다. 정신과 의사는 입원이 자신의 이미지를 파괴할 것이라고 하였다. 그의 치료사가 휴가 중 자리를 비우자 그는 자살했다. Litman은 자신의 이미지를 확실히 보존하는 것이 자신의 생명을 유지하는 것보다 더 중요하다고 설명하였다.

Litman은 기업이 도산하여 일산화탄소로 자살한 또 다른 남성의 사례를 제시하였다. 그는 40분 동안 자신의 마지막 생각이 담긴 녹음테이프를 남겼는데, 이 테이프에는 자신이 해외로 도피하였다면 결코 발각되지 않을 수 있었음을 알리는 내용이 포함되어 있었다. 하지만 그는 단호히 그렇게 하지 않았음을 밝혔다. 그것은 그의 방식이 아니었다. 자살이 그의 방식이었다. Litman은 자살이 그의 정체성을 확인시켜 주었다고 설명하였다. 만약 그가 그의 방식으로 살지 않았다면, 이는 불가능했을 것이다.

자살의 원형

원형은 일반적인 심상뿐만 아니라 신화, 전설, 동화에서 외형으로 확인할 수 있는 집단 무의식의 주제이다. Jung을 따르는 심리학자들은 자살의 주제를 포함할 수 있는 원형의 존재를 고려하지 않았기 때문에 그들의 생각을 재검토하는 것은 불가능하다. 본 섹션에서 제시하는 주제는 자살의 원형에 대한 가능성을 제안하기 위한 것이며 독자들이 이러한 아이디어를 추구하도록 자극하기 위해 제시되었다.

Jung이 개인 무의식과 집단 무의식을 구분하는 것처럼, 자살 동기 또한 개인 무의식과 집단 무의식에서 기인할 수 있다. 예를 들어, Sophocles의 『The Theban Plays』에서 Oedipus가 정말로 자신의 아버지를 살해하고 어머니와 결혼했다는 것을 알았을 때, 그의 첫 번째 생각은 칼을 들고 그의 어머니를 찾는 것이었다. 그가 문을 박차고 어머니의 침실로 들어가 그녀를 죽이려고 했을 때, 그녀가 목을 매어 자살한 것을 발견하였다. 그는 칼을 떨어뜨리고 그녀의 드레스에 있는 브로치를 사용하여 자신의 눈을 멀게 한다. 연극의 후반부에서, Haemon은 Antigone을 구하기 위해 그녀의 아버지 Creon을 설득하여 그녀가 갇혀있는 동굴로 들어가지만 목을 매어 자살한 그녀를 발견하게 된다. Haemon은 칼로 아버지를 죽이려 하지만 실패하여 자신에게 칼을 돌린다. Sophocles의 등장인물들은 Freud 학설을 담고 있으며 자살은 다른 사람(Oedipus는 자기의 어머니, Haemon은 자기의 아버지)에 대한 분노의 결과로서 그 분노를 자기파괴적인 행동에 의해 자기의 내면으로 돌린 것이다.

문제는 Oedipus와 Haemon이 자살의 원형을 나타내는지 여부이다. Oedipus는 좀 더 강력한 원형(우리에게 오이디푸스 컴플렉스로 알려짐)을 제공하지만, 자신의 눈을 멀게 하는 것(Menninger(1938)에 의하면 초점 자살)은 개인 무의식 속에서 행동하는 과정으로 보인다.

그렇다면 어떤 자살이 원형을 나타낼 수 있을까? 제2차 세계대전 당시 일본의 가미가제 조종사들을 생각해 보자. 그들은 자신이 탄 비행기를 미국의 배나 목표물에 조준하여 충돌시켜 죽었다. 그들은 영웅적 자기희생이라는 대의를 위해 자살했다. 이란-이라크 전쟁에서는 이란의 젊은 군인들이 유사한 희생을 했다. 사실, 어떠한 전쟁에서건 군인들은 동료나 민간인들을 구하기 위해 자신의 생명을 바친다. 소방관들과 다른 구조대원들처럼 말이다. 예수의 삶은 많은 원형을 보여 주지만, 자신의 사형 선고와 처형을 막기 위한 행동은 거부하고 다른 사람들을 구원하기 위하여 기꺼이 죽는 것은 유사하게 보일 수 있다. 자기희생이라는 주제는 몽상과 이야기 속에서 나타나지만, 아마도 원형을 반영할 것이다.

로미오와 줄리엣 이야기 또한 원형으로서의 가능성이 있다. 사회가 허락하지 않는 두 사람의 사랑 이야기에서, 그들은 10대의 젊은이들이었다. 로미오와 줄리엣의 이야기에서 주인공들이 중년이었다면 그만큼 강렬함이 있었을까? 양쪽 부모는 그들이 만나는 것을 허락하지 않았고, 그들은 연인이 되지 못해 죽음으로 하나됨을 추구하였다. 일본의 Mihara 화산 속으로 뛰어들어 죽은 젊은 연인에 대한 최근의 실제 이야기도 같은 주제로 볼 수 있다(Clarke & Lester, 1989). 이러한 주제는 고대 로마까지 거슬러 올라가 볼 수 있는데, 셰익스피어의 로미오와 줄리엣은 Thisbe와 Pyramus의 이야기에 영감을 받은 것이다.

아내가 남편과 함께 화장되는 힌두교 전통인 sati는 명나라 때 중국 황제가 죽은 후 자살한 첩들을 연상시킨다. 유사해 보이지만 조금 다른 주제로는 가족에게 부담이 되는 것을 피하기 위한 노인의 자살로, 북극 문화권이나 일본 시골 지역에서 주로 발생하였다.

이러한 유형의 자살은 오늘날 흔히 발견된다. 1970년 Buffalo에 있는 자살예방센터에서 일하고 있을 때, 한 노부부가 죽기 위해 나이아가라 폭포로 뛰어들었는데 남편은 암에 걸렸고 아내는 남편 없이 살기를 원치 않는다는 것이 이유였다. 오늘날 오랜 질병과 정서적 고통으로 인한 가족의 부담을 줄이기 위해 자살로 죽어가는 사람들이 드물지 않다. 사실, 에이즈로 인한 사망의 심리사회적 문제가 최근 들어 점점 더 분명해지면서, 에이즈를 앓고 있는 사람들이 합리적인 죽음의 방법으로 자살을 염두에 두는 경우가 많다(Lester, 1988).

따라서 자살을 위한 개인의 결정은 개인 무의식뿐만 아니라 집단 무의식에서 나오는 주제를 반영할 수도 있다. 원형을 설명하기 위해 Ernest Hemingway와 Marilyn Monroe의 자살에 대해서는 설명하지 않았는데, 그들의 죽음을 사회의 원형으로 대중들이 받아들일 수 있을지 궁금하다.

꿈과 자살

꿈에 대한 연구에서 Jung의 중요한 공헌은 꿈이 의식적 자아에 대한 보상을 나타내는 정신의 자율적인 자기표현이라는 것이었다. 꿈은 우리의 의식적인 견해와 균형을 이루면서 사건이나 외부 세계의 사람들에 대해 단순히 언급함으로써 객관적으로 해석될 수 있고, 정신의 내부 구조를 언급함으로써 주관적으로 해석될 수 있다(Hall, 1982). 꿈은 양쪽 관점에서 모두 고려되어야 한다. 또한 꿈은 세 가지 방법으로 보상될 수 있다. (1) 꿈은 자아에 지식을 추가할 수 있다, (2) 꿈은 자아의 견해와는 다른 정신의 상태 속에 있는 자기 표상을 보여줄 수 있다, (3) 꿈은 해석할 필요없이 마음의 콤플렉스 구조에 직접적인 영향을 미칠 수 있다. 꿈의 해석에서 Hall은 세 가지 수준의 해석을 제안하였다. 개인의 자유 연상을 이용하는 것, 문화적 연관성이나 꿈에 있는 요소들의 의미를 찾는 것, 꿈의 요소들이 전통문화, 종교, 신화로부터 내려오는 원형적 주제들과 관계가 있는지 원형적으로 확장하는 것이 이에 해당된다.

오직 한 연구에서 자살자들과 자살하지 않는 사람들의 꿈을 비교하였다. Raphling(1970)은 자살시도 이전 며칠 동안 꾸었던 자살시도자들의 꿈과 자살위험이 없는 정신질환자들의 꿈을 비교하였다. 꿈이 도움이 되었는지 아니면 위협적이었는지, 꿈을 꾸는 사람이 혼자였는지, 능동적인지 아니면 수동적인지, 혹은 성공한 사람인지 아니면 성공하지 못한 사람인지, 감정적인지 아니면 논리적인지, 성별, 독립성, 의존성 등에서는 차이가 없는 것으로 나타났다. 그러나 자살시도자들은 자살위험이 없는 환자들보다 죽음, 파괴, 폭력적인 적대감과 관련된 꿈을 더 많이 꾸는 것으로 나타났다.

Raphling(1970, p.407)은 자살시도자들의 사정에 대한 언급 없이 다음과 같이 자살시도자 꿈을 제시하였다.

1. 숙모가 꿈에 나타났다. 그녀는 미소를 지으며 나를 보며 서 있었고 항상 그랬던 것처럼 말하였다. "안녕, 내 사랑, 너는 나에게 특별한 아이란다." 그녀는 나에게 엄마와 같은 존재였다. 나는 꿈

속에서 울고 있었다. 나는 그녀가 죽지 않고 돌아왔다고 생각했다.

2. 누군가 물에 빠져 죽는 꿈을 꾸었다. 누구인지도 몰랐다. 거대한 바다에 누군가가 물에 빠져 있었지만 나는 그를 구하기 위해 아무것도 할 수 없었다. 나는 높은 언덕 위에 서 있었고 너무 멀리 있어서 그를 구하러 갈 수가 없었다.

3. 나를 죽이려고 하는 미친 남자가 있었다. 내가 달아나는 곳마다 그는 나를 쫓아왔다.

물론 꿈을 꾸는 사람들에 대한 정보도 없이 꿈을 해석하는 것은 불가능하다. 하지만, 첫 번째 꿈에서 숙모는 유혹적인 노래로 선원들을 바위 위로 유인한 그리스 신화의 Siren을 연상시킨다. 두 번째 꿈에서 자아와 물에 빠진 사람은 아마도 꿈을 꾸는 사람의 정신세계 속에 있는 다른 콤플렉스의 표상일 것이다. 꿈속의 자아는 자살로부터 그 사람을 구할 수 있는 힘이 정말 없었을까? 세 번째 꿈의 미친 남자는 꿈을 꾸는 사람의 정신세계 속의 자기파괴적 콤플렉스(아니무스)일 것이다.

꿈과 자살에 대해 깊이 있게 논의하는 것은 불가능했지만, 자살에 있어서 꿈에 대한 연구가 부족하다는 사실은 앞으로 그러한 연구의 필요성을 지적한다.

논평

본 섹션에서는 자살에 대한 Jung의 이론들에 대해 검토해 보았다. 자살에 대한 Jung의 관점은 병리적인 것만은 아니었으며 자살이 개인의 삶에 있어서 합리적인 발전과 연장일 수 있음을 제시하였다. 또한 자살이 나타날 수 있는 몇 가지 가능한 원형 주제를 제안하였다.

Adler의 개인심리학 이론

개인심리학은 Alfred Adler에 의해 개발되었다. Adler는 초기에 Freud의 정신분석 이론에 자극을 받았다. 그러나 Adler는 곧 사회적 관심을 중요시하며 Freud의 동기유발 원인에 대해 덜 강조하기 시작했다. Adler는 사회적 관심을 선천적인 동기라고 하였다. 사람들은 다른 사람들과 관계를 맺고 싶어 하고, 협력적인 사회활동을 하며, 개인적이고 이기적인 관심보다 다른 사람들의 복지를 우선시한다. 이러한 동기는 가족과 사회 속에서 어린 시절 경험에 의해 도움을 받거나 방해받을 수 있다. Adler는 인간의 또 다른 기본적인 역동은 우월감을 얻고자 하는 노력에 있다고 했다. 그는 초기에 이러한 역동을 공격성과 권력을 위한 것으로 생각했었지만, 후기에는 인간의 삶에서 완벽한 완성인 자기실현을 의미하는 우월성으로 그 개념을 바꾸었다.

Adler는 성격이 독특한 각자의 생활방식에 의해 특징지어질 수 있다고 생각했다. 사람의 생활방식은 모든 심리적 과정과 행동을 형성하는 체계적 원리이다. 생활방식은 삶의 초기에 형성되며, 그 후에는 경험이 이러한 생활방식에 따라 동화된다. 이 모든 것을 조직하는 것은 개인의 모든 경험을 해석하고 의미 있게 만드는 개인적이고 주관적인 체계인 창의적 자기이다. 창의적 자기는 개인의 생활방식을 충족시키는 데 도움이 되는 경험을 찾아서 만들어낸다. 특히 창의적 자기는 개인의 미래에 대한 기대를 만든다. 이러한 기대들은 현실에 근거할 수 있지만 허구일 수 있어, Adler는 이 개념을 *가상적 목표*라고 하였다. Adler는 생활양식과 창의적 자기를 강조함으로써 Freud나 Jung보다 의식적인 마음을 더 중요시 하였다.

병리학적인 관점에서 보면, 사람들은 생리적인 그리고 심리적인 약점을 갖고 있다. 이것이 열등감을 느끼게 하여 보상심리로 열등감을 극복하려는 노력을 하게 된다. 말더듬이가 웅변가가 되고, 성적 불구자가 호색가 Don Juan이 되는 것처럼 말이다.

신경증과 자살

Ansbacher(1961, 1969; Adler, 1958)는 Adler의 관점에서 자살에 대해 논하면서 사회적 관심의 결핍이 정신장애를 가진 사람들(신경증, 정신병, 중독증, 범죄자)의 공통된 요인임에 주목했다. 사회적 관심은 개인 삶의 사회적 상호관계, 다른 사람들과 공감하는 능력, 사회에서 다른 사람들과 조화롭게 살아가는 능력의 이해와 수용을 포함한다.

자살도 사회적 관심의 결핍이다. 자살자는 자신의 죽음이 다른 사람에게 미치는 영향에 대해 거의 생각하지 않는다. 자기 행동에 있어서 이기적인 동기만을 추구한다. 이러한 점에서, Adler의 자살에 대한 생각은 Durkheim(1951)이 설명한 사회규제와 사회통합 부족에 의한 *아노미적* 자살과 *이기적* 자살의 개념과 유사하다[39].

이러한 사회적 관심의 결핍은 어린 시절에 뿌리를 두고 있다. 일반적으로 부모는 아이를 증오하거나 애지중지한다. 이는 아이들의 자기중심적인 생활방식이나 개인적인 성공을 위한 노력으로 이어진다. 부모가 애지중지했던 사람은 다른 사람들에게 의지하는 경향이 있고 다른 사람들이 자기의 욕구를 충족시켜 주기를 바라는 경향이 높다. 이것이 좌절되었을 때, 다른 사람들에게 분노를 느끼게된다. Adler는 자살이 다른 사람에 대한 공격행위라는 것을 알게 되었다.

Ansbacher는 자살자들이 열등감과 낮은 자존감을 갖고 있을 것이라고 하였다. 그들은 보상으로 큰 영향력을 행사하려고 하며, 야심과 허영심이 있다. 자살은 이러한 사람들에게 죽음에 대한 지배력을 부여한다. Ernest Hemingway의 삶과 자살은 이에 대한 좋은 사례일 것이다.

자살자들이 다른 사람들을 향해 느끼는 분노는 그들의 생활방식에서 나타난다. 그들은 실제와 환상 속에서 스스로를 상처입힘으로써 다른 사람들을 해치려고 한다. 자살은 이러한 생활방식에서 비롯된 비난과 복수의 또 다른 사례에 불과하다. Adler는 자살자들이 슬픔과 고통으로 다른 사람들을 조종하려 한다고 하였다. 그들은 특히 가벼운 스트레스를 경험할 때 질병과 죽음에 대한 환상을 갖게 된

---

39 12장 참조.

다. 자살이 신경증적 불안이나 정신분열증과 다른 점은 높은 수준의 활동성을 갖는다는 것이다[40].

Leenaars 공식

Leenaars(1988)는 자살자에 대한 Adler의 견해를 10가지로 요약했다.

1. 자살자는 깊게 자리 잡은 열등감으로 고통받으며, 이 열등감에서 벗어나려고 한다.

2. 자살자는 사회적 관심이 부족하다.

3. 자살자는 개인적인 만족감을 바라고, 자기를 향상시키며, 사회의 복지에 기여하지 않으면서 우월감을 얻으려고 한다. 그 과정에서 다른 사람을 다치게 하거나 상처를 줄 가능성이 높다.

4. 자살자는 자신의 우월성을 확신하는 방식으로 스스로를 똑똑하다고 생각한다.

5. 자살자는 자신이 제한된 사회적 관심의 끝에 도달한 것처럼 보일 때, 자살을 긴급한 문제나 삶의 부당함에 대한 해결책으로 생각한다.

6. 자살자는 개인적인 어려움을 극복하기에는 자신이 너무 약하다고 생각하기 때문에 열등감을 피하고 지능적으로 행동하기 위하

---

40 Ansbacher(1970)는 Adler의 관점에서 Marilyn Monroe의 자살에 대하여 논의하였다.

여 모든 것을 거부한다.

7. 자살자는 다른 사람들을 비난하거나 삶과 죽음 위에 군림함으로써 자기의 존중감을 높인다.

8. 어린 시절의 문제들(과도하게 상처 입은 감정, 상실이나 패배에 대한 잘못된 적응)은 자살자가 현재 상황에 반응함에 있어 취약한 요인이 될 가능성이 높다.

9. 자살자의 무의식은 자신을 다치게 한 사람에 대한 복수행동으로 다른 사람을 공격하거나 다치게 하여 죽음으로 바람직한 상황을 만든다.

10. 자살자의 공격성은 내부로 돌려진 것이다. 이는 비하, 복종과 헌신, 종속, 학대, 자기학대와 관련된다.

논평

자살에 대한 Adler의 견해가 갖고 있는 문제점은 그것이 신경증 환자에 대한 견해와 많이 다르지 않다는 것이다. 즉 Adler가 자살자에 대해 말하는 대부분의 특징은 일반적인 신경증 환자에게도 적용될 수 있다. 따라서 Adler의 영향을 받은 연구자들은 자살자들이 심리적으로 장애가 있다는 것만 검증했을 뿐이다. Adler의 견해를 지지하는 사람들은 자살자에게 나타나는 신경증 환자의 특징 이상의 것을 확인하기 위한 작업을 해야 한다.

Kelly의 개인적 구성개념이론

George Kelly(1955)는 인지과정(사고)에 기초한 마음의 구조에 대한 이론을 제안했다. 그의 기본적인 생각은 사람들이 경험하는 사건들을 해석하고 이해하려고 시도한다는 것이다. 사람들의 심리적 과정과 행동은 사건을 예측하는 방식(Kelly의 용어로는 사건을 구성하는 방식)에 따라 결정된다. 가장 높은 수준의 추상적 개념은 세계(*구성 체계*)에 대한 이론으로 볼 수 있다. 일반적으로 사람들은 구성 체계를 확장하고 개선하려고 한다. 이에 더 많은 경험에 적용할 수 있는 구성 체계를 개발하고, 이를 통해 예측을 더 정확하게 하려고 노력한다.

이 이론은 성장지향적인 이론이어서, 우리가 살고 있는 세상을 이해함에 있어 우리를 더욱 숙련되게 한다. Kelly에 의하면 인간행동을 통해 어떤 현상의 이론이 제안되고, 해당 현상에 대해 축적된 새로운 데이터를 설명하기 위해 이론은 수정된다. 그러므로 우리는 계속해서 존재하고 삶을 살아감에 따라 점점 더 많은 것을 경험하게 되며, 우리의 구성 체계는 변화하면서 미래의 사건을 더욱 정확하게 예측하게 된다. 그러나 우리의 구성 체계에는 불일치와 비호환성이 있을 수 있다. 우리가 우울할 때 갖게 되는 세상에 대한 시각은 우리가 행복할 때 갖는 시각과는 상당히 다르다. 어떤 사건을 해석하기 위해 구성 체계의 한 부분만을 사용하는 경우, 우리는 남아 있는 불일치된 부분들은 사용하지 않게 된다.

기본 개념

구성 체계는 우리가 그것들을 경험할 때 사건에 적용하는 개념인 *구성물*로 이루어져 있다. 구성물은 양극성과 이분성을 갖고 있다. 즉, 우리가 어떤 사건을 해석할 때, 우리는 이것 또는 저것을 결정한다. 모든 사람은 특유의 구성물을 가지고 있다. 예를 들어, 대학원의 어떤 교수는 능력을 기준으로 사람들을 지식인과 장애인으로 분류하였다. Kelly는 구성물의 양극은 우리가 사용하는 것과 같은 라벨을 사용하지 않을 수도 있기 때문에 사람들이 어떻게 라벨을 붙이는지 알아내는 것이 중요하다고 강조했다. 어떤 사람은 지식인의 반대를 멍청이라고 생각하지만, 앞에서 언급한 교수는 장애인이라고 생각할 수 있다.

구성물의 양극이 자주 그리고 의식적으로 사용되는 경우는 *출현*, 드물게 사용되거나 분명하지 않은 경우는 *암시*, 결코 사용되지 않거나 무의식적인 경우는 *침잠*이라고 일컫는다.

구성물의 유형. Kelly는 일반적으로 사용되는 특정한 구성물을 확인하기 보다는 오히려, 구성물의 다양한 속성을 정의하였다. 구성물은 편의에 따라 일반적으로 적용되는 일련의 사건 또는 대상이 될 수 있다. 구성물을 상징화하기 위한 언어가 만들어지기 이전에 구성물에 대한 개념이 개발되는 경우가 있기 때문이다. 하나의 구성물을 가진 사건은 다른 구성물로 분류되지 않을 수도 있고, 그 반대가 될 수도 있다. *정형화된 사고*는 성차별적이고 인종차별적인 생각으로 나타난다. 만약 당신이 전혀 알지 못하는 남자를 만나 "이 사람은 남자야. 그러니까 이성적이고, 둔감하고, 냉정하고, 잔인하고, 여자를 억압해" 라고 말한다면 당신은 정형화된 사고방식으로 해석하고 있는 것이다.

구성물은 가장 내부에 위치한 자기에게 적용될 수 있는데, 그 경우를 *핵심* 구성물이라고 부른다. *주변* 구성물은 자기 감각과 스치는 정도의 관련만 있다. 일반적으로 교육은 주변 구성물을 다루는 반면 심리치료는 핵심 구성물을 다룬다.

구성 체계. 구성 체계는 엄격하거나 관대할 수 있다. 엄격하게 해석한다면 당신은 앞으로 일어날 일에 대해 명확하고 모호하지 않은 예측을 한다. 관대하게 해석한다면 당신은 명확한 예측을 하지 못한다. 공상은 전반적으로 엄격한 사고를 수반하는 반면, 꿈은 관대한 사고를 수반한다. 창의적 사고는 관대하지만, 창의적인 생각을 다른 사람들에게 전달하기 위해서는 엄격함이 있어야 한다.

지각의 장. *지각의 장*은 우리가 경험하는 것이다. 이는 외부 세계에 대한 우리의 주관적인 인식이다. 만약 우리가 외부 세계를 탐험하여 새로운 경험을 얻는다면, 우리는 *확장*되고 있다고 말한다. 반면에 우리가 새로운 경험을 철회하고 알고 있는 세계로 돌아간다면, 우리는 *위*축되었다고 말한다.

기존 개념의 재구성

Kelly는 새로운 개념을 정의하는 것 이외에도 기존 개념의 전통적 의미를 개선시킬 수 있다고 생각하였다. 이에 개인적인 구성물의 관점에서 용어들이 암시하고 있는 것을 살펴보았다.

*위협*이란 핵심 구성물에 상당한 변화를 일으킬 수 있는 사건을 경험하게 될 것을 예상하는 것이다. 여기에는 당신이 진정 누구인지를 재확인하고 새로운 구성물을 개발하는 것이 포함된다. 우리는 이것을 정체성 위기라고 부른다. *두려움*은 핵심 구성물에 작고 부수적인 변화가 있을 것이라고 예상할 때 경험하는 것이다. 위협만큼 중요한 과정은 아니다.

*불안*은 구성 체계가 경험하고 있는 사건에 대해 적절한 예측을 하지 못했다는 것을 인식하는 것이다. 이러한 사건들은 해석할 수 없다. 여기에는 다양한 이유가 있다. 이전에는 이러한 유형의 사건을 경험해 본 적이 없고, 구성 체계도 적용되지 않았을 것이다. 또한, 사건을 이해하기에는 해당 경험이 너무 빨리 일어났거나, 내재된 경험과 모순이나 불일치가 있어서 이해하기 어려울 수 있다.

*공격성*은 지각의 장에서 능동적인 노력을 하는 것이다. 사람들은 불안하게 하는 장소에 가서 경험을 얻으려 한다(그러므로 정확하게 해석할 수 없다). 공격성과 반대되는 것은 *수동성*이다.

구성 체계가 잘못되었거나 예측에 적합하지 않다는 증거에 직면하면 구성 체계를 수정하여 더 적합하게 할 수 있다. 만약 예전의 구성 체계에 일치하도록 증거를 왜곡하려고 한다면, 이는 *적대적*이라고 할 수 있다. 정신분석적 방어기제의 사용(증거의 왜곡을 수반)은 적대적인 행동이다. 적대감은 예전의 구성 체계와 일치하는 환경을 왜곡시키려 한다. Leon Festinger(1957)의 인지 부조화 이론에서 묘사된 대부분의 전략들은 적대적이다. 예를 들어, 흡연이 건강에 해롭다고 쓰여져 있는 담뱃갑의 경고를 알아차리지 못하거나, 흡연이 폐암을 유발한다고 믿기를 거부하는 흡연자들은 적대적인 방식으로 행동하는 것이다.

자살에 대한 견해

Kelly(1961)는 자살의 결정요인에 대해 다음과 같이 설명하였다. 첫째, 자살은 자신의 삶을 인정하기 위한 시도이다. 따라서 개인의 구성 체계와 일치한다면, 이를 강화시키려 할 것이다.

둘째, 사건의 결과가 너무나도 명백해서 매우 불쾌할 것으로 예상되는 경우, 기다릴 필요없이 자살이 발생할 것이다. Kelly는 이를 숙명론과 유사한 개념으로 설명했다. 만약 미래가 불쾌하고 고통스러울 것으로 예상된다면, 사람들은 절망을 경험할 것이다. Neimeyer (1984)는 이 상태에서 행해지는 자살행동이 고의적이고, 계획적이며, 치명적일 것이라고 추측했다. 모든 것을 예측할 수 없어서 그 상황을 완전히 떠나는 것만이 유일하고 분명한 행동일 때에도 자살은 발생할 것이다. 이런 상황에서는 사람들이 극도의 불안 상태가 될 것이다. Neimeyer는 이런 상황에서 행해지는 자살행동은 충동적이고, 계획적이지 않으며, 덜 치명적일 것이라고 추측했다.

Kelly는 자살이 우울증과 같은 극단적인 압박행동이라고 했다. 압박의 상황에서 사람은 다루기 쉬운 크기로 자기의 세계를 축소시킨다. 우울증을 앓고 있는 사람은 활동을 줄임으로써 자기의 세계를 축소시키고, 자살은 극도로 축소된 세계이다.

적대행위로서 자살

Lester(1968)는 어떤 형태의 자살은 적대적인 행위로 보일 수도 있다고 하였다. 자살, 특히 자살시도는, 자살자가 가지고 있는 특정한 견해에 따라 증거를 왜곡하는 방법이다. 만약 사랑하는 사람이 떠나려는 경우, 자살시도는 연인이 정말로 자신을 사랑한다면 결국 떠나지 않을 것이라는 확인을 하기 위한 왜곡된 동기에 의한 것일 수 있다. 다른 측면에서 자살시도는 사람들을 믿을 수 없고 세상이 자신을 거부한다는 믿음을 확인하기 위하여 다른 사람들로부터 거부를 강요하는 방법일 수 있다.

Leenaars 공식

Leenaars(1988)는 자살자에 대한 Kelly의 견해를 10가지로 요약했다.

1. 자살은 자살자에게 일어난 모든 것을 이해하기 위한 시도이다.
2. 자살자는 자신의 최악의 기대가 실현되고 있기 때문에 자살을 한다.
3. 자살자 자신과 다른 사람들, 세상에 대한 기대 또는 예측은 실현되지 않는다.
4. 자살자 자신, 다른 사람들, 세상에 대한 기대는 점점 더 줄어든다.

5. 자살자는 예측할 수 없고 무의미한 세상을 이해하는 데에 무력감을 느낀다.

6. 자살자는 자신에게 적절한 의미가 없는 사건들을 알고 있다.

7. 자살자는 불가능해 보이는 방식으로 다가오는 사건들을 다루기 위해 자신을 바꿀 필요를 느낀다.

8. 자살자는 사람들이나 사건들을 자신이 옳다고 생각하는 것에 맞추려고 노력했거나 노력하고 있다.

9. 자살자는 다른 사람들이 자신에게 기대하는 바에 적합하지 않거나 그렇게 할 수 없다고 생각한다.

10. 자살자는 자살행동의 대안을 찾을 수 없기 때문에 자살을 하고, 자살을 자신의 삶에 의미를 부여하는 것으로 본다.

논평

자살에 대한 몇 가지 가설은 Kelly의 개인적 구성개념이론에서 나온 것으로 볼 수 있다. 지각의 장의 축소, 구성 체계의 해체, 예측 실패, 충동적 해석, 부정적 자기이해, 양극성, 적대감은 자살자의 특징으로 나타난다. 그리고 자살자에 대한 여러 사례 연구가 개인적 구성개념이론의 관점에서 수행되었다(Ryle, 1967). 따라서 개인적 구성개념이론 자살에 대한 혁신적인 연구의 자극제가 될 수 있다.

심리치료 이론

자살에 대한 몇 가지 이론은 고전적인 심리치료 체계에서 나온다. 이 섹션에서는 의사교류분석과 프라이멀 스크림 요법에 대해 검토한다.

의사교류분석

Eric Berne(1961, 1964)은 성격 이론, 대인관계 이론, 그리고 의사교류분석으로 알려진 심리치료 이론을 주장하였다. 인간행동 이론으로서의 의사교류분석은 인간의 태도와 가치에 대한 구조와 인간 상호작용에 대한 대인관계로 구성된다. 이 두 가지 요소에서 비롯된 치료기법을 각각 구조분석과 의사교류분석이라고 한다.

자살과 관련된 의사교류분석의 개념. 정신분석 이론이 특정한 소망에 초점을 맞추는 반면, Berne은 *자아상태*에 초점을 맞췄다. 자아는 일관성 있는 행동패턴이나 감정의 체계를 통해 관련된 행동패턴에 동기를 부여한다. 완전한 자아상태는 영원히 기억 속에 남아 있을 수도 있고, 초기 몇 년간 잠재적인 상태로 유지되다가, 다시 확인될 가능성도 있다. Berne은 자아상태를 세 가지 유형으로 분류했다.

부모자아는 판단적 자아상태이지만 모방적 방법을 취한다(부모의 판단을 모방하는 것). 그리고 차용을 사용하기도 한다. 정신분석 이론에 따르면, 초자아와 평행상태에 해당된다. 어른자아는 자극을 정보로 변환시키고 해당 정보를 처리한다. 이는 정신분석 이론에서 자아에 해당한다. 어린이자아는 미숙한 사고와 부적절하게 차별화 되고 왜곡된 인식을 이용하여 충동적으로 반응한다. 이는 정신분석 이론에서 원초아에 해당한다. 사람들은 언제나 특정한 자아상태에 있고, 하나의 자아에서 다른 자아로 이동할 수 있다. 지배적인 상태 에 *집중*될 수도 있는데, 이때에 주된 힘을 가진 자아는 실제 자기로 서 경험된다. 각각의 자아상태는 Berne의 이론에 나오는 실체이며 초자연적인 것과는 구별된다. 그러나 자아의 경계는 대부분의 경우 반투명하다. 하나의 자아상태에서 다른 자아상태로의 변화는 각각 의 자아상태에 작용하는 힘, 각각의 자아상태의 경계의 투과성, 그 리고 각각의 자아상태가 인정되는 능력에 달려 있다.

*각본*은 사람들의 삶과 게임을 구성하는 기본적인 주제이다. 각본 은 어린 시절의 경험에서 유래하지만, 어른이 되면 전체 드라마가 반복되어도 다르게 결말을 짓는다. 각본의 예로 "구조자"를 들 수 있는데, 어떤 여성은 알코올 중독자들을 구할 것이라는 환상을 갖고 그들을 남편으로 받아들인다. 각본은 개인의 마음의 구조 또는 전체 적인 삶을 묘사하는 체계 원리로 볼 수 있다. Steiner(1974)는 각본 을 어린 시절에 만들어진 의식적인 삶의 계획이며, 한 사람의 삶에 영향을 미치고 예측가능하게 하는 것으로 보았다. Steiner는 사랑 없 음(우울), 흥미 없음(미침), 즐거움 없음(중독)이라는 세 가지 기본적 인 인생각본에 대해 설명했다.

의사교류분석에서 자살행동. 의사교류분석에서 자살은 아이에게 주 어진 명령에서 파생된 것으로 간주된다(Woollamsetal, 1977). 아이 가 세상에 존재하고 소속되기 위해서는 허락이 필요하다. 태어나는 순간부터 아이는 부모와 중요한 다른 사람들로부터 정말로 자신을 원하는지에 대하여 언어적, 비언어적인 메시지를 받게 된다. 아이는 연령에 관계없이 다양한 방법으로 "존재하지 마"라는 메시지를 받을 수 있다. 이런 경우, 아이는 거칠거나 마지못해 키워졌을 수도 있다. 어떤 부모는 실제로 "나는 네가 태어나지 않기를 바랬어"라고 말할지도 모른다.

이러한 *존재금지*명령은 부모자아(너는 나빠! 꺼져 버려!) 또는 어린이자아(나는 너를 증오해! 너는 골칫거리야)상태에서 나온다. 만약 중요한 다른 사람들 중 대다수가 존재금지명령을 한다면, 이는 한 명의 중요한 다른 사람이 존재금지명령을 내릴 때보다 더 강력할 것이다. Sabbath(1969)는 이러한 존재금지명령이 청소년기뿐만 아니라 더 어린 시절부터 있었던 사례를 제시하였다. 15살 소녀인 Sally는 남자친구를 더 이상 만날 수 없게 되자 아스피린을 과다복용하였다. 그녀의 어머니는 평소에 "죽어버려"라는 말을 자주 하였고, 그녀의 부모는 그녀가 집에서 나가기를 원했다. 실제로 그녀의 어머니는 원하지 않은 임신을 했었고, 그녀의 아버지는 Sally가 두 살 때 가족을 버렸다. Sally가 여섯 살 때 어머니는 재혼을 했고 아들을 낳았다. 양아버지는 자신의 친아들만을 좋아했다. Sabbath는 Sally와 같은 경우를 *소모적인*아이들이라고 명명했다.

이러한 금지명령은 개인 *각본*의 일부가 된다. 이러한 금지명령이 아이들에게 내려졌기 때문에, 이는 어린이자아의 일부가 된다. 나중에 어른자아가 자살을 하지 않기로 결정할 수도 있지만, 어린이자아가 자살충동으로부터 자유로워지기 위해서는 이러한 결정을 받아들여야 한다. 게다가, 다섯 살짜리 어린이자아는 자살을 하지 않기로 결정하더라도, 두 살짜리 어린이자아는 그 결정을 받아들이지 않을 수도 있다(Woollams & Brown, 1978).

각본은 두 가지 결정에 근거하여 네 가지 유형으로 분류될 수 있다. "자기긍정" 대 "자기부정", "타인긍정" 대 "타인부정"(Harris, 1967). Berne(1972)에 의하면 자기부정−타인부정 유형의 자살은 허무자살, 자기부정−타인긍정 유형의 자살은 우울자살이라 할 수 있고, 자기긍정 유형은 자살할 가능성이 거의 없다.

Stewart와 Joines(1987)는 금지명령이 부모의 어린이자아 상태에서 비롯된 것이라고 했다. 아버지는 아내가 갓 태어난 아이에게 주는 관심을 질투할 수 있다. 어머니는 자녀 양육에 대한 가족의 압력에 대해 불쾌감을 느낄 수 있다. 이런 부모의 어린이자아는 아이에게 은밀하게 또는 명백하게 금지명령을 전달한다. 아이들은 실제로 존재하지 않는 금지명령도 인식할 수 있다. 자신이 태어날 때 힘들었다는 말을 듣고 아이는 "태어나기만 했을 뿐인데 나는 엄마에게 상처를 줬어. 그러니까 나는 위험한 존재야. 다치거나 죽어도 마땅해."라고 생각할 수 있다. 아이들은 복합적인 결정을 내림으로써 금지명령에 방어하려 한다. 예를 들어, 자신이 열심히 일하는 한, 또는 사람들과 가까이 하지 않는 한, 계속 존재해도 괜찮다고 결정하기도 한다.

English(1969)는 상위각본이라는 현상에 대해 설명했다. 부모는 아이에게 금지명령을 전달하면서 "나에게 그런 일이 일어나지 않고 너에게 그런 일이 일어나기를 바란다."라는 비언어적인 메시지를 추가한다. 예를 들어, 어린이자아 상태에서 금지명령을 갖고 있는 어떤 어머니가 자신의 아이에게 그렇게 되기를 희망하면서 금지명령을 전달하여 아이가 자살을 한다면, 그녀는 자살하지 않아도 되는 것이다. 금지명령은 대대로 전해져 내려오는 뜨거운 감자와도 같다.

논의. 의사교류분석에서 자살행동은 주로 자살자의 각본에 초점이 맞춰져 있지만, 자살자들은 다른 사람들과 마찬가지로 게임에 참여하고, 자아상태에 구조적이고 기능적인 문제를 갖고 있다. 따라서 의사교류분석에서는 자살자의 이러한 문제를 다룬다. 그러나 의사교류분석은 자살자의 부모나 중요한 다른 사람들에 의해 은밀하게 또는 명백하게(무의식적으로 또는 의식적으로) 전달되는 금지명령에 주의를 기울임으로써 자살행동에 대한 이해에 기여하였다. 이러한 통찰은 자살충동을 가진 내담자들을 만나는 심리치료사들에게 유용할 수 있다.

프라이멀 스크림 요법

Arthur Janov(1972)는 가벼운 정신질환에 대한 치료법으로 프라이멀 스크림 요법을 제시했다. 장애행동이 어떻게 전개되는지에 대한 Janov의 이론은 정신분석 이론과 유사하다. Janov는 아이들에게는 만족되어야 하는 중요한 심리적, 생리적 욕구가 있다고 주장했다. 이러한 욕구에는 먹는 것, 따뜻하게 유지되는 것, 인정받는 것, 자극받는 것 등이 포함된다. 이것들은 *기본적인 욕구*이다. 때로는 아이들의 욕구가 무시되거나, 부모가 아이들을 만족시키지 못하기도 한다. 어떤 아이들은 다른 아이들보다 더 많은 좌절감을 느낀다. 욕구가 지속적으로 충족되지 않으면, 아이는 박탈감을 동반하는 감정을 자신의 의식에서 차단하는 법을 배우게 된다. 극심한 박탈감이 계속되면, 아이는 스스로 욕구를 억제하는 법을 배우게 되고, 대체 만족을 추구하게 된다. 이 대체 욕구를 충족시키는 것은 상징적으로 기본 욕구를 충족시키게 되며, 이것이 신경증적 행동의 본질이다.

Janov는 부모가 아이들에게 바라는 요구사항, 예를 들면 좋은 성적을 받기, 조용히 하기, 청소하기 등에 주의를 기울였다. 부모가 아이들에게 더 많은 요구를 할수록, 아이들의 욕구는 불만족스러워질 가능성이 높다. 그럴 때마다 아이는 원초적 고통을 경험한다. 욕구와 그에 수반되는 감정들은 부정되거나 억압되어 무의식의 상태가 된다. 이러한 개인적인 원초적 고통은 *원초적인 경험*에 추가된다.

아이에게 어떤 사건이 발생하면, 그 경험은 아이에게 *원초적 장면*으로 결정화된다. 그 사건 이후, 아이는 자신이 사랑받을 수 없다는 것을 깨닫는다. 이러한 원초적 장면들은 대개 긴 연속된 장면들 중 하나에 불과하지만, 어린 시절의 모든 경험을 상징하는 것으로 기억될 수 있다. 아이는 이 한 장면을 통해 일반화하는 법을 배우고, 그 후에 부모들이 어떻게 행동할지를 예측한다. Janov는 아이들의 경험을 결정짓는 원초적 장면이 보통 5세에서 7세 사이에 나타난다고 하였다.

원초적 장면 이후 아이는 부모의 요구와 양립할 수 없는 자신의 모든 욕망을 억누른다. 이후 아이는 부모가 원하는 방식으로 부모를 기쁘게 하려고 노력한다. 아이는 자신의 *실제 자아*를 억압하고 방어 체계(*비실제적 자아*)를 형성한다. 실제 자아와 비실제적 자아는 지속적인 변증법적 모순 속에서 행동하며, 비실제적 자아는 진정한 욕구를 드러내고 만족감을 얻는 것을 지속적으로 막는다. 이러한 Janov의 이론은 Carl Roger(1959)와 Andras Angyal (1965)의 이론과 유사하다.

Janov의 이론에는 몇 가지 전체론적 개념이 있다. 예를 들어, Janov는 증상을 *체계*에 연결된 것으로 본다. Janov는 내담자의 증상만을 치료하는 것에 반대하였고, 증상의 원인을 치료해야 한다고 주장했다. Janov는 증상의 원인이 철저히 규명된 후에도 원초적인 치료 과정에서 매우 늦게까지 증상이 사라지지 않는 경우가 있다고 지적하였다. 증상은 상징적인 방식으로 원초적인 욕구를 충족시키는 문제에 대한 특이한 해결책이므로 내담자들에게 나타나는 증상에는 동일한 상징이 없다. Janov의 전체론적 관점은 비현실적인 체계가 그대로 유지되는 한, 그러한 활동은 유지하고 실제 체계를 억압할 것이라는 그의 믿음에서 분명해진다. 그러므로 내담자는 약간만 신경질적일 수 없고, 완전히 건강하거나 완전히 신경질적이어야 한다.

Janov에게 있어서 *두려움*은 사랑받지 못하는 두려움이다. 두려움은 아이의 존재를 위협하고 억압한다. *불안*은 이러한 두려움이 나타난 것이다. 불안은 의식적일 수도 있고 아닐 수도 있지만, 언제나 원초적 두려움에 뿌리를 두고 있다. 불안은 경험될 수도 있지만, 정확하게 어디서부터 시작되었는지 알 수 없는 경우가 많다. 두려움은 과거와 관련이 있고, 불안은 현재와 관련이 있다. *긴장*은 불안이 근육을 동반한 형태이다. 불안은 감정이며, 긴장은 불안이 동반하는 움직임이다.

Janov는 감정을 진짜 감정(실제 자아에 의해 경험된 감정)과 가짜 감정(비실제적 자아에 의해 경험된 감정)으로 나누었다. 죄책감, 우울, 거절, 수치심, 자존심과 같은 대부분의 일반적인 감정들은 가짜 감정이다. 예를 들어, 비실제적 자아가 성공하면 자부심을 경험하게 된다.

*방어*는 원초적(진짜) 감정을 자동적으로 차단하는 일련의 행동이다. 방어는 비자발적(정신분석의 방어기제)이거나 자발적(흡연, 과식, 약물남용 등)일 수 있다. 방어기제는 긴장 조성(위경련) 또는 긴장 완화(야뇨증)로 분류되기도 한다.

Janov는 넓은 의미에서 신경증이라는 용어를 사용하였다. 신경증은 가벼운 정신질환으로 여겨지며, 앞에서 설명한 기능장애 메커니즘과 관련된다. 따라서 신경증은 전통적인 신경증 증상에서부터 성격장애와 신체화장애에 이르기까지 다양한 증상을 유발할 수 있다.

프라이멀 스크림 요법과 자살. Janov(1974)는 자살자들의 문제의 원인을 출생 과정에서 찾는다. 현재의 고통을 끝내기 위한 해결책으로 자살을 선택하는 것은 보통 출생 시점에 죽음을 *유일한* 해결책으로 인식하는 원형 외상에서 비롯된다. 죽음을 유일한 탈출구로 삼는 이 개념은 삶에서 힘든 문제를 해결하려고 할 때 사용되는 무의식적인 기억으로 마음에 고착된다. 출생 중 또는 출생 직후의 고통은 거의 죽음에 근접하는 상황을 가져오며, 만약 그 고통이 극단으로 간다면 그 결과는 죽음으로 이어진다. 출생 직후 따뜻함이나 인간의 손길이 닿지 않은 채 완전히 혼자 남아 있거나, 출생 시 목이 졸리는 것 등이 그러한 고통의 원인이 될 수 있다.

생애초기에 발생하는 트라우마는 죽음생각 증후군을 일으킬 수 있다. 이러한 트라우마는 거의 죽음에 가까운 사건인 경우가 많다. Janov는 세 살 때 아버지에게 성폭행을 당한 적이 있는 한 여성의 자살을 예로 들었다. 이러한 비극적인 트라우마는 죽음 이외에는 고통을 끝낼 수 있는 다른 방법이 없는 나이에 발생한다. 이후의 스트레스나 상처가 초기의 고통을 재발시키면, 자살생각이 다시 발생하게 된다.

자살수단으로 선택하는 방법도 이미 경험한 원초적 고통과 관련이 있다. 한 여성은 피가 흐르는 것을 보기 위해 면도날로 손목을 그어 자살하였다. 프라이멀 스크림 요법 과정에서 그녀는 6살 때 아버지가 그녀의 얼굴을 때린 사건을 떠올렸다. 그녀는 자신이 얼마나 다쳤는지를 부모에게 보여주기 위하여 코에서 흐르는 피를 벽에 문질렀다. 피는 그녀의 상처를 다른 사람들에게 알리는 상징이었다. 또 다른 환자는 화가 날 때마다 목을 매려고 했는데, 그에게는 출생 과정에서 목이 졸리는 원초적 경험이 있었다.

원초적 트라우마와 더불어 고통을 외부로 표현하는 것을 억제하는 억압적인 집안 분위기가 있다면 자살가능성이 더욱 높다. 경험한 고통을 자기 안으로 돌릴 수밖에 없기 때문에, 돌려진 고통의 참담함은 결국 자살로 이어질 수 있다. 출생 시 경험하는 고통은 내면 지향적이고 비언어적이다. 치료를 통해 그 고통에 도달하고 해결하는 데는 오랜 시간이 걸린다. 따라서 자살충동은 수개월, 심지어는 수년 간 지속될 수도 있다. 하지만 내담자는 자살충동을 행동으로 실행하지 않는 법을 배우게 된다.

생애초기에 경험한 고통스러운 트라우마로 인한 자살충동의 치료는 오래 지속되지 않는다. 아이일 때는 "날 사랑하지 않으면 죽을 거야"라고 말한다면, 어른이 되어서는 "나는 사랑 없이는 살 수 없어", "사랑 없이는 살고 싶지 않아" 또는 "내가 사랑받을 수 있는 유일한 방법은 내가 죽는 거야"라고 말한다. 이런 감정은 부모가 아이를 정말 싫어하기 때문에 발생한다. 아이는 세상에서 자신이 사라지는 것만이 부모를 기쁘게 한다고 생각한다. 자살에서 반복적으로 나타나는 주제는 절망감이다. 빠져나갈 방법도, 사랑을 얻을 방법도, 성공할 방법도, 반격할 방법도 없다. 유일하게 남는 해결책은 죽음이다.

논의. 프라이멀 스크림 요법이 주요한 심리치료법은 아니지만 프라이멀 스크림 치료사들은 자살충동을 가진 내담자들과 함께 작업하는 것을 두려워하지 않았고, 자살자에 대한 그들의 정의도 흥미롭다. 주목할 만한 것은 Janov가 자기파괴적 욕망의 근원을 출생 직후 생애초기에 있는 것으로 보고 있다는 사실이다. 의사교류분석가들도 자살충동을 일으키는 근거가 되는 존재금지명령이 생애초기에 일어나는 것으로 본다. Draper의 정신분석 이론에서는 생애초기에 모자 간의 유대가 붕괴되는 것을 자살의 결정적인 원인으로 보았다. 즉, 심리치료사들 사이에는 생애초기가 훗날 자기파괴적 행동을 형성하는 결정적인 시기라는 것에 의견의 일치가 나타난다.

[참고문헌]————————————

Adler, A. (1958). Suicide. *Journal of Individual Psychology, 14*, 57-61.

Angyal, A. (1965). *Neurosis and treatment.* New York: Wiley.

Ansbacher, H. (1961). Suicide. In N. Farberow & E. S. Shneidman (Eds.), *The cry for help*, pp. 204-219. New York: McGraw-Hill.

Ansbacher, H. (1969). Suicide as communication. *Journal of Individual Psychology, 25*, 174-180.

Ansbacher, A. (1970). Alfred Adler, individual psychology and Marilyn Monroe. *Psychology Today, 3*(9), 42-44, 66.

Berne, E. (1961) *Transactional analysis in psychotherapy.* New York: Grove.

Berne, E. (1964). *Games people play.* New York: Grove.

Berne, E. (1972). *What do you say after you say hello?* New York: Grove.

Clarke, R. V., & Lester, D. (1989). *Suicide: Closing the exits.* New York: Springer-Verlag.

Douglas, J. D. (1967). *The social meanings of suicide.* Princeton, NJ: Princeton University Press.

Draper, E. (1976). A developmental theory of suicide. *Comprehensive Psychiatry, 17.* 63-80.

Durkheim, E. (1987). *Suicide.* Paris: Felix Alcan.

English, F. (1969). Episcript and the 'hot potato' game. *Transactional Analysis Bulletin, 8(32)*, 77-82.

Farberow, N. (1980). *The many faces of suicide.* New York: McGraw-Hill.

Festinger, L. (1957). *A theory of cognitive dissonance.* Palo Alto, CA: Stanford University Press.

Futterman, S. (1961). Suicide. In N. L. Farberow & E. S. Shneidman (Eds.), *The cry for help*, pp. 167-180. New York: McGraw-Hill, 1961.

Goldstein, K. (1940). *Human nature in the light of psychopathology.* Cambridge, MA: Harvard University Press.

Hall, J. A. (1982). The use of dreams and dream interpretation in analysis. In N. Stein (Ed.), *Jungian analysis*, pp. 123-156. La Salle, IL: Open Court.

Harris, T. (1967). *I'm ok --you're ok.* New York: Avon.

Hebb, D. (1949). *The organization of behavior.* New York: Wiley.

Hillman, J. (1964). *Suicide and the soul.* New York: Harper & Row.

Janov, A. (1972). *The primal scream.* New York: Dell.

Janov, A. (1974). Further implications of "levels of consciousness." *Journal of Primal Therapy, 1*(3), 193-212.

Kelly, G. (1955). *The psychology of personal constructs.* New York: Norton.

Kelly, G. (1961). Suicide. In N. L. Faberow & E. S. Shneidman (Eds.), *The cry for help*, pp. 255-280. New York: McGraw-Hill.

Leenaars, A. A. (1988). *Suicide notes*. New York: Human Sciences Press.

Lester, D. (1968). Suicide as an aggressive act. *Journal of General Psychology, 79*, 83-86.

Lester, D. (1987). *Suicide as a learned behavior*. Springfield, IL: Charles C Thomas.

Lester, D. (1988). Suicide and AIDS. *Archives of the Foundation of Thanatology, 14*(4), unpaged.

Lester, D. (1989). *Can we prevent suicide?* New York: AMS.

Lester, D. (2002). Sophocles. *Crisis, 23*, 34-37.

Lester, D. (2003). *Fixin' to die*. Amityville, NY: Baywood.

Lester, D. (2008). *Exit weeping*. Hauppauge, NY: Nova Science.

Litman, R. (1967). Sigmund Freud on suicide. In E. S. Shneidman (Ed.), *Essays in selfdestruction*, pp. 324-344. New York: Science House.

Litman, R. E. (1989). Suicides: What do they have in mind? In D. Jacobs and H. N.

Brown (Eds.), *Suicide: Understanding and responding*, pp. 143-154. Madison, CT: International Universities Press.

Menninger, K. (1938). *Man against himself*. New York: Harcourt Brace & World.

Neimeyer, R. (1984). Toward a personal construct conceptualization of depression and suicide. In F. Epting & R. Neimeyer (Eds.) *Personal meanings of death*, pp. 41-87. Washington, DC: Hemisphere.

Progoff, I. (1975). *At an intensive journal workshop*. New York: Dialogue House.

Raphling, D. (1970). Dreams and suicide attempts. *Journal of Nervous & Mental Disease, 151*, 404-410.

Rogers, C. R. (1959). A theory of therapy, personality, and interpersonal relationships as developed in the client-centered framework. In S. Koch (Ed.), *Psychology: A study of a science: Volume 3*, pp. 184-256. New York: McGraw-Hill.

Ryle, A. (1967). A repertory grid study of the meaning and consequences of a suicidal act. *British Journal of Psychiatry, 113*, 1393-1403.

Sabbath, J. C. (1969). The suicidal adolescent: The expendable child. *Journal of the American Academy of Child Psychiatry, 8*, 272-285.

Steiner, C. (1974). *Scripts people live*. New York: Grove.

Stewart, I., & Joines, V. (1987). *TA today*. Chapel Hill, NC: Lifespace.

Toman, W. (1960). *An introduction to the psychoanalytic theory of motivation*. New York: Pergamon.

Woollams, S., & Brown, M (1978). *Transactional analysis*. Dexter, MI: Huron Valley Institute Press.

Woollams, S., Brown, M., & Huige, K. (1977). What transactional analysts want their clients to know. In G. Barnes (Ed.), *Transactional analysis after Eric Berne*, pp. 487-525. New York: Harper's College Press.

제10장

자살유형 이론

John F. Gunn III

이 책에서는 과거의 자살이론들을 제시하여 현재의 자살행동 현상을 설명하려 하였다. 논의된 이론들은 내용이 단순한 것부터 복잡한 것까지, 범위가 좁은 것부터 넓은 것까지 다양하다. 하지만, 이 장에서는 서로 다른 자살유형을 이해하고, 자살행동의 복잡성을 인정하는 모델을 제시하려 한다. 우선 다음의 사례를 살펴보도록 한다.

한 남자와 아내가 말다툼을 한 후, 아내는 화를 진정시키려고 밖으로 나갔다. 아내에게 몹시 화가 난 남편은 아내의 행동에 대한 분노를 유서에 작성하였고, 아내가 돌아왔을 때는 자살한 모습으로 발견되었다. 대부분의 사람들은 그의 행동을 분노의 결과라고 생각할 것이다. 그의 유서에는 분노가 담겨 있고, 그의 자살은 아내를 처벌하려는 형태로 나타난다. 그렇다면, 그의 자살은 아내에게 복수를 하고, 아내를 처벌하기 위한 동기를 가지고 있다고 볼 수 있다. 만약, 아내가 돌아왔을 때 남편이 자살하지 않았더라면 어떻게 되었을까? 만약, 말다툼이 계속되어 그가 다음날 퇴근 후 집에 돌아왔을 때 아내가 짐을 싸서 떠나버렸다면 어떻게 되었을까? 그렇다면 그는 아내가 떠난 것에 대한 슬픔과 아내 없이는 살아갈 수 없다는 내용을 유서로 작성했을 것이다. 그리고 아내가 돌아올 것이라는 기대가 없어 집에서 자살을 했을 것이다. 이 경우에는, 여전히 분노가 존재하더라도, 그의 자살동기는 비애였다고 볼 수 있다. 위의 사례는 지나치게 단순화된 자살을 보여주지만, 이 장의 기본 전제를 설명하기 위해 제시되었다. 즉, 자살동기는 매우 다양할 수 있다.

이 장에서는 자살유형 이론, 즉, 다양한 유형의 자살이론을 검토하고 논의할 것이다. 단일 이론으로 모든 자살을 설명할 수는 없다. 따라서, 자살은 유형에 따라 검토되고 설명되어야 한다. 자살은 복잡한 행동이기 때문에, 자살은 다양한 유형으로 존재할 수 있다.

이 장에서 논의할 일부 자살유형은 이미 다른 이론을 통해 언급된 적이 있다. 여기에서는 자살유형에 중점을 두고 더 자세한 논의를 펼칠 것이다.

Durkheim

Durkheim(1897/2006)의 자살이론은 13장에서 더 자세히 논의될 것이다. 여기에서는 해당 이론에서 제시한 네 가지 자살유형, (1) 이기적 자살, (2) 이타적 자살, (3) 아노미적 자살, (4) 숙명적 자살에 대해 검토하기로 한다. 이기적 자살과 이타적 자살은 사회통합과 관련이 있는 반면, 아노미적 자살과 숙명적 자살은 사회규제와 관련이 있다. 사회통합은 한 사회가 상호간에 얼마나 잘 연결되어 있는지를 보여주는 척도이며, 자살은 사회통합 수준이 매우 높거나(이타적 자살) 매우 낮을 때(이기적 자살) 발생한다. 사회규제는 사회가 구성원들을 얼마나 규제하는지를 나타내는 척도이다(무정부 대 독재). 자살은 사회규제 수준이 매우 높거나(숙명적 자살) 매우 낮을 때(아노미적 자살) 발생한다.

이기적 자살

이기적 자살은 사회통합 수준이 낮을 때 발생한다. 이기주의는 과도한 개인주의로부터 발생하게 되는데, 이기적 자살은 소속감의 부재로 인해 사회로부터 단절되었다고 느끼거나, 삶이 무의미하다고 느끼면 발생한다. 사회적 유대감이 강한 사람은, 사회에 충분히 통합되지 않았다고 느낄 때 자살위험이 높아진다. 예를 들어, 결혼상태(특히 남성의 경우)는 자살과 관련이 있다. 결혼하지 않은 사람들은 결혼한 사람들보다 자살로 사망할 가능성이 더 높다.

이타적 자살

이타적 자살은 사회통합 수준이 높을 때 발생한다. 이타적 자살은 사회적 유대관계가 매우 강한 문화에서 흔히 볼 수 있으며, 사회를 만족시키기 위한 자살(종교적 희생) 또는 사회를 개선시키기 위한 자살(타인을 구하기 위해 수류탄에 몸을 던진 군인)이 이에 해당된다. 이타적 자살은 타인과 사회의 욕구를 개인의 욕구보다 우선시한다. 또한, 3장에서 논의한 대인관계 심리학 이론의 주요 개념 중 하나인 인식된 짐스러움에 대해 생각해 보면, 사랑하는 사람에게 짐이 된다고 느끼기 때문에 발생하는 자살은 이타적 자살로 간주될 수 있다. 왜냐하면, 자살을 결정할 때, 자신의 욕구보다는 가족이나 친구 등 타인의 욕구를 중요시하였기 때문이다.

아노미적 자살

아노미적 자살은 사회규제 수준이 낮을 때 발생한다. 사회가 개인을 전혀 규제하지 않으면 아노미적 자살이 발생하는데, 개인은 조절능력이 부족하기 때문에 자신이 사회의 어디에 적합한지 알지 못한다. Durkheim은 이러한 유형의 자살을 개인이 지속적인 실망상태에 있는 도덕적 장애로 묘사하였다. 예를 들어, 갑작스러운 재산의 증가나 감소에 직면하는 사람들은 아노미적 자살의 위험이 있다.

숙명적 자살

숙명적 자살은 사회규제 수준이 높을 때 발생한다. 숙명적 자살은 과도한 규제가 억압까지 이어지는 사회에서 흔히 발생한다. 사람들은 자신의 삶을 가로막는 사회에서는, 지속적인 삶보다 죽음을 더 선호한다. 감옥에서 발생하는 자살은 숙명적 자살의 예로 볼 수 있다.

논의

Durkheim의 자살유형은 최초로 제시된 유용한 자살유형으로 볼 수 있다. 여기에서 제시된 자살유형은 자살을 분류하는데 도움이 되었다. 하지만, 사회통합과 사회규제의 개념이 Durkheim에 의해 잘 정의되지 않아, 연구의 제한점이 많이 나타났다.

Menninger

Karl Menninger는 가족과 함께 Menninger 클리닉을 설립하였고, 미국의 선구적인 정신분석학자 중 한 사람이었으며, 자살의 세 가지 동기를 이론으로 제시하였다. 이 이론에서 제시된 동기는 자살유형으로 구분할 수 있다. Menninger의 저서 『Man Against Himself』 (1938)에서는 자살의 세 가지 동기를 (1) 죽이고 싶은 욕구, (2) 죽고 싶은 욕구, (3) 죽임을 당하고 싶은 욕구로 설명하였다.

죽이고 싶은 욕구

죽이고 싶은 욕구는 자살행동에 대한 전통적인 정신분석적 사고와 일치한다(9장 참조). 죽이고 싶은 욕구는 내면으로 향한 분노이다. 죽이고 싶은 욕구는 중요한 사람(부모)에게 적대적이거나 공격적인 생각을 가질 때 발생하는 자살을 의미한다. 분노나 증오를 표출할 수 없기 때문에, 분노를 자기 내면으로 향하게 한다. 따라서, 죽이고 싶은 욕구는 "자신을 향한 살인"이다(Shneidman, 2001, p.92).

죽고 싶은 욕구

죽고 싶은 욕구는 정신분석이론가들이 주장한 죽음을 향한 본능적인 추동이다. 따라서, 삶의 본능과 정반대에 존재한다. 이러한 사람들은 고통스러운 상황에서 도피하려고 하며(2장 참조), 대체로 우울증을 앓고 있다.

죽임을 당하고 싶은 욕구

죽임을 당하고 싶은 욕구는 죄책감과 관련이 있다. 사람들은 자신이 잘못한 일을 저질렀다고 인지하면, 죄책감이나 수치심을 느낀다. 자살의 목적은 인지된 또는 실제로 잘못된 행동을 스스로 처벌하는 것이다.

논의

Menninger의 자살유형은 전통적인 정신분석학적 관점과 매우 일치한다. Menninger에 따르면, 자살의 동기는 내면으로 향한 분노를 의미하는 죽이고 싶은 욕구, 도피하고 싶은 소망과 죽음을 향한 본능적인 추동을 의미하는 죽고 싶은 욕구, 잘못된 행동에 대한 죄책감을 의미하는 죽임을 당하고 싶은 욕구로 구분할 수 있다. 이러한 범주에 속하는 자살은 의심의 여지가 없지만, 모든 자살을 설명할 정도로 충분히 강력하지는 않다.

Leonard

Leonard(1967)는 『Understanding and Preventing Suicide』에서 자살의 세 가지 유형을 (1) 의존-불만족형, (2) 만족-공생형, (3) 불인정형으로 제시하였다.

의존-불만족형

Leonard에 따르면, 의존-불만족형은 "해충, 골칫거리, 버릇없는 아이", 또는 "교활하고, 불합리적이며, 단순한"(p.10) 사람으로 볼 수 있다. 의존-불만족형은 사랑을 바라면서, 동시에 거절당하기를 바란다. 이러한 이유로, 다른 사람들을 밀어내는 행동을 한다. 즉, "사랑-친밀감과 분노-거절 사이를 오가기를 되풀이한다"(p.10).

Leonard는 의존-불만족형 자살을 감지할 수 있는 7가지 지침을 다음과 같이 제시하였다.

1. 의존-불만족형은 항상 무언가를 원하고 시간소모가 많기 때문에 제거되려 한다. 이들은 거절을 강요하는 행동을 한다.

259

2. 의존-불만족형은 조정전문가로, 다른 사람들을 서로 경쟁하게 만든다. 이들은 정서적 협박범이다.

3. 의존-불만족형은 장기적인 관계를 유지하지 않고, 항상 변화하는 관계를 유지한다.

4. 의존-불만족형은 자신을 "자기 일에만 신경쓰기"를 할 수 없는 상황에 처하게 하거나, 스스로 "자신의 최악의 적"(p.12)이 되곤 한다.

5. 의존-불만족형은 질투심이 많고, 경쟁관계에 놓이곤 한다.

6. 의존-불만족형은 할 일을 알려달라고 요구하지만, 그 이야기를 따르지는 않는다. 이들은 통제받기를 고집하지만, 항상 투쟁한다. 이들이 살면서 발생하는 힘든 일들은 대부분 스스로 만들어낸 것이다.

7. 의존-불만족형은 자신의 방식대로 활용할 수 있는 일련의 행동을 가지고 있다. 이러한 행동은 자기만의 방식으로 타인을 조정하기 위한 것으로, (1) 질병에 대한 불평, (2) 규칙을 위반, (3) 알코올중독, 마약중독, 자살위협, 법규위반, 성범죄와 같은 일탈행동 등이 해당된다.

Leonard는 의존-불만족형 자살의 촉발요인에 대해서도 논의하였다. Leonard에 따르면, 의존-불만족형은 양치기 소년과 매우 유사하다. 의존-불만족형은 자신이 원하는 것을 얻고 조정하기 위해 반복되는 자해나 자살행동을 한다. 그 결과, 최종적으로 자살시도를 하더라도, 더 이상 진지하게 받아들여지지 않는다. 이는 조정당하는 사람들이 더 이상 게임에 참여하지 않기 때문이다.

만족-공생형

Leonard가 제시한 또 다른 자살유형은 만족-공생형이다. 만족-공생형은 주로 "충격과 끔찍함"을 동반하는 자살유형이다. 해당 자살유형은 주변 사람들에게 이익을 주는 "위장된 평범함"의 부작용으로 볼 수 있다. 만족-공생형은 사랑하는 사람에게 극도로 의존하는 특징이 있으며, 이는 아주 젊은 시절부터 시작된다. 의존의 대상은 주로 배우자이지만, 부모, 자녀, 중요하다고 여기는 타인도 될 수 있다. 만족-공생형은 본인이 중요하게 여기는 사람이 없이는 살 수 없다고 생각한다. Leonard는 만족-공생형 자살을 감지할 수 있는 5가지 지침을 다음과 같이 제시하였다.

1. 만족-공생형은 다른 사람, 주로 배우자에 대한 의존도가 매우 높다.
2. 만족-공생형은 중요한 다른 사람을 중심으로 형성된 하나의 삶의 방식을 엄격하게 고수한다.
3. 만족-공생형은 본인이 중요하게 여기는 관계를 유지하기 위해 어떠한 희생이나 역경도 감수한다.
4. 만족-공생형은 어린 시절에 어머니와 강한 의존관계를 유지했던 경우가 많다.
5. 만족-공생형은 사랑하는 사람에게 부정적인 감정을 거의 표현

하지 않는다. 이들은 자신이 사랑하는 사람에게 얼마나 고착되어 있는지 모르며, 사랑하는 사람에게 어떠한 분노도 느끼지 못한다.

의존했던 사랑하는 사람을 상실하거나 상실했다고 느끼면, 만족-공생형 자살이 촉발된다.

불인정형

불인정형은 여러 측면에서 만족-공생형과 정반대이다. 불인정형은 환경을 직접 통제해 왔기 때문에, 다른 사람들에게 자신의 의지를 꺾지 않는다. 해당 유형은 다른 사람에게 도움을 요청하는 것을 어렵게 생각하고, 남성에게서 더 많이 나타난다. Leonard는 불인정형 자살을 감지할 수 있는 8가지 지침을 다음과 같이 제시하였다.

1. 불인정형은 신체활동을 많이 한다.
2. 불인정형은 매우 주도적이고, 환경을 통제하고 총괄하려 한다.
3. 불인정형은 외부의 지시를 받아들이는 것이 타당할지라도, 인정하지 않고 저항한다.
4. 불인정형은 정신병리 또는 신체적질병과 같은 문제들을 부인한다. 이들은 도움요청의 필요성을 무시하고, 불굴의 정신으로 문제에 직면한다.

5. 불인정형은 아무리 성공을 거두어도, 항상 자아의식을 찾으려고 노력한다.

6. 불인정형은 완벽을 추구한다.

7. 불인정형은 노력해서 성공하지 못하면 실패자라고 생각하는 "모 아니면 도"라는 태도를 취한다. 이들은 모든 것을 검정이 아니면 흰색으로 바라보며, 회색은 없다고 생각한다.

8. 불인정형은 자신의 강한 독립성과 통제력을 다른 사람들이 수긍하도록 한다.

자신의 엄격한 자아개념에 의문이 제기되면, 불인정형 자살이 촉발된다. 실패와 마찬가지로, 성공에 위협이 되는 것은 인정하기 어렵기 때문이다.

논의

자살유형 이론의 장점 중 하나는 다양한 자살행동을 설명할 수 있다는 것인데, Leonard의 모델은 이러한 점이 부족하다. 검토한 세 가지 자살유형은 일부 자살을 분류하는데 도움이 될 수 있지만, 대부분의 자살을 설명하기에는 한계가 있다. 또한, Leonard의 자살유형은 자살사망보다는 자살시도나 자살생각을 설명하기에 더 적합해 보인다.

Mintz

Mintz(1968)의 이론에서는 자살유형보다는 자살행동에서 나타나는 다양한 동기에 대해 설명한다. Mintz가 제시한 자살동기는 다음과 같다.

1. 내부로 투사된 상실한 사랑하는 사람에 대한 적대감
2. 자신에게로 되돌아온 공격 충동
3. 죄책감을 유도함으로써 다른 사람을 응징하고, 괴롭히고, 처벌하려는 욕구
4. 주변사람에게 애정 또는 자기애를 강요하거나, 자기학대 희열을 얻기 위한 노력
5. 속죄 또는 보상을 얻고, 배상을 하거나, 죄책감을 줄이려는 노력
6. 적대감, 이성애, 자위행위, 동성애, 근친상간과 같이 스스로 견디기 어려운 감정이나 충동을 없애기 위한 노력
7. 환생이나 천국을 포함한 부활에 대한 환상
8. 고인이나 상실한 사랑하는 사람과 다시 만나려는 욕구
9. 실제 또는 예상되는 신체적 고통이나 기형, 존중의 상실, 감정적 고통, 정서적 공백에서 도피하려는 욕구
10. 죽음에 대한 두려움에서 오는 역(逆)공포반응
11. 유아기 전능상태로의 방어적 회귀

논의

Mintz는 위에 제시한 것들이 각각 자살행동의 동기라고 주장하였다. 이 중에서 일부는 다른 이론에서 주로 다루는 내용이기도 하다. 예를 들면, 처음 두 가지는 정신분석 이론에서 제시하는 자살행동의 동기유발 요인이다(9장 참조). 지금까지 논의한 다른 자살유형 이론과는 달리, Mintz는 자살을 몇 가지 유형으로 분류하기보다는 다양한 자살동기를 제시하였다.

Henderson과 Williams

Henderson과 Williams(1974)가 제시한 자살시도 유형은 Stengel과 Cook(1958)의 "병원 임상사례"(p.238) 연구를 기반으로 하였다. Henderson과 Williams는 자살시도 "요인"이라고 언급하였지만, 여기에서는 용어의 일관성을 위해 유형으로 표기하였다.

우울형

우울형은 적대감과 공격성이 내부로 향하는 것이 특징이며, 이는 죄책감, 자기비난, 무가치함으로 나타난다.

처벌형

처벌형은 다른 사람, 주로 가족구성원을 향한 적대감을 표출하는 수단으로 자살행동을 이용한다.

소외형

소외형은 사회적 소외감이 특징이다. 이들은 소외감과 외로움을 느끼기 때문에, 사회적 유대감이 강하다고 인식하지 않는다.

조작형

조작형은 자살행동을 목적을 위한 수단으로 이용한다. 이들은 다른 사람들의 자신에 대한 행동을 바꾸기 위해서 자살을 시도한다. 즉, 자살을 시도함으로써 타인의 관심이나 보살핌과 같은 무언가를 얻을 수 있다고 생각한다.

모델링형

모델링형은 다른 사람의 자살행동을 따라한다. 이들의 자살시도는 다른 사람들이 자살에 대해 이야기하는 것을 듣거나, 누군가가 자살을 시도한 사례를 들으면 발생한다. 시간, 공간, 전염을 통한 자살군집은 모델링형에 큰 영향을 미친다.

회피형

회피형은 불쾌하거나 불안을 야기하는 경험으로부터 도피하려는 특징이 있다. 이들은 자해행동을 통해 긴장감의 해소나 행복을 느끼는 사람들과 유사한 유형으로 볼 수 있다.

논의

Henderson과 Williams는 위에서 설명한 자살동기들이 서로 독립적이지 않고, 동시에 발생할 수 있다고 지적하였다. Henderson과 Williams는 자살사망보다는 죽을 의도가 없는 자살시도에 더 관심을 가졌다. 하지만, 경험적 연구는 거의 실행되지 않았다.

Baechler

Baechler는 Durkheim과 마찬가지로, 자살행동을 이해하기 위한 이론을 제시한 사회학자이다. Baechler(1975)는 자살의 네 가지 유형을 (1) 도피적 자살, (2) 공격적 자살, (3) 강박적 자살, (4) 유희적 자살로 제시하였다.

도피적 자살

도피적 자살(2장 참조)은 혐오적인 상태에서 도피하려는 동기와 관련이 있다. 도피적 자살의 하위유형에는 (1) 일탈형, (2) 비애형 및 처벌형이 있다.

일탈형. 일탈형은 견딜 수 없다고 생각하는 상황이나 경험으로부터 도피하기 위해 발생하는 자살유형이다. 예를 들어, 건강이 나빠져서 지속적인 고통을 겪는 사람은, 견딜 수 없는 고통과 괴로움에서 도피하기 위해 자살을 하게 된다.

비애형 및 처벌형. 비애형 및 처벌형 또한 도피하려는 동기를 갖고 있지만, 이를 촉발하는 사건은 일탈형과는 다르다. 비애형은 핵심대상(예: 배우자)을 상실한 직후에 발생한다. 처벌형은 실제 또는 가상의 잘못을 보상하거나 속죄하기 위해 발생한다. 예를 들어, 아내를 잃고 아내 없이는 살아갈 수 없는 남자의 자살은 비애형으로 간주된다. 하지만, 자신이 일으킨 교통사고로 인해 아내가 사망했을 때 남자가 자신의 잘못을 탓하며 자살을 하면, 이는 처벌형으로 간주된다.

공격적 자살

공격적 자살은 다른 사람을 처벌하고자 하는 동기와 관련이 있다. 공격적 자살의 하위유형에는 (1) 범죄와 복수형, (2) 협박과 호소형이 있다.

범죄와 복수형. 범죄와 복수형은 다른 사람을 직접적인 표적으로 삼는다. 범죄형에는 살해 후 자살과 동반자살이 포함된다. 복수형은 다른 사람을 응징하기 위해 발생한다. 즉, 다른 사람들의 양심의 가책을 불러일으키거나, 사회로부터 비난을 가져오기 위한 것이다.

협박과 호소형. 협박과 호소형은 다른 사람을 비난하거나 해를 끼칠 의도는 없지만, 다른 사람들을 조정하기 위해 다른 사람들 앞에서 자살하는 것으로, 범죄와 복수형과는 다르다. 협박형은 일반적으로 논쟁직후에 다른 사람에게 압박을 가하기 위해 발생한다. 예를 들어, 한 아이와 아이의 엄마가 아이가 원하는 것을 놓고 논쟁을 벌였을 때, 아이의 엄마가 이를 들어주지 않았다고 하자. 그러면, 아이는 타이레놀을 한 움큼 삼켜버리게 되고, 아이의 엄마는 아이를 병원에 데려가기 위해 아이가 원하는 것을 들어주게 된다. 호소형은 "도와달라는 외침"으로 볼 수 있다.

강박적 자살

강박적 자살은 다른 사람을 구하거나(이타적), 죽은 사람의 이미지를 바꾸기 위한 것이다. 강박적 자살의 하위유형에는 (1) 희생형, (2) 변모형이 있다.

희생형. 희생형은 다른 사람을 구하기 위한 자살유형이다. 예를 들어, Charles Dickens의 『A Tale of Two Cities』 마지막 부분을 보면, Carton은 Darnay 대신 죽기를 자처하였다.

변모형. 변모형은 개인을 보다 바람직한 상태로 탈바꿈시키는 자살유형이다. 예를 들어, 고대 로마의 기독교인들은 사형선고를 받기 위해 치안판사를 도발하였다. 종교 때문에 죽었다고 인식되면, 순교자로 여겨져 존경을 받았기 때문이다.

유희적 자살

유희적 자살은 죽고 싶은 욕구가 아니라 무언가를 증명해 보이고자 하는 욕구나 즐거움과 관련이 있다. 유희적 자살의 하위유형에는 (1) 시련형, (2) 게임형이 있다.

시련형. 시련형은 자신이나 다른 사람에게 자신을 증명해 보이기 위한 자살유형이다. 예를 들어, 아이들이 거리에서 "겁쟁이"게임을 하는 것을 보면, 여러 아이들이 차가 지나가는 도로에 서 있다가 마지막에 도로 밖으로 뛰쳐나오는 아이를 가장 용감하다고 여긴다.

게임형. 게임형은 "자신의 인생을 갖고 도박"을 하는 자살유형이다(Baechler, 1975, p.185). 러시안 룰렛게임을 예로 들 수 있다. 러시안 룰렛은 권총의 탄창에 총알 하나를 넣고, 탄창을 회전시킨 후, 머리에 권총을 발사하는 게임이다. 이 때, 죽을 확률은 6분의 1이다.

논의

Baechler의 자살유형은 좀 더 견고한 모델이라는 점에서 다른 자살유형 이론과는 구별된다. Baechler의 자살유형은 Menninger의 자살유형에 비해 더 다양하게 자살을 분류할 수 있다. 따라서, 앞으로의 연구가 더 유망한 모델이라 할 수 있다.

Shneidman

Shneidman은 정신증(심리적 고통)에 기초한 자살이론을 주장하였다. 해당 이론은 2장에서 도피 이론을 설명할 때 논의하였다. 이 섹션에서는 Shneidman이 제시한 자살유형에 대해 검토해 본다.

Shneidman(1963)

Shneidman은 자살유형에 대해 Shneidman(1963)에서 처음으로 논의하였다. 죽음(psyde)이라는 용어는 중단과 관련이 있는데, Shneidman은 중단을 "의식적인 경험을 멈추는 것이라고 정의하였다. 종료의 한 형태인 '죽음'은 모든 생물체의 보편적이고 흔한 마지막 단계이다. 하지만, 오직 인간만이 내면의 감정을 언어로 표현할 수 있다는 장점으로 인해, 죽음을 개념화하고 두려워하며 고통스러워한다"(Shneidman, 1963, p.173).

죽음추구형. 죽음추구형은 모든 의식적인 경험을 중단하려고 한다. 죽음추구형은 특정한 자살수단을 사용하지는 않지만, 구조될 가능성이 거의 없는 방식이나 장소에서 자살을 시도하기 때문에 다른 자살유형에 비해 양가감정을 덜 느끼는 것이 특징이다.

죽음개시형. 죽음개시형은 모든 의식적인 경험을 중단하는 것을 목표로 한다는 점에서 죽음추구형과 매우 유사하다. 하지만, 죽음개시형은 현재의 상태가 어차피 중단되거나 쇠퇴할 것이라는 자각으로 인해 자살을 선택하게 된다. 예를 들어, 질병 때문에 발생하는 자살은 죽음개시형으로 볼 수 있다. 이들은 항해가 끝나기 전에 "성급한 결정"을 한다. 죽음개시형의 삶을 돌아보면, 이들은 직장에서 해고된 적이 없고, 스스로 직장을 그만둔 적만 있을 것이다.

죽음무시형. 죽음무시형은 자살을 중단으로 인지하지 않고, 어떠한 형태로든 계속 존재할 것이라고 믿는다. 이들은 내세에 계속 존재할 것이라는 희망과 기대를 가지고 삶을 마감한다. Shneidman은 다음의 유서를 예로 제시하였다. "안녕. 나도 어쩔 수 없었어. 하지만 너의 형이 내가 있는 곳으로 오게 되면, 잘 대해 줄게. 아마도 내가 도와줄 수 있는 일이 무언가는 있을 거야"(Shneidman, 1963, p.177).

죽음도전형. 죽음도전형은 자신의 인생을 갖고 도박을 한다. 러시안 룰렛을 하는 사람을 예로 들면, 이들은 자신이 하는 행동이 죽음으로 이어질 가능성이 높다는 것을 알지만, 여전히 그 행동을 한다.

Shneidman(1968)

Shneidman(1968)에서는 자살의 세 가지 유형을 (1) 자아중심형, (2) 쌍방형, (3) 무관계형으로 제시하였다.

자아중심형. 자아중심형은 장기간의 내부적 심리갈등으로 인해 나타나는 자살유형으로, 내부의 목소리(환청이 아닌)에 굴복한다. 자아중심형의 목표는 자아의 파괴이며, Shneidman은 이를 *자아살해*와 *자아파괴*라고 불렀다(Shneidman, 1968, p.4). 자아중심형의 특징은 인지적 위축이며, 심리적 고통과 정신병리로 인해 자아 이외에는 어느 것에도 집중하지 못한다. 따라서, 사회적 지지나 사랑하는 사람들을 깨닫지 못하고, 자신의 고통과 고통을 멈추려는 욕구에만 집중하게 된다. 자아중심형은 항상 정신질환과 동반되지는 않지만, 망상에 시달릴 수는 있다. 자아중심형은 "포기"가 특징이기 때문에, 줄의 끝에 도달했다고 생각하면 더 이상 나아가지 않는다. Shneidman은 자아중심형의 예로 다음의 유서를 제시하였다.

Brown에게,

이 유서를 발견하면, 경찰을 불러주세요.

10호실 창문에서 가장 가까운 장식장의 문을 부수면, 나를 발견하게 될 것입니다. 일산화탄소 가스는 조심해야 합니다. 경비원이 의심을 갖고 문을 열려고 하는 경우를 대비해서, 저를 구조하는 시간이 지연될 수 있도록 제가 문을 꽉 닫아놓았거든요.

자살에 대한 긴 변명은 필요가 없을 것 같습니다. 어차피 저에 대한 심판은 다른 세상에서 하게 될 테니까요. 간단히 말하면, 저는 부적응자입니다. 저에게 삶은 가끔의 사소한 즐거움으로 보상받기에는 너무나 고통스러운 것이었습니다. 모든 것이 무의미해 보이는데, 매일 무엇을 위해 투쟁을 해야 하나요? 돌이켜보면, 수차례에 걸쳐 벗어나기 위해 노력했습니다. 저는 지금도 여행을 하거나, 새로운 직업을 찾거나, 심지어 직업을 바꿀 수도 있습니다. 하지만, 왜 그래야 하나요? 제가 도피하려고 한 것은 제 자신이기 때문에, 마음을 먹고 원하는 대로 한 것입니다.

저를 위해 몇 가지 사항만 처리해주세요.

제 거주지인 메인가 100번지로 가서 매주 지불하는 집세를 처리해 주시면 됩니다.

그리고 제 유일한 상속인은 부모님입니다. 제 재산에 대한 권리를 주장할 수 있는 사람은 부모님 이외에는 아무도 없으니, 모두 부모님께 권리를 넘겨주세요. 그리고 부모님이 연세가 많고 건강이 좋지 않으니, 부디 부모님께 조심스럽게 제 소식을 전해주시기 바랍니다. 법으로는 어떻게 규정되어 있는지 몰라도, 제 삶은 제가 끝낼 수 있는 권리가 있다고 생각합니다.

다만, 제가 태어나야 했던 것에 대해서는 안타깝게 생각합니다. 그동안 주변 탓만 했었는데, 문제의 원인이 저라는 것을 깨닫는데 31년 이상이 걸렸습니다. 늦더라도 자살을 한 것은 나은 선택인 것 같습니다. 제 자살이 문제를 해결하고 대응해야 하는 다른 사람들에게는 불쾌하고 귀찮은 일일 수 있지만, 제가 계속 살아있는 것이 오히려 제 자신이나 다른 사람들에게 더 불쾌하고 귀찮은 일이 될 테니까요.

그럼 안녕히 계세요.

(Shneidman, 1968, p.5)

쌍방형. 쌍방형은 중요한 사람과 관련된 충족되지 않은 욕구 때문에 촉발되는 자살유형이다. 따라서, 본질적으로 대인관계에서 비롯된 자살유형으로 볼 수 있다. 여기에서 명심해야할 점은 관계가 진짜이거나, 상징적이거나, 단지 인지된 것에 불과할 수도 있다는 점이다. 중요한 것은 해당 관계가 개인의 삶에 필수적인 것으로 간주되며, 관계의 상실이 자살로 이어진다는 것이다. 다음의 유서는 쌍방형의 예로 볼 수 있다.

Mary에게,

만약 당신이 나를 계속 사랑했다면 우리는 정말 행복했을 거야. 지금 내 앞에 있는 당신 사진을 마지막으로 보려고 해. 난 정말로 당신을 사랑하기 때문에 당신이 지금 다른 남자의 품 안에 있다는 걸 상상하면 견딜 수가 없어. 우리가 함께 했던 멋진 시간들을 기억해줘. 안녕. 사랑해.

당신 남자친구 Pete Andrews는 내가 알거나 만났던 사람들 중 가장 오만하고 건방진 멍청이야. 당신처럼 합리적인 여자가 그와 10분이나 같이 있다니 믿을 수가 없어. 그를 떠나서 진정한 친구를 사귀길 바랄께. 그는 좋은 사람이 아니야. 나는 당신의 경솔한 행동 때문에 목숨을 걸었어. 당신의 행복을 위해 내가 너무 비싼 대가를 치르게 하지는 마. 당신의 잘못은 완전히 잊었고, 당신의 달콤함만 기억하도록 할께. 당신은 떠나면서 내가 이렇게 행동할 줄 알고 있었지? 그러니까 놀랍지는 않을 거야. 안녕. 당신을 진심으로 사랑해.

(Shneidman, 1968, p.6)

무관계형. 무관계형은 소속감이 없는 자살유형이다. 이들은 자신의 세대 또는 사회전반과의 관계가 상실되었다고 인식한다. 무관계형은 소외감과 스며드는 외로움으로 괴로워한다. 다음의 유서는 무관계형의 예로 볼 수 있다.

> 저는 14년 전 남편이 사망한 이후로 줄곧 혼자였습니다. 가까운 친척도 없습니다. 저는 10년 전에 했던 수술과 비슷한 다른 수술을 기다리고 있습니다. 수술 후에도 비싼 치료를 많이 받아야 합니다.
> 제 친구들은 모두 떠났고, 저는 이 모든 상황을 다시 겪을 형편이 못됩니다. 제 나이는 58세로, 직장을 새로 구할 수 있는 나이도 아닙니다. 그러니 제 시체를 의대생이나 다른 누군가가 사용할 수 있는 곳으로 보내주시기 바랍니다. 저를 궁금해 하는 사람은 아무도 없으니까요.
> 감사합니다.
> (Shneidman, 1968, p.8)

Shneidman(1996)

자살유형 이론은 아니지만, Shneidman(1996)은 도피 이론으로 자살행동을 설명하였다(2장 참조). 도피 이론에서는, 필요한 욕구가 박탈되면 정신증(심리적 고통)이 발생하고, 정신증이 한계의 임계치에 도달하고 압력과 심리적 혼란이 동반되면, 자살이 발생한다고 명시하고 있다. 이 장에서는 도피 이론을 통해 제기할 수 있는 자살유형에 대해 언급하기로 한다. 예를 들어, 2장의 표 2-1에 제시된 욕구들은 박탈될 수 있는 욕구들로, Murray(1938)의 성격 이론에서 파생된 것이다. 해당 욕구들을 이용하면, 서로 다른 자살유형을 설명할 수 있다. 즉, 성취욕구의 박탈에서 비롯된 자살과 소속욕구의 박탈에서 비롯된 자살은 서로 다른 두 개의 자살유형으로 볼 수 있다.

논의

Shneidman의 자살유형 모델은 이론적이고 철학적인 관점에서 자살을 바라보기 때문에 그 범위가 넓다. 지금까지 논의되었던 자살유형들과는 달리, Shneidman의 자살유형은 경험적 연구에 근거한다. 예를 들면, Lester(1998)는 Murray의 욕구를 바탕으로 Shneidman의 자살유형을 살펴보았다. 30건의 유명한 자살사례를 검토한 결과, 상해회피욕구(30건 중 27건)와 굴욕회피욕구(30건 중 11건)가 가장 많았고, 다른 욕구들은 2건 이하로 나타났다.

Wold

Carl Wold는 로스앤젤레스 자살예방센터에서 무작위로 추출된 500명 환자의 사례를 바탕으로 자살유형 모델을 개발하였다(Wold, 1971). Wold는 500명 사례에 대한 군집 및 요인분석을 바탕으로, 자살의 10가지 유형을 (1) 버림받은 여성, (2) 폭력적인 사람, (3) 중년 우울증, (4) 꼭두각시, (5) 타인의존, (6) 타인배제, (7) 사춘기-가족

위기, (8) 빈털터리, (9) 독거노인, (10) 무질서로 제시하였다.

버림받은 여성

버림받은 여성 유형은 전체 사례의 8%를 차지하였다. 나이는 주로 30세 이하였다. 이들은 만성적인 자살시도자였지만, 자살위험은 중간보다 낮은 수준이었다. 대부분은 혼미한 사고를 하였고, 일부는 (17%) 명백한 정신이상 행동과 증상을 보였으며, 20%는 약물을 남용하였다. 대다수(70%)는 죽음, 이혼, 별거로 인한 부모의 상실경험이 있었다.

이들은 특히 사랑관계에서 반복된 파경을 경험한 특징을 갖고 있었다. 이들에게 주어진 역할은 어머니, 아내, 연인이었지만, 어떠한 역할에도 동질감을 느끼지 못하였다. 많은 경우, 부모에게 실제로 버림받았거나, 버림받았다고 인식하였다. 여성으로써 실패했다는 생각을 가졌고, 종종 연인관계가 깨지면 자살을 시도하였다. 히스테리를 부리거나 지나친 감정반응을 보이다가, 모든 감정반응을 거부하는 상태가 되곤 하였다.

폭력적인 사람

Wold는 원래 이 유형을 폭력적인 남성이라고 불렀지만, 이는 여성(45%)에게서도 많이 나타났다. 나이는 20대, 30대, 40대에 걸쳐 고르게 분포하였고, 전체 사례의 4%를 차지하였다. 버림받은 여성

유형과 마찬가지로, 폭력적인 사람 유형은 본질적으로 만성적인 자살시도자가 많았고(85%), 자살위험 또한 높았다. 일부(20%)는 수차례 치명적인 자살시도를 했다고 보고되었다. 약 3분의 2는 혼미한 사고를 하였고, 17%는 정신이상 증상을 보였으며, 17%는 약물을 20%는 알코올을 남용하였다.

이들은 강한 죄책감과 함께 자신이나 타인을 향한 걷잡을 수 없는 분노와 공격성을 보였다. 감정을 분출하면서 통제할 수 없는 충동적 행동이 나타나기도 하였다. 자신의 일을 통해 많은 즐거움을 얻고, 사회적인 관여도 높은 편이었다.

중년 우울증

중년 우울증 유형은 전체 사례의 3%를 차지하였다. 대다수는 40대와 50대 여성이었다. 대부분은 자살시도 경험이나, 자살생각 때문에 자살예방센터를 방문한 이력이 있었다. 자살위험은 중간정도였다. 우울증이 해당 유형의 전형적인 문제였고, 25%는 혼미한 사고를 하였지만, 정신이상은 아니었다. 약물이나 알코올남용도 거의 보고되지 않았다.

이들은 일반적으로 안정적인 생활과 좋은 자원을 갖고 있었지만, 성적 문제에 대해서는 두려워하고 도움요청은 완강히 거부하였다. 자신의 문제를 다른 사람에게 잘 알리지 않았고, 목표설정과 목표도달에 종종 어려움을 겪었다. 특히, 신체적 상태에 지나치게 신경을 쓰는 경향이 있었다.

꼭두각시

꼭두각시 유형은 모두 여성이었으며, 전체 사례의 4%를 차지하였다. 이들은 상대적으로 젊은 나이였고(20대와 30대), 대다수(90%)가 만성적인 자살행동을 보였다. 일부는 자살위험이 높았지만, 대부분은 자살위험이 중간정도였다. 대다수(90%)는 혼미한 사고를 하였고, 40%는 정신이상이었다. 알코올남용은 거의 없었고, 15%만 약물을 남용하였다.

이들은 죽음을 에로틱하게 느끼고, 죽음이 평화롭거나 즐겁다는 환상을 갖고 있었다. 이들은 가학적이어서, 고통스러운 인생 경험을 통해 즐거움을 얻었다. 사악한 감정을 깊숙이 가졌으며, 다른 사람으로부터 소외감을 느꼈다. 버림받은 여성 유형과 마찬가지로, 어머니, 아내, 연인이라는 역할이 주어졌지만, 어떠한 역할에도 동질감을 느끼지 못하였다.

타인의존

해당 유형은 전체 사례의 12%를 차지하였다. 연령대는 20대부터 50대까지 다양하였다. 대부분은 여성이었고, 50%는 만성적인 자살시도자였는데, 다른 사람들과의 관계가 깨졌을 때 자살이 발생하였다. 자살위험은 높은 편이었다. 약 50%는 혼미한 사고를 하였지만, 정신이상은 아니었고, 약물남용 문제도 없었다.

이들은 관계의 단절이나 이별의 두려움에 대한 반응으로 자살을 시도하였고, 관계에 있어서는 수동적이고 의존적이었다. 관계를 맺고 있던 사람을 잃게 되면, 자신의 중요한 일부를 상실했다고 느꼈다. 중요한 다른 사람이 없으면 불완전하다고 생각하였다. 비교적 안정적인 생활방식을 갖고 있었지만, 잃어버린 사랑을 대체할 누군가를 찾아야겠다는 상상조차 하지 못하였다.

타인배제

해당 유형은 전체 사례의 7%를 차지하였다. 연령대는 20대부터 50대까지였고, 대다수는 여성이었다. 만성적인 자살행동을 보였고, 자살위험은 높은 편이었다. 알코올남용과 약물남용은 각각 15%씩 나타났다. 대부분 혼미한 사고를 하였고, 35%는 정신이상이었다.

이들은 자살충동을 가진 사람들과 짝을 지어, 상호파괴적인 성향을 보였다. 자살수단을 제공하고 죽기를 바라면서, 다른 사람에게 피해를 주려 하였다. 감정적 동요가 심하다는 특징을 가지고 있었다.

청소년-가족 위기

청소년-가족 위기 유형은 전체 사례의 10%를 차지하였다. 절반 이상은 여성이었고, 연령대는 10대부터 20대 초반이었다. 대부분은 만성적인 자살행동을 보였고, 자살위험은 중간보다 높은 수준이었다. 약 50%가 혼미한 사고를 하였지만, 약물이나 알코올남용은 소수만이 보고되었다.

이들은 가족 간 의사소통이 잘 이루어지지 않고, 자살행동은 주로 부모의 싸움과 관련이 있다는 특징이 있었다. 부모는 일반적으로 청소년과 적대적인 관계에 있었다. 주로, 정체성과 독립성 문제(예: 성정체성, 비행, 반항), 부모에 대한 지나친 의존, 실패할지도 모른다는 생각으로 인한 독립에 대한 두려움, 절망감 등이 쟁점이 되었다.

빈털터리

해당 유형은 전체 사례의 3%만을 차지하였지만, 자살사망자에서는 22%라는 높은 비율로 나타났다. 대다수는 40대와 50대 남성이었고, 만성적인 자살행동을 보였다. 전반적으로 자살위험은 높은 편이었고, 다수의 알코올남용(50%)과 일부 약물남용(18%)이 있었다.

이들은 삶의 모든 영역(예: 직업, 가족, 건강)에서 하향궤도를 보인다는 특징이 있었다. 한때는 풍부한 대인관계를 맺었지만, 현재는 피상적인 관계만 남아있는 경우도 많았다. 자부심과 자존심에 심한 손상을 입어, 스스로 "재기"할 수 있는 능력을 상실하였고, 건강이 좋지 않은 경향이 있었다.

독거노인

해당 유형은 전체 사례의 3%를 차지하였고, 후속자살은 10%가 나타났다. 대부분은 60대 이상이었지만, 50대도 일부 있었다. 남성과 여성의 비율은 동일하였다. 대다수는 이전에 자살행동 이력이 없었고, 자살위험은 골고루 나타났다. 상당수(36%)가 사랑하는 사람을 상실한 경험이 있었다. 대다수는 우울 증상을 보였지만, 혼미한 사고를 하지는 않았다. 일부 알코올남용(14%)은 있었지만, 약물남용은 보고되지 않았다.

이들은 심신을 쇠약하게 만드는 질병을 앓고 있었고, 극심한 외로움을 느낀다는 특징이 있었다. 우울증 진단을 받았거나, 우울 증상을 갖고 있는 경우가 많았다. 자신이 너무 오래 살고 있다고 생각하여, 삶을 지속하는 것을 힘들어하였다. 주로 "포기"하는 태도가 나타났다.

무질서

해당 유형은 전체 사례의 9%를 차지하였고, 자살사망자에서는 12%가 나타났다. 대부분은 여성(80%)이었고, 반복된 자살시도와 더불어 만성적인 자살행동을 보였다. 자살위험은 중간보다 높은 수준이었다. 혼미한 사고를 하였고, 대다수는 정신이상이었다. 알코올남용과 약물남용 수준은 각각 20%, 14%였다.

이들은 주기적으로 극도의 혼란과 무질서한 사고를 경험하는 것이 특징이었다. 자살행동은 주로 혼란스러운 시기에 충동적으로 발생하였다. 정신이상이 있어, 자살행동도 기이하게 발생하였다. 공황발작을 자주 일으켰다.

논의

Wold의 모델은 흥미롭지만, 그가 분류한 자살유형을 이용한 연구는 거의 수행되지 않았다. 따라서, 해당 자살유형이 효과적으로 분류된 것인지에 대해서는 알려진 바가 거의 없다. 하지만, Word의 모델이 다른 자살유형 이론과 다른 특이점은 인구통계학적 정보에 대해 논의했다는 점이다.

Taylor

Steve Taylor의 자살유형 모델은 그의 저서 『Durkheim and the Study of Suicide』(1982)에서 제시되었다. Taylor는 자살의 네 가지 유형을 (1) 불확실성 자살, (2) 순종적 자살, (3) 호소적 자살, (4) 희생적 자살로 제시하였다. 지금까지 논의된 자살유형 이론과 마찬가지로, Taylor의 자살유형 모델 역시 심도있게 연구되지는 않았다. Taylor 스스로가 지적한 바와 같이, "이 섹션에서 제시하는 자살유형의 기준은 구조 이론으로 발전시키기 위한 포부를 갖고 시작되었음을 분명히 할 필요가 있고, 다음 섹션에서 제시할 자살유형은 이러한 가능성을 보여주고 있다. 하지만, 현 단계에서는 추측에 근거하였기 때문에 불완전하다는 점을 우선적으로 고려해야 한다" (p.166). Taylor가 제시한 자살 "유형"은 자살행동과 관련된 여러 가설과 관련이 있다.

첫 번째 가설

Taylor가 제기한 자살행동에 대한 첫 번째 가설은 다음과 같다. "자살은 완전한 불확실성상태에서 무엇이 중요한지 모르고 있거나, 완전한 확실성 상태에서 중요하다고 생각하는 것을 모두 알고 있을 때 발생한다"(p.167). 이 가설에 의하면 자살유형은 (1) 불확실성 자살과 (2) 순종적 자살로 구분할 수 있다.

불확실성 자살. Taylor에 따르면, 불확실성 자살은 다음과 같다.

> 불확실성 자살: 개인은 자신의 정체성과 존재의 의미에 대해 불확실성을 갖고 있다. 세상의 어떠한 것도 개인의 존재를 확실하게 입증할 수 없기 때문에, 불확실성을 해소하기 위해서는 스스로에게 시련을 부과하게 된다. 불확실성이 해소되기 전까지는, 어떤 것이 가치가 있는지 알 수 없다. 이로 인해 발생하는 자살행동을 시련으로 볼 수 있고, 이때의 자살행동은 '게임과 유사'하거나, '유희적'이라고 묘사할 수 있다 (p.167).

순종적 자살. 순종적 자살은 미래에 무슨 일이 발생할지와 미래가 암울하다는 확신이 있으면 발생한다. Taylor에 의하면, 순종적 자살은 "자신의 삶이 결국에는 아무런 희망의 빛이 없는 길고 어두운 터널이라고 생각하는 우울증환자, 또는 남은 시간이라고는 고통스러운 몇 개월밖에 없다는 사실을 알게 된 만성질환자"(p.167)에게서 발생한다.

해당 유형의 자살은 미래에 대한 절망감을 특징으로 한다(7장 참조).

두 번째 가설

자살행동에 대한 Taylor의 두 번째 가설은 다음과 같다. "자살은 개인이 타인의 의견, 감정, 소망에 심리적으로 영향을 받지 않거나, 타인의 의견, 감정, 소망으로부터 심리적으로 보호받지 못할 때 발생한다"(p.178). 이 가설에 의하면, 자살은 타인의 의견, 감정, 소망의 영향을 받지 않는 사람들(분리성), 또는 타인의 의견, 감정, 소망에 전적으로 의존하는 사람들(결합성)에게서 발생할 수 있다.

분리성은 다른 사람들로부터 분리되어 있는 느낌을 의미한다. 경우에 따라 다르지만, 이는 순종적 자살과 불확실성 자살에 모두 존재한다. 예를 들면, 불확실성 자살에서는 "다른 사람들은 개인이 가장 알고 싶어 하는 것을 알 수 없는 반면", 순종적 자살에서는 "다른 사람들은 개인이 이미 알고 있는 것을 단념시킬 수 없다"(p.173). 사회적 고립과 타인과의 분리는 이 책에서 논의된 자살이론들의 공통된 맥락이며, 특히 3장에서 논의된 대인관계 심리학 이론에서 상세히 설명되었다. 하지만, 자살행동을 분리성만으로 설명하기에는 충분하지 않다. 즉, 분리성은 자살의 필요조건이지만, 충분조건은 아니라는 것이다. 오히려, 자살행동은 앞에서 설명한 타인과 자신의 존재에 대한 불확실성 또는 자신의 삶이 끝났다는 확실성과 분리성의 *조합*에 의해 발생한다. 다른 사람들은 분리성에 관여되어 있지 않지만, 개인은 관여되어 있다. 따라서 불확실성 자살과 순종적 자살은 본질적으로 분리성과 관련이 있다.

결합성은 분리성의 반대다. 여기서 개인은 다른 사람들의 생각, 의견, 소망에 완전히 연결되어 있다. 다른 사람들의 생각, 의견, 소망이 없으면, 결합성에서는 "개인의 존재가 문제가 있다고 여긴다"(p.178). 결합성은 다음의 두 가지 유형의 자살과 관련이 있다.

호소적 자살. Taylor에 따르면, 호소적 자살은 "의사소통을 위한 시도"(p.185)로 볼 수 있으므로, 결합성을 가진다. 호소적 자살은 '도움요청' 자살유형으로 볼 수 있지만, 다른 측면(상황의 심각성)을 전달하는 것일 수 있다. 이에 대해 Taylor는 "호소적 자살은 다른 사람들의 변화에 대한 욕구와 죽고 싶은 욕구를 상황개선 의지와 결합한 것이다. 따라서 절망과 희망을 모두 반영한다"(p.180)고 주장하였다.

희생적 자살. Taylor가 설명한 마지막 자살유형은 희생적 자살이다. 희생적 자살은 자신의 삶이 끝났다는 확신과 관련이 있지만, 순종적 자살과는 달리 *죽었다*가 아니라 *죽임을 당했다*고 믿는다. 해당 유형은 일반적으로 대인관계의 상실과 관련이 있고, 관계를 회복하기 위해 사용된다(예: 죄책감을 가진 남편을 돌아오게 하려고 자살을 시도하는 아내).

상호관계

Taylor는 자살유형 각각의 상호관계에 대해서도 설명하였다(그림 10-1 참조).

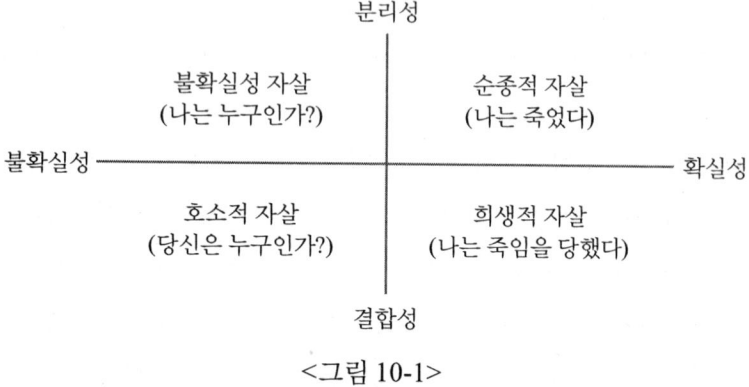

<그림 10-1>

두 개의 가설과 자살유형의 관계를 보여주는 이 그래프를 통해, 어떠한 상황에서 각 자살유형이 발생하는지 알 수 있다. 불확실성 자살은 불확실성과 분리성의 상호관계에서 발생하며, "다른 사람들은 개인이 가장 알고 싶어 하는 것을 알 수 없다"(p.192)는 것이 특징이다. 순종적 자살은 확실성과 분리성의 상호관계에서 발생하며, "다른 사람들은 개인이 이미 알고 있는 것을 단념시킬 수 없다"(p.192)는 것이 특징이다. 호소적 자살은 불확실성과 결합성의 상호관계에서 발생하며, "다른 사람들이 개인의 존재를 문제시하였다"(p.192)는 것이 특징이다. 마지막으로, 희생적 자살은 확실성과 결합성의 상호관계에서 발생하며, "다른 사람들이 개인의 존재를 종결시켰다"(p.192)는 것이 특징이다.

논의

Taylor의 자살유형은 흥미롭고, 시사하는 바가 많다. 하지만, Taylor의 자살유형은 모호하게 정의되었고 본질적으로 철학적이며, 아직까지 연구된 바가 없다.

Reynolds와 Berman

지금까지 살펴본 바에 의하면, 자살유형 이론들이 상당부분 중복된다는 것을 알 수 있다. Reynolds와 Berman(1995)은 Baltimore와 Philadelphia에서 발생한 자살사망 사례(n=404)를 이용하여 중복되는 부분에 대해 조사하였다. Reynolds와 Berman은 앞에서 논의된 모든 자살유형을 이용하여 자살을 분류하였다. 요인분석 결과, 5가지 자살유형 군집이 발견되었다.

도피형

도피형은 견딜 수 없는 상황에서 도피하려는 욕구가 자살동기가 된다. 도피형에 해당하는 사람들은 전형적인 60세 이상 백인 남성이었고, 악화되는 건강으로부터 도피하려 하였다. 또한, 다른 유형에 비해 교도소에서 자살이 많은 것이 특징이었다. 해당 유형에는 Menninger의 죽고 싶은 욕구, Henderson과 Williams의 회피형, Baechler의 도피적 자살, Shneidman의 상해회피욕구, Mintz의 실제 또는 예상되는 고통으로부터 도피하려는 욕구가 포함되었다.

혼란형

혼란형은 무질서하고 혼미한 사고가 특징이었다. 혼란형에 해당하는 사람들은 정신내적 갈등을 경험하였고, 기이하거나 정신이상 행동을 보였으며, 대부분 정신질환 병력이 있었다. 해당 유형에는 Shneidman의 자아중심형과 Wold의 무질서가 포함되었다.

공격형

공격형은 주로 대인관계 갈등과 관련이 있었다. 공격형에 해당하는 사람들은 주로 20세에서 30세 사이의 젊은 백인 남성이었고, 알코올과 약물을 남용하는 경향이 있었다. 이 유형은 백인 남성에게서 주로 나타났고, 아프리카계 미국인들의 30%에게서 나타났다. 다른 자살유형에 비해 유서를 남길 가능성이 높았고(22%), 자살행동 이력은 적었다. 해당 유형에는 Menninger의 죽이고 싶은 욕구, Shneidman의 공격형과 쌍방형, Leonard의 만족-공생형, Mintz의 내부로 투사된 상실한 사랑하는 사람에 대한 적대감, Henderson과 Williams의 처벌형, Wold의 타인의존, Baechler의 공격적 자살이 포함되었다.

소외형

소외형은 소외와 상실이 특징이었다. 소외형에 해당하는 사람들은 다른 자살유형에 비해 남성이 훨씬 많았다. 약물남용은 사랑하는 사람을 상실한 후 많이 나타났고, 정신질환 병력도 흔히 볼 수 있었다. 해당 유형에는 Durkheim의 아노미적 자살, Wold의 빈털터리, 독거노인이 포함되었다.

우울/낮은 자존감형

우울/낮은 자존감형은 우울증과 낮아진 자존감이 특징이었다. 우울/낮은 자존감형에 해당하는 사람들은 자살의 전조로 실업과 경제적 어려움을 겪은 경우가 많았다. 해당 유형에는 Menninger의 죽임을 당하고 싶은 욕구, Henderson 과 Williams의 우울형이 포함되었다.

논의

Reynolds와 Berman은 자살유형 이론에 많은 중복이 있음을 보여주었다. 또한, 매우 구체적인 자살유형이 Baechler의 도피적 자살처럼 더 광범위한 유형에 비해 자살을 분류하는데 덜 유용하다는 결론을 내렸다. 이에, Reynolds와 Berman은 지금까지 논의된 모든 자살유형을 고찰하여, 분명하고 광범위한 다섯 개의 자살유형으로 분류하였다.

결론

이 장에서는 자살유형 이론에 대해 검토하였다. 대부분의 주장이 흥미로웠지만, Reynolds와 Berman의 주장이 가장 유망해 보인다. Reynolds와 Berman의 모델은 이 장에서 논의된 대부분의 자살유형을 경험적으로 군집화한 결과이다. 그 결과, 자살행동을 도피형, 혼란형, 공격형, 소외형, 우울/낮은 자존감형의 다섯 가지 유형으로 분류하였다. 하지만, 앞에서 논의한 자살유형에 근거하면, 이타적 자살, 살해 후 자살/동반자살, 게임형 자살을 추가로 제안해 볼 수 있을 것이다. 따라서, 최종적으로 도출된 여덟 가지 자살유형은 다음과 같다.

1. **도피형 자살**: 도피형 자살은 견딜 수 없는 상황이나 상태(예: 심리적 고통, 신체적 질병)에서 도피하려는 욕구에 의해 유발되는 자살이다.

2. **혼란형 자살**: 혼란형 자살은 무질서하고 혼미한 사고의 부산물이다. 정신이상 사고패턴과 인지적 왜곡(예: 완벽주의, 인식된 짐스러움)이 주로 동반된다.

3. **공격형 자살**: 공격형 자살은 공격성과 분노에 의해 유발되는 자살이다. 자살행동은 다른 사람을 응징 또는 비난하거나, 다른

사람에게 공개적으로 분노를 표출하기 위해 행해진다.

4. **소외형 자살**: 소외형 자살은 소외감과 외로움이 특징이다. 일반적으로 자신은 혼자이며, 사회적 지지가 거의 없다고 생각한다.

5. **우울/낮은 자존감형 자살**: 우울/낮은 자존감형 자살은 우울, 무가치함, 낮은 자존감을 특징으로 한다.

6. **살해 후 자살/동반자살**: 살해 후 자살은 살인 이후에 발생하는 자살이다. 아내와 언쟁을 벌인 후 가족을 죽이고 자살한 남편, 자살하기 전 자녀를 익사시킨 아내가 해당 유형의 예시가 될 수 있다. 동반자살은 함께 자살하는 것이다. 다른 사람의 요청에 따라 그 사람을 죽인 후 자살을 하게 되면 이는 살해 후 자살로 간주될 수 있다.

7. **이타적 자살**: 이타적 자살은 다른 사람이나 사회전체를 돕기 위해 자살을 한다는 특징이 있다. 예를 들어, 다른 군인들을 구하기 위해 수류탄에 몸을 던진 군인은 이타적 자살로 간주될 것이다. 사랑하는 사람에게 도움이 된다고 믿는 자살 또한 이타적 자살로 분류될 수 있다.

8. **게임형 자살**: 게임형 자살은 죽을 의도가 없이 행해진다. 주로 자살자를 시험하거나 무언가를 증명하는 것과 관련되며, 게임의 한 종류로 볼 수 있다. 예를 들어, 차량이 지나가는 도로에서 "겁쟁이"게임을 하다가 죽음에 이르는 경우나, 러시안 룰렛을 하는 경우는 게임형 자살로 간주될 수 있다. 청소년들이 하는 "질식게임" 또한 게임형 자살이 될 수 있다. 질식게임에서는 행복감을 유발하기 위해 목을 졸라 뇌의 산소를 차단하는데, 이

는 죽음을 초래할 수 있다.

이 장에서 논의된 대부분의 자살유형은 위에 제시한 8가지 자살유형 중 하나에 포함될 것이다.

앞에서 논의된 자살유형 이론들은 자살을 어떤 형태로든 분류할 수는 있지만, 일부 이론은 왜 자살이 발생하는지에 대한 이론적인 설명이 부족하다. 하지만, 이에 대해서는 이 책에서 논의된 다양한 이론들을 통해 밝혀낼 수 있을 것이다. 예를 들어, 소외형 자살과 이타적 자살은 Joiner 외(2005)가 주장한 대인관계 심리학 이론을 통해 설명할 수 있다. 대인관계 심리학 이론에서는 좌절된 소속감과 인식된 짐스러움의 역할에 대해 명시하고 있기 때문이다(3장 참조). 즉, 소외형 자살은 자신이 사회적 지지를 거의 받지 못한다고 인지하는 데서 발생하고, 이타적 자살은 자신이 가족, 사랑하는 사람, 사회에 이득이 된다고 믿어 발생하는 것이다. 도피형 자살은 2장에서 논의한 도피 이론, 공격형 자살은 9장에서 논의한 정신분석적 관점, 혼란형 자살은 7장에서 논의한 인지 이론에 따라 설명할 수 있다.

향후 연구

이 장에서는 자살유형 이론들을 검토하고, Reynolds와 Berman의 자살유형이 가장 강력한 이론이라고 주장하였다. 하지만, 더 많은 연구를 통해 이론화할 필요가 있다. Reynolds와 Berman 이론의 가장 두드러진 특징 중 하나는 군집분석에 근거한다는 것이다. 앞에서 검토한 이론의 대부분은 이론화와 철학적 논의의 부산물이며, 일반적인 연구의 결과물은 아니다.

자살학 분야에서는 병리생리학적 측면에 더 많은 중점을 두고 있다(11장 참조). 따라서, 생물학적 관련성을 근거로 한 자살유형 이론이 개발될 수도 있다. 예를 들어, 세로토닌 체계의 차이가 공격성과 충동성을 구분할 수 있으면, 자살집단과 통제집단도 구분할 수 있다. 이러한 생물학적 지표를 이용해 병리생리학적 자살유형을 분류할 수 있을 것이다.

맺음말

이 장에서는 자살학이 생긴 이래 제기된 다양한 자살유형 이론들에 대해 논의하였다. 분명한 것은 (1) 자살유형 이론이 충분히 연구되지 않았고, (2) 자살유형 이론이 미래에는 유용할 수 있다는 것이다. 또한, 자살유형 이론의 일반적인 주제(예: 도피형, 공격형, 소외형)에 대해 논의하였고, 자살의 다양한 유형을 설명할 수 있는 이론(예: 대인관계 심리학 이론, 도피 이론, 인지 이론)에 대해서도 살펴보았다. 수년 동안 많은 연구자들이 자살행동을 설명하기 위한 이론들을 개발해 왔다. 여기에서 제시된 자살유형들은 자살행동의 진부는 아니지만 일부를 설명하기에는 유용하다. 자살을 단일 이론으로 설명하기 어려운 이유 중 하나는 자살이 서로 다른 유형으로 발생하기 때문일 것이다.

[참고문헌]————————————

Baechler, J. (1975). *Suicides*. New York: Basic Books.

Durkheim, E. (2006). *On suicide*. New York: Penguin Classics.

Henderson, S., & Williams, C. L. (1974). On the prevention of parasuicide. *Australian & New Zealand Journal of Psychiatry, 8*, 237-240.

Joiner, T. E. (2005). *Why people die by suicide*. Cambridge, MA: Harvard University Press.

Leonard, C. V. (1967). *Understanding and preventing suicide*. Springfield, IL: Charles C Thomas.

Lester, D. (1998). An examination of Shneidman's application of Henry Murray's classification of needs to suicidal individuals. *Perceptual & Motor Skills, 87*, 42.

Menninger, K. A. (1938). *Man against himself*. New York: Harcourt, Brace & Company.

Mintz, R. S. (1968). Psychotherapy of the suicidal patient. In H. L. P. Resnick (Ed.), *Suicidal behaviors: Diagnosis and management*, pp. 271-296. Boston: Little Brown.

Murray, H. A. (1938). *Explorations in personality*. New York: Oxford University Press.

Reynolds, F. M. T., & Berman. A. L. (1995). An empirical typology of suicide. *Archives of Suicide Research, 1*, 97-109.

Shneidman, E. S. (1963). Orientations toward death: A vital aspect of the study of lives. In R. W. White & K. F. Bruner (Eds.), *The study of lives: Essays on personality in honor of Henry A. Murray*, pp. 200-227. New York: Atherton Press.

Shneidman, E. S. (1968). Classifications of suicidal phenomena. *Bulletin of Suicidology, 1*, 1-9.

Shneidman, E. S. (1996). *The suicidal mind*. New York: Oxford University Press.

Shneidman, E. S. (2001). *Comprehending suicide: Landmarks in 20th-century suicidology*. Washington, DC: American Psychological Association.

Stengel, E., & Cook, N. G. (1958). *Attempted suicide*. London: Chapman Hall.

Taytlor, S. (1982). *Durkheim and the study of suicide*. London: Macmillan.

Wold, C. I. (1971). Sub-groupings of suicidal people. *Omega, 2*, 19-29.

제11장

병리생리학 이론

John F. Gunn III

이 장에서는 병리생리학 이론에 대해 검토해 본다. 병리생리학은 무엇을 의미하는가? 병리생리학은 병리상태를 연구하는 병리학과 유기체를 연구하는 생리학을 결합한 학문이다. 자살행동을 설명하는 병리생리학 이론에서는 유전자, 신경전달물질, 콜레스테롤, 시상하부-뇌하수체-부신(HPA)축에 대한 논의를 포함하고 있다. 병리생리학 이론으로 자살행동을 설명할 때 발생하는 한 가지 문제점은 연구자들이 사용하는 용어의 차이이다. 따라서 병리생리학적 명명법을 모든 독자들이 이해할 수 있는 언어로 표현하려고 노력하였다.

유전자

자살학이 발달한 이래로 "자살유전자"는 발견되지 않았다. 즉, 자살행동의 원인으로 확인된 유전자는 없었다. 하지만 다양한 유전자들과 자살행동의 관계를 살펴본 연구가 많이 수행되었다. 유전자는 살아있는 유기체가 세습되는 분자단위라는 것을 명심해야 한다. 유전자라는 용어는 일반적으로 DNA나 RNA의 확장된 개념이다. 따라서 대부분의 연구에서는 유전자의 대립형질에 대해 살펴보는데, 대립형질은 유전자의 다른 형태이다. 인간을 포함한 대부분의 유기체는 두 세트의 염색체를 가지고 있다. 각각의 염색체는 하나의 대립형질을 갖는다. 유기체는 동형접합체(대립형질이 같은 경우)이거나 이형접합체(대립형질이 다른 경우)이다.

자살과 유전자의 관계는 쌍둥이, 가족, 입양 연구를 통해 살펴볼 수 있으며, 이러한 연구들을 통해 자살행동의 유전성에 대한 증거가 제시되었다. 기존 연구에 따르면, 자살의 유전성을 21~50%로 추정하고 있으며, 자살시도, 자살생각, 자살계획과 같은 넓은 의미에서의 자살의 유전성은 30~55%로 나타났다(Voracek & Loibl, 2007).

트립토판 수산화효소(TPH)

TPH는 세로토닌의 수치를 조절하는 효소이다. TPH의 대립형질은 "U"와 "L"로 표기되며, 자살행동과의 관계를 연구할 때에는 TPH의 변화를 주로 살펴본다. Mann, Malone, Neilsen, Goldman, Erdos, Gelernter(1997)의 연구에서는 51명의 우울증 입원환자를 대상으로, 자살시도이력이 있는 환자들과 자살시도이력이 없는 환자들을 비교하였다. 두 집단의 우울증 심각성, 자살생각, 연령, 성별은 유사하였다. 자살시도이력이 있는 집단(41%)에서 자살시도이력이 없는 집단(20%)에 비해 TPH U형질이 더 많은 것으로 나타났다. 로지스틱회귀분석을 통해 우울증을 통제한 후에도, 자살시도이력이 없는 집단과 자살시도이력이 있는 집단은 각각 UU유전자형과 LL유전자형으로 구분되었다.

세로토닌 수송체

Mann 외(2000)는 5-HTT와 자살행동의 관계를 살펴보기 위해, 5-HTTLPR 유전자형을 가진 사망자 220명의 뇌를 조사하였다. 5-HTTLPR은 세로토닌 수송체와 연결된 다형성 영역이며, 일반적으로 두 가지 대립형질 short(S)와 long(L)으로 구분된다. 연구자들은 전두엽피질(PFC)에서 5-HTT의 결합을 검사하였다. PFC는 전두엽의 앞부분으로 복잡한 인지행동, 성격표현, 의사결정, 사회적 행동제어와 관련이 있으며, 실행기능을 담당하는 영역이다. 이전의 연구와는 달리, 유전자형(5-HTTLPR이 LL, SL, SS 유전자형인지의 여부)이 5-HTT의 결합과 무관하다는 것이 밝혀졌다. 또한, 5-HTT의 결합이 우울증병력이 있는 환자들에게서 PFC 전반에 걸쳐 더 낮은 것으로 나타났다. 자살사망자들의 PFC에서 5-HTT의 결합은 더 낮게 나타났다. 뇌에서 해당 부분이 손상되면 일반적으로 날억세와 충동적 행동(공격과 자살을 포함)이 증가하므로, Mann 외(2000)는 "뇌의 해당 부분에 세로토닌 유입이 감소하면, 행동억제 또는 감정억제의 손상으로 인해, 우울이나 무기력함을 느끼는 환자의 자살행동이 증가할 것"이라는 가설을 세웠다(Mann et al., 2000, p.734). Mann 외

(1997)의 연구와는 달리, 5-HTTLPR 유전자형과 자살행동 사이에는 아무런 관련이 없는 것으로 나타났고, PFC에서 5-HTTLPR과 5-HTT의 결합 사이에도 아무런 관련이 없는 것으로 나타났다.

Gorwood, Batel, Ades, Hamon, Boni(2000)는 5-HTTLPR, 알코올중독, 자살행동의 관계에 대해 살펴보았다. 남성 알코올중독환자 110명과 비알코올 혈액기증자 61명을 비교한 결과, S대립유전자가 알코올중독 및 우울증과는 관련이 없는 것으로 나타났지만, 자살시도위험과는 관련이 있는 것으로 나타났다. 이러한 관련성은 심각하거나 반복적인 자살시도를 하는 사람들에게서 우세하게 관찰되었고, S대립유전자의 "선량효과"가 발견되었다. 선량효과는 S대립유전자의 존재를 의미한다(S대립유전자가 없는 경우-LL 유전자형, S대립유전자가 1개인 경우-SL 유전자형, S대립유전자가 2개인 경우-SS 유전자형). S대립유전자가 많을수록 자살시도 횟수가 더 많고, 심각도도 더 커지는 것으로 나타났다. Bellivier 외(2000)는 5-HTTLPR과 자살행동의 관계를 살펴보기 위하여, 정서장애를 가진 237명의 환자와 187명의 대조군을 비교하였다. 자살시도병력이 있는 환자는 99명이었으며, 이들 중 26명은 폭력적 자살시도를 하였다. 연구결과, S대립유전자와 자살시도는 관련이 없는 것으로 나타났지만, 폭력적 자살시도를 한 사람들과 대조군 간에는 유의미한 차이가 있었다. 폭력적 자살시도를 한 사람들은 S대립유전자를 더 많이 갖고 있었다.

Li와 He(2007)는 39개의 연구에 대한 메타분석을 통해 5-HTTLPR과 자살행동의 관계를 명확히 밝혀내려 하였다. 일부 연구에서는 자살행동을 보이는 사람들에게서 S대립유전자가 더 많이 발견되는 반면, 다른 연구에서는 L대립유전자가 더 많이 발견되는 것으로 나타났다. Li와 He는 5-HTTLPR이 복잡하기는 하지만, 자살행동에 영향을 미친다고 결론지었다.

Mann 외(2009)는 자살행동과 유전자에 대한 기존의 문헌을 검토하였다. 세로토닌 체계인 5-HTT, 세로토닌의 분해효소인 모노아민산화효소 A, 트립토판 수산화효소가 자살행동에 미치는 영향에 대해 살펴본 결과, "암시적이지만 결정적이지는 않은 결과"(p.3)를 발견하였다. 또한, 자살행동은 유전자와 환경의 상호작용에 영향을 받는 것으로 나타났다. 5-HTTLPR의 S대립유전자는 스트레스가 많은 생활사건과 관련하여 더욱 주목을 받았지만, Mann 외(2009)는 이러한 결과가 항상 재현되지는 않았다고 지적하였다.

HPA축 유전자

HPA축 유전자와 자살행동의 관계를 살펴본 연구는 거의 없다. HPA축의 역할에 대해서는 뒷부분에서 더 자세히 설명할 것이다. 한 연구에서는 코르티코트로핀방출호르몬(CRH)과 자살행동의 관련성을 살펴보았다. CRH는 HPA축이 주요한 역할을 하는 신경전달물질이며, 스트레스반응과 관련된 펩타이드호르몬이다. Wasserman, Sokolowski, Rozanov, Wasserman(2008)은 평생 스트레스 수준이 낮은 우울증 남성환자의 CRH가 자살시도와 관련이 있는 것을 발견하였다. 하지만, 평생 스트레스 수준이 높은 경우에는 관련이 없는 것으로 나타났다.

논의

앞에서 논의된 연구들은 완전하지는 않지만, 자살행동과 유전자에 대한 예를 잘 보여준다. 자살행동과의 관계를 살펴본 대부분의 연구에서는 세로토닌 체계에 초점을 맞추고 있다. 따라서 다른 유전자의 역할을 살펴보는 연구에 대한 필요성이 제기된다. 하지만, 자살성향을 가진 "자살유전자"가 존재할 가능성은 거의 없다. 예를 들면, Richard Dawkins(1976)가 『이기적 유전자』에서 제기한 논쟁은 다음과 같다. Dawkins는 꿀벌의 유충에 영향을 미치는 부저병과 부저병의 영향을 덜 받기위해 꿀벌이 보여주는 위생적 행동에 대해 설명하였다. 즉, 위생적 벌집에서는 벌집을 열고, 감염된 유충을 꺼내 벌집 밖으로 버린다. Rothenbuhler(1964)는 위생적인 꿀벌을 키우려는 시도를 하였는데, 벌집 속 꿀벌의 절반정도가 위생적인 행동을 한다는 것을 발견하였다. 예를 들면, 어떤 꿀벌은 벌집을 열어도 감염된 유충을 벌집 밖으로 버리지 않는 반면, 어떤 꿀벌은 Rothenbuhler가 직접 벌집을 열자 감염된 유충을 벌집 밖으로 버리는 것으로 나타났다. Dawkins는 이에 대해 다음과 같이 설명하였다.

> 이는 유전자가 공동생존장치의 행동에 영향을 미치기 위해 '협력한다' 는 사실을 보여준다. 제거되는 유전자는 봉개제거 유전자를 동반하지 않으면 쓸모가 없다. 그럼에도, 유전자 실험을 통해 두 개의 유전자가 세대

를 거치면서 분리될 수 있다는 것을 명백히 알 수 있다. 해당 작업이 계속해서 쓸모가 있는 한, 단일협력단위로 남아있을 수는 있지만, 복제유전자는 서로 다른 자유롭고 독립적인 개체이다(Dawkins, 1976, p.62).

내적표현형[41]

앞에서 검토한 연구들의 문제점 중 하나는 단일유전자 또는 유전자변형으로 자살행동을 설명하려 한다는 점이다. Mann 외(2009)는 이에 대해 다음과 같이 지적하였다.

어떠한 단일유전자도 자살행동이나 치명적이지 않은 자살시도와 같이 복잡하고 다중으로 결정되는 행동을 설명할 수 없다. 따라서, 유전자-유전자 관계, 유전자-환경 관계, 자살행동을 야기하는 다중경로를 고려할 때, 보다 생산적인 접근방법은 생물학적이고 임상적인 내적표현형을 확인하는 것이다(Mann et al., 2009, p.3).

자살행동은 매우 복잡하기 때문에, 단일유전자나 유전자변형으로는 설명할 수 없다. 따라서, 유전자 간의 상호작용, 유전자와 환경의 상호작용을 고려해야 하며, 이는 내적표현형으로 가장 잘 설명될 수 있다. 가장 기본적인 정의에 의하면, 내적표현형은 측정이 가능

---

41 Mann 외(2009) 참조.

한 유전적으로 전달되는 특성이다. Gottesman과 Gould(2003)는 내적표현형의 다섯 가지 기준을 다음과 같이 제시하였다. (1) 인구의 질병과 관련되어야 한다. (2) 유전가능성이 있어야 한다(20% 이상). (3) 기본적으로 독립적인 상태여야 한다(병의 진행여부와 관계없이 개인에게 나타남). (4) 가족 내에서는 분리되어야 한다. (5) 일반인들보다 영향을 받지 않는 가족에게서 더 자주 발견된다. 연구를 통해 자살행동과 관련된 내적표현형이 다음과 같이 나타났다: 충동성-공격성, 우울증의 조기발병, 신경인지기능, 사회적 스트레스에 대한 코르티솔 반응.

충동성-공격성

Turecki(2005)는 충동성-공격성이 자살행동에 미치는 영향이 임상환자를 대상으로 한 실험-통제 연구, 코호트 연구, 자살자에 대한 후향적 연구, 사례연구 등 다수의 연구에 잘 정리되어 있는 것을 발견하였다. 또한, 충동성-공격성은 자살행동을 동반하는 정신병리와는 무관한 것으로 나타났다. Turecki는 충동성-공격성이 생활스트레스와 학대경험의 영향을 받는다고 주장하였다. 하지만, 모든 자살자가 충동성-공격성을 갖고 있는 것은 아니기 때문에, 자살의 하위유형이 존재한다고 설명하였다(10장 참조). Mann 외(2009)는 "충동성은 임상도구나 신경심리학적 도구를 이용한 평가에서, 내적표현형의 5가지 기준을 모두 충족시키는 것으로 나타났다"고 결론을 내렸다(p.5).

우울증의 조기발병

Mann 외(2009)는 우울증의 조기발병이 자살행동의 또다른 내적 표현형이라고 주장하였다. 문헌검토 결과, 영향을 받지 않는 가족에 대한 기준은 아직 연구가 이루어지지 않았기 때문에 제외하더라도, 내적표현형의 다른 기준은 모두 충족시키는 것으로 나타났다 (Holmans et al., 2007; Lyons et al., 1998; Pettit et al., 2008; Zisook et al., 2007).

신경인지기능

신경인지기능의 다양한 영역(수행기능, 주의력, 언어유창성)은 자살행동과 관련이 있는 것으로 알려져 있다. Mann 외(2009)는 주의력, 언어유창성, 기억력, 학습의 인지적 결함이 지속된다는 증거는 있지만(Reppermund, Ising, Lucae, & Zihl, 2009), 기억력, 언어유창성, 문제해결능력의 결함이 유전되고 가족 내에서 분리될 수 있다는 증거는 부족하다고 주장하였다. 따라서, 신경인지기능이 자살행동의 내적표현형일 수 있다는 증거는 있지만, 이를 확인할 수 있는 증거가 현재까지는 충분하지 않다.

사회적 스트레스에 대한 코르티솔 반응

Mann 외(2009)는 자살행동의 또다른 내적표현형으로 볼 수 있는

사회적 스트레스에 대한 코르티솔 반응에 관한 문헌을 검토하였
다.[42] Mann 외(2009)는 스트레스에 대한 코르티솔 반응의 내적표현
형 가능성을 지지하는 연구들을 발견하였지만, 영향을 받지 않는 가
족에 대한 추가적인 연구가 필요하다고 주장하였다.

잠재적 내적표현형

현재, 자살행동과 관련하여 가장 많은 지지를 받는 내적표현형은
충동성-공격성, 우울증의 조기발병, 신경인지기능, 사회적 스트레스
에 대한 코르티솔 반응이다. 하지만, Mann 외(2009)는 Gottesman
과 Gould(2003)가 제시한 기준의 일부를 충족시키는 잠재적 내적표
현형을 다음과 같이 제시하였다.[43]

세로토닌 체계의 변형. 세로토닌 체계와 관련된 유전자연구에 대해
서는 앞에서 언급한 바 있다. 연구결과, 자살은 트립토판 수산화효
소(세로토닌 조절효소), 5-HTTLPR의 S대립유전자 및 L대립유전
자와 관련된 전두엽피질에서의 세로토닌 수송체의 낮은 결합과 관
련이 있는 것으로 나타났다.

뇌 구조. 뇌 구조의 변화가 자살행동과 관련될 수 있다는 연구결과
가 발표되었다. 대사저하증은 높은 치사율, 자살시도자, 충동성과
관련이 있는 것으로 알려져 있다(Oquendo et al., 2003; Soloff et al.,
2000). 대사저하증은 신진대사활동이 감소한 상태이며, 비정상적

---

42 HPA축과 자살행동의 관계는 이 장의 후반부에서 논의할 것이다.
43 Mann 외(2009) 참조.

으로 낮은 기초대사량(예: 매일 소비되는 에너지의 양)과 관련이 있다. 또한, 뇌진탕이나 외상성 뇌손상으로 인한 뇌 구조의 변화는 자살행동과 관련이 있는 것으로 나타났다(Teasdale & Engberg, 2001).

2차 메신저. 2차 메신저는 세포 외부로부터 세포 내부로 정보를 전달하는 분자이며, 이는 호르몬(예: 에피네프린) 신호를 전달함으로써 세포의 활동에 변화를 일으킨다. Mann 외(2009)는 2차 메신저와 자살행동의 관계를 살펴본 문헌을 검토한 후, 2차 메신저가 자살의 잠재적 내적표현형일 수 있다고 주장하였다. 예를 들면, Wnt 신호전달경로(2차 메신저)의 구성성분인 글리코겐 신타아제 키나아제-3베타(GSK-3β)의 변형은 자살사망자에게서 발견되었다(Pandey et al., 2009).

경계선 성격장애. Mann 외(2009)는 경계선 성격장애(BPD)가 잠재적 내적표현형일 수 있다고 주장하였다. 특히, BPD의 다음과 같은 세 가지 증상을 자살행동의 잠재적 내적표현형으로 주목하였다: (1) 대인관계장애(예: 결핍, 역기능, 의존성), (2) 행동조절장애(예: 충동, 자해, 자살행동), (3)정서조절장애(예: 극심한 감정반응). 대인관계장애는 fMRI 연구나 거부민감도 측정을 통해 살펴볼 수 있지만, 내적표현형의 기준을 충족시키는지 여부는 확인되지 않았다(Mann et al., 2009). 행동조절장애는 앞에서 논의하였고(충동성-공격성 참조), 정서조절장애는 뒤에서 논의할 HPA축의 기능장애를 살펴본 연구를 통해 검토될 수 있다.

논의

내적표현형은 병리생리학 이론에서 유망한 분야이지만, 더 많은 연구가 필요하다. Mann 외(2009)가 제안한 내적표현형은 Gottesman과 Gould(2003)가 제시한 기준의 대부분을 충족시키지만, 모든 기준을 충족시키는지 여부에 대해서는 추가적인 연구를 통해 살펴볼 필요가 있다. Mann은 추가적으로 검토할 필요가 있는 잠재적 내적표현형도 제안하였다.

신경전달물질[44]

지금까지 세로토닌 체계가 자살행동에 미치는 영향에 대해 유전자와 내적표현형을 이용하여 살펴보았다. 이 섹션에서는 신경전달물질이 자살행동에 어떤 영향을 미치는지에 대해 논의할 것이다. 신경전달물질에는 여러 종류가 있으며, (1) 아미노산, (2) 펩타이드, (3) 모노아민의 3가지 범주로 나눌 수 있다.

아미노산

아미노산은 아민과 카르복실로 구성된 중요한 유기화합물이며,

---

44 Mann(2003) 참조.

각각의 아미노산은 고유한 측쇄를 갖고 있다. 아미노산은 인간의 근육, 세포, 기타조직의 가장 큰 구성요소(물 다음으로) 중 하나이다. 하지만, 지금부터는 신경전달물질로 작용하는 아미노산에 대해 논의할 것이다.

글루타민산염은 학습과 기억의 중요한 신경전달물질로 신경세포 사이의 신호전달에서 장기강화의 핵심적 역할을 한다. Noga 외(1997)는 정신분열증환자, 자살사망자, 통제집단의 사후 뇌에 글루타민산염 수용체가 존재하는지 살펴보았다. 글루타민산염은 글루타민산염 수용체의 하위유형인 AMPA를 이용하여 측정하였다. 연구결과, 정신분열증환자와 자살사망자의 미상핵에서 많은 AMPA가 발견되었다. Hashimoto, Sawa, Iyo(2007)는 기분장애환자의 사후 뇌에서 글루타민산염을 살펴본 결과, 양극성장애 및 우울증환자의 전두엽피질에서 글루타민산염이 더 많이 관찰된다는 것을 발견하였다. 이 연구에서 자살행동을 살펴보지는 않았지만, 우울증과 양극성장애는 자살의 주요한 위험요인이다.

Paul과 Skolnick(2003)은 글루타민산염과 우울증의 관계를 살펴본 문헌들을 검토하였다. 다수의 연구를 통해 우울증환자와 대조군의 글루타민산염 대사가 다르다는 사실이 밝혀졌지만, 일부 연구에서는 이 결과가 만성 항우울제 치료의 부작용이라고 주장하였다. 또한, 우울증환자에게서 글루타민산염에 대한 혈소판 민감성이 증가하는 것으로 나타났고, 글루타민산염이 전대상엽(대뇌변연계의 일부)에서는 적게 발견되었다. 우울증이 뇌의 글루타민산염 수치에는 아무런 영향을 주지 않는다는 연구결과도 있었다.

글루타민산염과 정신병리, 글루타민산염과 자살의 관련성을 설명한 연구들이 있기는 하지만, 결정적인 증거는 아니다.

모노아민

모노아민 신경전달물질에는 세로토닌, 노르에피네프린, 에피네프린, 도파민이 있다.

세로토닌. 모든 신경전달물질 중 세로토닌은 주요한 연구대상이었다. 세로토닌은 장의 움직임, 기분, 식욕, 수면, 기억, 학습을 조절하는 등 신체에서 다양한 용도로 사용된다. 정신질환(예: 우울증)을 치료하는데 사용되는 많은 약물은 세로토닌 조절을 목표로 한다(예: 선택적 세로토닌 재흡수 억제제, SSRI). 세로토닌과 관련된 유전자와 자살의 관계를 살펴본 문헌은 앞에서 살펴보았으므로, 여기에서는 반복을 피하기 위해 간단하게만 언급하기로 한다.

Mann, Arango, Underwood(1990)는 세로토닌과 자살행동의 관계를 살펴본 문헌을 검토하였다. 연구결과, 낮은 세로토닌 수치가 자살행동과 관련이 있는 것으로 나타났는데, 이는 자살사망자에게서 방출된 세로토닌의 수치가 낮았기 때문이다. 하지만, Mann 외(1990)는 감소한 세로토닌의 수치만으로는 자살행동의 시기나 유형을 설명할 수 없다고 결론을 내렸다.

노르에피네프린. 노르아드레날린이라고도 불리는 노르에피네프린은 교감신경에서 방출되는 신경전달물질로 심장에 영향을 미친다. 따라서 노르에피네프린의 증가는 심박수의 증가와 관련이 있다. 노르에피네프린은 에피네프린과 마찬가지로 투쟁-도주 반응과 관련이 있으며, 편도체와 같은 뇌 부위에 영향을 미친다.

Mann(2003)이 살펴본 바에 의하면, 자살로 사망한 우울증 환자의 청반(스트레스와 공황에 대한 생리반응과 관련된 뇌간의 한 부분)에서 노르에피네프린은 거의 발견되지 않았다(Arango, Underwood, & Mann, 1996). 이는 스트레스와 자살행동의 관계가 HPA축에 의해 조절되면서 나타난 부작용일 수 있다. 일부 연구에서는 노르에피네프린의 생합성을 담당하는 속도제한효소인 티로신수산화효소(TH)에 대해 살펴보았는데, 이에 대한 결과는 일관적이지 않았다. 즉, 어떤 연구에서는 높은 수치(Ordway, Smith, & Hayock, 1994), 어떤 연구에서는 낮은 수치(Biegon & Fieldust, 1992)가 나타났다.

전두엽피질에 있는 β-아드레날린 수용체 결합은 자살자에게서 높게 나타났지만(Mann, Stanley, McBride, & McEwen, 1986), α-아드레날린 결합은 낮게 나타났다(Arango, Ernsberger, Sved, & Mann, 1993). 또한, 우울증환자의 경우에는 노르에피네프린과 코르티솔 의존성 스트레스 반응이 높게 나타났고(Weiss, Ratner, Voltura, Savage, Lucero, & Castillo, 1994), 어린 시절 부정적 경험을 한 사람들은 성인기에 교감반응(자율신경계)에서 과잉활동 징후가 나타났다(Heim & Nemeroff, 2001).

노르에피네프린과 자살행동의 관계는 스트레스 반응과 자살행동의 관계로 설명할 수 있을 것이다. 이에 대해서는 HPA축에 대한 설명에서 자세히 논의하기로 한다.

도파민. 도파민은 일반적으로 보상중심학습과 관련된 신경전달물질이다. 보상을 받는 행동은 뇌에 전달되는 도파민 수치를 증가시킨다. 도파민은 코카인이나 메타암페타민과 같은 중독성이 강한 마약과 관련이 있다. 또한, 도파민은 파킨슨병이나 정신분열증과 같은 여러 질환과도 관련이 있다.

Mann(2003)은 도파민이 자살행동에 미치는 영향에 대해 검토하였는데, 자살사망자의 경우(사후연구)에는 도파민에 대해 살펴본 연구가 거의 없다고 언급하였다. 한 연구를 통해서만, 자살사망자의 미상핵(학습과 기억과 관련된 뇌의 중요부분)에서 도파민 수용체인 mRNA(DNA에서 리보솜으로 유전정보를 전달하는 메신저 RNA)에 변화가 없음이 발견되었다. Mann은 도파민이나 호모바닐린산(HVA, 도파민의 주요 대사물질)의 변화를 살펴본 연구가 있기는 하였지만, "전두엽피질이나 뇌간에서 도파민이나 HVA의 변화가 있는지 확실하게 판단하기에는, 너무 연구가 너무 적다"(p.822)고 지적하였다.

Mann(2003)은 "도파민시스템이 우울증에서는 비정상적으로 나타나지만, 이를 자살에 적용시킬 수 있는 연구는 너무 적다"(p.822)고 결론을 내렸다. 도파민이 자살행동에 어떤 영향을 미치는지에 대해서는 결론이 나지 않았기 때문에, 추가적인 연구를 통해 이를 밝혀낼 필요가 있다.

논의

신경전달물질, 특히 모노아민 세로토닌이 자살행동에 영향을 미친다는 증거는 있다. 하지만, 신경전달물질과 자살행동의 관계는 여전히 명확하게 규명되지 않았다. 향후 연구에서는 어떤 조건에서 신경전달물질이 자살행동과 연관되는지, 신경전달물질과 자살행동의 관계를 인과적으로 설명할 수 있는지에 대해 살펴보아야 한다. 또한, 신경전달물질은 다른 메커니즘과 결합하여 자살행동을 유발할 수도 있다.

콜레스테롤

콜레스테롤은 체내에서 발견되는 유기화학물질로, 지방으로 분류된다. 모든 세포는 콜레스테롤을 만들어내며, 콜레스테롤은 포유류 세포막의 필수적인 구성요소이다. 콜레스테롤은 우리 몸에서 발견되는 정상적인 물질이지만, 과도한 수치는 심혈관질환으로 이어질 수 있다.

Vartiainen, Puska, Pekkanen, Tuomilehto, Lonnqvist, Ehnholm (1994)은 1913년부터 1947년 사이에 태어난 남성과 여성의 코호트를 대상으로 혈청[45] 콜레스테롤 수치와 사고, 자살 및 기타 폭력적인 원인에 의한 사망률의 관계를 살펴보았다. 총 193명의 사망자의 사고, 자살 및 기타 폭력적인 원인에 의한 사망률은 혈청 콜레스테롤 수치와 관련이 없는 것으로 나타났다. 하지만, Vartiainen 외(1994)

---

45 혈청은 혈구나 응혈인자를 포함하지 않는 혈장을 의미한다.

의 연구에서는 사고, 자살 및 기타 폭력적인 원인에 의한 사망을 동
일범주로 놓고 살펴보았고, 자살만을 따로 살펴보지는 않았다.
Almeida-Montes 외(2000)는 콜레스테롤, 지질, 세로토닌, 트립토판
수준과 우울증 및 자살시도의 관계를 살펴보았는데, 콜레스테롤 수
치와 자살행동의 상관관계는 발견하지 못하였다.

반면, Golier, Marzuk, Leon, Weiner, Tardiff(1995)는 정신병원
에 입원한 18-59세의 남성 환자 650명을 대상으로 낮은 혈청 콜레스
테롤 수치가 자살시도와 관련이 있음을 발견하였다. 이 연구에서 발
견된 흥미로운 점은 성별 차이이다. 남성의 경우에는 콜레스테롤 수
치가 낮을수록 자살위험이 높은 것으로 나타났지만, 여성의 경우에
는 콜레스테롤 수치와 자살위험이 관련이 없는 것으로 나타났다.
Zureik, Courbon, Ducimetiere(1996)는 1967년부터 1972년까지 프
랑스 파리의 43-62세 남성 직장인 6,393명 코호트를 조사한 결과,
낮은 혈청 콜레스테롤 수치가 높은 자살위험을 동반한다는 것을 발
견하였다. 추후연구를 통해서도, 혈청 콜레스테롤 수치의 감소가 자
살행동과 관련이 있음을 발견하였다.

Garland 외(2000)도 콜레스테롤 수치의 영향을 살펴보았으나, 자
살행위가 아닌 준자살행위(치명적이지 않은 자살행동)에 초점을 두
었고, 콜레스테롤 수치와 충동성의 관계도 살펴보았다. 해당 연구에
서는 준자살행위나 고의적 자해를 한 후 정신과병동에 입원한 100
명의 환자를 조사하였는데, "정상"과 정신질환자를 통제군으로 짝
지어 비교하였다. 연구결과, 자살시도자에게서 낮은 콜레스테롤 수
치가 발견되었지만, 콜레스테롤과 우울증 또는 자살생각의 상관관

계는 나타나지 않았다. 또한, 충동성과 콜레스테롤 수치가 부적 관계가 있음이 밝혀졌는데, 이는 낮은 콜레스테롤 수치가 높은 충동성과 관련이 있다는 것을 의미한다. 앞에서도 논의하였지만, 충동성은 자살의 위험요인이다.

Atmaca, Kuloglu, Tezcan, Ustundag, Gecici, Firidin(2002)도 콜레스테롤의 영향을 렙틴과 함께 살펴보았다. 렙틴은 음식섭취와 에너지균형을 조절하고, 체지방량을 시상하부에 알려주는 호르몬이다. 24명의 자살시도자를 24명의 건강대조군과 비교한 결과, 건강대조군에 비해 자살시도자들의 콜레스테롤 수치와 렙틴 수치가 낮게 나타났다.

지금까지는 혈청의 낮은 콜레스테롤 수치가 미치는 영향에 대해 살펴보았는데, 높은 콜레스테롤 수치가 미치는 영향에 대해서도 살펴볼 필요가 있다. Tanskanen, Vartiainen, Tuomilehto, Viinamaki, Lehtonen, Puska(2000)는 1972년부터 1992년까지 핀란드 성인 37,635명 중 자살로 사망한 130명을 대상으로 높은 콜레스테롤 수치가 자살위험과 관련이 있음을 발견하였다. 이는 앞에서 언급된 연구결과와는 반대의 결과이다.

마지막으로, Lester(2002)는 콜레스테롤 수치와 자살행동의 관계를 살펴본 연구들을 중심으로 메타분석을 실시하여, 낮은 콜레스테롤 수치가 자살위험을 작지만 유의미하게 증가시킨다는 것을 발견하였다. 또한, 자살과 관련된 연구는 거의 수행되지 않았지만, 콜레스테롤 강하치료가 자살행동에는 영향을 미치지 않는 것으로 나타났다.

설명

그렇다면, 왜 낮은 콜레스테롤 수치가 자살행동에 영향을 미치는 지에 대한 의문을 가질 수 있다. Engelberg(1992)와 Salter(1992)는 낮은 콜레스테롤 수치는 낮은 세로토닌 수치와 관련이 있다고 주장하였다. 앞에서도 논의하였지만, 낮은 세로토닌 수치는 자살행동에 영향을 미친다. Steegmans, Feekes, Hoes, Bak, van der Does, Grobbee(1996)는 성인남성을 대상으로 낮은 혈청 콜레스테롤 수치와 세로토닌 신진대사의 관계를 조사하여 가설을 검증하였다. 연구 결과, 혈청 콜레스테롤 농도가 낮은 남성은 혈장 세로토닌 농도가 낮은 것으로 나타났다. 하지만, 이는 콜레스테롤 수치와 자살행동의 관계를 설명하는 하나의 가능성을 제시할 뿐이다. 따라서, 콜레스테롤 수치가 자살행동에 영향을 미치는 이유를 설명하기 위한 이론과 더 많은 연구가 필요하다.

논의

많은 연구를 통해 자살행동과 콜레스테롤 수치가 관련이 있는 것으로 나타났다. 일반적으로 낮은 콜레스테롤 수치가 자살행동과 관련이 있는 것으로 나타났지만, 한 연구에서는 높은 콜레스테롤 수치가 자살과 관련이 있는 것으로 나타났다. 콜레스테롤과 자살의 관련성에 대해서는 낮은 콜레스테롤이 세로토닌 수치를 낮추기 때문이라고 설명할 수 있지만, 콜레스테롤과 자살행동의 관계를 본질적으로 확인하기 위해서는 더 많은 연구가 필요하다. 또한, 콜레스테롤과 자살의 관계를 설명할 수 있다면, 도움이 되는 자살예방법을 제안할 수 있다. 의사들은 주로 심혈관질환과 관련된 높은 수치의 콜레스테롤에 초점을 맞추어 환자들을 대한다. 만약 의사들이 콜레스테롤 수치와 자살의 관계에 대해 알게 된다면, 잠재적으로 자살위험이 있는 환자들의 경각심을 불러일으킬 수 있다.

HPA축

HPA축은 시상하부, 뇌하수체, 부신의 복잡한 상호작용을 수반한다. HPA축은 체온, 소화, 면역계, 기분, 성, 에너지사용 등과 관련이 있다. HPA축의 자살행동과 관련된 가장 중요한 역할은 투쟁-도주반응을 일으키고, 코르티솔과 같은 호르몬을 방출하는 것이다. 즉, "자살행동 이전에 발생한 생활사건에 대한 급성스트레스 반응으로 인해 스트레스 반응메커니즘이 손상되어 자살위험이 높아지고, 발달과정에서 겪은 역경에 대한 스트레스 반응활동이 증가하여 자살행동과 관련된 다른 시스템이나 두뇌구조 발달에 해로운 영향을 줌으로써 자살행동이 발생하게 되는 것이다"(Currier & Mann, 2008, p.255).

Lopez, Vazquez, Chalmers, & Watson(1997)이 세로토닌 체계와 HPA축의 관계를 살펴본 결과는 다음과 같다. (1) 일반적으로 자살자, 우울증환자의 HPA축은 과잉활성을 보인다. (2) 만성스트레스나 높은 수준의 스테로이드는 말단투영 영역에서 세로토닌 수용체의 변화를 초래한다. (3) 부신피질스테로이드가 높은 사람에게서 발견되는 수용체 결합의 변화가 자살자의 뇌에서도 나타난다. (4) 만성 항우울제는 만성스트레스를 가진 사람에게서 발견되는 것과 반대되는 수용체 변화를 일으킨다. (5) 항우울제는 HPA축의 과잉활성을 막는다.

Coryell과 Schlesser(2001)는 HPA축의 과잉활성정도를 측정하는 덱사메타손 억제검사(DST)를 이용하여 자살행동과의 관계를 살펴보았다. 해당 연구에서는 15년 동안 78명의 정신과입원환자를 대상으로 자살의 여러 위험요인(성별, 연령, 독거여부, 절망감, 우울증, 자살시도, 양극성장애, 망상)에 대해서도 살펴보았는데, 어떠한 위험요인도 자살과 관련이 없는 것으로 나타났다. 하지만, 생존분석 결과, 정상적인 DST 결과를 가진 환자들의 자살위험은 2.9%인 것에 비해, 비정상적인 DST 결과를 가진 환자들의 자살위험은 26.8%로 나타났다.

Jokinen과 Nordstrom(2008, 2009)은 DST를 이용하여 청년층과 노인층의 HPA축의 과잉활성정도가 자살행동에 미치는 영향을 살펴보았다. 청년층은 자살시도 위험이 높은 반면, 노인층은 자살사망 위험이 높은 것이 특징인데, 두 집단 모두 비정상적인 DST 결과가 자살행동과 관련이 있는 것으로 나타났다.

Currier와 Mann(2008)은 HPA축과 자살행동의 관계를 살펴본 문헌들을 검토하여, DST가 높은 사람이 DST가 낮은 사람에 비해 자살위험이 14배 더 높다는 것을 발견하였다. Mann, Currier, Stanley,

Oquendo, Amsel, Ellis(2006)의 메타분석에 따르면, DST가 높은 사람이 DST가 낮은 사람에 비해 자살로 사망할 확률이 4.5배 더 높은 것으로 나타났는데, 이는 자살사망(자살시도가 아님)이 높은 DST와 관련이 있다는 Lester(1992)의 초기 메타분석 연구결과를 지지하는 것이다.

논의

자살행동과 HPA축에 관한 연구들은 지금까지 수행되고 있지만, 그 규모는 작은 편이다. HPA축과 자살행동의 관계가 명확하게 규명되지는 않았지만, 많은 연구에서 HPA축(HPA축 유전자)과 자살행동의 관계를 설명하고 있다. 물론, HPA축과 자살행동의 관계에 대한 더 나은 이해를 위해서는 앞으로도 많은 연구가 수행될 필요가 있다. HPA축 과잉활성과 자살행동의 관계를 규명하는 것이 자살행동의 많은 위험요인(예: 아동기 성적 학대경험, 외상성 사건)을 설명하는데 도움이 될 수 있기 때문이다.

백색물질 과다증

백색물질 과다증과 정신병리, 자살행동의 관계를 살펴보는 연구가 늘어나고 있다. 과다증은 뇌에서 MRI검사를 통해 발견되는 강도가 높은 영역을 의미한다. 백색물질은 중추신경계의 두 가지 구성요소 중 하나이다. 백색물질은 아교세포(항상성을 유지하고, 미엘린을 형성하며, 뇌의 뉴런을 보호하고 지원하는 비신경세포)와 미엘린 축색돌기(대뇌와 하부 뇌의 신호를 전달)로 구성되어 있다. 백색물질은 오랫동안 수동적인 조직이라고 알려졌지만, 최근 학습 및 일부 기능장애와 관련이 있는 것이 밝혀졌다. 백색물질은 행동잠재력을 통제하여, 서로 다른 뇌 영역을 조정하는 역할을 한다. 다음 섹션에서는 백색물질 과다증과 자살행동의 관계를 살펴본 연구들에 대해 검토해 본다.

백색물질과 정신병리

백색물질과 정신병리의 관계를 살펴본 연구는 주로 노인을 대상으로 하였다. 건강대조군에 비해, 말년 우울증환자는 백색물질 과다증 비율이 높고 심각한 것으로 나타났다(Tupler et al., 2002; Taylor et al., 2005). 이에 대해 일부 연구자들은 말년 우울증환자의 백색물질 과다증은 뇌혈관질환(Alexopoulos et al., 1997)과 관련이 있다고 주장하였다. 즉, 대뇌피질 및 피질하부구조와 관련된 섬유소가 파괴되면 우울증이 발생하기 때문이다.

조울증과 관련된 연구결과는 말년 우울증과 관련된 연구결과보다 훨씬 일관성이 적다. 두 개의 메타분석을 통해, 조울증이 백색물질 과다증과 관련이 있음이 밝혀졌다(Altshuler et al., 1995; Videobech, 1997). 하지만, 이를 반박하는 연구에서는 백색물질 과다증과 조울증의 관계가 불분명하다고 주장하였다.

백색물질과 자살행동

최근의 연구를 통해, 백색물질 과다증과 자살시도의 관계가 보고되었다(Ehrlich et al., 2004, 2005). Ahearn 외(2001)는 자살시도 환자의 뇌실주위 백색물질 과다증이 커지는 경향이 있음을 발견하였다. Pompili(2012)는 백색물질 과다증과 자살행동에 대한 연구를 검토한 후, 다음과 같은 결론을 내렸다.

> 정서조절장애 및 뇌실주위 과다증을 가진 환자는 심혈관 위험요인이나 연령을 통제한 후에도 자살시도 이력을 가질 가능성이 높다. 하지만, 뇌실주위 백색물질 과다증(PWH)은 자살시도 위험의 극히 일부만을 설명하기 때문에, 단일변수로 자살가능성을 예측하는 것은 충분하지 않다(p.290).

논의

백색물질 과다증과 정신병리 및 자살행동의 연관성을 살펴본 연구들을 통해 명확한 결론을 내리는 것은 현재로는 불가능하다. 백색물질 과다증과 자살행동의 관계를 설명하기 위해서는 후속 연구가 필요하다.

결론

이 장에서는 병리생리학 이론을 통해 자살행동을 설명하려 하였다. John Mann의 연구는 해당 주제를 전개하는데 매우 중요한 역할을 하였다. 병리생리학과 자살행동에 관해 더 상세히 알고 싶다면, Mann 외(2009)와 Mann(1998, 2003)의 연구를 참조하기 바란다.

예방적 함의

Mann, Currier, Stanley, Oquendo, Amsel, Ellis(2006)는 세로토닌 체계(CSF 5-HIAA)와 HPA축의 과잉활성(DST) 측정치의 영향력을 비교함으로써 자살에 대한 예방적 함의를 제시하였다. 우선, 자살에 대한 영향력을 비교하기 위해 두 가지 모델을 개발하였다. 첫 번째 모델은 두 가지 검사도구(CSF 5-HIAA 및 DST)가 양성인 경우("and"조건), 두 번째 모델은 한 가지 검사도구만 양성인 경우("or"조건)로 설정하였다. 연구결과, "or"조건이 "and"조건보다 자살과의 관련성이 더 높은 것으로 나타났다. "or"조건은 민감도는 높았지만(87.5%), 특이도는 낮았다(28%). 특이도는 낮지만, "실제 자살률이 5%일 때, 1,000명의 표본에서 약 18/20의 자살자를 발견할 수 있기 때문에 매우 좋은 결과"(p.471)로 볼 수 있다. 반면, "and"조건은 특이도는 높았지만(88%), 민감도는 낮았다(37.5%). 이러한 결과는 자살행동의 예측변수로 생물학적 지표를 사용하는 것이 가능하다는 것을 보여주지만, 특이도를 높이기 위한 더 나은 방법을 고안할 필요가 있다.

생물학적 지표는 자살행동의 예측에 도움이 될 것이다. 하지만, 현재의 방법에는 한계가 있다. 생물학적 지표를 사용하여 자살행동의 예측력을 높인다면, 많은 생명을 구할 수 있다. 어떤 생물학적 지표가 자살행동을 예측하는데 더 효과적인지에 대해서는 추가적인 연구가 필요하며, 이 장에서 몇 가지 방법이 논의되었다.

맺음말

병리생리학은 자살행동에 대한 이론을 구축하고 이해하는 측면에서 가장 유망한 분야이다. 또한, 자살충동을 가진 사람들의 생물학적 측면을 이해함으로써, 더 나은 예방과 치료방법을 개발할 수 있다. 특히, 자살행동의 생물학적 근거를 이해하게 되면, 더욱 효과적인 약물치료법을 개발할 수 있을 것이다. 뿐만 아니라, 아동기 성적 학대경험과 HPA축 과잉활성의 관계와 같이, 환경요인에 따른 생물학적 과정을 이해하게 되면, 자살행동을 치료하고 관리할 수 있는 더 나은 프로토콜을 개발할 수 있을 것이다.

자살행동과 병리생리학의 관계를 이해함에 있어 가장 큰 단점 중 하나는 현장의 연구자들이 사용하는 기술적 용어의 차이이다. 병리생리학 전문가들은 대부분 이해할 수 있겠지만, 자살행동 연구자들은 해당 용어를 이해하기 위해 "해석"을 해야 한다. 예를 들어, 아동기 성적 학대경험 연구자는 성적 학대경험이 자살행동에 어떠한 생리학적 연관성이 있는지 이해하려 하지만, 생물학적 용어에 익숙하

지 않을 수 있다. 이 장에서는 모든 분야의 연구자들이 이해할 수 있
는 용어로 병리생리학과 자살행동의 관계를 설명하려고 노력하였
다. 특히, 문헌고찰에서는 특수 용어를 사용하지 않는 것이 다른 분
야의 연구자들도 쉽게 이해하는데 도움이 될 것이다.

[참고문헌]────────────

Ahearn, E. P., Jamison, K. R., Steffens, D. C., Cassidy, F., Provenzale, J. M., Lehman, A., Weisler, R. H.,······& Krishnan, K. R. R. (2001). MRI correlates of suicide attempt history in unipolar depression. *Biological Psychiatry, 50*, 266-270.

Alexopoulos, G. S., Meyers, B. S., Young. R. C., Campbell, S., Silbersweig, D., & Charlson, M. (1997). 'Vascular depression' hypothesis. *Archives of General Psychiatry, 54*, 915-922.

Almeida-Montes, L. G., Valles-Sanchez, V., Moreno-Aguilar, J., Chavez-Balderas, R. A., Garcia-Marin, J. A., Sotres, J. F. C., & Hheinze-Martin, G. (2000). Relation of serum cholesterol, lipid, serotonin and tryptophan levels to severity of depression and to suicide attempts. *Journal of Psychiatry & Neuroscience, 25*, 371-377.

Altshuler, L. L., Curran, J. G., Hauser, P., Mintz, J., Denicoff, K., & Post, R. (1995). T2 hyperintensities in bipolar disorder: Magnetic resonance imaging comparison and literature meta-analysis. *American Journal of Psychiatry, 152*, 1139-1144.

Arango, V., Ernsberger, P., Sved, A. F., & Mann, J. J. (1993). Quantitative autoradiography of α1- and α2-adrenergic receptors in the cerebral cortex of controls and suicide victims. *Brain Research, 630*, 271-82.

Arango, V., Underwood, M. D., & Mann, J. J. (1996). Fewer pigmented locus coeruleus neurons in suicide victims: Preliminary results. *Biological Psychiatry, 39*, 112-20.

Atmaca, M., Kuloglu, M., Tezcan,E., Ustundag, B., Gecici, O., & Firidin, B. (2002). Serum leptin and cholesterol values in suicide attempters. *Neuropsychobiology, 45*, 124-27.

Bellivier, F., Szoke, A., Henry, C., Lacoste, J., Bottos, C., Nosten-Bertrand, M., Hardy, P., Rouillon, F., Launay, J., Laplanche, J., & Leboyer, M. (2000). Possible association between serotonin transporter gene polymorphism and violent suicidal behavior in mood disorders. *Biological Psychiatry, 48*, 319-22.

Biegon, A., & Fieldust, S. (1992). Reduced tyrosine hydroxylase immunoreactivity in locus coeruleus of suicide victims. *Synapse, 10*, 79-2.

Coryell, W., & Schlesser, M. (2001). The dexamethasone suppression test and suicide prediction. *American Journal of Psychiatry, 158*, 748-53.

Currier, D., & Mann, J. J. (2008). Stress, genes and the biology of suicidal behavior. *Psychiatric Clinics of North American, 31*, 247-69.

Dawkins, R. (1976). *The selfish gene*. Oxford, UK: Oxford University Press.

Ehrlich, S., Breeze, J. L., Hesdorffer, D. C., Noam, G. G., Hong, X., Alban, R. L., Davis, S. E., & Renshaw, P. F. (2005). White matter hyperintensities and their association with suicidality in depressed young adults. *Journal of Affective Disorders, 86*, 281-87.

Ehrlich, S., Noam, G. G., Lyoo, I. K., Kwon, B. J., Clark, M. A., & Renshaw, P. F. (2004). White matter hyperintensities and their associations with suicidality in psychiatrically hospitalized children and adolescents. *Journal of the American Academy of Child & Adolescent Psychiatry, 43*, 770-76.

Engelberg, H. (1992). Low serum cholesterol and suicide. *Lancet, 339*, 727-29.

Garland, M., Hickey, D., Corvin, A., Golden, J., Fitzpatrick, P., Cunningham, S., & Walsh, N. (2000). Total serum cholesterol in relation to psychological correlates in parasuicide. *The British Journal of Psychiatry, 177*, 77-3.

Golier, J. A., Marzuk, P. M., Leon, A. C., Weiner, C., & Tardiff, K. (1995). Low serum cholesterol level and attempted suicide. *American Journal of Psychiatry, 152*, 419-23.

Gorwood, P., Batel, P., Ades, J., Hamon, M., & Boni, C. (2000). Serotonin transporter gene polymorphisms, alcoholism, and suicidal behavior. *Biological Society, 48*, 259-64.

Gottesman, I. I., & Gould, T. D. (2003). The endophenotypes concept in psychiatry: Etymology and strategic intentions. *American Journal of Psychiatry, 160*, 636-45.

Hashimoto, K., Sawa, A., & Iyo, M. (2007). Increased levels of glutamate in brains from patients with mood disorder. *Biological Psychiatry, 62*, 1310-316.

Heim, C., & Nemeroff, C. B. (2001). The role of childhood trauma in the neurobiology of mood and anxiety disorders: Preclinical and clinical studies. *Biological Psychiatry, 49*, 1023-039.

Holmans, P., Weissman, M. M., Zubenko, G. S., Scheftner, W. A., Crowe, R. R., DePaulo, R., Knowles, J. A., ···evinson, D. F. (2007). Genetics of recurrent earlyonset depression (GenRED): final genome scan report. *American Journal of Psychiatry, 164*, 248-58.

Jokinen, J., & Nordstrom, P. (2008). HPA axis hyperactivity as suicide predictor in elderly mood disorder inpatients. *Psychoneuroendocrinology, 33*, 1387-393.

Jokinen, J., & Nordstrom, P. (2009). HPA axis hyperactivity and attempted suicide in young adult mood disorder inpatients. *Journal of Affective Disorders, 116*, 117-20.

Lester, D. (1992). The dexamethasone suppression test as an indicator of suicide. *Pharmacopsychiatry, 25*, 265-70.

Lester, D. (2002). Serum cholesterol levels and suicide. *Suicide & Life-Threatening Behavior, 32*, 333-46.

Li, D., & He, L. (2007). Meta-analysis supports association between serotonin transporter (5-HTT) and suicidal behavior. *Molecular Psychiatry, 12*, 47-4.

Lopez, J. F., Vazquez, D. M., Chalmers, D. T., & Watson, S. J. (1997). Regulation of 5-HT receptors and the hypothalamic-pituitary-adrenal axis: Implications for the neurobiology of suicide. *Annals of the New York Academy of Sciences, 836*, 106-34.

Lyons, M. J., Eisen, S. A., Goldberg, J., True, W., Lin, N., Meyer, J. M., Toomey, R ., ···suang, M. T. (1998). A registry-based twin study of depression in men. *Archives of General Psychiatry, 55*, 468-72.

Mann, J. J. (1998). The neurobiology of suicide. *Nature Medicine, 4*, 25-0.

Mann, J. J. (2003). Neurobiology of suicidal behaviour. *Neuroscience, 4*, 819-28.

Mann, J. J., Arango, V. A., Avenevoli, S., Brent, D. A., Champagne, F. A., Clayton, P., Currier, D···Wenzel, A. (2009). Candidate endophenotypes for genetic studies of suicidal behavior. *Biological Psychiatry, 65*, 556-63.

Mann, J. J., Currier, D., Stanley, B., Oquendo, M. A., Amsel, L. V., & Ellis, S. P. (2006). Can biological tests assist prediction of suicide in mood disorders? *International Journal of Neuropsychopharmacology, 9*, 465-74.

Mann, J. J., Huang, Y., Underwood, M. D., Kassir, S. A., Oppenheim, S., Kelly, T. M., Dwork, A. J., & Arango, V. (2000). A serotonin transporter gene promoter polymorphism (5-HTTLPR) and prefrontal cortical binding in major depression and suicide. *Archives of General Psychiatry, 57*, 729-38.

Mann, J. J., Malone, K. M., Nielsen, D. A., Goldman, D., Erdos, J., & Gelernter, J. (1997). Possible association of a polymorphism of the trypotophan hydroxylase gene with suicidal behavior in depressed patients. *American Journal of Psychiatry, 154*, 1451-453.

Mann, J. J., Stanley, M., McBride, P. A., & McEwen, B. S. (1986). Increased serotonin-2 and β-adrenergic receptor binding in the frontal cortices of suicide victims. *Archives of General Psychiatry, 43*, 954-59.

Noga, J. T., Hyde, T. M., Herman, M. M., Spurney, C. F., Bigelow, L. B., Weinberger, D. R., & Kleinman, J. E. (1997). Glutamate receptors in the postmortem striatum of schizophrenic, suicide, and control brains. *Synapse, 27*, 168-76.

Oquendo, M. A., Placidi, G. P. A., Malone, K. M., Campbell, C., Keilp, J., Brodsky, B., Kegeles, L. S.,···ann, J. J. (2003). Positron emission tomography of regional brain metabolic responses to a serotonergic challenge and lethality of suicide attempts in major depression. *Archives of General Psychiatry, 60*, 14-2.

Ordway, G. A., Smith, K. S., & Haycock, J. W. (1994). Elevated tyrosine hydroxylase in the locus coeruleus of suicide victims. *Journal of Neurochemistry, 62*, 680-85.

Pandey, G. N., Dwivedi, Y., Rizavi, H. S., Teppen, T., Gaszner, G. L., Roberts, R. C., & Conley, R. R. (2009). GSK-3β gene expression in human postmortem brain: regional distribution, effects of age, and suicide. *Neurochemical Research, 34*, 274-85.

Paul, I. A., & Skolnick, P. (2003). Glutamate and depression: clinical and preclinical studies. *Annals of the New York Academy of Sciences, 1003*, 250-72.

Pettit, J. W., Lewinsohn, P. M., Roberts, R. E., Seeley, J. R., & Monteith, L. (2009). The long-term course of depression: development of an empirical index and identification of early adult outcomes. *Psychological Medicine, 39*, 403-12.

Pompili, M. (2012). White matter hyperintensities in psychiatric disorders and their association with suicide risk. In M. Pompili (Ed.), *Exploring the phenomenon of suicide*, pp. 277-97. Hauppauge, NY: Nova Science.

Reppermund, S., Ising, M., Lucae, S., & Zihl, J. (2009). Cognitive impairment in unipolar depression is persistent and non-specific: Further evidence for the final common pathway disorder hypothesis. *Psychological Medicine, 39*, 603-14.

Rothenbuhler, W. C. (1964). Behavior genetics of nest cleaning in honey bees. IV. Responses of F1 and backcross generations to disease-killed brood. *American Zoologist, 4*, 111-23.

Salter, M. (1992). Low serum cholesterol and suicide. *Lancet, 339*, 1169.

Soloff, P. H., Meltzer, C. C., Greer, P. J., Constantine, D., & Kelly, T. M. (2000). A fenfluramine-activated FDG-PET study of borderline personality disorder. *Biological Psychiatry, 47*, 540-47.

Steegmans, P. H. A., Fekkes, D., Hoes, A. W., Bak, A. A. A., van der Does, E., & Grobbee, D. E. (1996). Low serum cholesterol concentration and serotonin metabolism in men. *British Medical Journal, 312*, 221.

Tanskanen, A., Vartiainen, E., Tuomilehto, J., Viinamaki, H., Lehtonen, J., & Puska, P. (2000). High serum cholesterol and risk of suicide. *American Journal of Psychiatry, 157*, 648-50.

Taylor, W. D., MacFall, J. R., Payne, M. E., McQuoid, D. R., Steffens, D. C., Provenzale, J. M., & Krishnan, R. R. (2005). Greater MRI lesion volumes in elderly depressed subjects than in control subjects. *Psychiatry Research, 139*, 1-.

Teasdale, T., W., & Engberg, A. W. (2001). Suicide after traumatic brain injury: A population study. *Journal of Neurology, Neurosurgery, & Psychiatry, 71*, 436-40.

Tupler, L. A., Krishnan, K. R., McDonald, W. M., Dombeck, C. B., D'ouza, S., &

Steffens, D. C. (2002). Anatomic location and laterality of MRI signal hyperintensities in late-life depression. *Journal of Psychosomatic Research, 53,* 665-76.

Turecki, G. (2005). Dissecting the suicide phenotype: The role of impulsive-aggressive behaviours. *Journal of Psychiatry & Neuroscience, 30,* 398-08.

Vartiainen, E., Puska, P., Pekkanen, J., Tuamilehto, J., Lonnqvist, J., & Ehnholm, C. (1994). Serum cholesterol concentration and mortality from accidents, suicide, and other violent causes. *British Medical Journal, 309,* 445-47.

Videbech, P. (1997). MRI findings in patients with affective disorder: A meta-analysis. *Acta Psychiatrica Scandinavica, 96,* 157-68.

Voracek, M., & Loibl, L. M. (2007). Genetics of suicide: A systematic review of twin studies. *Wiener Klinische Wochenschrift, 119,* 463-75.

Wasserman, D., Sokolowski, M., Rozanov, V., & Wasserman, J. (2008). The CRHR1 gene: A marker for suicidality in depressed males exposed to low stress. *Genes & Brain Behavior, 7,* 14-9.

Weiss, G. K., Ratner, A., Voltura, A., Savage, D., Lucero, K., & Castillo, N. (1994). The effect of two different types of stress on locus coeruleus alpha-2 receptor binding. *Brain Research Bulletin, 33,* 219-21.

Zisook, S., Rush, A. J., Lesser, I., Wisniewski, S. R., Trivedi, M., Husain, M. M., Balasubramani, G. K., Alpert, J. E., & Fava, M. (2007). Preadult onset vs. adult onset of major depressive disorder: A replication study. *Acta Psychiatrica Scandinavica, 115,* 196-05.

Zureik, M., Courbon, D., & Ducimetiere, P. (1996). Serum cholesterol concentration and death from suicide in men: Paris prospective study I. *British Medical Journal, 313,* 649-51.

제2부

사회학, 경제학 이론

자살이론의 과거, 현재, 미래

제12장

고전 사회학 이론[46]

David Lester

이 장에서는 고전 사회학 이론인 Durkheim(1897), Henry와 Short (1954), Gibbs와 Martin(1964)의 이론에 대해 검토해 본다.

Durkheim

Durkheim(1897)은 네 가지 유형의 자살행동을 발견하였는데, 이 네 가지 유형은 두 가지 주요 개념으로 이루어져 있다. 첫 번째는 *사회통합*이다. 사회의 구성원들이 공통된 신념과 정서, 서로에 대한 관심, 공통의 목표에 헌신을 하게 되면 사회는 통합된다고 볼 수 있다(Johnson, 1965). 사회가 통합되면 사회의 구성원들이 지속적이고

---

46 Lester(1989) 참조.

안정적인 사회적 관계를 유지할 수 있게 된다는 것이 Durkheim의 사회통합에 대한 정의라는 의견도 있지만(Gibbs & Martin, 1964), 정작 Durkheim은 스스로 해당 개념에 대해 명확한 정의를 내리지 않았다고 Douglas(1967)는 비판하였다.

자살행동은 사회통합 정도가 높거나*(이타적 자살)* 낮은 경우*(이기적 자살)* 주로 발생한다. 자살률은 사회통합 정도가 중간인 사회에서 가장 낮게 나타난다. 이기주의는 과도한 개인주의로부터 발생하게 되는데, 개인은 집단적 유대감이 강한 종교를 통해, 아동이 있는 경우에는 가족 유대감을 통해, 아니면 정치단체 가입을 통해 이기주의로부터 보호를 받게 된다. 사회와의 유대감이 적으면 자살이 더 많이 발생한다. 반면, 사람들이 너무 친밀하게 통합되면 특정 집단과 동일시되어, 종교적 희생이나 정치적, 군사적 충성의 결과로 목숨을 잃게 되는 경우가 발생한다.

Durkheim이 사용한 두 번째 개념은 *사회규제*이다. 사회가 개인 구성원의 감정과 욕구를 통제하게 되면 사회가 규제되었다고 볼 수 있다. 자살행동은 사회규제 정도가 높거나*(숙명적 자살)* 사회규제 정도가 낮은 경우*(아노미적 자살)* 주로 발생한다. 숙명적 자살은 개인이 너무 규제되어 억압당한다고 느끼면 발생하며, 자살은 억압으로부터의 탈출구로 여겨질 수 있다. 반대로 sati(인도 미망인의 순장)처럼 어떤 사회에서는 자살이 요구되기도 한다(Lester, 2013a). 사회규제가 너무 없으면 개인은 삶의 의미가 없다고 생각하며 사회에서 소외된 느낌을 받을 수도 있다. 따라서 자살률은 사회규제 정도가 중간인 사회에서 가장 낮게 나타난다. Johnson(1965)은 Durkheim의 이론에 의하면 사회에서 발생하는 자살은 사회 구성원들에게 *독립적으로* 작용하는 사회통합과 사회규제의 수준에 의해 결정된다고 주장하였다.

Durkheim의 이론은 많은 부분에서 비판을 받아 왔다. 그는 자신의 이론을 뒷받침하기 위해 특정한 사회관계를 애매하게 정의하였다. 통계분석도 오늘날의 기준에는 미치지 못하며, 이론적 개념을 조작화할 수 있는 지침도 제공하지 못했다. 따라서 Durkheim의 이론에 조정이 필요하다는 점은 반박할 수 없다. 그럼에도 불구하고, 자살문제를 연구하는 사회학자들에게 Durkheim이 미치는 영향력은 후속적으로 나온 사회학 이론들이 대부분 그의 이론을 참고했다는 점을 고려한다면, 상당히 지배적이라고 할 수 있다. Durkheim 이론의 일부분을 명확히 하거나, 발전시키거나, 보완하려는 시도를 통해 새로운 이론들이 발생하였기 때문이다.

Johnson의 Durkheim 이론에 대한 재해석

Johnson(1965)은 Durkheim이 제시한 네 가지 유형의 자살이 하나로 축소될 수 있음을 보여주고자 하였다. Johnson은 이타적이고 숙명적인 자살은 없앨 수 있는 범주로 보았는데, 해당 현상에 내해시 Durkheim이 뒷받침할 수 있는 예를 거의 제시하지 못했기 때문이다. 예를 들면, 대부분의 이타적 자살의 예시는 Durkheim이 적절한 통계결과를 제시할 수 없는 원시사회에서 발생한 것이었다. Durkheim이 사용할 수 있는 자료는 오래된 작가나 여행자들의 감상으로 제한되었고, 해당 사회의 통합이나 규제의 정도에 관한 정보 또한 동일한 출처로만 제한될 수밖에 없었다. 유일하게 Johnson이 타당하다고 여겼던 이타적 자살에 관한 예시는 군대사회에 관한 것이었다.

숙명적 자살을 배제한 이유도 유사했다. 대부분의 사례는 전근대와 비서구 사회에서 발견되었다. 또한, Durkheim은 숙명적 자살을 별로 중요하게 생각하지 않았다.[47] Durkheim이 그 원인을 순수하게 사회적인 이유로 돌리지 않았기 때문에 Johnson은 숙명적 자살에 대한 두 가지 사례를 배제시켰다. 예를 들면, Durkheim은 아주 젊은 남편들은 열정이 너무 강하고 심한 규율도 기꺼이 받아들일 만큼 자신감이 넘치기 때문에 숙명적 자살에 빠지기 쉽다고 생각했다. 하지만 Johnson은 결혼의 본질이 아닌 열정의 강도가 자살의 결정적인 원인이라 볼 수 있기 때문에, 이는 사회적 원인이 아니라고 지적하였다.[48]

Johnson은 다음과 같은 몇 가지 이유를 제시하며 이기적 자살과 아노미적 자살이 동일하다는 것을 보여주고자 하였다.

1. Durkheim은 어떤 사회를 바라볼 때, 사회통합과 사회규제라는 두 가지 차원 *모두*를 고려한 적이 없었다. 예를 들면, 그는 개신교회가 가톨릭교회보다 사회적으로 덜 통합되어 있다고 주장하였지만, 사회규제의 정도에 대해서는 아무런 주장도 하지 않았다. 엄밀히 말하면, 그렇기 때문에 해당 교회의 상대적 자살률을 예측할

---

47 숙명적 자살은 각주에만 언급.

48 Lester(2013b)는 숙명적 자살이 예전에 생각했던 것보다 더 자주 출현할 수 있는 자살유형이라고 주장하면서, 티베트 같은 나라에서 발생한 최근의 자살 폭탄테러와 인도의 미망인들이 남편과 함께 화장장에 묻히는 sati와 같은 예를 제시하였다.

수 없었다.

2. Johnson은 두 가지 자살유형이 거의 항상 함께 발생한다고 주장하였다. Durkheim조차도 아노미적 자살과 이기적 자살이 동일한 사회적 상태의 두 가지 측면이라고 주장하였다. 비록 상관관계가 완벽하지는 않지만, 두 자살유형이 경험적으로 일치한다는 것은 각각을 분리해서 살펴보는 것이 방법론적으로 근거가 약하고 때로는 불필요하다는 것을 의미한다.

3. Johnson의 최종 견해는 두 자살유형이 개념적으로 동일하다는 것이다. 그는 Durkheim의 이론에서 이기주의의 세 가지 중요한 특징인 사회구성원 간의 상호작용 부족, 공통된 양심(목적과 목표)의 부재, 사회규제의 결핍을 발견하였다. 물론 마지막 특징은 아노미와 일치한다. Henry와 Short(1954)도 이 우연의 일치에 주목하였다. Durkheim도 이러한 특징을 들어 두 자살유형을 개념적으로 동일하게 간주해야 한다고 생각하였다.

이에 따라 Johnson은 Durkheim의 이론을 재해석하였다. 즉, 사회집단이 통합될수록 자살률은 낮아진다.

또한 Johnson은 Durkheim의 이론에 대한 대안으로 아노미와 이기주의를 재정의하여 독립적인 개념으로 만들어냈다. Maris(1969)는 사회통합과 사회규제에 대한 조작적 정의를 구분하기 위해 사회통합을 대인관계 의존성으로, 사회규제를 상하관계의 존재여부로 정의할 것을 제안하였다.[49]

---

49 Maris는 의존성을 개인의 가족, 친구, 직업관계와 같은 비심리학적 개념으로 사용하였다.

Durkheim의 이론이 어떤 주체에 적용될 수 있을까?

중요한 문제는 이 이론이 어떤 주체에 적용될 수 있을까 하는 부분이다. 많은 사회학 연구는 국가를 대상으로 이루어진다. 서로 다른 국가의 사회통합과 사회규제의 수준을 합법적으로 구분할 수 있을까? 아마도 가능할 것이다. 예를 들면, 한 나라는 이혼을 허용하고 다른 나라는 이혼을 허용하지 않는다면, 적어도 두 나라의 사회통합의 정도가 다르다는 결론은 내릴 수 있을 것이다. 마찬가지로 전체주의 국가와 민주주의 국가의 사회규제의 정도는 다르다고 할 수 있다.

둘째, 이러한 개념이 한 국가 내의 서로 다른 지역에서도 적용될 수 있을까? 미국의 경우, 사회통합과 사회규제의 수준에 영향을 미칠 수 있는 이혼율이나 교인들의 수는 주(state)마다 서로 다르다. 따라서 이 개념은 한 국가 내의 서로 다른 지역에서도 적용될 수 있다. 셋째, 한 사회 내에서도 남성과 여성, 흑인과 백인, 청년과 노인과 같이 다양한 지위로 구분되는 집단이 있다. 이러한 집단에서도 사회통합과 사회규제의 수준이 서로 다를 수 있다.

마지막으로, 개인은 어떠할까? 개인의 자살이 아노미적, 이기적, 이타적, 숙명적 자살로 분류될 수 있을까? 개인을 분류하는 것은 심리적 수준의 분석이기는 하지만 이론적으로는 가능하다. 예를 들면, Faber(1970)는 그리스 비극작품 일부에 나타난 자살을 이타적이라고 개념화하였다. 그러나 개별 자살사례들을 Durkheim의 네 가지 자살유형으로 분류하는 것은 매우 어려운 일이다(Lester, 1994).

Reynolds와 Berman은 볼티모어와 필라델피아에서 발생한 484건의 자살을 분류하였는데, 71%가 분류 가능한 것으로 나타났다(29%는 분류가 불가능하였다). 분류된 자살 중 56.7%는 아노미적 자살, 8.7%는 숙명적 자살, 5.7%는 이기적 자살, 0%는 이타적 자살로 분류되었다. 이 결과의 신뢰도를 새로운 표본을 대상으로 확인하는 것도 흥미로울 것이다.

전체적 자살률을 살펴보는 것이 합리적인가?

Durkheim이 네 가지 자살유형을 제안했으므로 각각의 자살유형의 비율을 살펴보는 것이 중요할 수 있다. 예를 들면, 사회통합 정도가 낮은 사회는 *이기적* 자살의 비율이 높을 것이다. 따라서 사회통합의 개념을 적용하려면 *이기적* 자살의 비율을 측정할 필요가 있다. 물론, 지금까지 자살률을 이렇게 구분하여 살펴본 적은 *전혀* 없었다. 일반적으로 연구자들은 사회집단의 전체적인 자살률을 살펴보기 때문이다.

Durkheim가설에 대한 전형적인 검증 결과

자살에 관한 거의 모든 사회학 연구에서는 Durkheim을 인용하고, 그의 이론을 검증하려고 하였다. 실제로 많은 연구에서 Durkheim의 이론이 검증되었는지 살펴보는 것은 흥미로운 일이다. 따라서 방법론적으로 탄탄한 사회학 연구들을 우선적으로 검토하기로 한다.

Breault(1986)는 미국에서 종교통합과 가족통합이 자살에 미치는 효과를 살펴보았다. Breault는 다중회귀분석을 이용하여 1933년부터 1980년까지 여러 번에 걸쳐 교인들의 수, 이혼, 지역 간 이주가 자살률에 미치는 영향을 살펴보았다. 그 결과, 이혼율이 높고, 지역 간 이주가 많고, 교인들의 수가 적은 지역의 자살률이 높은 것으로 나타났다.

Durkheim에 의하면 종교가 공유 가치, 강렬한 상호작용, 강한 사회적 유대감을 조장하기 때문에 자살가능성을 줄였다고 볼 수 있다. 우선, 이 주장은 사회규제(공유 가치)와 사회통합(강렬한 상호작용)을 모두 함축하고 있음을 알 수 있다. 따라서 사회통합이 자살에 미치는 영향을 살펴보았다는 Breault의 주장에 의문을 갖게 된다. 왜냐하면 대부분의 종교는 자살을 부도덕한 것으로 간주하기 때문에 규제적 요소를 포함하고 있기 때문이다.

둘째, 종교적인 사람이 실제로 더 사회적으로 통합되어 있다고 볼 수 있는가? Breault의 연구에서는 사회단체에서의 종교적 행동(예: 교회 출석)이 자살률과 관련이 있는지 여부만을 고려하였다. 따라서 교회에 참석하는 사람들이 교회에 참석하지 않는 사람들보다 더 사회적으로 통합되어 있음을 보여주는 것이 필요하다. 왜냐하면 단순히 교회에 참석하지 않는 사람들이 사회통합을 촉진하는 활동에 덜 참여한다고 주장할 수는 없기 때문이다. 공식적인 자살률의 *타당성*에 대한 관심이 높아지고 있기 때문에 사회통합과 사회규제의 측정에 대한 *타당성* 또한 담보될 필요가 있다.

Lester(1988)는 미국사회의 여러 사회적 변수들로 요인분석을 실시하였다. 그는 이혼율, 지역 간 이주, 교인들의 수가 모두 같은 요인으로 분류된다는 것을 발견하였다. 뿐만 아니라 경도(동-서), 인구밀도, 총기규제법의 엄격성도 같은 요인으로 분류되었다. 이처럼 사회적 변수들 간의 복잡한 연관성 때문에 종속변수인 자살률과 관련이 있는 주요 사회적 변수는 무엇인지, 더 중요하게는 자살률의 *원인*이 무엇인지에 대해 확신할 수가 없는 것이다.

이 문제는 개신교보다는 로마가톨릭교, 로마가톨릭교보다는 유대교가 더 사회통합적이라고 주장한 Durkheim의 주장에 대해 Breault가 반박을 하면서 더욱 명백해졌다. 자살률에 관한 연구결과들을 보면 Durkheim의 주장과 항상 일치하지는 않았다. Durkheim의 이론이 부정확하기 때문일까? 여기서 우리는 심리학 연구에서 주로 발생하는 문제가 사회학 연구에서도 발생한다는 것을 알 수 있다. 임상심리학자들이 환자들의 내면에서 일어나고 있는 일들을 자유롭게 주장하는 것처럼(전문가로써), 사회학자들도 특정 사회집단에서 일어나고 있는 일들을 자유롭게 주장한다(그들도 전문가이다). 더 비판적인 학자들은 유대인이 로마가톨릭교인보다 *종교 때문에* 사회적으로 더 통합되어 있다는 근거를 원하게 된다. 하지만 이러한 근거는 동어반복의 형태로 사용되지 않아야 한다. 즉, 자살률의 증가를 사회통합의 차이를 증명하는 근거로 사용할 수는 없는데, 이는 사회통합의 차이를 보여주는 근거로 자살률이 사용되기 때문이다.

또한 유대인들은 사회통합 정도가 높기 때문에 이타적 자살률이 높고, 개신교인(또는 무신론자)은 이기적 자살률이 높다고 주장할 수 있을까? Breault는 앞에서 언급된 Johnson의 입장을 받아들이며 이타적 자살은 현대사회에서 일반적으로 적용되기는 어렵다고 주장하였다.

Breault의 분석에 따르면 교인의 수는 미국 전역의 자살률과 관련이 있는 것으로 나타났다. *만약* 교인의 수를 사회통합의 척도로 볼 수 있다면, 이 결과는 Durkheim의 이론과 일치하는 것이다.

Durkheim이론에 대한 개선된 검증

Durkheim이 제시한 네 가지 자살유형을 명확하게 구분할 수 없는 것처럼, 사회통합과 사회규제에 대한 개념을 조작화하여 측정하는 것은 여전히 풀어야 할 숙제로 남아있다. Rootman(1973)은 사회통합과 사회규제를 독립적으로 측정한 후, 모든 사회를 다음과 같은 9가지 유형으로 분류함으로써 Durkheim의 이론을 더 적절하게 검증하려 하였다.

		사회통합		
		상	중	하
사회 규제	상	A	B	C
	중	D	E	F
	하	G	H	I

Durkheim의 이론에 의하면 가장 높은 자살률은 A, C, G, I, 중간 정도의 자살률은 B, D, F, H, 가장 낮은 자살률은 E에 해당하는 사회

에서 발생할 것으로 예측된다. 하지만 각 셀을 자살유형으로 분류하기는 어렵다. 예를 들면, 셀 B는 사회규제 정도가 높고 사회통합 정도는 중간이기 때문에 숙명적 자살로 볼 수 있다. 하지만, 셀 A는 사회규제와 사회통합 정도가 모두 높기 때문에 숙명적/이타적 자살로 볼 수 있다. 즉, Durkheim의 네 가지 자살유형이 여기에서 제시된 9가지 유형을 적절하게 설명하지 못하는 것은 분명하다.

Rootman은 55개 사회의 사회적 특성들을 부호화하고(Simmons, 1945), 이를 요인분석한 Gouldner와 Peterson(1962)의 연구를 재해석하였다. Gouldner와 Peterson은 몇 가지 요인(연관된 사회적 특성의 집합)들을 발견하였는데, 이 중 두 가지는 Durkheim이 제시한 개념과 관련이 있는 것이었다. 첫 번째 요인은 거주의 영속성, 식량 공급의 일관성, 선동(부정적 의미에서), 농업, 집단생활을 포함하였다. Rootman은 이 요인이 사회통합을 측정하는 좋은 척도로 사용될 수 있다고 생각하였다. 두 번째 요인은 예식과 의식의 정교함, 족장에게 부여된 권력, 미래의 삶에 대한 매력, 조직화된 사제직, 집단 외부의 포획에 의한 결혼(부정적 의미), 외부에서 확보된 금속, 편찬된 법률, 장례식의 정교함, 판사에게 부여된 권위를 포함하였다. Rootman은 이 요인이 사회규제를 측정하는 좋은 척도로 사용될 수 있다고 생각하였다.

비록 이 두 가지 척도의 타당성에 대해서는 의문의 여지가 있지만, 상관관계가 있는 사회적 변수들로 구성된 두 가지 요인을 척도로 사용하게 되면 구성타당도는 확보되는 셈이다. 흥미로운 것은 두 요인의 상관관계가 높지 않기 때문에 사회통합과 사회규제를 구별할 수 없다고 한 Johnson의 주장은 잘못된 것으로 나타났다.

앞서 제시한 9가지 유형의 사회에 대해 Rootman은 평균 자살률을 추정하여 제시하였다(여기에 제시된 수치는 전통적으로 사용되는 연간 10만명 당 자살률 수치가 아니라 주관적인 빈도수를 의미한다).

<table>
<tr><td></td><td></td><td colspan="3" align="center">사회통합</td></tr>
<tr><td></td><td></td><td align="center">하</td><td align="center">중</td><td align="center">상</td></tr>
<tr><td rowspan="3">사회
규제</td><td align="center">하</td><td align="center">1.4</td><td align="center">1.7</td><td align="center">1.7</td></tr>
<tr><td align="center">중</td><td align="center">1.9</td><td align="center">1.2</td><td align="center">2.9</td></tr>
<tr><td align="center">상</td><td align="center">2.7</td><td align="center">1.3</td><td align="center">2.6</td></tr>
</table>

Rootman이 제시한 결과는 통계분석 결과는 아니다. 하지만, 사회 통합과 사회규제 모두가 중간 정도인 사회의 자살률이 가장 낮은 것을 볼 수 있다(1.2). 한 변수의 수준이 높거나 낮고, 다른 변수의 수준이 중간 정도인 사회는 자살률이 높은 편으로 나타났다(4개 셀의 평균값은 1.95이다). 두 변수 모두 수준이 높거나 낮은 사회가 자살률이 가장 높은 것으로 나타났다(4개 셀의 평균값은 2.1이다).

Rootman은 사회규제와 사회통합을 구분하고, 두 가지 특성이 각각 높거나 낮은 경우 자살률이 높아진다는 것을 밝힘으로써 Durkheim의 이론을 3×3 배열로 재구성하는 것이 유용하다는 것을 확인하였다. 이와 유사한 연구가 Masumura(1977)와 Lester(1989)에 의해 보고되었다.

논평

Durkheim의 이론은 자살에 관한 최초의 사회학 이론으로, 결과적으로 많은 분석이 이루어졌다. 그의 이론은 많은 후속 연구들에 영향을 미쳤지만, 대부분은 그의 이론을 직접적으로 검증하지 못하였다. 특히 주목해야 하는 점은 Durkheim이 제시한 네 가지 유형의 자살률보다는 *전체적인* 자살률만을 측정할 수 있었기 때문에 그의 이론을 검증하려고 시도한 연구들은(Rootman, Masumura, Lester) 그의 이론을 일부분만 지지하였다는 점이다.

Henry와 Short

Henry와 Short(1954)는 Durkheim이론의 기본적 개념에서 상당히 벗어난 자살이론을 제시하였다. Henry와 Short는 이론의 기본적 틀로 Dollard 외(1939)가 주장한 좌절-공격가설을 사용하였다. Henry와 Short는 공격의 기본 및 주요한 대상은 자신이 아닌 타인이라고 가정하였고, 타인지향 공격의 정당화에 대한 사회학, 심리학적 근거를 확인하려고 하였다. 왜 어떤 아이에게는 디인지향 공격에 대한 일차적 반응이 좌절로 나타나고, 다른 아이에게는 이러한 일차적 반응이 억제되어 자신에 대한 공격이 나타나는가?

사회학적으로, 외부구속의 힘은 타인지향 공격의 정당화를 위한 주요 기반으로 간주되었다. 즉, 타인의 요구와 기대에 강하게 부합하여 행동해야 하는 경우, 행동의 결과에 책임이 있는 사람들의 부담이 증가하여 타인지향 공격을 정당화하게 된다. 외부구속이 약하면 자기 스스로 좌절감에 대한 책임을 지게 되며, 타인지향 공격은 정당화되지 않는다.

Henry와 Short는 낮은 초자아 강도와 낮은 수준의 죄책감이 타인지향 공격과 관련된 두 가지 심리학적 요인이라는 것과, 스트레스 상황에서 발생하는 특정한 유형의 심혈관계 반응이 노르에피네프린의 효과와 유사하다는 것을 발견하였다. 남자 아이의 경우에는 앞서 설명한 두 가지 요인이 물리적 처벌도구의 사용(사랑중심의 처벌과 반대)과 어머니보다는 아버지의 처벌과 관련이 있음이 나타났다.

Henry와 Short는 양육과 사랑의 근원인 부모로부터 사랑중심의 처벌을 경험하는 것이 어떻게 타인지향 공격성을 억제시킬 수 있는지를 확인하였다. 하지만 양육과 사랑의 근원인 부모가 물리적인 처벌을 가하게 되면, 이로부터 벗어나기 위해 타인지향 공격성이 발휘된다는 주장은 논쟁의 중심에 있다. 만약 아이가 앙갚음을 하게 되면, 더 이상 양육을 받지 못하게 될 수 있다. 따라서 아이는 타인지향 공격성을 억제하는 습관을 기르게 된다.

자살과 살인의 관계

Henry와 Short는 살인과 대조되는 공격적인 행동으로 자살을 개념화하였다. Henry와 Short는 살인자와 자살자의 행동은 서로 다른 종류의 사회계층에서 오는 행동에 대한 제한(외부 대 내부)에서 기인한다고 주장하였다. 살인은 공격적인 행동으로 쉽게 개념화되었고, 자살 또한 공격적인 행위로 개념화되어 왔다. Freud는(9장 참조) 자살을 잃어버린 자아에 투영된 잃어버린 사랑의 대상에 대한 공격행위로 보았고, Menninger(1938)는 자살을 타인에 대한 공격행위(*죽이고 싶은 욕구*) 또는 자신에 대한 공격행위(*죽임을 당하고 싶은 욕구*)로 보았다.

그렇다면 겉으로 보기에는 비슷한 이 두 가지 공격적인 행위는 서로 어떠한 관계가 있을까? 이 둘은 어떤 면이 유사하고, 어떤 면이 다른 것일까? Lester(1987)는 선행연구 고찰을 통해 국가별, 지역별로 자살과 살인에 영향을 미치는 요인을 살펴보았다. 그 결과, 자살과 상관관계가 있는 요인들은 때때로 살인에는 정반대의 영향을 미치는 것으로 나타났다. 예를 들면, 청년층의 고령층 부양비율이 자살률과 살인율에 미치는 영향은 정반대로 나타났다. 또 다른 요인인 정치적 안정성의 경우에도, 둘 중 하나에만 유의미한 영향을 미치는 것으로 나타났다. 전체적인 연구결과를 살펴보면, 자살과 살인이 유사한 행동임을 뒷받침하는 연구, 자살과 살인이 정반대의 행동이라고 설명하는 연구, 자살과 살인이 서로 독립적인 행동이라고 설명하는 연구들이 모두 존재한다. 분명한 것은 이 둘의 관계를 단순히 사회학적 상관관계로만 설명할 수는 없다는 점이다.

자살자 대 살인자. 자살과 살인의 구별은 보이는 것만큼 간단하지 않을 수 있다. Meerloo(1962)는 어떤 사람이 타인의 죽음을 의식적이거나 무의식적으로 원하여 결국 그 사람이 자살을 시도하게 되는 것을 *정신적 살인*이라는 개념으로 설명하였다. Wolfgang(1959)은 피해자가 공격을 시도하여 살인을 저지르는 것을 *자기방어 살인*이라고 설명하였다. 이런 행동은 부분적으로는 피해자의 자살충동이 동기를 부여하는 것으로 알려져 있다. Wolfgang(1958)과 West(1966)는 살인을 저지른 후 자살을 한 살인자들을 연구하였는데, 이런 행동은 특히 영국에서 많이 나타났고, 자식을 살해한 어머니들에게서 나타나는 흔한 행동이었다.

자살자와 살인자에 대한 비교를 직접적으로 수행한 연구는 다음의 연구가 유일하다. Pokorny(1965)는 살인자, 다른 사람을 습격한 사람(살인을 저지르지는 않음), 자살자, 자살을 시도한 사람에 대한 자료를 수집하여 완전하거나 부분적인 자기지향 및 타인지향 공격에 대해 살펴보았다. 이 연구에서는 행동이 발생한 지역, 거주지역, 행동이 발생한 일시, 행위자의 나이, 인종, 성별에 차이가 있는지를 살펴보았다. 그 결과, 살인자는 다른 사람을 습격한 사람과 모든 특성이 유사하였고, 살인자와 자살자는 모든 특성에 차이가 있는 것으로 나타났다. 특히 살인자와 자살자는 성별을 제외한 모든 특성에 차이가 있는 것으로 나타났다(두 집단 모두 남성이 대부분을 차지하였다). 자살자는 자살을 시도한 사람과 행동이 발생한 일시, 나이, 성별에 차이가 있는 것으로 나타났다. Pokorny는 살인과 자살이 서로 다른 특성을 가진 사람들에 의해 발생된다고 주장하였다. 하지만 자살을 시도한 사람은 혼합된 특성을 가지고 있었는데, 행동이 발생한 지역, 인종, 거주지역에 있어서는 자살자와 유사한 특성을 보인 반면, 행동이 발생한 일시, 나이에 있어서는 살인자와 유사한 특성을 보였다. 또한 다른 세 집단과는 달리 여성의 비율이 높은 것으로 나타났다. 해당 연구가 수행된 지 거의 50년이 지났음에도 불구하고, 자살자와 살인자를 비교한 연구는 Pokorny의 연구가 유일하다.

Henry와 Short의 이론에 대한 검증

자살자들은 일반적으로 공격을 억제하는가? Lester(1987a)는 자살자들이 일반적으로 외적지향 공격을 억제하려는 경향을 가지고 있다는 가설을 검증하려고 하였으나, 연구결과에 따르면 해당 가설은 뒷받침되지 못하였다.

외부구속의 존재. Henry와 Short의 이론에 따르면 외부구속에 더 많이 노출된 집단이 외부구속에 덜 노출된 집단에 비해 살인율이 높고, 자살률이 낮을 것으로 예측된다. Lester(1989)의 연구를 통해 미국과 남아프리카(인종차별 정책이 사라지기 전)에서 발생한 백인과 흑인의 자살률과 살인율이 이를 뒷받침하는 것으로 나타났다. Lester는 폭동이나 군대 내부의 갈등과 같이 내적 갈등이 많은 사회는 개인적 불행의 탓을 외부에서 찾으려는 경향이 높기 때문에 상대적으로 살인율이 높아지고 자살률이 낮아진다고 주장하였다. 국가 간 비교 연구에서도 이는 검증되었다. Lester는 같은 이유에서 언론이 자유로운 국가는 상대적으로 자살률이 높고 살인율이 낮을 것이라고 예측하였지만, 언론이 자유로운 국가는 언론이 자유롭지 않은 나라들에 비해 살인율은 더 높고 자살률은 비슷한 것으로 나타났다.

개인적 불행의 탓으로 돌릴 수 있는 외부요인. 외부 스트레스 요인은 개인적 불행의 탓을 해당 스트레스 요인으로 돌릴 수 있도록 하기 때문에 공격성을 높이고 우울증과 자살의 가능성을 낮추게 된다. Lester(1989)는 이에 근거하여 미국 서부 해안지역의 높은 자살률 (온화한 날씨로 인해 개인적 불행의 탓을 돌릴 수 있는 외부요인이 거의 없음), 전쟁이나 이혼을 겪은 후 맞이하는 봄의 높은 자살률(개인적 불행의 탓으로 돌릴 수 있는 외부요인이 제거됨), 실명과 같은 장애요인이 제거된 후 발생하는 높은 자살률을 설명하였다.

삶의 질과 개인적 폭력성. 상식적으로 세상이 좋아지면 사람들은 훨씬 행복해져야 한다. 만약 빈곤과 억압(성차별이나 인종차별)이 사라지고, 환경이 정화되고, 시민들을 위한 교육이나 문화시설이 향상된다면, 모든 사람이 더욱 행복해져야 한다. 삶의 질이 향상될수록 삶의 가치는 더 커지기 때문이다.

하지만 Henry와 Short의 이론에 따르면, 외부상황이 나빠지게 되면 우리는 자신의 불행을 탓할 분명한 근거가 생기게 되어 내적으로 분노하거나 우울해하기 보다는 외적으로 화를 표출하게 된다. 좋은 시대가 오면, 우리의 불행을 탓할 뚜렷한 외부원인이 사라지게 되어 내적으로 화를 더 많이 표출하거나 우울해하고, 외적으로는 화를 덜 표출하게 된다. Henry와 Short는 삶의 질이 높아질수록 자살률은 높아지고 살인율은 낮아지는 반면, 삶의 질이 낮아질수록 자살률은 낮아지고 살인율은 높아진다고 주장하였다.

이러한 대조적인 주장은 정반대의 결과를 가져오게 되는데, 이를 검증하기 위한 다양한 연구들이 수행되었다. Lester(1989)는 선행연구 검토결과, 대체로 미국전역과 모든 주에서 예측된 결과가 일관되게 나타남을 발견하였다. 즉, 삶의 질이 높아질수록 자살률은 높아지고 살인율은 낮아지는 것으로 나타났다.

논평

Henry와 Short의 이론 또한 많은 연구들을 도출했다. 이 이론은 적어도 세 가지 주목할 만한 특징을 갖고 있다. 첫째, 자살과 살인을 비교하여 살펴봄으로써, Henry와 Short의 이론은 살인을 포함하는 사회학 이론으로 확장되었고, 자살연구를 수행함에 있어 생각하지 못했던 연구전략을 제시하였다. 둘째, Henry와 Short는 행동에 대한 외부구속에 초점을 맞추어 Durkheim이 사회규제라고 명명했던 것을 이론화하였고, 이 개념이 자살의 병인으로 주요한 역할을 한다고 주장하였다. 셋째, Henry와 Short처럼 자살과 살인을 선택하는 데 영향을 미치는 사회학적, 심리학적 요인을 모두 살펴본 사회학자와 심리학자는 거의 없었다. 따라서 이 이론은 두 학문 분야의 가교역할을 하였다.

Gibbs와 Martin

Gibbs와 Martin(1964)은 Durkheim이론에서 아노미적 자살과 이기적 자살의 구분이 불분명하고, 이타적 자살은 중요하지 않다고 주장한 Johnson(1965)의 의견에 동의하였다. 이에 Durkheim의 이론을 재해석한 Johnson의 이론을 지지하였다. 그러나 Gibbs와 Martin

은 Durkheim의 이론이 사회규제에 대한 조작적 정의를 내리는데 실패한 것 이외에도 다른 부적합한 점들이 있다고 비판하였고, 이를 수정하려 하였다. 이들의 이론은 다섯 가지 가정으로 요약할 수 있다.

1. 인구집단의 자살률은 인구집단 내에서의 사회적 관계의 안정성과 지속성에 반비례한다.

2. 사회적 관계에 대한 사회학적 지식이 부족했기 때문에 Gibbs와 Martin은 직접적으로 사회적 관계의 안정성과 지속성을 측정하려고 하지는 않았다. 대신, 타인의 요구와 기대에 부응하는 것이 사회적 관계를 유지하기 위한 기본적인 조건이라는 Weber(1947)의 주장을 지지하였다(이는 사회규제와 유사하다). 즉, Gibbs와 Martin은 인구집단 내에서 사회적 관계의 안정성과 지속성은 타인에 의해 부여되는 유형화되고 사회적으로 승인된 요구와 기대에 부합한다고 가정하였다.

3. 타인의 요구는 사회에서 개인의 역할을 형성하는데 도움을 준다. 특정 지위에 있는 개인이 안정적이고 지속적인 사회적 관계를 유지하기 위해서는 특정 역할을 수행해야 한다. 개인이 여러 역할을 갖고 있으면, 한 역할을 제대로 수행하기가 어려워진다. 사람들은 언제나 여러 지위를 갖고 있기 때문에, 종종 다양한 역할과 그에 따른 행동을 수행하는데 있어 충돌이 생기게 된다. 한 가지 역할을 수행하는 것이 다른 역할을 수행하는 것을 방해하게 되면, 사람들은 사회적 관계를 유지하는데 어려움을 겪게 된다. 따라서 타인에 의해 부여되는 유형화되고 사회적으로 승인된 요구와 기대에 부합하는 정도는 역할 갈등에 직면하는 정도와 반비례하게 된다.

4. Gibbs와 Martin은 사회적 신분으로 지위를 규정하였다. 사회의 모든 구성원은 남성, 남편, 노동자와 같이 사회적으로 인정되는 범주에 포함되어 식별된다. 어느 한 지위의 역할을 수행하는 것이 다른 지위의 역할을 수행하는 것과 충돌하게 되면, 해당되는 지위는 서로 양립할 수 없다. 이는 충돌하는 역할을 가지는 두 지위를 동시에 점유하는 경우에만 성립된다. 따라서 개인이 역할 갈등에 직면하는 정도는 개인이 양립할 수 없는 지위를 점유하는 정도에 따라 달라질 수 있다.

5. Gibbs와 Martin은 충돌하는 역할을 가지는 두 지위를 동시에 점유하는 경우에 이를 서로 양립하지 않도록 만들면, 충돌하지 않는 역할을 가진 두 개의 지위보다는 충돌하는 역할을 동시에 점유하는 빈도가 줄어들 것이라고 가정하였다. 지위구성이 차지하는 상대적 빈도는 지위통합의 구성정도나, 더 간단하게는 지위통합의 정도라고 명명할 수 있다. 따라서 개인이 어느 한 집단에서 양립할 수 없는 지위를 점유하는 정도는 해당 집단의 지위통합 정도에 반비례한다고 가정하였다.

위의 다섯 가지 가정을 결합하면 다음과 같은 주요 가설을 세울 수 있다. 즉, 자살률은 해당 집단의 지위통합 정도에 반비례한다.

그렇다면 지위통합 정도는 어떻게 측정할 수 있을까? Gibbs와 Martin은 임의적인 측정도구를 선택하였다. 1차원적으로 지위통합은 특정 범주에 속하는 개인의 단순비율에 비례한다. 따라서 미혼, 기혼, 이혼, 사별의 범주에서 지위통합 정도는 각 범주에 속하는 개인의 비율에 비례한다. 물론 이 척도는 조사대상 집단의 다른 지위가 모두 동질적인 경우에만 의미가 있다. 따라서 다차원적인 분류가 선호된다.

가설에 대한 검증을 위해 Gibbs와 Martin은 미국 내 집단을 인종 (백인-흑인-기타)과 성별(남성-여성)에 따라 6가지로 분류한 후, 11 가지 직업의 범주에 인종-성별 집단이 각각 속하는 비율을 이용하여 각 인종-성별 집단의 지위통합 정도를 계산하였다. 그 결과, 자살률 과 지위통합 정도의 상관관계는 -0.94로 나타났다.

Gibbs와 Martin은 기존에 사용할 수 있는 데이터는 종종 연구목 적에 부합하지 않거나, 더 좋은 데이터가 없기 때문에 지위범주의 선택은 임의적일 수밖에 없다고 지적하였다. 예를 들면, 노동인구의 자살률을 예측하는 데는 직업분류를 이용하여 지위통합 정도를 측 정하는 것이 적합하였지만, Gibbs와 Martin은 전체 인구의 자살률 자료만을 사용할 수 있었다. 따라서 이 이론을 검증할 수 있는 적합 한 자료가 있었다면, 이 이론의 예측력은 더 컸을 것이다.

이론에 대한 비판

Hagedorn과 Labovitz(1966), Chambliss와 Steel(1966)은 이 이론 을 신랄하게 비판하였다. 특히, Chambliss와 Steel은 지위통합에 대 한 조작적 정의가 타당하지 않다는 점을 비판하였다. 예를 들면, 인 구조사에서 남성인구의 20%가 기술직, 11%가 전문직으로 분류되 어 있는데, 전문직 백인남성이 기술직 백인남성보다 사회적으로 덜 통합되어 있다고 설명하는 것이 합리적일까? 해당 질문에 대해 Gibbs와 Martin은 전문직과 기술직의 사회적 관계는 다를 것이라고 설명하였지만, Chambliss와 Steele은 그 반대의 근거를 제시하지 못하였다. 또한 Gibbs와 Martin은 지위통합의 척도가 이상적으로는 모든 지위를 동시에 포괄한다는 사실을 Chambliss와 Steele이 무시한 것이라고 지적하였다.

Douglas(1967)도 지위통합 척도에 의구심을 표했다. 그는 지위구성은 드물게 점유되곤 하는데, 이는 개인이 점유를 하면서 생기는 역할 갈등 때문이 아니라 사회에서 특정한 지위구성을 제한하기 때문이라고 설명하였다.

Naroll(1965) 또한 지위통합 척도에 반대의견을 제시하며, 이는 엄밀히 말해 지위결합 척도라고 주장하였다. 즉, 가장 대중적인 지위가 결합되면 가장 잘 통합되었다고 볼 수 있는 것이다. 하지만 결합된 지위는 갈등을 수반할 수 있다고 지적하였다. 예를 들면, 아내와 어머니라는 지위구성은 종종 결합되는데, 이는 Hendin(1965)이 노르웨이 어머니들의 사례에서 지적한 것처럼 중요한 역할 갈등을 불러일으킬 수 있다. Naroll은 Gibbs와 Martin이 설명한 결합은 가장 자주 점유되는 지위가 가장 바람직하기 때문에(지위를 개인이 선택할 수 있는 경우) 발생한다고 생각하였다. 따라서 만족스러운 지위는 결합될 가능성이 높고, 이러한 지위를 점유한 사람들의 자살률은 낮아진다는 것이다.

논평

결론적으로, 이 이론에는 두 가지 특징이 있다. 첫째, 지위통합 이론을 연구한 사람들은 이 이론을 지지하지 않았고, 오히려 이 이론을 신랄하게 비판하였다. 둘째, Gibbs와 Martin이 제시한 지위통합에 대한 조작적 정의는 부적절해 보인다. 해당 척도는 직관적으로도 지위통합, 역할 갈등, 사회적 관계의 안정성이라는 개념을 측정하는 것처럼 보이지 않는다.

결론

이 장에서 살펴본 세 가지 사회학 이론은 자살연구 분야에 많은 영향을 미쳤다. Durkheim의 이론은 아직까지도 자살과 관련하여 가장 많이 인용되고 있는 이론이며, 그의 저서 또한 가장 자주 인용되는 학술저작 중 하나일 것이다. 하지만 이론에서의 중요한 개념(Rootman, 1973)이나 앞에서 논의된 Rootman(1973), Masumura(1977), Lester(1989)의 연구들은 모두 잘 알려지지 않았다. 따라서 Durkheim의 자살이론을 검증한 연구들은 모두 방법론적으로 근거가 약하다고 볼 수 있다. 또한, 네 가지 자살유형(이타적, 아노미적, 이기적, 숙명적)의 자살률을 개별적으로 측정하려고 시도한 연구는 없었다. 그 이유는 무엇일까?

첫째, 1장에서도 언급하였듯이, 자살연구의 규모가 너무 커졌기 때문에 학자들은 2000년 이전에 출판된 논문이나 저서를 거의 찾지 않고 있다. 따라서 오늘날의 학자들이 Rootman, Masumura, Lester와 같이 지난 세기에 출판된 논문이나 저서를 알고 있을 가능성은 매우 희박하다. 둘째, 저널의 편집장이나 논문심사위원들은 오래된 학술문헌을 인용하는 것을 비판한다. 논문이 게재되기 위해서는 최근의 논문을 인용해야 하는 압박이 있으므로 오래된 학술문헌을 아는 것은 별로 득이 되지 않는다. 네 번의 개정판이 나온『Why People Kill Themselves』(Lester, 1972, 1983, 1992, 2000)라는 책에서는 1897년부터 1997년까지 출판된 자살에 관한 모든 학술연구들을 요약하여 제공하기도 하였지만, 너무 많은 노력이 필요하여 중단되었다.

Henry와 Short의 이론은 거의 인용되거나 사용되지 않았다. 이 이론은 도발적이지만 유용하다고 생각된다. 자살자를 자살을 시도하지 않은 정신과 환자가 아닌 살인자와 비교한 연구는 잠재적으로 유용한 연구영역으로 볼 수 있다.

반면, Gibbs와 Martin의 이론은 자살연구 분야의 학자들에게 완전히 무시당하였다. 지위통합의 개념은 이론적으로나 경험적으로 다른 학자들의 흥미를 끌지 못하였기 때문이다.

[참고문헌]

Breault, K. D. (1986). Suicide in America. *American Journal of Sociology, 92,* 628-56.

Chambliss, W. J., & Steele, M. F. (1966). Status integration and suicide. *American Sociological Review, 31,* 524-32.

Dollard, J., Doob, L., Miller, N., Mowrer, O., & Sears, R. (1939). *Frustration and aggression.* New Haven, CT: Yale University Press.

Douglas, J. D. (1967). *The social meanings of suicide.* Princeton, NJ: Princeton University Press.

Durkheim, E. (1897). *Le suicide*. Paris: Alcan.

Faber, M. D. (1970). *Suicide and Greek tragedy*. New York: Sphinx.

Gibbs, J. P., & Martin, W. T (1964). *Status integration and suicide*. Eugene, OR: University of Oregon Press.

Gouldner, A. A., & Peterson, R. A. (1962). *Notes on technology and the moral order*. Indianapolis, IN: Bobbs Merrill.

Hagedorn, R., & Labovitz, S. (1966). A note on status integration and suicide. *Social Problems, 14*, 79-4.

Hendin, H. (1965). *Suicide and Scandinavia*. New York: Doubleday.

Henry, A. F., & Short, J. F. (1954). *Suicide and homicide*. Glencoe, IL: Free Press.

Johnson, B. D. (1965). Durkheim' one cause of suicide. *American Sociological Review, 30*, 875-86.

Lester, D. (1972, 1983, 1992, 2000). *Why people kill themselves*. Springfield, IL: Charles C Thomas.

Lester, D. (1987). Murder and suicide: Are they polar opposites? *Behavioral Sciences & the Law, 5*, 49-0.

Lester, D. (1988). A regional analysis of suicide and homicide rates in the USA. *Social Psychiatry & Psychiatric Epidemiology, 23*, 202-05.

Lester, D. (1989). *Suicide from a sociological perspective*. Springfield, IL: Charles C Thomas.

Lester, D. (1994). Applying Durkheim' typology to individual suicides. In D. Lester (Ed.), *Emile Durkheim Le Suicide: 100 years later*, pp. 224-36. Philadelphia: Charles Press.

Lester, D. (2013a). Sati. In E. Colucci & D. Lester (Eds.), *Suicide and culture*, pp. 217-36. Cambridge, MA: Hogrefe.

Lester, D. (2013b). Oppression and suicide. *Suicidology Online*, in press.

Maris, R. (1969). *Social forces in urban suicide*. Homewood, IL: Dorsey.

Masumura, W. T. (1977). Social integration and suicide. *Behavior Science Research, 12*, 251-69.

Meerloo, J. (1962). *Suicide and mass suicide*. New York: Grune & Stratton.

Menninger, K. (1938). *Man against himself*. New York: Harcourt, Brace & World.

Naroll, R. (1965). Status integration or status association? Unpublished. Northwestern University.

Pokorny, A. (1965). Human violence. *Journal of Criminal Law, Criminology & Police Science, 56*, 488-97.

Reynolds, F. M. T., & Berman, A. L. (1995). An empirical typology of suicide. *Archives of Suicide Research, 1*, 97-09.

Rootman, I. (1973). A cross-cultural note on Durkheim' theory of suicide.

Life-Threatening Behavior, 3, 83-4.

Simmons, L. (1945). *The role of the aged in primitive society.* New Haven, CT: Yale University Press.

Weber, M. (1947). *The theory of social and economic organizations.* New York: Oxford University Press.

West, D. (1966). *Murder followed by suicide.* Cambridge, MA: Harvard University Press.

Wolfgang, M. (1958). An analysis of homicide-suicide. *Journal of Clinical & Experimental Psychopathology, 19*, 208-17.

Wolfgang, M. (1959). Suicide by means of victim-precipitated homicide. *Journal of Clinical & Experimental Psychopathology, 20*, 335-49.

제13장

비주류 사회학 이론

David Lester

이 장에서는 12장에서 설명한 세 가지 고전 사회학 이론만큼 주목을 받지는 못했던 비주류 사회학 이론들에 대해 검토해 본다.

결정적 다수 이론

암시가 자살행동을 촉발하는지에 대한 다양한 연구가 진행되었다. 신문과 TV보도가 자살에 미치는 영향에 대한 연구(Phillips, 1982; Stack, 1990)를 통해 유명인이 자살했다는 보도 이후에 자살이 증가한다는 것이 검증되었다. 다른 연구를 통해서도 자살행동의 유행(Hankoff, 1979)이나 동반자살(Ohara & Reynolds, 1970; Brown et al., 1997)과 같은 행동들이 발견되었다.

경제학자인 Schelling(1978) 또한 암시효과에 대해 설명하였다.

Schelling에 의하면 사람들의 행동은 같은 행동을 하는 다수의 사람들의 영향을 받게 된다. 즉, 어떤 행동의 빈도가 특정 수준 이상으로 증가하게 되면 그 행동은 저절로 발생하게 되고 발생률이 증가하게 된다. 이러한 주장을 국가의 자살률에 적용시켜보면, 자살률을 알림으로써 자살에 대한 관심이 늘어나 자살로 사망한 사람을 알게 될 확률이 높아진다는 가설을 세워볼 수 있다. 자살률이 어느 정도 수준 이상에 도달하게 되면, 자살에 대한 관심과 지식이 높아져서 암시나 모방효과로 인한 자살행동이 저절로 발생하거나 촉진될 수 있다.

Lester(1987)는 33개국의 1970년부터 1980년까지의 자살률을 바탕으로 위의 주장을 검증하였다. 33개국에서 나타난 1970년대 자살률의 절대적 증가는 1970년도의 자살률과 관련이 있었다. 즉, 1970년도에 자살률이 높았던 국가는 1980년까지 자살률이 엄청나게 증가하였다. Lester(1988)는 2년 후에도 이러한 효과가 지속되며, 향후 7년간 이러한 효과가 강하게 지속되는 것을 발견하였다. 추가적인 분석에 의하면 결정적 다수 가설은 자살률이 평균보다 높은 국가에서 더 명확하게 나타났다.

하위문화 이론

*하위문화*의 개념은 범죄 및 비행행동과 관련된 이론에서 많이 나타난다. 하위문화는 더 큰 문화권 내에서도 고유한 관습, 가치관, 태도를 지니게 되며, 이에 따라 다른 사람들을 보상하거나 처벌하는

행동을 만들게 된다. 결과적으로, 하위문화는 직접적 또는 간접적으로(가치관이나 욕구를 통해) 다른 사람들에 의해 가해지는 사회적 압박으로부터 큰 영향을 받는다.

하위문화의 개념은 비행행동(Cohen, 1955), 폭력성(Wolfgang & Ferracuti, 1969), 약물남용(Johnson, 1973)을 설명하는데 광범위하게 사용되어 왔다. 하위문화 이론에는 남부지역의 하위문화처럼 미국의 지역색에 초점을 맞춘 이론(Gastil, 1971), 사회경제적 지위처럼 전체 사회집단에 초점을 맞춘 이론이 있다. 그러나, 비행행동과 관련된 하위문화 이론은 더 작은 규모인 갱집단에 초점을 맞추고 있다(Cohen, 1955).

자살행동에 하위문화 이론을 적용하려면 관련된 집단의 규모를 더욱 줄여야 한다. 예를 들면, 우울하거나 자살충동을 느끼는 청소년 집단의 규모는 매우 작다. 하지만, 이러한 집단의 청소년도 다른 10대들과 공통된 가치관 및 태도를 공유하기 때문에, 비록 접촉이 없더라도 유사한 가치관과 태도를 가진 사람들에게 초점을 맞추면 하위문화가 상당히 커질 수 있다. Lester(1987b)는 이를 10대 청소년 5명의 사례를 들어 설명하였는데, 이들 중 3명은 자살로 사망하였다. 이들은 집단의 리더나 다른 멤버들에게 의존적이고, 약물에 중독되어 있고, 헤비메탈 음악을 선호하고, 분노가 심히거나 무관심한 부모와의 관계를 힘겨워하고, 형편없는 자아상을 갖고 있으며(겁이 많고, 자신이 무가치하거나 볼품없다고 느낌), 자살생각에 빠져 있었다. 이 집단은 매우 독립적이었지만, 이들의 죽음으로 인해 많은 또래들이 자살생각을 갖게 되었고 자살에 이르렀다. 이는 하위문

화의 가치관이 상당히 널리 퍼져 있음을 시사하며, 또래집단을 넘어
서는 *또래문화*의 존재를 설명하는 것이다. 또래집단 내에서도 지위
에 대한 경쟁이 빈번하게 발생하면 새로운 실험적 행동을 하려 한다.
따라서 또래집단(또래문화) 내에서의 행동은 더욱 극단적인 경향이
있다. 자살과 관련된 하위문화에서는 자살행위가 불가피한 것처럼
보인다. 또래의 하위문화 내에서도 다수의 또래집단이 생겨나면서
새로운 실험적 행동을 하는 또래집단이 발생하게 되는데, 이는 시간
이 지남에 따라 하위문화가 역동적이 되고 지속적으로 수정되고 있
음을 나타낸다. 따라서 10년 후에 10대의 자살을 설명하는 하위문화
는 현재의 하위문화와 현저하게 다를 것이다.

　하위문화는 특정 유형의 행동을 동반하는 가치관과 태도를 알 수
있게 하고, 발생할 수 있는 행동의 사회적 조성에 관심을 가지면 사
람들이 하위문화에 쉽게 진입할 수 있다는 점에서 유용한 개념이다.

문화적 패턴과 자살

　Lester(1988)는 Durkheim의 이론이 자살률과 사회적 지표간의
다양한 연관성을 예측하는 데 도움이 된다고 주장하였다. 예를 들
면, 이주자 수가 많은 사회는 보다 안정적인 인구수를 가진 사회보
다 사회통합의 정도가 낮을 수 있다. 마찬가지로, 이혼율이 높은 사
회는 사회통합의 정도가 낮아서 자살률이 높을 수 있다. 이런 유형
의 연구에서는 일반적으로 자살률과 가장 강력한 상관관계가 있는
지표를 발견하기 위해 다중회귀분석 방법을 사용한다. 예를 들면,

자살률과 사회적 지표 A와의 상관계수가 0.81이고, 자살률과 사회적 지표 B와의 상관계수가 0.80이라고 가정했을 때, 두 상관계수 값은 크게 다르지 않지만 다중회귀분석을 통해 사회적 지표 A가 가장 상관관계가 높은 지표로 선택될 수 있는 반면 사회적 지표 B는 다중회귀분석모델에 포함되지 않을 수 있다.

반대로, 요인분석에서는 상관관계가 높은 변수들을 모두 군집화한 후, 대상 변수인 자살률과 관련이 있는 사회적 지표의 군집 수와의 관련정도를 살펴볼 수 있다. Lester(1988)는 1980년 미국 데이터를 사용하여 사회적 지표들과 자살률의 관련성을 요인분석을 통해 살펴보았다.

사회적 지표들에 대한 요인분석 결과, 7가지 요인이 발견되었다. 자살률은 요인 3, 4와 유의미한 상관관계를 보였다. 요인 3은 사회적 불안정성, 요인 4는 동-서/보수적 차원을 측정하는 것으로 나타났다. 이혼율이 높은 지역이 이주율도 높고(Pearson 상관계수=0.74), 둘다 자살률과 높은 상관관계가 있기 때문에(이혼율과 자살률의 상관계수는 0.78, 이주율과 자살률의 상관계수는 0.80이었으며, 두 상관계수에 유의미한 차이는 없음) 자살에 영향을 미치는 가장 중요한 사회적 지표 하나를 선택하는 것은 부적절해 보인다.

Lester는 자살률과 사회적 지표의 싱관관계 패턴을 개념화하는 유용한 방법은 미국이 서로 다른 문화적 패턴을 가지고 있음을 살펴보는 것이라고 주장하였다. 패턴의 구성요소 중 하나만을 선택하여 이론에 대한 특정 가설을 지지하고 자살률을 예측하는 가장 중요한 변수로 결정하게 되면, 구성요소들이 서로 관련되어 있고 더 광범위한 문화적 패턴이 존재한다는 사실을 흐리게 된다. Moksony(1990)와 Taylor(1990)에 의해서도 자살률이 특정한 사회적 요인(예: 이혼율이나 출생률)보다는 광범위한 사회문화적 패턴(예: 사회붕괴)에 의해 결정된다는 주장이 옹호되었다.

자살수단 선택을 설명하는 하위문화 이론

Marks와 Stokes(1976)는 남부지역의 대학생들이 다른 지역의 대학생들보다 어린 시절 총기를 접한 경험이 많다는 것을 발견하였고, 총기를 많이 접하는 것이 자살수단을 선택하는데 영향을 미칠 수 있다고 주장하였다. Marks와 Abernathy(1974)는 미국의 남부지역으로 갈수록 총기를 이용해 자살로 사망하는 비율이 높다는 것을 발견하였다. Lester(1986-1987)는 Gastil(1971)이 제시한 *남부지수*가 전체 자살률과는 관련이 없지만, 총기를 이용한 자살과는 정적인 상관관계, 목맴/목졸림으로 인한 자살과는 부적인 상관관계가 있음을 발견하였다. 즉, 남부지역의 하위문화에서 자살수단으로 총기를 많이 사용하는 것과 관련이 있다고 볼 수 있다.

논평

하위문화의 개념은 사회적 일탈 이론에서 비롯되며, 자살행동을 설명하는 데 적절하다. 이 개념은 또래집단, 특히 10대 청소년의 자살과 자살수단 선택의 지역적 다양성을 설명하는 데 유용하다. 뿐만 아니라 자살률과 관련이 있는 사회적 지표의 광범위한 문화적 패턴을 설명하기도 한다.

사회적 일탈 이론

Wechsler와 Pugh(1967)는 또래집단이 이미 존재하는 경우, 대인관계 형성이 촉진될 수 있다고 주장하였다. 개인에게 또래집단이 없으면 스트레스와 사회적 고립 정도가 커서 정신질환을 일으킬 가능성이 높아지게 된다. 또한 특이한 성격을 가진 사람들은 비슷한 성격을 가진 사람들이 별로 없는 지역사회에서 살게 되면, 정신질환을 갖거나 정신병원에 입원할 확률이 높아지게 된다. 이러한 가설은 연령대, 결혼상태, 출생지, 직업적 지위와 상관없이 검증되었다. 예를 들면, 노인인구 비율이 높은 지역사회에 거주하는 노인은 노인인구 비율이 낮은 지역사회에 거주하는 노인에 비해 정신병원 입원율이 낮은 것으로 나타났다.

Lester(1989)는 두 가지 자료를 통해 이 가설을 자살행동에 적용하여 검증하였다. 첫째, 미국사회에 거주하는 백인이 아닌 사람의 비율과 이들의 자살률의 관계를 살펴본 결과, 백인이 아닌 사람의 비율이 낮은 지역에서 이들의 자살률이 높게 나타났다. 둘째, 호주에서 다른 나라 이민자들의 자살률이 이민자들의 인구규모와 관련이 있는지를 살펴보았는데, 이민자의 수가 적은 나라 사람들의 자살률이 높은 것으로 나타났다.

그렇다면 왜 일탈적 지위가 자살의 위험성을 높이는 것일까? 지역사회 사람들과의 사회적 접촉 부족, 다른 민족이나 문화의 사람들에게 둘러싸여 있기 때문에 느끼게 되는 소외감과 불안감, 차별적이고 적대적인 다수의 집단을 대하면서 발생하는 좌절감 등이 이와 관련된 매개변수들로 볼 수 있다.

상대적 코호트 크기 가설

사회적 일탈 이론은 상대적 코호트 크기 가설과 유사하다. Holinger와 Offer(1982)는 1933년부터 1975년까지의 시계열연구를 통해 미국사회의 15~19세 자살률이 전체인구 중 청소년이 차지하는 비율과 정적 상관관계가 있음을 발견하였다. 65~69세 자살률은 노인인구 중 해당 연령층이 차지하는 비율과 부적 상관관계를 보였다. Holinger 외(1987)는 15~24세의 경우는 정적 상관관계, 55~64세의 경우는 부적 상관관계, 25~34세와 35~44세의 경우는 인구비율과 자살률에 유의미한 상관관계가 없음을 발견하였다. 따라서 청소년을 제외하고는 사회에서 차지하는 인구비율이 커질수록 자살률이 낮아진다는 것을 알 수 있다. 청소년의 경우에는 사회적 일탈 이론의 가설과 반대의 경우이기는 하지만, 다른 인구집단의 경우 대체로 사회적 일탈 이론과 일치하는 결과가 나타나는 것을 볼 수 있다.

논평

사회적 일탈이 자살의 위험성을 증가시킨다는 가설은 큰 문화권 내에 있는 일부 사회집단의 자살률을 설명하는데 유용하다. 초기의 연구에서는 이민자나 소수민족이라는 하나의 지위만을 살펴보았다. 향후 연구에서는 소수민족 동성애자의 자살률처럼 두 가지 이상의 지위를 동시에 고려한 연구를 수행할 필요가 있다. 예를 들면, Yang(1988)은 전문직 여성이 더 낮은 지위의 여성보다 자살률이 높다는 것을 발견하였다.

기회 이론

범죄학에서 *기회* 이론은 하위계층 청소년이 합법적으로 성공할 수 있는 기회가 부족하기 때문에 지위, 명성, 부를 획득하기 위해 비행행동에 가담하게 된다고 가정하고 있다(Cloward & Ohlin, 1960). 하위계층 청소년은 중간계층에 대한 열망을 가지고 있지만, 중간계층에 해당하는 행동과 가치관, 또는 교육 부족이 사회적 발전에 있어 극복할 수 없는 장애물이라는 것을 알게 된다. 비행행동은 작은 성공을 가져오고, 달성하고자 하는 압박감을 충족시킨다. 즉, 비행행동은 제한된 기회에 적응할 수 있는 실현가능한 수단이 될 수 있다. Cloward와 Ohlin은 타인의 반응과(청소년의 부적절한 행동이 관찰됨) 청소년이 갖고 있는 특성(교육을 받지 않음)에서 나타나는 제한된 기회에 주목하였다.

Clarke(1980)는 기회 이론에서 범죄에 대한 상황적 요인을 중요시 하였다. 그는 어떤 유형의 범죄가 행하기 어려워지면 잠재적 범죄자가 다른 범죄행위를 저지르는 것도 어려워질 것이라는 가정 하에 범죄예방 전략을 주장하였다. 따라서 범죄대상의 취약성을 줄이거나(예: 자동차 핸들에 잠금장치 설치), 방어할 수 있는 공간을 만들거나, 지역사회 범죄예방 프로그램 등을 통해 범죄의 기회를 줄이는 것이 중요하다.

기회 이론의 관점에서 자살은 내부와 외부의 기회 모두에 초점을 맞추고 있다. Clarke와 Lester(1989)는 치명적인 자살수단에 대한 접근을 제한하는 자살예방 전략을 제안하였다. 치명적인 자살수단에 대한 접근이 제한되면, 사람들이 다른 자살수단을 찾지는 않을 것이라고 생각한 것이다. 예를 들면, 1960년대와 1970년대 잉글랜드와 웨일즈 지역 가정용 가스의 독성을 없애자 가정용 가스를 이용한 자살은 사실상 발생하지 않았고, 영국 전체의 자살률도 거의 3분의 1이 감소하였다. 미국에서도 권총을 구하기가 어려워지자 총기로 인한 자살률과 전체 자살률이 모두 감소하였다. 즉, Clarke와 Lester는 자살이 발생하는 것은 자살수단의 가용성에 영향을 받으며, 모든 자살자들이 수단과 방법을 가리지 않고 자살을 결정하는 것은 아니라고 설명하였다. Lester(2009)는 이 주제에 대한 최근의 연구결과를 발표하였다.

또한 Lester(1987c)는 어떤 사람에게는 자살이 심리적(정신내적) 이유 때문에 선택사항이 아닐 수도 있다고 주장하였다. 예를 들면,

자살을 부도덕한 것으로 여기는 종교적 신념이 강한 사람은 자살을 문제의 해결책으로 받아들이기 어려울 것이다. 반면, 부모가 자살을 하게 되면 자살을 선택사항으로 받아들일 가능성이 높아진다. 자살률이 인구집단 내에서도 하위집단별로 다르게 나타나는 것은 집단에 따라 자살을 해결책으로 생각할 수도 있다는 점을 보여주는 것이다. 예를 들면, 자살사망은 주로 남성에게서 나타나는 행동이고(자살시도는 주로 여성에게서 나타나는 행동), 인종에 따라서도 다르게 나타난다(백인이 흑인보다 훨씬 자살률이 높다). 따라서 여성과 흑인은 자살에 대한 내재화된 문화적 태도 때문에 자살사망의 기회가 제한될 수 있다.

Lester는 미국에서의 자살수단의 가용성과 자살의 용인성에 대한 연구를 수행하였다. 총기의 가용성은 총기규제법의 엄격성(미국에서 총기를 이용한 자살이 가장 일반적인 방법이기 때문)으로 측정하였고, 자살의 용인성은 교회 출석률(주요 종교에서는 자살을 죄라고 여김)을 이용하여 측정하였다. 이 두 변수의 자살률과의 다중 상관계수는 0.68이었으며, 이는 자살률의 46%를 설명하는 것이다.

논평

기회 이론의 관점에서 자살은 두 가지 대안에 초점을 맞추고 있다. 첫째, 개인의 외부환경이 자살의 기회를 창출하거나 허용하는가? 높은 곳(뛰어내릴 수 있는), 총기, 치명적 약물에 쉽게 접근할 수 있는 환경에서 자살의 기회는 증가한다. 자살수단에 대한 책이 출판

되면 자살을 시도하려는 사람에게 중요한 정보를 전달하게 되어 자살기회가 창출될 수도 있다. 둘째, 개인은 그 기회를 이용할 수 있는가? 만약 자살이 사후에 처벌을 받게 되는 죄라고 생각한다면 자살은 더 이상 선택이 될 수 없다. 따라서 기회 이론에서는 자살의 가능성을 감소시키거나 증가시키는 내부 억제제 또는 촉진제를 개인이 선택할 수 있는지를 중요시한다.

역할 갈등 이론

Palmer(1972)는 사회적 상호작용을 주고받는 과정을 호혜성이라고 설명하였다. 호혜성이 높으면 사람들은 서로에게 더 많이 동조하게 되고(따라서 사회규제가 높아지고), 서로 더 많이 교감하게 된다(따라서 사회통합이 높아진다). 호혜성은 주로 역할관계에서 발생한다. 만약 서로의 역할이 상충되거나 호혜성이 낮으면, 사회적 관계에 긴장감이 생기게 된다. 즉, 역할을 수행하면서 서로 간에 방해가 빈번해지면, 호혜성은 낮아지고 역할 간 긴장감이 높아진다. 긴장감이 높아지면, 사회통합은 낮아진다. 적절하게 역할을 수행해야 한다는 부담감을 느끼게 되면, 다른 사람들이 자신의 역할수행을 막는다고 생각하여 보복을 하려고 한다. 그렇게 되면 호혜성은 더 낮아지게 되어 외적지향 공격이 일어나게 된다. 반면, 긴장감이 낮으면, 호혜성이 높아져서 내적지향 공격이 일어나게 된다.

Palmer는 이러한 주장을 개인 수준으로 확장하였다. 개인에게는 다양한 역할과 지위가 있다. 역할 간 호혜성이 높으면 긴장감이 낮아져서 자살가능성이 높아진다(낮은 긴장감과 동반되는 감정은 공허함, 우울, 불안이다). 반면, 역할 간 호혜성이 낮으면 긴장감이 높아져서 살인가능성이 높아진다. 따라서 긴장이 높은 사회에서 극도의 긴장감을 가진 사람은 살인을 저지르게 된다.

Naroll의 좌절시키는 혼돈상황 개념(15장 참조)은 Palmer의 호혜성 및 역할 갈등 개념과 유사하다.

논평

호혜성, 대인관계에서의 역할 갈등과 좌절의 개념은 다양한 사회에서 나타나는 자살률의 차이를 잠재적으로 설명할 수 있다. 하지만 이 개념들을 조작적으로 측정하는데 어려움이 있어 상대적으로 다양한 연구가 이루어지지는 않았다. 비록 추정된 자살률의 정확성은 떨어지지만 원시사회에서의 대인관계 패턴에 대해 상세하게 보고하고 있는 인류학적 연구들이 이러한 개념을 검증하는 가장 좋은 자료가 될 것으로 보인다.

자살시도에 대한 이론

이 섹션에서는 자살시도에 대한 세 가지 사회학 이론에 대해 검토해 본다. 분명히 다른 이론들도 많이 있지만, 여기에서 설명하는 세 가지 이론이 사람들의 관심을 끌어 다른 새로운 이론을 만들어내고 검증하는 데 도움이 되길 바란다.

Steven Taylor

Taylor(1982)는 자살사망만 다루는 사회학 연구들은 몹시 불완전하다고 강력하게 주장하였다(Taylor의 이론에 대한 논의는 10장 참조). 그는 치명적이거나 비치명적인 자살행동 사이에는 명확한 심리적 구별이 이루어질 수 없다고 지적하였다. 자살로 사망에 이르는 사람들 중 일부는 의도하지 않았을 수 있고, 자살시도 후 살아남은 사람들 중 일부는 정말 죽기를 원했을 수 있다. 여전히 많은 사람들은 모험을 하고 있으며, 자살계획을 시행할 때 본인이 정말 죽게 될 지는 알 수 없다. Taylor에 의하면 사회학자들이 사용하는 자살이라는 개념은 문제의 복잡성을 정당화하지 못한다.

많은 사회학자들과는 달리 Taylor는 Douglas(1967)의 의견에 따라 자살에 대한 의미있는 사회학적 접근을 위해서는 자살행동의 의미를 규명해야 한다고 주장하였다. Taylor의 접근방법은 사회심리학적인 것으로 묘사되고 있으며, 행위자에게 나타나는 자살행동의 상황적 의미를 살펴보는 것이 목적이다. Taylor는 자살률에 관한 연구는 전혀 사회학적이지 않으며, 사례연구가 오히려 사회학적이라고 생각하였다. 실제로 Breed(1970)의 아프리카계 미국인의 숙명적 자살에 대한 분석과 같이 사회학적 또는 사회심리학적 틀 안에서 개인적 자살을 연구한 많은 학자들을 찾아볼 수 있다.

Taylor는 자살의 의미와 관련된 두 가지 차원을 설명하며 이에 따른 네 가지 자살유형을 제시하였다. 첫 번째 차원은 *불확실성 대 확실성*이다. 불확실성 상태에서 사람들은 무엇이 중요한지 알 수 없다. 확실성 상태에서 사람들은 자신이 알고 싶은 것을 모두 알 수 있다. 이 두 가지 극단적인 특성은 자살에 대한 불안(불확실성)과 우울/절망(확실성)을 초래한다.

두 번째 차원은 *분리성 대 결합성*이다. 분리성은 개인이 타인이나 타인의 의견, 평가로부터 분리되어 있는 것이다. 결합성은 개인이 타인에게 우선적인 애착을 가지며, 그들의 의견과 평가에 의존하는 것이다. 이 두 가지 차원은 자살행동을 네 가지 유형으로 구분하여 설명한다. 분리성/확실성 유형은 *순종적* 자살로 나타난다. 순종적 자살에서는 *내가 죽는 것*을 패배, 체념, 희망의 상실이라고 본다. 말기 암으로 죽어가는 사람이 자살을 하는 경우가 이 범주에 해당될 수 있다.

분리성/불확실성 유형에서는 개인이 자신의 정체성과 존재의 의미에 대해 불확실하기 때문에 *불확실성* 자살에 이르게 된다. 실존주의 정신과의사인 Ludwig Binswanger(1958)가 설명한 유명한 사례인 Ellen West의 경우, 음식에 대한 열망과 체중증가에 대한 두려움 사이에서 평생을 맞서 싸웠다. Binswanger는 그녀가 자살을 통해서 마침내 의미있는 존재가 되었다고 느꼈다. Ellen의 일기에는 모든 실제 생활에서 배제된 느낌과 타인을 멀리한 방법이 다음과 같이 묘사되어 있다. "나는 매우 고립되어 있다. 마치 유리 공에 앉아 있는 느낌이다." 이것이 바로 분리성이다.

희생적 자살에 이르는 사람은 확실성과 결합성이 있다. Taylor는 세 번째 자살시도 후 집으로 돌아온 남편에게 "돌아왔군요. 당신은 목숨을 끊는 것조차 제대로 하지 못하는군요." 라고 말한 아내의 사례에 대해 설명하였다. 얼마 되지 않아 남편은 목을 매달아 사망하였다. 타인이 자신이 죽는 것을 원하거나, 자신의 자살로 타인의 자신에 대한 생각이 바뀔 수 있다고 생각하는 사람들은 자살에 이르게 된다.

불확실성과 결합성이 있는 사람들은 *호소적* 자살을 통해 타인에게 간절하게 자신의 고통을 전달하고 그들의 행동을 조종하려고 한다. 대인관계에서 논쟁 이후에 발생하는 대부분의 자살시도가 이 범주에 속한다.

Taylor는 자신의 이론이 본질적으로는 사회학적이라고 느꼈을지 모르지만, 앞에서 논의된 사회학 이론들과는 분명히 다른 부분이 많다. 그러나 사회심리학적 현상에 대한 연구는 사회학과 심리학의 학제 간 격차를 해소하는 것이 사실이다(실제로, 사회심리학은 사회학, 심리학 양쪽 분야에서 모두 제공되는 과정이다). 예를 들면, Erving Goffman(사회학), Herbert Hendin(심리학)과 같이 주요 학문 분야의 소속과 무관하게 이 분야의 연구를 진행하는 학자들이 많이 있다.

Stephen Platt의 하위문화 이론

스코틀랜드 에딘버러의 연구원들은 50년 넘게 자살시도에 대해 면밀히 연구하였다. 수집된 데이터를 통해 수년 동안 자살시도율의 변화와 다른 역학적 변화를 각 도시별로도 확인할 수 있었다. Platt 외(1988)는 1983~1984년에 발생한 자살시도율을 보고하였는데, 연간 10만명 당 사회계급 I과 II(상위계급)에서는 72명, 사회계급 III에서는 236명, 사회계급 IV에서는 526명, 사회계급 V에서는 879명이 자살을 시도한 것으로 나타났다.

Platt(1985)은 자살시도율이 안정적이지만 도시의 구역별로 서로 다르다는 것을 발견하였고, 이를 설명하기 위해 하위문화 가설을 세웠다. Kreitman 외(1970)는 자신에 대한 공격행위를 다른 사람들에게 전할 수 있는 특정한 정보로 여기는 집단에서 많은 자살시도가 일어난다고 주장하였다. 자살시도는 공식적으로 용납되지는 않지만 일부 상황에서는 이해할 수 있고 적절하게 여겨지기도 한다. Platt은 보다 더 공식화된 가설을 통해 현대사회에는 자살시도를 통한 의사소통 기능이 특히 잘 정립된 하위문화가 있다고 주장하였다(Platt, 1985, p.258).

이러한 주장을 검증하기 위해 Platt은 자살시도율이 높고(연간 10만명 당 566명) 낮은(연간 10만명 당 125명, 168명, 205명) 총 네 지역의 사람들을 인터뷰하였다. 그는 각 지역에서 자살시도자와 지역 거주자를 모두 인터뷰하였다. 예상대로, 자살시도율이 높은 지역의 사람들은 교육수준이 낮고, 사회계층이 낮았으며, 주택을 소유하기보다는 임대한 경우가 많았다. Platt은 가치지향이나 행동방식의 평가에 대한 일부 척도에서 서로 다른 하위문화가 존재함을 발견하였다. 예를 들면, 자살시도율이 높은 지역에 거주하는 사람들의 자녀들은 16세가 되면 학교를 그만둘 가능성이 높고, 결혼 전에 성관계를 가질 가능성이나 자살을 시도할 가능성이 높고, 결혼한 부부는 다툼이나 싸움을 할 가능성이 높고, 남자들은 거리에서 싸울 가능성이 높았다. 하지만, 자살시도는 모든 지역에서 동일하게 강력히 금지되어 있음을 발견하였다.

자살행동에 대한 경험은 모든 지역에서 광범위하고 유사하게 나타났지만, 자살시도율이 높은 지역의 사람들은 자살행동에 대해 더 치밀하고 개인적인 경험을 보고하였다. Platt은 자살시도율이 높은 지역에서 反문화(contraculture)에 대한 증거는 발견하지 못하였다. 오히려 모든 지역에서 종류에 차이는 없지만 정도에 차이가 있다는 결론을 내렸다. 비록 자살시도율의 지역적 차이를 설명할 때 하위문화 이론으로 설명하는 것이 유용하긴 하였지만, 자살시도율의 차이를 설명할 수 있는 서로 다른 하위문화가 설득력있게 제시되지는 못하였다.

Philip과 McCulloch(1966), Morgan 외(1975) 등은 다른 분석방법을 제시하였다. 이들은 자살시도율을 도시 내 구역별로 계산하였고, 이와 관련된 사회적 영향요인을 살펴보았다. 예를 들면, Philip과 McCulloch는 자살시도율이 청소년 범죄발생률, 돌봄시설에 있는 아동의 수, 아동학대의 수, 과잉수용과 관련이 있음을 발견하였다. 이러한 연구들을 통해 자살시도의 사회학적 영향요인을 파악하고, 높은 자살시도율을 설명할 수 있는 하위문화의 구성요소들을 제시할 수 있게 되었다.

자살시도에 대한 Durkheim의 이론

Lester(1989)는 Durkheim의 개념에 기초하여 자살시도 이론을 제안하였다. 자살시도는 자신을 죽이려는 시도가 아니다. 오히려 그 사람의 삶에서 중요한 다른 사람들과의 의사소통이라고 볼 수 있다 (Shneidman & Farherow, 1961). 사람들은 고립되어 있으면 자살을 시도하지 않는다. 따라서 자살시도는 사회적으로 통합된 사람들에게 더 일반적으로 나타나게 된다.

자살시도율은 남성보다 여성, 노년층보다는 청년층, 그리고 사회계층이 낮은 집단에서 더 높게 나타난다. 이러한 집단의 사람들은 상대적으로 억압을 받는다는 특징이 있다. 여성, 청년, 하위계층 집단에는 외부제약이 크며, 사회규제 정도가 높다. 따라서 자살사망은 사회통합이나 사회규제가 낮은 경우에 더 많이 발생하지만, 자살시도는 사회통합이나 사회규제가 높은 경우에 더 많이 발생할 것이라는 가설을 세울 수 있다.

자살시도는 사회관계의 질(quality)과도 관련이 있다. 자살시도를 통해 사회적으로 통합될 수도 있지만, 이들의 사회관계에는 거의 항상 갈등이 존재하고 만족감이 없을 수 있기 때문이다.

논평

이 섹션에서 제시한 자살시도에 대한 세 가지 이론은 아직 명확하게 밝혀지지는 않았다. 그러나 하나 이상의 이론은 결국 보다 복잡한 이론의 기초를 제공하고, 이론을 검증하기 위한 연구의 틀을 생성할 수 있다. 비록 여기서는 자살시도에 대한 이론으로만 한정하였지만, 양면적인 자살행동도 반드시 고려하여야 한다. 왜냐하면 단순히 혼합된 사례(자살사망과 치명적이지 않은 자살시도의 중간)가 아닌 경우에는 그 자체로도 공식적인 이론이 될 수 있기 때문이다. 마찬가지로, 자살생각 또한 사회학 이론에서 관심의 대상이 되어야 하며, 기본적인 사실을 사회학 이론으로 설명하기 위해 자살생각에 대한 보다 구체적인 역학관계를 살펴보는 연구들이 수행되어야 한다. 아직도 다양한 영역에서 많은 연구들이 수행될 필요가 있다.

[참고문헌]————————————

Binswanger, L. (1958). The case of Ellen West. In R. May (Ed.), *Existence*, pp. 237-64. New York: Basic Books.

Breed, W. (1970). The Negro and fatalistic suicide. *Pacific Sociological Review, 13*, 156-62.

Brown, M., King, E., & Barraclough, B. M. (1997). Nine suicide pacts. *British Journal of Psychiatry, 167*, 448-51.

Clarke, R. V. (1980). Situational crime prevention. *British Journal of Criminology, 20*, 136-47.

Clarke, R. V., & Lester, D. (1989). *Suicide: Closing the exits*. New York: Springer-Verlag.

Cloward, R. A., & Ohlin, L. (1960). *Delinquency and opportunity*. New York: Free Press.

Cohen, A. (1955). *Delinquent boys*. Glencoe, IL: Free Press.

Douglas, J. D. (1967). *The social meanings of suicide*. Princeton, NJ: Princeton University Press.

Gastil, R. (1971). Homicide and a regional culture of violence. *American Sociological Review, 36*, 412-27.

Hankoff, L. (1979). The armed forces. In L. Hankoff & B. Einsidler (Eds.), *Suicide*, pp. 343-49. Littleton, MA: PSG, 1979.

Holinger, P. C., & Offer, D. (1982). Prediction of adolescent suicide. *American Journal of Psychiatry, 139*, 302-07.

Holinger, P. C., Offer, D., & Ostrov, E. (1987). Suicide and homicide in the US. *American Journal of Psychiatry, 144*, 215-19.

Johnson, B. D. (1973). *Marihuana users and drug subcultures.* New York: Wiley.

Kreitman, N., Smith, P., & Eng-Seong, T. (1970). Attempted suicide as language. *British Journal of Psychiatry, 116*, 465-73.

Lester, D. (1986-1987). Southern subculture, personal violence (suicide and homicide), and firearms. *Omega, 17*, 183-86.

Lester, D. (1987a). Indirect evidence for effects of suggestion in suicide. *Psychological Reports, 61*, 576.

Lester, D. (1987b). A subcultural theory of teenage suicide. *Adolescence, 22*, 317-20.

Lester, D. (1987c). An availability-acceptability theory of suicide. *Activitas Nervosa Superior, 29*, 164-66.

Lester, D. (1988). A critical-mass theory of national suicide rates. *Suicide & Life-Threatening Behavior, 18*, 279-84.

Lester, D. (1989). *Suicide from a sociological perspective.* Springfield, IL: Charles C Thomas.

Lester, D. (2009). *Preventing suicide: Closing the Exits revisited.* Hauppauge, NY: Nova Science.

Marks, A., & Abernathy, T. (1974). Toward a sociocultural perspective on means of self-destruction. *Life-Threatening Behavior, 4*, 3-7.

Marks, A., & Stokes, C. (1976). Socialization, firearms and suicide. *Social Problems, 23*, 622-29.

Moksony, F. (1990). Ecological analysis of suicide. In D. Lester (Ed.), *Current concepts of suicide*, pp. 121-138. Philadelphia: Charles Press.

Morgan, H., Pocock, H., & Pottle, S. (1975). The urban distribution of non-fatal deliberate self-harm. *British Journal of Psychiatry, 126*, 319-28.

Naroll, R. (1965). Thwarting disorientation and suicide. Unpublished, Northwestern University.

Ohara, K., & Reynolds, D. (1970). Love-pact suicides. *Omega, 1*, 159-66.

Palmer, S. (1972). *The violent society.* New Haven, CT: College & University Press.

Philip, A. E., & McCulloch, J. W. (1966). Use of social indices in psychiatric epidemiology. *British Journal of Preventive & Social Medicine, 20*, 122-26.

Phillips, D. P. (1982). The impact of fictional television stories on US adult fatalities. *American Journal of Sociology, 87*, 1340-359.

Platt, S. (1985). A subculture of parasuicide? *Human Relations, 38*, 257-97.

Platt, S., Hawton, K., Kreitman, N., Fagg, J., & Foster, J. (1988). Recent clinical and epidemiological trends in parasuicide in Edinburgh and Oxford. *Psychological Medicine, 18*, 405-18.

Schelling, T. C. (1978). *Micromotives and macrobehavior*. New York: Norton.

Shneidman, E. S., & Farberow, N. L. (1961). *The cry for help*. New York: McGraw-Hill.

Stack, S. (1990). Media impacts on suicide. In D. Lester (Ed.), *Current concepts of suicide*, pp. 107-20. Philadelphia: Charles Press.

Taylor, S. (1982). *Durkheim and the study of suicide*. London: Macmillan.

Taylor, S. (1990). Suicide, Durkheim, and sociology. In D. Lester (Ed.), *Current concepts of suicide*, pp. 225-36.. Philadelphia, PA: Charles Press.

Wechsler, H., & Pugh, T. F. (1967). Fit of individual and community characteristics and rates of psychiatric hospitalization. *American Journal of Sociology, 73*, 331-38.

Wolfgang, M. E., & Ferracuti, F. (1969). *The subculture of violence*. New York: Tavistock.

Yang, B. (1988). Women, work and suicide. In D. Lester (Ed.), *Why women kill themselves*, pp. 35-2. Springfield, IL: Charles C Thomas

제14장

일탈 이론[50]

David Lester

이 장에서는 범죄학자들이 제안한 일탈행위 및 범죄와 관련된 이론들을 바탕으로 자살을 설명한 7가지 이론에 대해 검토해 본다. 자살을 범죄로 볼 수는 없지만, 오히려 일탈과 관련된 이론들을 바탕으로 자살에 대한 새로운 이론을 제안할 수 있을 것이다. 일부 이론들은 최근에 밝혀졌는데, 이 중 두 가지 이론(*실증적 개인주의 이론, 학습 이론*)은 자살의 일반적인 이론들과 실질적으로 유사하다. 반면 *사회반응 이론*과 *사회갈등 이론*은 자살학자들이 전혀 고려한 적 없는 완전히 새로운 이론으로 볼 수 있다.

이러한 이론들을 통해 자살예방에 대한 함의를 설명할 수 있다. 우선, 지역사회 프로그램부터 자살가능성이 높은 사람들을 위한 사회적 네트워크 구축에 이르기까지 자살을 예방하기 위한 새로운 전략을 제안할 수 있다. 둘째, 사후개입보다는 자살행동 출현의 1차 예

---

50 Murrell과 Lester(1981), Lester(1990a) 참조.

방에 대한 이론적 근거를 제공한다. 이는 자살학자들이 1차 예방을 소홀히 하였다는 점을 일깨워주는 것이다.

이 장에서 제시하는 7가지 이론은 다음과 같다.

고전주의 이론
실증적 개인주의 이론
사회구조 이론
학습 이론
사회통제 이론
사회반응 이론
사회갈등 이론

고전주의 이론

*고전주의 이론*에서는 자살을 이익과 손실을 따져 내린 개인의 합리적 결정으로 본다. 이 이론은 범죄학의 고전학파인 이탈리아의 Cesare Beccaria(1738-1794)와 영국의 Jeremy Bentham(1758-1832)에 의해 제시되었다.

Beccaria(1963)는 1764년 이탈리아에서 출판된 그의 저서를 통해 사회에는 법률과 계약제도가 필요하다고 주장하였다. 그는 범죄자의 의도가 아닌 범죄행위 자체만을 고려하여 범죄를 집행하고 처벌해야 한다고 주장하였다. Beccaria는 범죄를 예방할 수 있는 방법으로 처벌이 유용하다고 생각하였다. 법률은 명문화되어 사람들에게 잘 알려져야 하며, 재판은 공개적이고 신속하게, 처벌은 확실하고 즉각적으로 이루어져야 한다고 주장하였다. 또한, 고문을 금지하고, 사형보다는 무기징역을 선고하고, 교정시설이 더 나은 환경이 되어야 한다고 주장하였다.

한편 영국에서 법률을 공부한 철학자 Jeremy Bentham도 범죄와 처벌에 대해 논의하였다(Bentham, 1967). 오늘날 *실용주의적 쾌락주의자*로 분류되는 Bentham은 최대다수의 최대행복을 추구하는 사회의 선을 극대화하고자 하였다. 18세기의 다른 학자들과 마찬가지로, Bentham은 즐거움을 극대화하고 고통을 최소화하는 것이 합리적이라고 생각하였다. Beccaria와 마찬가지로 Bentham은 각각의 범죄에 특정한 처벌이 가해지면 고통이 증가하기 때문에 범죄 발생이 감소될 것이라고 생각하였다. 범죄자가 잡혔을 때 범죄행위에 따르는 고통이 범죄행위로 인한 즐거움보다 클 것이라고 생각한 것이다. 따라서 합리적인 사람은 범죄행위를 더 이상 저지르지 않게 된다는 것이다.

고전주의 이론은 100년 이상 형사사법제도에 큰 영향을 미쳤지만 20세기에 와서는 범죄자를 *처벌*하기보다는 *교화*해야한다는 의견으로 대체되었다. 그러나 최근 몇 년간 범죄자의 교화에 대한 노력들이 거의 성공하지 못함에 따라 고전주의 이론에 다시 힘이 실리고 있다(Newman, 1983; Cornish & Clarke, 1986).

자살과 법률

Victoroff(1983)는 미국에서의 자살에 관한 현행법을 검토하였다. 자살사망에 대해서 형사처벌을 내린 주(state)는 없었지만, 오클라호마와 텍사스 주에서는 자살시도에 대해 형사처벌을 내리고 있었다. Lester(1988b)는 자살에 관한 법률이 각 주의 자살에 대한 주민들의 태도를 반영할 것이라고 설명하면서, 징벌적 법률이 많은 주에 살고 있는 주민들은 자살시도가 적을 것이라고 주장하였다. 하지만 1980년도의 자살에 관한 법률조항의 유무와 자살률의 상관관계를 살펴본 결과, 자살에 관한 법률이 자살률과는 관련이 없다는 것을 발견하였다. 다중회귀분석 결과에서도 8개 주의 법률조항은 자살률을 19% 정도 설명하는데 그쳤다.

Lester(2002)는 캐나다, 영국, 홍콩을 포함한 7개국에서 자살 비범죄화의 영향력을 살펴보았다. 그 결과, 전반적으로 자살률은 비범죄화 이후 증가하였다. 비범죄화 5년 전과 5년 후를 비교해보면 7개국의 평균 자살률은 연간 10만명 당 9.7명에서 11.2명으로 증가하였다. 따라서 자살을 범죄화한 것이 사람들의 자살을 막았다고 볼 수 있다.

자살은 합리적 선택인가?

Lester(1988c, 2003)는 자살이 합리적인 선택이 될 수 있다고 강력히 주장하였고, Yang과 Lester(2006)는 비용편익과 수요공급에 따라 자살현상을 분석하여야 한다고 제안하였다(16장 참조). 또한 Clarke와 Lester(1989)는 사람들이 자살수단을 선택할 때 심신에 미치는 서로 다른 자살수단의 영향력을 모두 고려한다고 주장하였다(13장 참조).

자살예방에 대한 함의

현대사회에서 자살에 대해 처벌을 도입하는 것은 현실적이지 않다. 그러나 자살에 반대하는 다양한 윤리철학이 있기 때문에 이러한 입장을 강조하는 것이 꼭 불합리한 것은 아니다. 예를 들면, 로마가톨릭교회에서는 낙태에 대해 강한 윤리적 입장을 취하고 있어 자살에 대해서도 유사한 입장을 취할 수 있다.

Lester(1989a)는 자살에 대한 공교육은 질병에 대한 공교육과는 다르다고 주장하였다. 예를 들면, 흡연에 대한 공교육에서는 공중보건에서의 흡연의 위험성에 초점을 맞추고 있다. 즉, 흡연이 폐암의 원인이 되고 임산부의 태아에게 해가 될 수 있다는 사실을 강조한다. 폐암으로 사망한 율 브리너는 죽기 전에 찍은 TV 광고에서 "담배를 피우지 말라"고 주장하였다. 흡연을 강력히 반대하는 사람들은 병든 폐 조직 사진이나 폐암으로 고통받는 사람들의 가슴이 미어지는 이야기들을 널리 알린다. 에이즈나 약물남용에 대한 공교육도 강력하고 노골적인 편이다.

자살에 관한 공교육의 초점은 매우 대조적이다. 자살충동을 가진 청소년이 나오는 드라마를 TV에 방영함으로써 대중에게 타인의 자살에 대한 전조증상을 알릴 수 있다. 지역사회 자살예방 서비스에 대해서도 알리곤 하는데, 이러한 유형의 정보는 흡연이나 에이즈와는 상당히 다르다. 그렇다면 어떻게 자살교육을 통해 자살이 발생시키는 비용이 높다는 것을 알릴 수 있을까?

1. 많은 사람들이 자살시도 이후 끔찍하고 영구적인 장애를 안고 살아남지만, 이런 사실은 일반적으로 알려져 있지 않다. 율 브리너가 금연 캠페인에서 한 것처럼, 총격에 의한 자살시도로 얼굴이 기형이 되거나 타이레놀 과다복용 후 신장투석기에 있던 사람이 카메라에 대고 "자살을 하지 말라"고 말하면 어떻게 될까?

2. 자살유가족이 직면하는 어려움에 대한 연구들이 늘어나고 있다. 가족들은 분노와 죄의식으로 인해 자연사로 가족을 잃은 경우보다 훨씬 더 견디기 어려워한다. 또한 매정하거나 심지어 적대적인 이웃이나 친구들을 대해야 하는 경우도 있다. 따라서 자살로 중요한 이들을 잃은 친척이나 친구에게 일어나는 슬픔과 고통에 대해 알리는 공교육이 필요하다.

3. 위에서도 언급하였지만 많은 종교에서 자살을 비난하며 어떤 종교에서는 이를 매우 강력하게 표출한다. 자살이 발생시키는 비용이 높다고 알리는 방법 중 하나는 자살에 대한 종교적 금기와 자살자가 사후세계에서 직면하게 될 결과를 강조하는 것일 수 있다.

논평

고전주의 이론에서는 자살과 다른 대안의 비용편익에 대한 정확한 평가를 토대로 한 행동의 합리성을 강조한다. 자살자는 쾌락을 극대화하거나 고통을 최소화하려고 한다. 자살에 대한 처벌은 실현가능한 대안이 아니며, 처벌이 자살률에 영향을 미치거나 미치지 못한다는 어떠한 증거도 없다. 그러나 공교육은 흉해진 모습, 사랑하는 사람에게 야기되는 고통, 사망 후 일어날 수 있는 결과들을 통해 자살의 비용을 강조할 수 있다. 이러한 정보는 자살이 발생시키는 비용이 높다고 알려 자살이 덜 합리적인 선택이라고 여기게 만들 수 있다.[51]

실증적 개인주의 이론

실증적 개인주의 이론에서는 개인범죄자에 초점을 맞추어 어떻게 범죄행위에 연루되는 것을 막을 수 있는지에 대해 설명한다. 범죄에 대한 고전주의 이론을 수립한 지 100년도 되지 않아 사람들은 범죄행위를 설명하기 위해 범죄자의 생리적, 심리적 특성과 사회적 환경에 대해 살펴보기 시작하였다. 실증주의 학파는 결정론에 찬성하여 자유의지를 강조하는 고전주의 학파를 거부하였다. 이들은 개인적인 의견에 영향을 받지 않는 과학적 방법을 사용하여 범죄행위의 원인을 규명하고자 하였다.

범죄에 대한 생리학 이론에서는 유전되는 범죄행위와 범죄가능

---

51 Lester(2009)는 1891~1913년 런던에서 발생한 자살시도에 대한 기소에 대해 살펴보았고, Kahn과 Lester(2013)는 가나, 인도, 싱가포르의 자살범죄화에 대해 논의하였다.

성을 높이는 유전자 변이에 초점을 두고 있다. 예를 들면, Cortes와 Gatti(1972), Eysenck(1977)는 생리학에 근거한 범죄행위 이론을 주장하였다. 범죄에 대한 심리학 이론에서는 지능(Hirschi & Hindelang, 1977), 성격 특성(Eysenck, 1977)과 어린 시절 경험이 범죄행위의 위험을 증가시킬 수 있다고 설명하였다. 정신의학적 관점에서는 범죄행위를 정신질환(예: 제2축 반사회적 성격장애)이나 정신질환의 부산물로 간주한다. 범죄자는 정신병, 신경증, 성격장애, 일시적 상황장애에 시달리는 것으로 밝혀졌다(Toch, 1979).

이 책의 1부에서 제시한 자살이론의 대부분은 실증적 개인주의 이론에 근거한다. 또한 자살시도자와 자살위험군을 위한 정신치료와 심리치료, 급성자살 상태에 있는 사람들을 위한 위기개입을 포함한 자살예방 전략의 대부분이 이러한 관점을 기반으로 한다. 따라서 여기에서 이 이론들을 다시 검토하지는 않기로 한다.

사회구조 이론

범죄에 대한 실증주의 이론 중 사회구조나 사회조직을 범죄의 원인으로 설명하는 이론이 몇 가지 있다. 그 중 하나는 하위계층 문화에 존재하는 지배적인 문화적 규범과 가치에서 비롯된 파괴적인 사회세력을 설명하는 *문화일탈 이론*이고, 또 하나는 하위계층 청소년이 합법적으로 보상을 받지 못할 때 느끼는 좌절감에 대해 설명하는 *긴장 이론*이다.

문화일탈 이론

자신이 성장한 지역의 문화적 가치가 주요 사회의 문화적 가치에 부합되지 않으면, 비정상적인 규칙, 가치, 규범을 준수하는 것이 일탈로 여겨지게 된다. Shaw와 Mckay(1972)는 1920년대의 시카고는 매우 다른 구역들로 이루어져 있음을 발견하였다. 일부 구역은 부유하고, 나머지 구역은 빈민가였다. Shaw와 McKay는 범죄가 빈민가에서 발생한다고 주장하였다. 이 지역에서 생겨난 10대 갱집단은 다른 청소년들이 살아갈 수 있도록 도와주었고, 경제적 이익과 우정을 함께 나누었다. 갱집단은 어린 아이들이 자라서 갱집단에 들어오게 되면 새로운 규범과 가치를 전수하는 문화적 대리인의 역할을 하였다.

Shaw와 McKay는 시카고에 있는 서로 다른 구역의 태도와 가치관의 차이로 인해 자녀양육의 방식도 다양해졌다고 설명하였다. 범죄율이 낮은 구역의 학부모는 학교, 교회 및 다른 지역사회 단체의 중요성을 강조하였고, 가족들 간의 유대감도 긴밀하였다. 범죄율이 높은 구역에서는 문화적 가치에 충돌이 있어 동질적인 문화가 사라졌다. 일부 가족은 전통적인 가치관을 계속해서 강조하였지만, 다른 가족들은 전통적인 가치관을 거부하였다. 이 구역의 청소년들은 어떤 가치관에 맞추어 살아가야 할지를 선택해야 했고, 종종 정상적이지 않은 가치관을 선택하였다.

Walter Miller(1958)는 범죄와 비행행위를 하위계층 문화의 결과물이라고 설명하였다. 그는 청소년을 위한 좋은 남성 롤모델이 없는 여성 한부모 가정의 역할에 주목하며, 남성 부재의 대안으로 남성 갱집단이 만들어진다고 생각하였다. 또한 이 문화가 목표로 하는 몇 가지 중요한 사항에는 어려움에 처하면 피하기, 육체적·정신적 어려움 인식하기, 세상 물정에 밝아지기, 신나는 일 찾기, 운명과 행운이 인생을 결정한다고 믿기, 개인의 자유와 자율성 중요시하기 등이 있음을 지적하였다. 이러한 문화적 요구사항을 준수하는 과정에서 청소년은 비행행위나 범죄를 저지르게 된다.

Thorsten Sellin(1938)은 규범에서 갈등의 역할을 강조하였다. 모든 사람은 상황에 따라 각자 어떻게 대처하는 것이 옳고 그른지에 대해 알고 있다. 정상적으로 성장하고 사회화되는 과정에서 이러한 규범들이 부딪치게 되면 문화갈등이 일어나는 것이다. 1차적 갈등은 서로 다른 문화가 충돌할 때 발생하지만, 2차적 갈등은 단일 문화가 발전하는 과정에서 발생한다. 모국의 규범에 따라 행동하는 미국 이민자들에게 발생하는 것이 1차적 갈등이라 볼 수 있다. 미국 본토의 하위계층과 중간계층 청소년 사이의 가치관 충돌을 2차적 갈등이라 볼 수 있으며, 이는 높은 범죄율을 불러 일으킨다.

긴장 이론

*긴장 이론*은 사회의 다양한 그룹이나 하위문화에 속한 사람들의 감정을 중요시한다. 사람들은 합법적으로 성공, 명성, 또는 지위를 얻을 수 없게 되면 분노와 좌절을 느끼게 된다. 긴장 이론에서는 사람들이 모두 유사한 목표와 가치를 공유하지만(문화일탈 이론과는

매우 다른 가정), 하위계층의 사람들은 이러한 목표를 달성할 수 있는 능력에 차이가 있다고 주장한다.

Robert Merton(1957)은 사회구조 내에서 사회구성원들의 목표가 수립되고 이러한 목표를 달성하기 위한 몇 가지 승인된 수단이 정해져 있다고 주장하였다. 부적합한 행동은 사람들이 목표나 목표를 달성하기 위한 수단을 거부할 때 발생한다. Merton은 근대 미국사회에서는 수단보다는 목표를 강조하였고, 가장 추구하는 목표는 부와 물질적 재물이었다고 설명하였다.

그는 사회구성원들의 5가지 적응 *유형*을 발견하였다. *순응형*은 목표와 승인된 수단을 모두 받아들인다. *혁신형*은 목표는 수락하지만, 청소년이 차를 훔치듯 승인된 수단을 거부한다. *의례형*은 목표를 거부하지만, 승인된 수단을 수락하기 때문에 목표로 하는 것을 달성하겠다는 기본적인 노력 없이 의식을 치른다. *도피형*은 목표와 승인된 수단을 모두 거부하며, 정신병자, 방랑자, 부랑자 등으로 설명된다. *혁명형*은 목표와 승인된 수단을 모두 거부할 뿐만 아니라 새로운 사회질서를 수립하기 시작한다. 범죄자는 주로 혁신형으로 분류된다.

Albert Cohen(1955)은 빈민가에서의 범죄행위는 중간계층 문화의 규범과 가치에 반하는 시위와 같다고 주장하였다. 빈민가의 사회적 여건은 청소년들이 승인된 수단으로 승인된 목표를 달성하는 것을 불가능하게 만든다. 이런 청소년들은 비공리적, 악의적, 부정주의적 행위를 초래하는 좌절을 경험하게 된다. 이 지역의 학부모는 자녀에게 중간계층이 될 수 있는 적절한 기술을 가르쳐주지 못하기 때문에 아이들은 교육이나 의사소통 기술이 부족해지고, 자기만족을 경험하지 못한다. 즉, *중간계층의 잣대*에 부응하지 못하게 되는 것이다.

이런 경우에 대해서도 3가지 반응형태가 있는데, *일반 청소년*은 포기하지 않고 중간계층의 가치를 받아들이고 이에 부합하려고 노력한다. *우범 청소년*은 길에서 시간을 보내고, 도박을 하고, 학교에 무단결석하고, 운동부에 가입하고, 결국 비천한 직업을 갖게 되면서 하위계층의 익숙한 세계로 빠져들게 된다. 마지막으로, *비행 청소년*은 범죄자가 된다.[52]

범죄예방

이 이론은 지역사회를 체계화함으로써 범죄에 대한 1차 예방이 달성될 수 있음을 시사한다. 즉, 악화되어가는 지역을 개선해야 한다는 것이다. Shaw는 1930년대 시카고지역 프로젝트를 통해 행동에 대한 통제를 강화하고 청소년을 위한 훌륭한 성인 롤모델을 제공할 수 있는 이웃을 만들기 시작하였다(Kobrin, 1959). 이에 따라 주민참여와 책임이 강조되었고, 레크리에이션 프로그램, 지역사회를 개선시키는 프로그램, 비행청소년을 관리하는데 도움이 되는 프로그램 등이 생겨났다.

1960년대 뉴욕시의 청소년 이주 프로젝트에서는 교육과 훈련을

---

52 Cloward와 Ohlin(1960)은 이를 범죄에 대한 문화일탈 이론으로 설명하였다.

통해 청소년을 위한 취업기회를 늘리고, 지역주민들이 지역사회 개선을 위한 활동가로 앞장서려고 노력하였다(Brager & Purcell, 1967). 시카고지역 프로젝트처럼 지역주민들이 프로그램을 운영하였고, 레크리에이션과 스포츠 프로그램 등이 생겨나고, 학부모와 학교 간에 신뢰관계가 형성되었으며, 직업훈련이나 직업지도 서비스도 만들어졌다. 놀이터 구축과 같은 지역개선 프로젝트를 위해 10대들을 위한 도시 청소년 봉사단도 조직되었다.

보스턴의 중소도시 프로젝트에서는 파견된 길거리 노동자들이 형사제도, 학교시스템, 고용주들과 청소년의 중개자 역할을 하면서 자신의 구역에 있는 비행청소년이나 갱집단원들을 만나 교육기회를 제공하거나 합법적인 취업을 할 수 있도록 도움을 주기도 하였다(Miller, 1962).

자살에 대한 사회구조 이론

문화일탈의 관점에 적합한 자살행동의 주요 이론은 13장에서 검토된 하위문화 이론이다.

긴장 이론은 문화일탈 이론에 비해 선행연구나 이론화가 많이 이루어지지 않았다. 긴장 이론은 사회적으로 용인되는 수단을 이용하여 문화적으로 승인된 목표를 달성하는 데 어려움을 겪어 자살에 이르게 되는 개인의 감정(예: 분노와 좌절)을 중요하게 생각한다.

어떤 면에서 자살은 Merton이나 Cloward와 Ohlin이 제시한 유형 중 도피형에 속할 수 있다. Cloward와 Ohlin이 설명한 도피형은 전통사회의 가치와 규범에 충실하려고 하지만, 규범을 성공적으로 지켜내지는 못하기 때문에 세상으로부터 도피하게 된다. Cloward 와 Ohlin이 설명한 도피형은 주로 마약을 복용하게 되는 경우가 많지만, 자살충동을 가진 사람은 마약에 취하는 것보다 존재의 끝을 추구한다. Merton의 도피형은 전통사회가 설정한 목표와 수단을 모두 거부하여 비사회화된다. 정신병자, 낙오자, 떠돌이, 상습주취자, 마약중독자, 방랑자, 부랑자 등이 이에 해당된다.

자살충동을 가진 사람들은 다른 사람들이 완수하는 작업에 실패하게 되면 보통 사람들에 비해 훨씬 더 심한 우울과 절망을 느낀다. 이러한 반응은 투쟁을 계속하기보다는 죽음을 통해 투쟁에서 벗어나려 하는 것이다. 순응형은 위기의 한복판에 서게 되면 도피형이 되는 사실상 *일시적 도피형*으로 볼 수 있다.

자살충동을 가진 사람들의 공통점을 살펴보면 어떤 형태로든 실패했다는 점을 들 수 있다. 예를 들면, Livermore(1985)는 유서를 분석한 결과, 자살사망자의 30%에서는 "내가 없으면 당신의 삶이 더 나아질 것이다"[53], 자살사망자의 5%와 자살시도자의 30%에서는 "나는 실패했다"라는 글귀가 적혀있음을 발견하였다. 또한, Livermore는 자살사망자의 약 50%와 자살시도자의 25%는 자살을 촉발시키는 원인 중 하나로 재정문제를 언급했음을 밝히면서 부를 향한 미국인들의 일반적인 목표가 자살충동을 가진 사람들의 걱정거리였음을 시사하였다. Lester(1987a; 13장 참조)는 자살충동을 가

---

53 인식된 짐스러움(3장 참조).

진 10대들은 마약에 심하게 중독되어 있고, 헤비메탈 음악에 빠져 있고, 부모와의 관계가 나쁘며, 자존감이 극도로 낮아 도피형 삶의 방식을 추구한다는 것을 소규모 연구를 통해 발견하였다.

Stephens(1988)는 여성의 자살행동에 대한 연구를 통해 해당 여성들이 "(다른 사람들과) 끊임없이 부정적인 대인관계를 갖고 있었다... 이들은 사회적, 심리적으로 부모, 남성, 자신을 지속적으로 모욕하는 사람들과의 관계에서 이미 피해자였다...(p.84)."고 주장하였다. 이 여성들은 종종 자신들이 "나빴다"고 말하면서, 다른 사람들과 다르다는 점을 인정하였다. 하지만 이들은 평범해지길 원했다. 한 여성은 "평생 나는 아무것도, 아무것도, 아무것도 아니라고 생각하였다"고 표현하였다. 다시 말하면, 이런 삶을 통해 여성이 어려움을 겪어왔고 자신의 삶이 실패했다고 생각하여 도피전략으로 자살행동이 나타난 것으로 보인다.

따라서 자살충동을 가진 사람들이 실제로 다른 사람들이 갖고 있는 사회의 전통적인 목표를 어느 정도 갖고 있는지, 이러한 목표를 달성하기 위해 어떤 방법을 시도했는지, 그리고 실제로 성취하려는 것을 포기한 것인지 여부를 살펴보는 것이 중요하다.

자살예방에 대한 함의

사회구조 이론에서 비롯된 예방 프로그램은 1차 예방 전략수립을 통해 지역사회를 변화시켜 범죄행위의 발생을 낮출 수 있다. 또한 비행청소년의 미래에 발생할 범죄행위를 방지할 수 있는 3차 예방도 중요하다.

자살은 범죄행위보다 훨씬 발생률이 낮기 때문에 지역사회에서 자살충동을 가지거나 자살가능성이 있는 사람은 소수에 불과하다. 학교에서 집단자살이 발생하는 경우에도, 일반적으로 2~3명의 자살인 경우가 많다. 하지만 우울한 사람들까지 포함시키면 그 비율은 훨씬 더 커진다.

1차 예방 프로그램은 학교, 인디언 보호구역, 또는 은퇴시설과 같이 자살이 빈번하거나 자살가능성이 높은 곳에서 적절히 이루어져야 한다. 학교에서는 어떤 프로그램을 시행해야 전반적인 환경을 변화시켜 자살을 예방할 수 있을까? 일반적으로 학교에서는 자살인식 프로그램이나 자살예방 프로그램을 시행하지만(Rainer, 1989), 사회구조 이론의 관점은 거의 반영되지 않고 있다. 때때로 학교의 자살예방 프로그램은 더 광범위한 목표를 가지고 있는데, 이는 다음과 같다(Patrick, 1989). (1) 모든 학생들에게 성공할 수 있는 기회를 제공하고, 자신의 가치를 느끼게 하고, 개인적인 문제에 대해 도움을 요청하는 것을 편안하게 느끼도록 하는 학교분위기를 조성한다. (2) 성공을 촉진하는 완전학습이나 협동학습 같은 기술을 가르친다. (3) 긍정적인 청소년 발달활동을 개발한다. (4) 선배/또래 프로그램을 시행한다. (5) 발달지도, 건강과정, 학부모교육 프로그램을 제공한다.

이러한 목표들은 보기에는 괜찮아 보이지만, 목적이 불분명하고 자살문제를 구체적으로 다루고 있지 않다. 아마도 자살은 도피형 전략을 고려하거나 시도하는 사람들이 채택할 수 있는 유일한 전략일

것이다. 따라서 1차 예방 프로그램을 자살에만 집중시킬 필요는 없
다. 또한 위의 목표들은 대부분의 학교들이 갖추고 있지 못한 좋은
교육환경을 갖추고자 한다는 점에서 대체로 이상적이다. 중요한 것
은 학교와 직원들이 해당 목표를 성취하기 위해 실행하는 구체적인
방법이다. 모든 학생에게 성공할 수 있는 기회와 가치있고 긍정적인
느낌을 가지게 하고 싶지만, 일반적인 학교의 수업만 하는 현실에서
어떻게 그렇게 할 수 있을까?

많은 학생들은 일반적인 학교가 제공하는 완벽하지는 않은 기회
들을 활용하여 건강한 성인으로 성장한다. 도피형 학생들은 이러한
기회를 이용하지 못하거나 피하게 된다. 학교가 더 나은 프로그램을
제공하더라도 도피형 학생들은 여전히 프로그램에서 실패하거나
프로그램을 피할 가능성이 높다. 따라서 도피형 학생들을 돌보기 위
해 특별히 고용된 직원이 필요하다.

비행청소년 예방 프로그램에서는 사회복지사가 자신의 구역에
있는 비행청소년을 만나도록 한다. 외부의 사회복지사가 개입되면
처음부터 성공할 수 없다는 편견이 있기 때문이다. 1차 예방 프로그
램의 직원은 도피형 학생이 받아들일 수 있는 사람이어야 하고(학생
을 직원으로 사용하기도 함), 도피형 학생의 구역에서 함께 일할 준
비가 되어 있어야 한다. 많은 자살예방 프로그램에서는 "유시 상담"
을 진행한다. 예를 들면, 트렌턴 교도소의 자살예방 프로그램에서는
수감자를 이용하여 다른 수감자를 확인하고 상담을 진행하였다
(Gammage, 1990).

하지만 현재의 권고사항은 자살예방을 넘어서서 자존감, 가치 명

료화, 사회적 지지망, 기타 중요한 발달과제 등 광범위한 문제들의 해결을 포함한다. 만약 이러한 기본적인 문제들이 해결되면 다양한 문제들은(약물이나 알코올중독, 비행행위, 자살 등) 크게 감소할 수 있기 때문이다.

학습 이론

지금까지 논의한 이론에서는 사회구조가 범죄나 비행행위의 주요 원인이라고 주장하였다. 반면, 지금부터 설명하는 이론에서는 *사회과정*, 즉 부모, 교사, 친구와의 관계처럼 개인의 소셜네트워크를 중요시한다. 따라서 범죄태도의 학습, 사회로부터의 소외감, 낮은 자존감 등을 강조하는 사회심리학적 성향을 띠게 된다.

사회과정 이론에는 크게 두 가지 유형이 있다. *학습 이론*에서는 범죄가 동료나 친구들에 의해 학습된다고 주장한다. *사회통제 이론*에서는 비행행위 및 범죄가 개인과 사회의 주요 구성요소인 가족, 동료, 학교와의 관계가 분열되면 발생한다고 주장한다.

범죄에 대한 주요 학습 이론 중 하나인 Sutherland(1947)의 *차별접촉이론*에서는 범죄행위가 다른 사람들과의 상호작용을 통해 학습된다고 주장한다. Sykes와 Matza(1957; Matza, 1964)의 *중화 이론* 또는 *표류 이론*에 의하면 비행청소년은 법을 준수하는 사람들과 유사한 가치관과 태도를 갖고 있지만, 범죄를 저지를 때에는 일시적으로 이러한 가치관과 태도를 중화할 수 있는 기술을 학습하게 된다. 잠재적인 범죄자는 다른 사람들과의 상호작용을 통해 사회적 규범의 영향력을 무시하는 방법을 학습하게 된다.

대부분의 사람들은 완전한 자유와 완전한 구속 사이의 중간 어딘가에 놓여있다. 하지만 마음의 상태나 처한 사회적 상황에 따라 어느 한 쪽 끝으로 움직일 수 있다. 이러한 움직임을 표류라고 한다. 비행 하위문화에서는 자유 쪽으로 표류하는 것을 장려하며, 법과 질서의 위반에 대한 정당성을 주장한다.

중화의 방법은 다음과 같다.

1. 책임의 부인-그 행위는 그들의 잘못이 아니라 통제할 수 없는 외부적 힘에 의한 것이었다. "그건 내 잘못이 아니다."

2. 권리침해의 부인-그들은 도둑질한 것이 아니고 빌린 것이다. 그들은 재산상 피해를 입히려고 했던 것이 아니고 그냥 속였을 뿐이다. "나는 그런 뜻이 아니었다."

3. 피해자의 부인-범죄는 피해자를 비난함으로써 정당화될 수 있다. 그는 공격적인 권위자거나 외집단(예: 동성애자)의 구성원이었고, 재산의 소유자는 없었다. "그가 그렇게 된 것은 당연하다."

4. 비난자에 대한 비난-경찰은 잔인하게 제압하며, 판사도 부패하였다. 선생님과 부모도 불공평하다. "징치인들은 처벌을 받지 않는데, 왜 나만 비난하는가?"

5. 보다 높은 충성심의 표출-동료집단에 대한 충성심이 사회의 규범을 따르는 것보다 더 중요하다. "나는 내 친구를 도와야만 했다."

자살에 대한 학습 이론

학습 이론은 8장에서 설명하였으므로 여기서 다시 검토하지는 않기로 한다. 하지만 중화 작용은 과거의 자살이론에서는 연구되지 않았다. 예를 들면, 자살충동을 가진 사람이 자살행동을 촉진하는 무언가에 거부감을 보일 수도 있을까? 다음의 두 연구가 이에 대해 설명하고 있다.

우선 Spiegel과 Neuringer(1963)는 진짜 유서와 자살을 예고한 사람이 써놓은 유서(모의 유서)를 비교하였다. 진짜 유서에는 "자살"이라는 단어 또는 자살의 동의어가 모의 유서보다 덜 언급되어 있었다. 따라서 자살충동을 가진 사람은 자살이 목전에 있는 것처럼 자신을 현혹시키고 자살 이외의 것에 집중하는 것으로 보인다.

Jacobs(1986)는 자살의 도덕적 정당성에 집중하여 개인의 삶에 대한 신성한 신뢰를 침해한다는 신뢰 위반이라는 개념을 제시하였다. 이 신뢰가 위반되면 자살을 하려는 사람은 자신이 신뢰할 수 있는 사람이라는 이미지가 자살행동을 통해 깨질 수 있다는 점을 받아들여야 한다. Jacobs는 이러한 과정을 기록한 유서를 살펴보았다.

가장 일반적인 형태의 유서에는 용서를 구하거나 관용을 베풀어 달라는 내용이 기록되어 있다. 자신이 문제를 일으킨 것이 아님을 알리고, 문제의 진행과정을 설명하면서 해당 문제가 견디기 힘들 정도로 커졌기 때문에 죽을 수밖에 없음을 설명하게 된다. 또한 자신이 무슨 짓을 하는 것인지에 대해 완전히 알고 있으며, 유서를 읽는 사람이 그 이유를 이해하지 못할 것이라는 것에 대해서도 기록하게 된다.

Jacobs는 자살충동을 가진 사람들이 사후세계에 아무런 문제가 없도록 대비하기 위해 취하는 몇 가지 과정이 있다는 것을 발견하였다. 어떤 사람들은 교회에 다니는 것을 멈추고 무신론자가 되어 천국과 지옥에 대해 생각하지 않으려 한다. 때로는 다른 사람들로부터 신이 자살을 포함한 모든 것을 용서한다는 합의된 증거를 찾아 더욱 종교적이 되기도 하고, 신이 자신을 용서하지 않을 것이라는 사실을 받아들이지 않으려 한다. 또 다른 경우는 지옥조차도 현재의 삶보다 나을 것이라고 스스로 설득시키는 것이다. 자살충동을 가진 사람들 중 일부는 유서를 통해 신에게 용서를 구하고, 다른 사람들에게는 자신의 영혼을 위해 기도해달라고 요청한다. 마지막으로, 환생을 믿어 무의식 중에 전통적인 종교적 신념을 강요하기도 한다.

위의 두 연구 이외에는 대다수의 사람들이 자살을 반대한다는 명백한 사실을 극복하기 위한 중화 작용에 초점을 맞춘 연구는 없었다. 따라서 이는 향후 연구에서 요구되는 영역이라 할 수 있다.

자살예방에 대한 함의

자살에 대한 학습 이론은 자살예방에 대한 여러 함의를 지닌다. 비행행위에 대한 차별접촉이론의 주요한 주장 중 하나는 범죄행위와 관련된 가치관과 태도는 가족, 친구, 동료로부터 학습된다는 것이다. 이를 자살로 확대하면 사회관계망을 통해 문제를 해결하기 위한 전략으로 자살을 학습하는 것을 막아야 한다는 것을 의미한다.

자살이 발생하면 가까운 가족, 친척, 친구, 동료들은 자살이 불러일으키는 생각과 감정을 감당해 내야만 한다. 예를 들면, 가족들이 연이어 자살하는 경우가 종종 있다. 물론 정신질환에 대한 유전적 소인의 가능성이 해당 가족에 있을 수도 있지만, 학습의 영향력도 무시할 수는 없다.

자살자의 자녀가 향후에 자살을 하게 되는 경우도 많이 있지만(예: Ernest Hemingway, 미국 시인 John Berryman), 자살자의 자녀가 자살을 하지 않는 경우도 있다(예: 농구선수 Larry Bird, 방송국 대표 Ted Turner). 이 두 그룹의 심리적 차이를 밝혀낸다면 왜 자살자의 자녀 중 일부만 자살을 선택하게 되는지에 대해 더 잘 이해할 수 있을 것이다.

자살유가족들에 대한 개입은 이러한 학습의 발생을 예방하기 위해 필요하다. 전형적인 심리치료를 진행하는 것 이외에도, 자살을 선택하기 전에 위기를 극복하고 중화 과정을 약화시킬 수 있는 대안을 알려주는 개입이 더욱 중요하다.

학교, 교회, 병동, 심리치료 집단, 소규모 지역사회, 인디언 보호구역과 같이 한 번 이상 자살이 발생한 적 있는 모든 공동체 집단에서는 동일한 개입방법이 요구된다. 이러한 상황에 있는 위기개입 전문가는 자살충동을 가진 사람들이 사용하는 중화 방법이 무엇인지(이 주제에 대한 후속 연구를 통해 밝혀낼 수 있음), 또한 이러한 중화 방법을 어떻게 금지시킬 수 있는지에 대해 분명히 아는 것이 중요하다.

사회통제 이론

사회과정 이론의 또 다른 주요 이론에서는 한편으로는 개인, 다른 한편으로는 사회의 관습, 법을 준수하는 사람들, 사회의 조직이나 제도의 관계를 중요시한다. 부모, 친구, 교사와 친밀한 관계에 있는 사람들은 긍정적인 자아상을 지니고 있어 범죄의 유혹에 저항할 가능성이 높다. 관습적 사회에서 분리되어 있다는 느낌을 받는 사람들은 사회통제 기능에 영향을 받지 않는다. 이 이론을 일반적으로 *사회통제 이론*이라고 한다. 사회통제는 내적이거나 외적일 수 있다. 내적통제는 긍정적인 자아상이나 강하게 내면화된 양심과 같은 성격적 특성을 포함한다. 외적통제는 부모 또는 관습적이고 법을 준수하는 교사들과의 긍정적이고 친밀한 관계와 관련이 있다.

사회유대 이론

Travis Hirschi(1969)는 우리 모두가 잠재적 범죄자이며, 도덕적 가치가 아닌 사회통제만이 범죄행위를 막을 수 있다고 생각하였다. Hirschi는 개인과 사회 간 사회적 유대감을 형성하는 네 가지 요인을 주장하였는데, 이는 다음과 같다.

1. *애착*은 타인의 희망과 기대에 대한 우려뿐만 아니라 타인에 대한 개인의 관심이나 애정을 의미한다. 사회의 규범과 가치관은 그 일원들에 의해 공유되기 때문에 다른 사람의 반응에 대하여 관심을 가지는 것이 규범을 따르는 정당한 이유가 된다.

부모에 대한 애착은 가장 중요한 유대관계이다. 부모가 이혼하거
나, 한쪽 또는 양쪽 부모가 자녀와의 유대관계가 약해지도록 행동하
면(예: 학대) 애착이 이루어지지 않는다. 부모와 같이 우리 삶에서
가장 중요한 사람들에게 애착이 없으면 다른 사람에 대한 존경심이
형성되지 않는다.

2. *헌신*은 사회에서 관습적인 규범을 추구하기 위해 쏟은 시간, 에
너지, 노력을 의미한다. 개인이 사회에 이해관계를 갖고 있으면, 일
탈행위를 하는 경우 이는 위태로워진다. 예를 들면, 교육을 받고, 좋
은 직업을 얻고, 명성과 지위를 쌓고, 재산이 생기게 되면 범죄행위
로 인해 사회에서의 자신의 지위가 위태로워질 수 있기 때문에 범죄
행위에 개입할 가능성이 적어진다.

3. 사회의 관습적인 활동에 *참여*하는 사람은 범죄행위를 하려는
욕구뿐만 아니라 시간도 적다.

4. 마지막으로 사회적 유대감은 사회가 수립한 규범의 도덕적
타당성에 대한 개인의 *신념*을 포함한다. 여기서 규범은 사회를 위
해 좋고 올바른 것이어야 하며, 우리 자신의 행동과도 관련이 있어
야 한다.

Hirschi는 부모와 친밀한 관계에 있는 고등학생은 비행행위에 연
루될 가능성이 적다는 것을 발견하였다. 마찬가지로, 학교생활이 즐
겁고 성공적이었던 사람은 비행행위를 저지를 가능성이 적었다. 또
래에 대한 애착도 아주 강력하지는 않지만 비행행위를 방지하는 것
과 관련이 있다. 교육이나 직업에 대해 높은 포부를 가진 학생은 숙
제같이 관습적인 활동에 더 많은 시간을 보낸 학생과 마찬가지로 비

행행위를 저지를 가능성이 적다. 마지막으로, 비행행위를 저지른 학생은 비행행위를 피하는 학생과 마찬가지로 중간계층 가치관을 수용하는 것으로 나타났다. 비행학생은 관습적인 가치관은 가지고 있지만, 이러한 가치관의 관련성을 스스로 파악하지는 못한다.

Hirschi의 연구에서 두 가지 중요한 점이 발견되었다. 첫째, 비행청소년들이 "좋은" 학생을 끌어들여서 나쁘게 변화시키는 경우는 거의 없었다. 둘째, 비행청소년들은 서로 따뜻하거나 친밀한 관계를 갖고 있지는 않았다.

봉쇄 이론

Walter Reckless(1967)는 외적통제뿐만 아니라 내적통제에 주목하였다. 그는 비행행위를 유인하거나 피하려는 압력이 동시에 존재함을 지적하였다.

1. *내적 봉쇄요인*은 범죄행위에 저항하려는 성격들로 구성되어 있다. 긍정적인 자아상, 강한 자존감, 좌절감에 대한 높은 내성, 목표지향성, 사회적으로 용인되는 방법으로 긴장감을 줄이는 능력을 가진 사람들은 범죄행위에 개입할 가능성이 적다.

2. *외적 봉쇄요인*은 반사회적이고 범죄와 관련된 행위를 억제하는 사회적 규범과 가치관을 의미한다. 소속감이 있고, 실질적으로 감독이나 훈련을 받고, 중요한 사회적 역할이 있는 사람들은 범죄행위를 저지를 가능성이 적다.

3. *내적 배출요인*은 불안, 적개심, 반항, 내적 갈등, 즉각적 만족과

같이 개인을 범죄행위로 유인하는 개인적 요인이다.

4. *외적 유인요인*은 일탈행위를 하는 친구, 대중매체와 같이 개인을 범죄행위로 끌어들이는 사회적 요인이다.

5. *외적 압력요인*은 빈곤, 실업, 소수민족 지위, 제한된 기회와 같이 범죄행위를 증가시키는 열악한 사회적 조건이다.

Reckless는 사람들이 대부분의 시간을 가족이나 사회질서가 있는 집단으로부터 벗어나서 보내기 시작하면 내적 봉쇄요인을 외적 봉쇄요인보다 더 중요시하게 된다고 주장하였다. 그렇게 되면, 범죄에 대한 충동을 통제하기 위해 내부의 힘에 의존하여야 한다.

사회통제 이론과 범죄예방

사회통제 이론은 비행행위를 막는 데 있어 사회적 유대감의 역할을 중요시하며, 비행청소년의 치료 또한 사회적 유대감을 강화하는 데 초점을 두고 있다. 따라서 비행행위를 예방하기 위해서는 가족치료가 중요할 것으로 보인다. 하지만 청소년의 부모와의 사회적 유대감은 부모의 도움이 없이는 강화될 수 없다. 부모는 자녀와 상호작용하는 새로운 방법을 배워야 하고, 처벌은 일관되고 공정하게 이루어져야 하며, 애정을 느낄 수 있는 분위기도 조성되어야 한다. 부모가 없는 경우에는 양부모, 큰형, 먼 친척, 심지어 갱집단의 멤버와도 유대감이 구축될 수 있다.

학교에 대한 무관심은 종종 학업 실패와 관련이 있기 때문에 특수교육을 받은 강사나 학부모가 참여하여 보충수업을 실시하면 실패경험을 끝내는데 도움이 될 수 있다. 언론에 묘사된 성공적인 교육 프로그램의 사례를 보면, 체스나 수학과 같은 지적 탐구활동이나 운동을 함께 하면서 청소년과 유대감을 쌓을 수 있는 카리스마 있는 교사의 능력이 중요하다.

형사사법제도 또한 공정해야 한다. 만약 청소년이 다른 사람과 불공평하게 대우를 받았다고 생각하면 사회의 가치관으로부터 이탈될 가능성이 커진다.

이 이론과 관련된 1차 예방 프로그램에서는 학교경험을 개선하려는 노력을 하였다. 로드아일랜드의 대안교육 프로젝트는 교육에 환멸을 느낀 학생을 대상으로 하였고(Wall et al., 1981), 낮은 학생-교사 비율, 개별화된 프로그램, 기본적인 기술 중심, 특별 프로젝트, 개인교습 등을 특징으로 하였다. 취학 전 저소득층 자녀교육 프로그램, 저소득층 고등학생의 입시준비 프로그램, 무직 청소년을 위한 직업훈련기관, 종합고용훈련법과 같은 정부 프로그램들은 사회통제 이론과 방향성이 일치하는 것으로 볼 수 있다.

자살에 대한 사회통제 이론

사회적 차원. 자살에 관한 수요 이론은 Emile Durkheim(1897)이 처음 제안하였는데, 자살은 두 가지 사회적 힘에 의해 발생한다고 주장하였다(12장 참조). *사회통합*은 사회의 구성원이 사회적 유대와 관계에 묶여있는 정도를 의미하는 반면, *사회규제*는 개인의 욕구나 감정이 사회적 가치관에 의해 통제되는 정도를 나타낸다. Durkheim

은 사회통합이 아주 낮은 경우(이기적 자살), 사회규제가 아주 낮은 경우(아노미적 자살), 또는 이 두 가지 사회적 힘이 아주 높은 경우(이타적 자살과 숙명적 자살), 자살이 많이 발생한다고 주장하였다.

Durkheim의 이론은 개인과 사회의 유대관계에 초점을 맞추고 있기 때문에 사회통제 이론에 부합한다는 것을 알 수 있다. 사회학자인 Durkheim은 사회통합과 사회규제의 *발달*에 영향을 미치는 요인에는 관심이 없었다. 하지만 이 두 가지 사회적 힘의 크기에 영향을 미치는 다양한 사회과정, 즉 결혼과 이혼, 종교 등에 주목하였다.

Henry와 Short(1954)는 사회규제의 개념에 초점을 맞춘 자살이론을 발전시켜 타인지향 공격(살인)과 자기지향 공격(자살)을 정당화시키는 사회적, 심리적 요인을 발견하였다(12장 참조). 왜 어떤 아이에게는 타인지향 공격에 대한 1차적 반응이 좌절로 나타나는 것이 정당화되고, 다른 아이에게는 이러한 1차적 반응이 억제되고 자기지향 공격이 나타나는 것이 정당화되는가?

사회적으로, 외부구속의 힘은 타인지향 공격을 정당화시키는 주요 기반으로 여겨졌다. 타인의 요구와 기대에 강하게 부합하도록 행동해야 하면, 행동의 결과에 대해 책임이 있는 사람들의 부담이 증가하여 타인지향 공격이 정당화된다. 외부구속이 약하면 자기 스스로 좌절감에 대한 책임을 지게 된다.

심리적 차원. (1) *사회적 유대감*. 오랫동안 자살률은 이혼한 사람과 사별한 사람에게서 가장 높고, 결혼한 사람에게서 가장 낮은 것으로 나타났다(Dublin, 1963). Lester(1983)는 문헌고찰을 통해 자살충동이 있는 사람들이 자살충동이 없는 사람들에 비해 붕괴된 가정을 가진 경우가 많고, 부모와의 관계가 친밀하지 않다는 것이 일관되게 검증되었음을 발견하였다. 아마도 자살충동에 자녀-부모의 유대감 붕괴가 미치는 영향에 대해 살펴본 가장 종합적인 연구는 청소년 자살시도자에 대한 Jacobs(1971)의 연구일 것이다. 그는 청소년 자살시도자들이 단지 붕괴된 가정을 경험하는 것이 아니라, 오래도록 가족에 문제가 생겨 붕괴된 가정을 경험하게 되는 것임을 발견하였다. 자살충동이 있는 청소년의 부모는 자살충동이 없는 청소년의 부모에 비해 재혼을 하고 다시 이혼하는 경우가 많았다. 자살충동이 있는 청소년의 부모는 자녀를 괴롭히고, 소리치고, 체벌하는 경우가 많았고, 이로 인해 자녀들은 더욱 소외감을 느끼곤 하였다.

(2) *자아의 강도*. 여러 연구를 통해 자살충동을 가진 사람들의 자존감이 낮음이 보고되었다. 예를 들면, Neuringer(1974)는 자살시도자가 심신증 환자보다 자기자신은 더 부정적으로, 타인은 더 긍정적으로 평가하는 것을 발견하였다. Kaplan과 Pokorny(1976)는 7학년 학생들의 연구를 통해 낮은 자존감이 자살생각 및 자살시도와 관련이 있음을 발견하였다.

자살충동을 가진 사람들의 충동성에 대해서도 많은 연구가 수행되었다. 예를 들면, Corder 외(1974)는 정소년 자살시도자가 일반적으로 자살충동이 없는 청소년에 비해 더 충동적이고 적극적이라는 것을 발견하였다. Lester(1990b)는 똑같이 우울하지만 자살충동이 없는 대학생들에 비해 자살충동이 있는 대학생들이 충동성에 대한 검사점수가 더 높은 것을 발견하였다. Epstein 외(1973)는 향후 자살로 사망한 의대생들의 경우, 의대를 다니는 동안 매우 충동적이었다는 사실을 발견하였다.

논평

지금까지 자살에 대한 사회통제 이론을 설명하는 강력한 사례들을 살펴보았다. 자살에 관한 사회학 이론의 대부분은 사회통제에 기반을 두고 있으며, 많은 심리학 연구를 통해 부모와의 좋지 않은 관계, 연인이나 친구와의 갈등, 사회적 고립이 자살행동에 영향을 미친다는 것이 밝혀졌다. 또한 자살충동을 가진 사람들은 내적통제가 부족한 것으로 나타나는데, 일반적으로 좋지 못한 자아상을 갖고 있고, 심각한 우울증을 앓고 있으며, 충동적이고, 자신의 불행을 타인의 탓으로 돌리는 경향이 있었다.

자살예방에 대한 함의

지역사회 활동. 이 이론에 의하면 자살예방의 목표는 사회통합과 사회규제를 우선적으로 높이는 것이다. 따라서 이혼과 같이 사회통합과 규제를 낮추는 행동을 억제하고, 교회참여 및 소셜네트워킹과 같이 사회통합과 규제를 높이는 행동을 장려할 필요가 있다.

지역사회를 위해 일하는 사람들은 특정 집단의 사회적 유대감을 높이는 방법을 찾아야 한다. 아이들을 위한 운동모임, 노인을 위한 운동 및 사회단체 등은 사회로부터 소외되거나 아노미적 상태가 되는 것을 1차적으로 예방할 수 있다. 흥미로운 것은 도시거주자들이 거리에서 마약상들을 몰아낸 최근의 활동들이 이러한 기능을 잘 수행했다고 볼 수 있다. 해당 거리 주변의 거주자들은 공통의 목표를 갖고 활동을 수행하였다. 이들은 거리를 깨끗이 청소하고, 거리에서 적극적으로 사교활동을 함으로써 마약상들과 구매자들이 다른 곳으로 이동하여 거래를 하도록 유도하였다. 일부 도시에서는 선거를 통해 해당 거리의 리더를 선출하여, 해당 거리에서 파티를 열거나 도시를 미화하기도 하였다.

이러한 유형의 활동들이 일반적으로 자살 이외의 문제를 해결하기 위해 종교나 다른 사회운동 집단에 의해 수행된다는 점은 주목할 만하다. 자살예방이 이러한 활동들의 자극제가 되기는 어렵지만, 이러한 활동들을 통해 자살예방이 부수적으로 이루어질 수 있기 때문이다.

학교 프로그램. 이미 앞에서 논의된 사회구조 관점에서와 같이, 아이들에게 매력적인 학교를 만들게 되면 다른 걱정스럽고 비생산적인 행동의 예방과 함께 자살예방도 촉진될 수 있다. 학교는 교사를 통해 훌륭한 롤모델을 제공해야 하고, 교육기능을 방해하지 않고도 학교를 재미있고 즐거운 곳으로 만들어 학생들이 학교에 유대감을 갖도록 해야 한다.

하지만 일부 교사들은 무능력할 수 있다. 주립대학을 졸업한 평범한 학생들은 더 나은 직위를 갖기에는 자격이 부족한 경우가 많다. 따라서 많은 시간을 교과목에 할애하고, 대규모의 수업에만 치중하는 경우가 많다. 교사는 소수의 학생들과 더욱 긴밀하게 협력하여 학습을 흥미롭고 재미있게 만들어야 하며, 자신의 삶에 대한 태도를 통해 이를 보여줄 필요가 있다.

Tifft(1990)는 이와 관련된 성공적인 프로그램의 예를 두 가지 제시하였다. 한 프로그램에서는 아버지가 없는 어린 흑인 소년을 위한 수업을 개설하였다. 출석률과 학업성적은 향상되었고 적대감은 줄어들었지만, 시민권법률을 위반하였기 때문에 해당 프로그램은 중단되었다. 또 다른 프로그램에서는 흑인 남성전문가를 학교에 초빙해서 아이들과 함께 작업하도록 하였다. 이러한 프로그램은 특별한 프로그램이 아니라 모든 학생을 위해 고안된 일상적인 교육과정의 일부로 학교가 제공해야 하는 프로그램이다.

가족치료. 우리는 사회집단 내에 살고 있고, 조금 더 큰 집단에서의 심리치료가 개인치료보다 더 효과적일 수 있음이 밝혀졌음에도 불구하고 가족구성원들이 가족치료의 필요성을 받아들이지 않는 경우에는 가족치료가 시행되기 어렵다. 불안해하는 가족구성원이 있는 부모, 형제, 자매, 자녀들은 심리치료사가 해당 가족을 치료해주기를 원한다. 하지만 가족치료에 적극적으로 참여하는 것은 고사하고 가족구성원들이 참여하게 하는 것은 매우 어려운 일이다. 가족들이 가족치료를 받으러 온 경우에도 더 나아지는 첫 신호가 나타나기 시작하면 일부 가족구성원의 동기는 급격히 감소하게 된다.

그러나 사회통제 이론에서는 우울하거나 잠재적으로 자살가능성이 있는 사람과 해당 가족의 유대감을 심리적 건강 차원에서 향상시키고 유지시키는 것을 중요시한다. 따라서 자살충동을 가진 사람을 위한 가족치료는 앞으로 더욱 보편화될 필요가 있다.

심리치료. 자살에 대한 사회통제 중 일부는 내적이기 때문에, 심리치료를 통해 긍정적인 자아상, 강한 자존감, 좌절감에 대한 높은 내성, 목표지향성을 구축하는 것은 유용할 수 있다. 하지만 심리치료는 이를 찾는 일부의 사람에게만 효과가 있다. 정신건강센터에 연락하는 자살위기에 처한 대부분의 사람들은 자살예방 및 위기서비스 기관, 또는 지역정신건강센터를 방문한다. 이러한 기관에서는 일반적으로 보조상담사가 위기개입을 하게 되는데, 여기서의 위기상담은 위에 나열된 목표를 달성하기 위한 것은 아니다.

드물기는 하지만 기관에서 자살위기에 처한 환자를 위한 그룹치료를 시행할 수도 있다. 우울하거나 잠재적으로 자살가능성이 있는 환자들에게는 사회적 유대감을 증가시킬 수 있는 그룹심리치료가 개인심리치료보다 더 바람직할 수 있다. 하지만 전문치료사에 의한 그룹치료는 그룹 외부와의 사회적 접촉이 없거나 그룹 구성원간의 개입이 없다는 점에서 한계가 있을 수 있다.

사회통제 이론에 의하면 우울하거나 잠재적으로 자살가능성이 있는 환자들에게는 치료시간 이외에 환자의 시간과 활동을 구조화하는데 도움이 될 수 있는 소셜네트워크 그룹을 구성해주는 것이 유용할 것이다. 이러한 소셜네트워크 그룹에서는 저녁식사, 영화관람, 기타 활동을 통해 우울하거나 잠재적으로 자살가능성이 있는 환자들이 다른 사람들과 유대감을 형성하도록 하는데 도움이 될 수 있다.

개인이나 그룹심리치료의 한계점은 자살여부를 고민하지 않는 환자에게는 적용되지 않는다는 것이다. 하지만 자살가능성이 있는 환자의 경우에는 심리치료적 경험뿐만 아니라 더 많은 사회적 지지가 필요하다.

사회반응 이론

사회반응 이론은 일반적으로 *낙인 이론*으로 더 잘 알려져 있다. 이 이론은 사회의 구성원들이 비행청소년에게 어떻게 반응하는지를 중요시한다. 대부분의 아이들은 사회의 규칙을 한번쯤은 어긴 경험이 있고, 많은 아이들이 법을 어기곤 한다. 이들 중 일부는 부모, 친척, 친구, 교사로부터 "너는 커서 쓸모없는 사람이 될 거야", "너는 나쁜 사람이야"와 같은 말로 낙인이 찍히게 된다. 다른 일부는 정식으로 형사사법제도를 통해 실제로 청소년 범죄자가 된다. 사회반응 이론은 이러한 비공식적 또는 공식적인 낙인과정을 중요시한다. 사람들은 자라면서 다양하게 불릴 수 있다. 사회반응 이론에 따르면 청소년 스스로 특정한 낙인이 적절하다고 판단하여 받아들이게 되는 경우도 있다. 낙인을 수락하는 순간부터 *범죄자*의 세계로 입문하게 되는 것이다.

타인에게 낙인을 찍는 사람들은 사회반응 이론에 관심을 갖는다. 낙인은 문화적으로 결정된다. 한 사회에서는 불법적인 일들이 다른 사회에서는 용인될 수도 있다. 예를 들면, 공무원에 대한 뇌물 수수는 일부 사회에서는 처벌받지만, 다른 사회에서는 규범으로 간주될 수 있다. 성적으로 문란한 행동도 미국 소녀들에게는 비행행위로 간주되지만 미국 소년들에게는 그렇지 않다. 따라서, 사회반응 이론은 형사사법제도의 차별에 관심을 두고 있다. 중간계층 범죄자는 하위계층 범죄자에 비해 낙인이 찍히거나 심하게 처벌될 가능성이 적다. 즉, 흑인과 히스패닉은 백인과 다르게, 여성은 남성과 다르게 대하게 된다.

사회반응 이론에서는 낙인이라는 오명에 대해서도 설명한다. 낙인은 대개 오래 지속되기 때문에 지위에 손상을 가져올 수 있다. 낙인이 찍힌 사람은 사회적으로 낙오하게 되며, 주류 사회로부터 소외되어 범죄경력이 계속 쌓일 가능성이 높다. 만약 당신이 "X"라면, "X"라고 낙인이 찍힌 사람들을 찾아 함께 생활하는 것이 더욱 즐거울 것이다. 따라서 낙인은 새로운 비행행위나 비행 하위문화를 발달시키게 되며, 개인은 사회적 낙인으로 살아가게 된다.

Edwin Lemert(1967)는 1차적 일탈과 2차적 일탈을 구분하였다. 1차적 일탈은 타인이 받아들일 수 있는 사소한 일탈행위이다. 예를 들면, 술에 취하면 파티에서 반사회적인 행동을 할 수 있다. 파티는 사회의 규율로부터 "잠시 벗어나는 곳"이며, 사람은 취할 수 있기 때문에 이로 인한 행동은 용인될 수 있다. 따라서 1차적 일탈은 타인이나 자신에 의해 낙인이 찍히지 않는다. 하지만 일부 일탈행위는 빈번해지거나 역할처럼 발전하게 되면 타인과 자신에 의해 일탈자로 낙인이 찍히게 되며, 이를 2차적 일탈이라 한다.

Becker(1963)는 행동이 일탈적인지 또는 관습적인지, 낙인이 찍히는지 또는 무시당하는지에 따라 사람들을 4가지 유형으로 분류하였다.

1. 동조자는 관습적으로 행동하며 낙인이 찍히지 않는 사람이다.
2. *억울하게 비난받는 자*는 관습적으로 행동하지만 일탈행위를 한 것처럼 낙인이 찍히는 사람이다.
3. *순수 일탈행위자*는 일탈행위를 하고, 그렇게 낙인이 찍히는 사람이다.
4. *비밀 일탈행위자*는 일탈행위를 하지만, 사람들이 인식하지 못해 낙인이 찍히지 않는 사람이다.

사회반응 이론에 근거하여 형사사법제도, 특히 낙인이 발생하는 단계인 경찰재량권, 검찰구형, 판결에 대한 연구가 많이 수행되었다. 예를 들면, 경찰이 용의자를 체포하는 경우, 경고를 하고 집으로 돌려보낼 수도 있고, 경찰서에 범죄자로 기록할 수도 있다. 이는 형사사법제도에서 중요한 첫 번째 결정사항이 된다. 또한 사회반응 이론을 통한 치료적 함의는 전환을 중심으로 이루어졌다(Schur, 1973). 특히 범죄가 경미한 경우 청소년이 형사사법제도의 굴레에서 벗어나도록 하는 것이 중요하다. 예를 들면, 지역사회 클리닉, 위탁 가정, 직업 훈련소, 레크리에이션 프로그램, 교육 프로그램에 청소년을 보내는 것이다. 이렇게 하면 이들을 범죄자로 낙인찍고, 범죄경력이 쌓이게 할 가능성을 줄일 수 있다.

낙인 이론과 정신질환

낙인 이론은 정신질환과 관련된 이론에서 중요한 역할을 차지한다. Scheff(1966)는 정신질환은 부분적으로는 학습되는 사회적 역할일 수 있으며, 다른 사람들의 반응이 이를 받아들일지 여부를 결정하게 되는 가장 중요한 요인이라고 주장하였다. 많은 사람들이 우리 사회에서 일탈행위를 하지만 대부분은 공식적으로 인식되지 않는다. 이러한 1차적 일탈이 다른 사람들의 주의를 끌어 낙인이 찍히게 되면, 2차적 일탈로 정신질환이 나타나게 된다. 아름다움이 보는 사람의 생각에 달린 것처럼, 정신이상도 마찬가지이다.

다른 학자들도 유사한 주장을 하였다. Laing과 Esterson(1964)은 확실하게 정신질환이 있는 것은 아니었지만 정신분열이 있는 것으로 낙인이 찍혀 정신과 입원환자가 된 젊은 여성들의 사례를 살펴보았다. Laing의 사례는 사회반응 이론에서는 전반적으로 무시되는 중요한 질문을 제기한다. 왜 일부 사람들은 낙인을 받아들일까? Laing과 Esterson이 제시한 사례의 젊은 여성들은 왜 그들의 부모가 정상이 아니었다고 이야기하지 못하고, 집을 떠나지 못했을까? 이 젊은 여성들은 미친 것은 아니었지만, 낙인을 거부할만한 자신감, 성숙함, 독립성이 부족했던 것이다(Braginsley et al., 1969).

자살에 대한 사회반응 이론

아직까지 자살에 대한 사회반응 이론이 설명되지 않은 것은 흥미로운 일이다. 범죄학 이론은 50년 이상 정신질환을 설명하는데 주요하게 적용되었음에도 불구하고, 자살학에는 아무런 영향을 미치지 못하였다. 이는 자살에 대한 사회반응 이론을 정립하려는 시도가 중요하고 유익한 것일 수 있음을 시사한다.

가장 중요하게 생각해야 할 첫 번째 질문은 사람들이 실제로 "자살충동을 가졌다"고 낙인이 찍히는지와 누가 낙인을 찍는가이다. 드문 경우이긴 하지만, 낙인이 찍히는 경우가 발생할 수 있다. 부모 중 한 명이 자살을 한 경우, 사람들은 그 배우자나 자녀도 자살을 할 수 있다고 걱정을 하게 된다. 요즘에는 유가족들이 자살에 대한 감정을 잘 추슬러서 자살에 이르는 것을 막기 위해 도와주는 유가족 자조집단이 많이 형성되어 있다.

특히 유가족이 아이들인 경우, 친구들이나 친척들은 아이들의 자살충동을 염려하면서 끊임없이 자살의 경계선에 있는 것은 아닌지 살펴보게 된다. 아이들은 이러한 염려와 끊임없는 보살핌을 알아채고, 다음과 같은 결론에 이를 가능성이 매우 높다. "내가 아버지처럼 자살을 하지는 않을까 걱정이 되나 봐요." 친척, 부모, 친구들은 이러한 걱정을 말로 표현하면서 아이를 잠재적 자살자로 낙인을 찍는 것이다. "만약 우리가 관찰하지 않으면 너는 아버지처럼 자살을 할지도 몰라." 학교친구들 사이에서 이는 특히 고통스러울 수 있다. 3명의 학생이 자살을 한 학교에서 몇 주에 걸쳐 많은 학생들이 자살을 시도하였다. 자살을 시도한 학생 중 한 명은 "다음에는 제대로 해"라는 메모가 적혀져 있는 타이레놀 약통을 사물함에서 발견하였다(Lester, 1987). 이러한 상황에서는 비공식 낙인이 발생할 수 있다.

공식 낙인

공식 낙인도 발생할 수 있다. 자살예방센터에서 위기관리 상담원으로 일할 당시 "당신과 이야기하려면 자살을 시도해야 합니까?"라는 전화가 걸려온 적이 있다. 이는 낙태가 어느 정도 합법화되기 이전의 미국상황을 상기시켰다. 일부 주(state)에서는 합법적인 낙태를 위해 정신과의사로부터 낙태를 하지 않으면 임산부에게 심각한 문제가 발생할 수 있음이 입증되어야 한다. 낙태를 원하는 임산부가 자살로 협박을 하게 되면, 정신과의사는 문서에 서명을 함으로써 협조를 하게 된다. 아마도 사회에서 원하는 것을 얻기 위해서는 자살충동을 가졌다는 낙인이 찍혀야 하고, 그렇게 되면 관심을 끌 수 있게 되는 것처럼 보인다.

자살예방센터, 자살예방 프로그램, 자살인식개선 프로그램의 실재는 모두 우리의 자살가능성을 높인다. 자살예방센터의 광고는 사람들에게 자살이 선택이라는 것을 알린다. 자살예방센터에 전화하거나 방문을 하면 현재 "자살충동을 가진 사람"이라고 볼 수 있을까? 우리는 언론이나 학교의 자살예방이나 인식개선 프로그램을 통해 다른 사람들의 자살충동을 인지할 수 있는 신호를 배우게 된다. 이런 프로그램은 Scheff가 주장한 것처럼 필요한 역할을 수행할 수 있는 방법을 직접적으로 가르쳐주지만, 정신질환의 진행에 대한 그의 이론을 상세하게 뒷받침하지는 못한다.

정신병원이나 교도소의 직원들은 사람들이 자살을 하거나 "자살경보"가 발생할 것에 대해 걱정을 하게 된다. 따라서, 자살을 시도할 가능성이 있는 도구를 없애고, 지속적으로 감시를 하게 된다. 자살 경보가 발생하지 않으면 자살로 인한 죽음의 위험이 실제로 더 높아 질까? 낙인 이론에 의하면 그렇다.

낙인의 효과는 자살을 시도한 사람들의 높은 자살사망률로도 설명할 수 있다. 아마도 자살을 시도하고 정신과 병동에 입원함으로써 "자살자"라는 공식 낙인이 찍히는 것이 높은 자살사망률에 이르게 되는 중요한 요인일 것이다. 치명적인 자살시도를 한 사람들의 자살사망률을 시설을 통해 개입을 받아 낙인이 찍힌 사람들과 시설을 통한 개입이 없이 회복된 사람들로 나누어 비교해 보는 것은 흥미로울 것이다.

따라서 삶에서 자살충동이 갖는 역할을 학습하고, 비공식적으로나 공식적으로 잠재적 자살자로 낙인이 찍히게 되는 경우에 대해 살펴볼 필요가 있다. 향후 연구에서는 낙인이 개인의 자살가능성에 변화를 가져오는지 검증하는 것도 중요할 것이다.

누가 자살자라는 낙인을 받아들이고 거부하는지에 대한 연구도 중요하다. 시설에서 자살경보를 받게 되면 개인적인 신념에 어떤 영향을 미칠까? 누가 낙인을 받아들이고, 누가 낙인을 거부하는가? 정말로 자살을 하려는 사람들은 아니라고 부인할 수 있기 때문에, 환자에게 단순하게 "자살생각이 있는지" 여부에 대한 질문을 통해 낙인을 용인하는지에 대한 대답을 얻을 수는 없다.

낙인에 대한 보상

자살충동을 가진 사람이라는 낙인에 대한 보상의 개념으로 지속적인 주의, 관심, 애정을 끌기 위해 자살행동이 발생할 수도 있다는 점이 8장에서 논의되었다. 즉, 환자의 상태는 보상과 관련이 있다. 어떤 사람이 자살충동을 가졌다는 것을 알았을 때, 다른 사람이 어떻게 반응을 하는지에 대한 연구가 수행될 필요가 있다. 자살충동을 가진 고등학생에게는 어떤 일이 발생하는가? 누가 학생의 상태를 불안해하고, 누가 적대적이고, 누가 염려하는가? 자살충동에도 등급이 있는가? Butscher(1976)는 Sylvia Plath의 자서전에서 그녀가 자살시도를 함으로써 대학졸업반 시절 낭만적인 분위기를 조성했다고 적혀있는 것을 발견하였다.

낙인효과

낙인 이론에서 중요한 연구영역 중 하나는 낙인효과이다. 자살에 대한 낙인효과는 연구를 통해 밝혀져 왔다. Kalish(1966)는 대학생들의 사회적 거리감(예: 데이트를 하겠는지, 친한 친구가 되겠는지, 같은 동네에 살겠는지)을 측정하였는데, 가상의 사람이 흑인, 유대인, 히스패닉인 경우보다 자살시도자 또는 정신질환자인 경우 응답자와의 사이에 훨씬 더 큰 사회적 거리감이 있음을 발견하였다. 이 연구결과는 Lester(1992-1993)에 의해 25년 후 재검증되었다.

Lester와 Walker(2006)는 미국 대학생들이 자살시도자에 대해 엄청난 낙인효과를 갖고 있다는 것을 발견하였다. 9%는 자살시도자가 2주 휴가기간 동안 방문하는 것을 허용하지 않겠다고 하였고, 23%는 자살시도자의 옆집은 구매하지 않겠다고 하였고, 52%는 자살시도자와 데이트를 하지 않겠다고 하였다. Walker, Lester, Joe (2006)는 미국 대학생들의 경우 자살시도자에 대한 낙인효과가 강할수록 자살생각은 낮은 것으로 나타났다고 보고하였다.

이러한 관점에 대한 연구는 거의 수행되지 않았지만, 이를 기반으로 더욱 좋은 연구가 수행될 수 있고, 흥미로운 결과를 가져올 수도 있을 것이다.

자살예방에 대한 함의

외상을 앓고 있는 사람을 치료하는 일반적인 방법 중 하나는 사회적 지지와 공감적 경청을 통해 외상을 경험하는 모든 사람들이 같은 감정을 갖게 하고, 비정상이 아니라고 안심을 시켜주는 것이다. 이는 가능한 신속하게 외상이 없었던 상태로 돌아가도록 하는데 도움이 된다.

병사들이 전쟁에서 패배하면, 전방에서 물러나도록 하여 며칠 간 진정시키고, 또 며칠 간 휴식과 안정을 취하도록 한다. 이후 전방으로 돌아가면, 외상을 신속하게 극복하여 맡은 임무를 만족스럽게 수행하게 된다(Kisker, 1984). 반대로 상담과 치료가 필요한 것처럼 그들을 대하게 되면, 만성 정신질환자가 되어 수차례 입퇴원을 반복하게 되고, 이후에도 수년 동안 정신과 치료를 받게 된다.

비행행위에 대한 낙인 이론에서는 낙인의 위험을 줄이기 위해 전환을 할 것을 권장하고, 이는 개인이 낙인을 수락하는 결과를 가져온다. 자살에 동일한 관점을 적용한다면, 개인에게 자살위험이 있다고 낙인을 찍는 것을 최소화할 필요가 있다. 따라서 최근의 많은 변화가 낙인 이론을 고려하여 발생한 것은 아니었지만, 자살예방센터를 위기개입 서비스로 명명하는 것이 더 바람직하다고 볼 수 있다.[54]

낙인 이론에서는 입원환자나 수감자에게 "자살경보"를 내리는 것이 이들이 자살을 할 경우 시설의 책임은 면할 수 있겠지만, 좋은 생각은 아니라고 주장하고 있다. 또한 학교의 정신건강 증진을 위한 일반적인 프로그램이 자살에 특화된 프로그램보다 더 바람직하다고 주장한다. 따라서 자살에 대한 사회반응 이론에서는 전통적으로 자살위험 환자에게 취했던 접근법과는 근본적으로 다른 방식을 취하고, 환자를 자살예방 프로그램으로부터 전환시키며, 자살위험이 있다고 낙인을 찍는 것을 피하려 한다.

사회갈등 이론

사회갈등 이론은 정부가 비공식적으로나 공식적으로 법을 제정하고 집행하는 방식을 중요시한다. 이 때, 법은 단순히 권력자들이 자신의 권력을 유지하고 다른 사람들을 통제하기 위한 수단일까? 법과 형사사법제도는 권력자들의 이익을 위한 것이다. 형사사법제도는 사회에서 권력이나 지위가 없는 사람들을 압박하고, 권력자의

---

54 자살예방센터는 지역사회의 자살행동을 예방하는데 크게 영향을 미치지 못했기 때문에, 새롭게 "위기개입 서비스"로 명명함으로써 정확히 어떤 서비스가 이루어지는지 알리는 것이 중요하다.

이익을 위해 존재한다. 권력자들은 자신이 갖고 있는 도덕에 대한 개념과 행동기준을 사회에 부과하고, 자신의 재산과 권력을 보호하기 위해 노력한다. 이를 위해, 중간계층을 자신의 통제 패턴 안에 끌어들이게 된다. 왜냐하면 통제를 유지하는 것이 중간계층의 이익에 도움이 되기 때문이다. 이러한 관점에 따르면, 빈곤층, 하위계층, 억압받는 사람들이 억압하는 사람들보다 더 많은 범죄를 저지르는 것은 아니다. 단지 더 많이 붙잡혀서 더 심하게 처벌받을 뿐이다. 이를 설명하는 간단한 예를 들어보도록 하겠다.

권총을 들고 상점주인의 돈을 천 달러 빼앗은 가난한 하위계층 시민의 경우를 생각해보자. 붙잡히게 되면 그는 중범죄로 유죄판결을 받고 장기간 교도소에 갇히게 될 것이다. 또 다른 예로 국방부에 무기를 제공하는 기업 중 한 곳을 생각해보자. 최근 몇 년 동안 상점에서는 몇 달러에 구입할 수 있는 부품들을 정부가 수천 달러를 주고 샀다는 기사를 읽은 적이 있을 것이다. 해당 기업들은 수백만 달러에 달하는 정부를 속인 계약으로 인해 유죄판결을 받았다. 하지만 해당 기업의 소유주는 어떻게 되었을까? 아무런 일도 발생하지 않았다. 기업에는 벌금이 부과되지만, 이는 기업의 수익에서 일부만 내면 되는 것이다. 주주들에 대한 배당금은 몇 센트 감소될 수 있다. 하지만 이들 기업 중 최고경영자가 교도소에 가거나, 자기 돈으로 벌금을 낸 경우가 있을까? 당연히 없을 것이다.

대부분의 사회갈등 이론가들은 서구인들이었기 때문에, 자본주의 체제를 공격하곤 하였다. 하지만 사회갈등 이론은 구소련이나 중국과 같은 공산주의 체제에도 마찬가지로 적용될 수 있다. 해당 정부에서는 억압에 반대하는 이념인 마르크스 사상을 정부체제의 기반으로 삼았음에도 불구하고, 엘리트층의 권력을 유지하기 위해 형사사법제도를 활용하였기 때문이다.

Sykes(1974)는 지배계급에 의해 도입된 규칙은 빈곤층의 문화적 규범과 거의 관련이 없다고 주장하였다. 풍요로움이 사람들의 주요 목표가 되는 사회에서는, 풍요로움을 달성하거나 공유할 수 없는 사람들이 좌절감을 가질 수밖에 없다. 따라서 가지지 못한 사람들은 사회체제에 대해 뿌리깊은 적개심을 갖게 된다.

Schwendinger와 Schwendinger(1979)는 미국의 법률체계가 자본주의 중심의 경제체제를 보호하고, 노동자를 희생하여 소유주의 지위를 지키고 있다고 주장하였다. 교육시스템과 같은 많은 지원시스템은 노동력을 확보하기 위해 고안되었다(대학에 다니는 사람들은 노동시장에서 제외되기 때문에 실업률을 낮추게 되고, 대학을 운영하는 사람들과 대학에서 가르치는 사람들은 고용이 보장되기 때문이다). 자본주의 체제에 길들여져 있기 때문에 법률체계는 절대로 정의를 구현한다는 목적을 달성할 수 없다.

Quinney(1970)의 갈등 모델은 특정 정부체제와 관련된 비판으로부터는 벗어나 있다. Quinney는 범죄를 정치적으로 조직된 사회에서 공인된 대리인들이 만들어내는 인간행동이라고 정의하였다. 이는 사회에서 공공정책을 형성하는 영역의 이익에 반하는 행동을 의미한다. 예를 들면, 형사사법제도를 형성할 수 있는 권력을 가진 영역에 적용될 수 있다. 권력이 적으면 해당 행동이 범죄로 정의될 확률이 높고, 형법을 위반할 확률도 커진다.

마르크스의 갈등 이론과 다른 갈등 이론 사이에는 중요한 차이점이 있다(Void, 1979). 마르크스 이론에서는 범죄행위가 여전히 병리학적으로 보일 수 있지만, 이는 자본주의 사회의 병리학적 본성에 기인한 것이다. 사회에서 노동자들의 생산적 역할이 인정받지 못하기 때문에 노동자들은 사기가 저하되고 범죄를 저지르게 된다. 사회주의 사회에서는 노동자들이 덜 억압받을 것이고, 범죄행위도 덜 나타날 것이다. 하지만 다른 갈등 이론에서는 범죄행위를 범죄화 과정을 통제하기에는 부족한 권력을 갖고 있는 정상적인 사람들의 정상적인 행동이라고 간주한다.

따라서 사회갈등 이론에서 범죄자는 실제로는 "정치적 범죄자"이며, 범죄문제에 대한 해결책은 사회를 개혁하는 것이다. 한 영역에 대한 다른 영역의 억압은 멈추어야 하며, 이전에 시도했던 것처럼 다른 유형의 억압으로 대체되지 않아야 한다. 이에 사회갈등 이론가들은 인종차별, 성차별, 그리고 다른 형태의 억압을 사회적 혁명을 통해 제거해야 한다고 주장한다.

자살에 대한 사회갈등 이론

정치적 행위로써 자살. 자살은 정치적 행위로 나타날 수 있다. 어떤 사람들은 사건을 알리고 변화를 가져오기 위해 자살하기도 한다. 예를 들면, 불교 승려 Thich Quang Duc은 1963년 6월 11일, 남베트남의 Ngo Dinh Diem 정권에 대한 항의의 표시로 사이공에서 분신자살을 하였다. 그 이후에도 많은 사람들이 베트남의 정치적 상황에 대한 시위로 베트남, 미국 등 많은 지역에서 분신자살을 하였다.

하지만 자살은 더욱 광범위하게는 정치적 행위로 개념화될 수 있다. Laing(1967)은 다른 사람에게 권력을 행사하려는 행위에 "정치적"이라는 단어를 사용하였다. Haley(1969)와 Laborit(1970)은 권력에 대한 욕구와 다른 사람들을 지배하려는 욕구는 인간의 행동을 유도하는 강력한 욕구 중 하나라고 주장하였다. 그리고 자살행동은 관계에서의 힘의 균형을 쉽게 바꿀 수 있기 때문에 그 영향력이 매우 확실하게 나타난다고 설명하였다.

현대화와 자살률. 사회갈등 이론에서는 자살이 현대(자본주의) 사회에서 더 일반적으로 나타날 것이라고 가정한다. Morselli(1882)와 DeCatanzaro(1981)가 이에 대한 주장을 하였는데, DeCatanzaro는 원시사회는 기술적으로 진보되지 않았기 때문에 쉽게 자살을 할 수 있는 자살수단이 부족하다고 생각하였다. 그러나 목맴이나 익사는 자살수단으로 비교적 간단하고 쉽게 이용할 수 있는 수단이며, 이는 원시사회에도 존재하였다.

초기연구에서는 현대화에 따라 자살률이 증가하는 것으로 나타났다. 예를 들면, Simpson과 Conklin(1989)은 1970년 71개국을 대상으로 수행한 횡단연구에서 현대화지수가 자살률과 관련이 있음을 발견하였다. 하지만 Pope, Danigelis와 Stack(1983)이 국가별 시계열 추세를 살펴본 결과는 일관적이지 않았다. 20개국 중 약 3분의 1에서 현대화는 자살률의 증가를 가져왔고, 약 3분의 1에서는 자살률의 감소를, 나머지 3분의 1에서는 아무런 영향이 없는 것으로 나타났다.

Stack과 Danigelis(1985)는 1919년부터 1974년까지 세계 17개국(모두 자본주의 국가)의 자살률에 현대화가 미치는 영향을 살펴보았다. 전반적으로 현대화는 여성의 자살률을 높이는 것으로 나타났지만, 남성의 자살률에는 거의 영향을 미치지 않았다. 하지만 남녀 전체를 대상으로 했을 때에는 자살률이 감소하는 것으로 나타났다.

Milner, McClure와 De Leo(2012)는 1980년부터 2006년까지 12개 선진국의 세계화지수를 계산하였다. 그 결과, 세계화지수는 아시아, 동유럽/발트해 국가의 경우에는 자살률 증가, 스칸디나비아 국가의 경우에는 자살률 감소, 남유럽과 서유럽 국가의 경우에는 자살률에 아무런 영향을 미치지 않는 것으로 나타났다. 따라서 지역 및 문화적 요인이 세계화의 영향으로부터 국가를 보호하는데 중요한 역할을 한다고 결론을 내릴 수 있을 것이다.

인종차별과 자살. 억압하는 사람이 백인이고 억압받는 사람이 흑인인 국가에서는, 백인은 자살률이 높고 흑인은 살인율이 높은 것으로 나타난다. 그러나 Hendin(1982)은 미국 도시지역 젊은 흑인남성의 자살률이 높은 것을 발견하였다. 이들은 가족과 동료의 폭력에 노출되어 있었고, 빈민지역의 괴로움과 비참함을 경험하는 등 형편없는 사회적 상황에 처해 있었다. 빈민지역에서의 흑인에 대한 명백한 거부문화는 이들이 양육과정에서 느꼈던 무가치함과 분노감을 강화시켰다. 또한, 흑인에 대한 거부문화로 인해 도심에 사는 흑인부모는 가난할 수밖에 없었고, 무가치함과 분노감으로 인해 좋은 부모가 될 수 없었다. 따라서 젊은 흑인남성들은 교육과 일자리 기회의 부족, 그리고 빈민지역이 자신의 성격에 미치는 파괴적인 영향들로 인해 현재 상황을 바꿀 수 없다고 느끼게 되었다.

> 문화는 복잡한 정신역동 과정을 통해 기질에 영향을 미치게 되며, 문
> 화적으로 생겨나는 가족패턴은 지속되는 문제를 가져오는데 핵심적
> 인 역할을 하게 된다. 빈민지역 흑인가족 상황의 분노와 자기혐오는
> 흑인의 욕구를 자극하지만, 성취를 차단하는 인종차별의 결과물이다
> (Hendin, 1982, p.93).

당신의 삶을 당신 것이라고 할 수 있는가? 흥미롭게도 많은 국가에
서 우리의 삶은 우리 것이 아니기 때문에 자살할 권리가 없다고 주
장하고 있다. 기독교에서는 신이 우리에게 생명을 주셨으므로, 신이
우리의 생명을 빼앗아갈 수 있다고 주장한다. 전체주의 국가에서는
국왕이, 농노의 경우에는 주인이, 공산주의 국가에서는 국가가, 우
리의 삶을 소유한다고 주장한다. 최근에서야 우리의 삶이 우리 것이
기 때문에 우리는 죽을 권리가 있고, 자살할 권리가 있다는 견해가
생겨났다(Beloff, 1989). 이러한 견해가 법으로 확고하게 자리를 잡
으면서, 마침내 특별한 형태의 억압으로부터 자유로워진 것처럼 보
인다.

자살예방에 대한 함의. 사회갈등 이론의 자살예방에 대한 함의는 간
단해 보이지만 시행하기는 어렵다. 모든 형태의 억압은 제거되어야
하고, 사람들은 종교, 민족, 성별, 계급, 연령에 따라 억압받아서는 안
되기 때문이다. 정부는 사회구성원 모두의 자기실현 촉진을 주요한
목표로 삼아야 한다.

　문제는 현대사회가 너무 복잡하여 한 영역의 변화가 다른 영역에 영향을 미친다는 것이다. 최근 동유럽 국가들은 공산주의로부터 해방되면서 민족주의, 인종분쟁, 유대인배척이 증가하고, 높은 물가(빈곤의 증가를 가져옴), 높은 실업률, 높은 자살률을 기록하였다. 즉, 사회의 한 집단에 대한 기회가 증가하면 다른 집단에 대한 기회는 감소한다.

결론

　이 장의 목적은 자살에 대한 새로운 이론을 제시하고 자살예방에 대한 함의를 모색하는 것이었다. 자살에 관심이 있는 사람들은 개인 및 사회적 문제에 대한 전략을 소홀히 하였지만, 새로운 이론의 출처는 일탈과 범죄에 대한 연구와 이론이었다. 이를 토대로 이 장에서는 자살행동에 대한 7가지 이론이 제시되었다. 최근 몇 년에 걸쳐 이러한 이론들이 조금씩 등장하였지만, 이 중 두 가지 이론(실증적 개인주의 이론, 사회통제 이론)만이 일반적인 자살이론과 상당부분 유사한 것으로 나타났다.

　또한 완전히 새로운 두 가지 이론이 제시되었다. 자살학자들은 사회반응 이론과 사회갈등 이론은 거의 고려하지 않고 있었다. 그렇다고 앞으로 이러한 이론들이 중요해질 것이라고 주장하는 것은 아니다. 오히려 이러한 이론들이 자살행동의 원인에 대한 새로운 연구를 활발하게 할 것이라고 생각된다.

이러한 이론들은 사후개입보다는 자살행동의 발생을 막는 1차 예
방에 대한 근거를 제공한다는 점에서 주목할 만한 가치가 있다. 즉,
자살학자들이 1차 예방을 게을리 했다는 것을 깨닫게 해주기도 한다.

[참고문헌]

Beccaria, C. (1963). *On crimes and punishments*. Indianapolis, IN: Bobbs-Merrill.

Becker, H. (1963). *Outsiders*. New York: Macmillan.

Beloff, J. (1989). Do we have a right to die? In A. Berger, P. Badham, A. H. Kutscher, J. Berger, M. Perry, & J. Beloff (Eds.), *Perspectives on death and dying*, pp. 163-72. Philadelphia: Charles Press.

Bentham, J. (1967). *A fragment on government and an introduction to the principles of morals and legislation*. Oxford, UK: Basil Blackwell.

Brager, G., & Purcell, F. (Eds.) (1967). *Community action against poverty*. New Haven, CT: College & University Press.

Braginsky, B. M., Braginsky, D. D., & Ring, K. (1969). *Methods of madness*. New York: Holt, Rinehart & Winston.

Butscher, E. (1976). *Sylvia Plath*. New York: Seabury Press.

Clarke, R. V., & Lester, D. (1989). *Suicide: Closing the exits*. New York: Springer-Verlag.

Cloward, R., & Ohlin, L. (1955). *Delinquency and opportunity*. New York: Free Press.

Cohen, A. (1955). *Delinquent boys*. New York: Free Press.

Corder, B., Shorr, W., & Corder, R. (1974). A study of social and psychological characteristics of adolescent suicide attempters in an urban disadvantaged area. *Adolescence, 9*, 1-.

Cornish, D. B., & Clarke, R. V. (1986). *The reasoning criminal*. New York: Springer-Verlag.

Cortes, J. B., & Gatti, F. M. (1972). *Delinquency and crime*. New York: Seminar.

DeCatanzaro, D. (1981). *Suicide and self-damaging behavior*. New York: Academic Press.

Dublin, L. (1963). *Suicide*. New York: Ronald.

Durkheim, E. (1897). *Le Suicide*. Paris: Felix Alcan.

Epstein, L., Thomas, C., Schaffer, J., & Perlin, S. (1973). Clinical predictors of physician

suicide based on medical student data. *Journal of Nervous & Mental Disease, 156,* 19-9.

Eysenck, H. J. (1977). *Crime and personality.* London: Routledge & Kegan Paul.

Gammage, J. (1990). *Prison peers fight against suicide.* Philadelphia Inquirer, May 6, 1B, 7B.

Haley, J. (1969). *The power tactics of Jesus Christ and other essays.* New York: Grossman.

Hendin, H. (1982). *Suicide in America.* New York: Norton.

Henry, A. F., & Short, J. F. (1954). *Suicide and homicide.* Glencoe, IL: Free Press

Hirschi, T. (1969). *Causes of delinquency.* Berkeley, CA: University of California.

Hirschi, T., & Hindelang, M. (1977). Intelligence and delinquency. *American Sociological Review, 42,* 471-86.

Jacobs, J. (1971). *Adolescent suicide.* New York: Wiley.

Jacobs, J. (1986). *The moral justification of suicide.* Springfield, IL: Charles C Thomas.

Kahn, D. L., & Lester, D. (2013). Efforts to decriminalize suicide in Ghana, India and Singapore. *Suicidology Online, 4,* 110-18.

Kalish, R. A. (1966). Social distance and the dying. *Community Mental Health Journal, 2,* 152-55.

Kaplan, H., & Pokorny, A. D. (1976). Self-derogation and suicide. *Social Science & Medicine, 10,* 113-21.

Kisker, G. W. (1984). *The disorganized personality.* New York: McGraw-Hill.

Kobrin, S. (1959). The Chicago Area Project. *Annals of the American Academy of Political & Social Science, 322,* 19-9.

Laborit, H. (1970). *L'omme imaginant.* Paris: Union General d'ditions.

Laing, R. D. (1967). *The politics of experience.* New York: Pantheon.

Laing, R. D., & Esterson, A. (1964). *Sanity, madness and the family.* New York: Basic Books.

Lemert, E. (1967). *Human deviance, social problems, and social control.* Englewood Cliffs, NJ: Prentice-Hall.

Lester, D. (1983). *Why people kill themselves.* Springfield, IL: Charles C Thomas.

Lester, D. (1987). A subcultural theory of teenage suicide. *Adolescence, 22,* 317-20.

Lester, D. (1988b). State laws on suicide and suicide rates. *Psychological Reports, 62,* 134.

Lester, D. (1988c). Rational choice theory and suicide. *Activitas Nervosa Superior, 30,* 309-12.

Lester, D. (1989a). Public health education against suicide. *Crisis, 10,* 181-83.

Lester, D. (1989b). Locus of control, depression and suicidal ideation. *Perceptual & Motor Skills, 69*, 1158.

Lester, D. (1990a). *Understanding and preventing suicide: New perspectives.* Springfield, IL: Charles C Thomas.

Lester, D. (1990b). Impulsivity and threatened suicide. *Personality & Individual Differences, 11*, 1097-098.

Lester, D. (1992-1993). The stigma against dying and suicidal patients. *Omega, 26*, 71-5.

Lester, D. (2002). Decriminalization of suicide in seven nations and suicide rates. *Psychological Reports, 91*, 898.

Lester, D. (2003). *Fixin'to die.* Amityville, NY: Baywood.

Lester, D., & Walker, R. L. (2006). The stigma for attempting suicide and the loss to suicide prevention efforts. *Crisis, 27*, 147-48.

Livermore, A. (1985). Forty suicide notes. In *Proceedings of the 18th Annual Meeting of the American Association of Suicidology*, pp. 47-9. Denver, CO: American Association of Suicidology.

Matza, D. (1964). *Delinquency and drift.* New York: Wiley.

Merton, R. (1957). *Social theory and social structure.* New York: Free Press.

Miller, W. (1958). Lower class culture as a generating milieu of gang delinquency. *Journal of Social Issues, 14*, 5-9.

Miller, W. (1962) The impact of a 'otal-community'delinquency control project. *Social Problems, 10*, 168-91.

Milner, A., McClure, R., & De Leo, D. (2012). Globalization and suicide. *Archives of Suicide Research, 16*, 238-49.

Morselli, H. (1882). *Suicide.* New York: Appleton.

Murrell,M., & Lester, D. (1981). *Introduction to juvenile delinquency.* New York: Macmillan.

Neuringer, C. (1974). Self and other-appraisals by suicidal, psychosomatic and normal hospital patients. *Journal of Consulting & Clinical Psychology, 42*, 306.

Newman, G. (1983). *Just and painful.* New York: Macmillan.

Patrick, S. K. (1989). School focused suicide prevention. In D. Lester (Ed.), *Suicide '9*, pp. 132-135. Denver, CO: American Association of Suicidology, 1989.

Pope, W., Danigelis, N., & Stack, S. (1983). The effect of modernization on suicide. Paper presented at the annual meeting of the American Sociological Association, Detroit, MI.

Quinney, R. (1970). *The social reality of crime.* Boston: Little Brown.

Rainer, R. J. (1989). Summary of a two-year pilot prevention/intervention -suicide/depression program covering grades kindergarten through 12th. In D.

Lester (Ed.), *Suicide '9*, pp. 117-119.Denver, CO: American Association of Suicidology.

Reckless, W. (1967). *The crime problem*. New York: Appleton-Century-Crofts.

Scheff, T. (1966). *Being mentally ill*. Chicago: Aldine.

Schur, E. (1973). *Radical nonintervention*. Englewood Cliffs, NJ: Prentice-Hall.

Schwendinger, H., & Schwendinger, J. (1979). Delinquency and social reform. In L. Empey (Ed.), *Juvenile justice*, pp. 246-90. Charlottesville, VA: University of Virginia Press.

Sellin, T. (1938). *Culture, conflict, and crime*. New York: Social Science Research Council.

Shaw, C. R., & McKay, H. D. (1972). *Juvenile delinquency and urban areas*. Chicago, IL: University of Chicago Press.

Simpson, M., & Conklin, G. (1989). Socioeconomic development, suicide and religion. *Social Forces, 67*, 945-64.

Spiegel, D., & Neuringer, C. (1963). Role of dread in suicidal behavior. *Journal of Abnormal & Social Psychology, 66*, 507-11.

Stack, S., & Danigelis, N. (1985). Modernization and the sex differential in suicide, 1919-1972. *Comparative Social Research, 8*, 203-16.

Stephens, B. J. (1988). The social relationships of women. In D. Lester (Ed.), *Why women kill themselves*, pp. 73-5. Springfield, IL: Charles C Thomas.

Sutherland, E. H. (1947). *Principles of criminology*. Philadelphia: Lippincott.

Sykes, G. (1974). The rise of critical criminology. *Journal of Criminal Law & Criminology, 22*, 335-47.

Sykes, G., & Matza, D. (1957). Techniques of neutralization. *American Sociological Review, 22*, 664-70.

Tifft, S. (1990). Fighting the failure syndrome. *Time, 135*(21), 83-4.

Toch, H. (1979). *Psychology of crime and criminal justice*. New York: Holt, Rinhart & Winston.

Victoroff, V. M. (1983). *The suicidal patient*. Oradell, NJ: Medical Economics Books.

Vold, G. B. (1979). *Theoretical criminology*. New York: Oxford University Press.

Walker, R. L., Lester, D., & Joe, S. (2006). Lay theories of suicide. *Journal of Black Psychology, 32*, 320-34.

Wall, J., Hawkins, J. D., Lishner, D., & Fraser, M. (1981). *Juvenile delinquency prevention: A compendium of 36 program models*. Washington, DC: US Department of Justice.

Yang, B., & Lester, D. (2006). A prolegomenon to behavioral economic studies of suicide. In M. Altman (Ed.), *Handbook of contemporary behavioral economics*, pp. 543-59. Armonk, NY: M. E. Sharpe.

제15장

좌절시키는 혼돈상황 이론[55]

David Lester

인류학자인 Raoul Naroll은 일반적으로 자살학자들에게는 무시되었던 흥미로운 자살이론을 주장하였다. 아마도 해당 이론이 무시되었던 주된 이유는 자살에 관한 논문과 저서가 많이 출판되지 않았고, 제목에 *자살*이라는 단어가 없었기 때문일 것이다. 따라서 문헌을 대충 검색하는 경우에는 발견하기 어려울 수 있다. 이 장에서는 Naroll의 이론을 설명하고, 그의 이론과 다른 자살이론을 비교하며, 마지막으로 그의 이론을 검증해보기로 한다.

이론

Naroll(1963, 1969)은 *사회적 무질서* 상태에 있는 사람들, 즉 기

---

55 Lester(1995) 참조.

본적인 사회적 유대감이 부족하거나 이를 잃어버린 사람들의 자살 가능성이 높다고 주장하였다. 예를 들면, 결혼한 사람보다는 미혼이 거나 이혼한 사람, 자녀가 있는 부부보다는 자녀가 없는 부부에게 자살이 더 흔하게 발생한다는 것이다. 그러나 사회적 무질서 상태에 있는 사람들로 구성되어 있는 사회에서도 자살이 거의 발생하지 않 을 수 있다고 지적하였다. 따라서 사회적 무질서 상태에서도 대다수 는 살아남는 데 반해, 소수가 자살하는 것을 설명하기 위해서는 심 리적 요인을 살펴보아야 한다.

Naroll이 주장한 심리적 요인은 좌절시키는 혼돈상황에 대한 반 응이다. *좌절시키는 혼돈상황*은 (a) 개인의 사회적 유대감이 사라지 거나, 약화되거나, 위협받는 상황이나 (b) 타인이 사회적 무질서 상 태에 있는 사람을 좌절시키는 상황이라 할 수 있다. Naroll은 사람들 이 원하는 기대치를 달성하지 못하거나, 예기치 않은 고통과 좌절을 경험하는 상황을 *좌절시키는* 상황으로 정의하였다. 여기서 좌절시 키는 상황은 대인관계 안에서 발생하는 것으로, 개인과 관계없는 자 연적, 사회적, 문화적 사건의 결과물은 아니다. 예를 들면, 다른 사람 에 의한 방화는 좌절시키는 상황이라 할 수 있지만, 폭풍우로 인해 집에 피해가 생기는 것은 좌절시키는 상황이라고 할 수 없다. 배우 자가 암으로 사망한 사람과 타인에 의해 이혼한 사람은 모두 사회적 무질서 상태에 있을 수 있지만, 후자의 경우만 좌절시키는 혼돈상황 의 피해자라고 할 수 있다. Naroll은 좌절시키는 상황에서 좌절시키 는 사람이 동시에 좌절하는 사람이 될 수도 있다고 설명하였다. 예 를 들면, 아내를 살해한 사람은 그 행위에 대해 자신을 책망하게 되는데, 이는 여전히 좌절시키는 혼돈상황이라고 할 수 있기 때문이다.

Naroll은 (a) 좌절시키는 혼돈상황은 정신질환과 자살로 이어질수 있고, (b) 정신질환자는 좌절시키는 혼돈상황에서 특히 예민해질수 있기 때문에, 자살과 정신질환이 관련이 있다고 주장하였다.

하지만 Naroll이 정의한 자살은 *항의자살*로 제한되었는데, 이는 공개적으로 알리기 위해 자발적으로 자살을 하는 경우를 의미한다. 따라서 사형을 피하기 위한 자살, 관습(예: sati)이나 타인에 의한 자살, 다른 종류의 죽음으로 위장된 자살(예: 자살자나 친척에 의해), 의도하지 않은 자살(예: 막을 수 있는 치명적인 사고에 의해 촉발된 자살)은 배제하였다.

Naroll 대 Durkheim

자살에 관한 최초의 주요 사회학 이론은 Durkheim(1897)이 주장하였다. 12장에서 살펴보았듯이, Durkheim은 자살에 이르게 하는 두 가지 광범위하고도 추상적인 사회적 특징, 즉 사회통합(사회구성원이 사회적 관계망 안에 긴밀하게 묶여있는 정도)과 사회규제(사회구성원의 욕구와 감정이 사회의 규범과 관습에 의해 규제되는 정도)에 대해 정의하였다. Durkheim은 사회통합 정도가 너무 낮거나(이기적 자살) 너무 높을 때(이타적 자살), 사회규제 정도가 너무 낮거나(아노미적 자살) 너무 높을 때(숙명적 자살), 자살이 발생한다고 주장하였다.

Johnson(1965)은 이타적 자살과 숙명적 자살이 비록 원시사회에서는 많이 발생하였지만, 현대사회에서는 거의 발생하지 않는다며 이 이론을 비판하였다. 이타적 자살에는 다른 사람을 구하기 위한 행동(예: 전투 중 수류탄에 몸을 던지기), 숙명적 자살에는 노예의 자살이 포함될 수 있지만, 모두 현대사회에서는 드문 사건들이다. 따라서 Johnson은 Durkheim의 이론을 곡선관계(자살은 사회통합과 사회규제의 양극단에서 더 많이 발생함)에서 선형관계(자살은 사회통합과 사회규제가 낮은 경우 더 많이 발생함)로 수정해야 한다고 주장하였다.[56]

Naroll은 이타적 자살과 숙명적 자살을 드문 것이 아니라 "자살로 볼 수 없다"고 주장하였다. Naroll은 항의자살만 자살로 치부하였기 때문에 관습에 의한 자살은 배제하였다. 예를 들면, 남편의 장지에 살아있는 여성을 함께 매장하는 관습(sati)은 사회에 잘 통합되어 있고, 사회적 규범에 의해 잘 통제되는 사람들 사이에서 발생하지만, Naroll은 이를 항의자살의 한 형태로 간주하지 않았다. 따라서 Naroll은 통계적 희소성에 근거한 것이 아니라 개념정의를 통해 Johnson의 의견과 유사한 결론에 이르게 된 것이다.

Johnson(1965)은 또한 사회통합과 사회규제를 개념적으로나 실증적으로 구별하는 것이 어렵다는 점을 지적하였다. 예를 들면, 종

---

56 12장에서도 언급하였듯이, Durkheim이 자신의 이론을 검증해보지 않았기 때문에 일부 사회학자들은 Durkheim의 이론이 원시사회에는 적용되지 않는다고 생각하였다. 그러나 Naroll(1963) 이외에도 많은 학자들이 Durkheim의 이론을 원시사회에 적용시켜 보았다(Lester, 1992a).

교적인 사람들은(사회적으로 잘 규제되는 사람들) 교회에 참석하여 교회의 사회활동에 참여할 가능성이 높다(사회적으로 잘 통합된다). 이에 Johnson은 두 개념을 하나로 통합하여 Durkheim의 기본이론을 자살과 사회통합/규제는 반비례한다는 명제로 축소시킬 것을 주장하였다. Naroll 또한 Johnson이 주장한 것처럼 단일한 사회적 차원인 사회적 무질서에 초점을 맞추었다.

그러나, Naroll의 이론은 Durkheim의 이론과는 다른 의미를 지니고 있다. Durkheim이 주장한 사회통합/규제라는 개념은 사회가 정적인 상태일 때의 특성인 반면, Naroll의 사회적 무질서 개념은 급격하고, 갑작스러운 상황을 허용한다. 따라서 Naroll의 이론은 Durkheim의 이론처럼 사회전체에 적용되기도 하지만, 개인적인 자살사례를 설명하기에 더 적합해 보인다. 이후, Naroll(1983)은 사회적 무질서라는 개념을 "도덕적 네트워크(moralnet)"라는 개념으로 대체하였다.

그는 도덕적 네트워크를 "어떤 사람이 규범적 준거집단으로 사용할 수 있는 가장 큰 1차 집단"으로 정의하였다(p.436). 사회적 지지망은 "도움을 필요로 하는 사람이 충고, 편안함, 안도감, 도움을 받을 수 있는 사람들의 집단으로, 일반적으로는 도덕적 네트워크의 일부"라고 할 수 있다(p.439). 또한 도덕적 네트워크에는 1차 집단, 즉 "늘 친밀하게 함께 살아가는 사람들의 집단"(p.437)이나 규범적 준거집단, 즉 "좋고 나쁨, 옳고 그름에 대한 생각이나 사회적 가치관을 얻을 수 있는 사람들의 집단"(p.436)이 포함된다. Naroll은 도덕적 네트워크가 강하면 출생률이 높아지고 가족의 규모가 크고 강해지기 때문에, 자살률이 낮아지고 경제적 성장은 느려진다는 것을 발견하였다.

Naroll이 새롭게 제시한 용어인 도덕적 네트워크는 Durkheim이 제시한 사회통합/규제의 개념과 유사하며, Naroll이 초기에 제시한 좌절시키는 혼돈상황이라는 개념보다 덜 자극적이다. Naroll은 아마도 정신질환, 알코올남용, 아동학대 등 더욱 다양한 행동을 포함할 수 있도록 도덕적 네트워크라는 개념을 사용한 것으로 보인다.

Naroll 대 Henry와 Short

Henry와 Short(1954; 12장 참조)는 공격이 좌절의 결과 중 하나이며, 공격의 방향(타인 또는 자신)은 사회적 요인에 의해 결정된다고 주장하였다. 개인의 불행에 대한 책임이 명백히 타인에게 있다면, 타인지향 공격이 정당화되고 공격적 행동(극단적으로는 살인)이 발생하게 된다. 반면, 개인의 불행에 대한 책임이 명백히 타인에 의한 것이 아니라면, 타인지향 공격은 정당화되지 않고 분노가 자신을 향하게 되어 우울증을 유발할 수 있다(극단적으로는 자살행동). 즉, 아프리카계 미국인은 사회로부터 압박을 받는 입장이기 때문에 불행에 대한 책임을 명백히 타인에게 돌려 살인율이 높은 반면, 유럽계 미국인은 압박을 하는 입장이기 때문에 불행에 대한 책임을 명백히 타인에게 돌릴 수 없어 자살률이 높아진다고 설명할 수 있다. 그리

고 이 주장은 사실로 나타났다(Lester, 1998). 하지만 Henry와 Short
의 이론은 많이 검증되지는 못하였다. 예를 들면, 살인과 자살은 양
극단으로 나타나지 않는 경우가 많다. Lester(1987)는 자살과 살인
에 영향을 미치는 요인들을 살펴본 많은 사회학적 연구들을 검토하
였는데, 그 결과 자살과 살인에 영향을 미치는 요인들은 서로 다르
지만 완전히 반대되는 것은 아니었다. 또한 개인수준에서 살펴보았
을 때, 자살충동을 가진 사람들이 타인지향 공격성이 있는 것으로
나타났다. 예를 들면, 정신병원에 있는 자살충동을 가진 환자는 일
반적으로 매우 폭력적이어서 감당하기가 어렵다.

　　Naroll의 이론은 Henry와 Short의 이론과는 다른 점이 있다. Naroll
은 타인에 의한 좌절과 자신에 의한 좌절 *모두* 자살행동으로 이어질
수 있다고 주장하였다. 하지만 Henry와 Short는 어떤 사람이 타인에
의해 좌절된다면 책임을 명백히 타인에게 돌려 살인율이 높아지지
만, 스스로 좌절하게 되면 자살률이 높아진다고 주장하였다.

　　이에 대해서는 두 가지 설명이 가능하다. 첫째, 두 이론은 서로 다
르므로 양립할 수 없다. 둘째, Henry와 Short의 이론은 현대사회에
서 검증되었기 때문에 현대사회에 적용할 수 있는 반면, Naroll의 이
론은 원시사회에서 검증되었기 때문에 원시사회에 적용할 수 있다.
아마도 서로 다른 유형의 사회에 적용할 수 있는 서로 다른 자살이
론이 있을 것이다.

살인과 자살을 분리해서 생각해야 하는가?

일부 학자들은 공격의 방향이 중요한 것이 아니라고 주장하면서 사회의 치명적 공격성 비율(즉, 살인율과 자살률의 합)을 살펴볼 것을 제안하였다. Whitt(1969), Whitt, Gordon과 Hofley(1972), Field(1963)는 위의 방법으로 얻은 결과가 살인율과 자살률을 구분해서 살펴보는 것보다 더 의미가 있다고 주장하였다.

Whitt(1969)는 한 사회의 치명적 공격성 비율은 그 사회의 좌절된 사람의 비율에 직접적인 영향을 받는다고 가정하였다. Whitt는 조지아주 애틀란타시의 인구조사 표준지역 연구를 통해 좌절된 사람의 비율이 높은 지역에서 가계소득 중앙값은 낮고, 치명적 공격성 비율은 가계소득 중앙값에 반비례한다는 것을 발견하였다.[57]

좌절시키는 혼돈상황 이론의 검증

Naroll(1963)은 58개 원시사회에서 7개의 좌절시키는 혼돈상황과 자살의 관련성을 살펴보았다. 좌절시키는 혼돈상황에는 아내구타, 결혼제한, 남성의 이혼자유, 아동학대, 취중난동, 저항살인[58], 전

---

57 Lester(1990)는 미국의 경우 치명적 공격성 비율에 영향을 미치는 요인이 자살률에 영향을 미치는 요인과 유사하다는 점을 들어 Whitt의 주장을 비판하였다. 하지만 치명적 공격성 비율은 국가 간 연구나 원시사회에 대한 연구에서 여전히 유용한 척도로 사용될 수 있다.

58 저항살인은 사회에서 용인되지는 않지만 공개적으로 알리기 위해 저지른 살인을

쟁빈도가 포함되었다. 자살빈도를 측정하기 위해 Naroll은 인류학자가 자살과 관련하여 사용한 단어의 수를 통계적으로 변형하였다(자연로그의 제곱근 사용). 그 결과 자살빈도와 좌절시키는 혼돈상황에는 다음과 같은 상관관계가 나타났다: 아내구타 0.69, 결혼제한 0.34, 남성의 이혼자유 0.60, 아동학대 0.34, 취중난동 0.30, 저항살인 0.45, 전쟁빈도 0.41.[59]

Lester(1995)는 자살률과 좌절시키는 혼돈상황의 절대적 수치와의 상관관계와(r=.64, n=51) 혼돈상황이 존재하는 비율과의 상관관계(r=.58, n=51)를 모두 살펴보았다. 그 결과, 사회에 좌절시키는 혼돈상황이 많이 존재할수록 자살률이 높아진다는 것을 발견하였다.

Lester(1970)는 원시사회 표본을 이용하여 청소년 자살빈도와 청소년 혼전성관계에 대한 사회적 태도의 관련성을 살펴보았다. 혼전성관계가 심하게 처벌받으면 이는 좌절시키는 혼란상황이 될 수 있다. 대체로 그 관련성에 대해서는 정적인 결과가 나타났지만(8개 표본 중 6개가 정적관계), 어떤 표본에서도 그 결과는 통계적으로 유의미하지 않았다. 따라서 Lester는 해당 연구를 통해 예상했던 가설을 강력하게 지지하지는 못하였다.

Krauss와 Krauss(1968)는 Naroll의 이론에 대해 앞선 두 연구보

의미하며, 과실이나 사고, 문화적으로 승인되는 혈투, 공개적으로 승인되는 활동인 전쟁, 희생, 사형으로 인한 살인은 제외된다.

59 Naroll의 연구에서는 좌절시키는 혼돈상황이 살인과도 유사한 상관관계가 있는지 살펴보았다. 저항살인과 아내구타, 결혼제한, 남성의 이혼자유, 아동학대, 취중난동, 전쟁빈도와의 상관관계는 각각 0.36, 0.04, 0.17, -0.03, 0.05, -0.14로 나타났으며, 어떠한 관계도 통계적으로 유의하지 않았다.

다 더 철저하게 검증하였다. 이들은 Naroll(1963)이 조사한 원시사회의 표본에서 보고된 자살사례들을 각각 살펴보면서 해당 사례가 좌절시키는 혼돈상황에서 발생한 것인지 아닌지를 구분하였다. 그결과, 168건은 좌절시키는 혼돈상황에서 발생한 것이었으나, 100건은 아니었으며, 20건은 구분할 수 없었다.

Naroll의 표본에서 좌절시키는 혼돈상황의 수와 총 자살발생건수는 정적 상관관계가 있는 것으로 나타났다. 또한 좌절시키는 혼돈상황에서 발생한 자살과는 정적 상관관계가 있었지만, 다른 상황에서 발생한 자살과는 정적 상관관계가 없었다. 좌절시키는 혼돈상황에서 발생한 자살을 가장 잘 예측하는 요인은 남성의 이혼자유와 저항살인이었고, R^2=0.48이었다(Krauss & Tesser, 1971). 하지만 좌절시키는 혼돈상황이 아닐 때 발생한 자살의 경우에는 남성의 이혼자유만이 예측요인으로 나타났다.

Krauss와 Krauss는 그들의 사례에서 흥미로운 사실을 발견하였다. 좌절시키는 혼돈상황에 있는 사람들이 모두 자살을 하는 것은 아니었다. 그들이 불만을 해소하는 다른 방법도 있었다. Krauss와 Krauss에 의하면 구타당한 아내는 자녀나 동물을 때리거나, 개인적으로 용인되거나 문화적으로 규정되어 있는 다른 방법을 이용하여 감정을 발산할 수 있다. 따라서 좌절시키는 혼돈상황은 타인에게까지 널리 확산될 수 있으며, 구타당한 아내의 최종 결과물이 시어머니의 자살로 나타날 수도 있다.

추가적 추론

Naroll은 문화에 따라 자살 이외에도 스트레스로 인해 발생하는 다른 지표가 있으며, 만약 그렇다면 자살률은 스트레스로 인해 발생하는 다른 지표와 부적인 상관관계가 있어 상쇄될 것이라고 생각하였다. 즉, 스트레스 지표 중 하나가 다른 지표를 없애게 된다는 것이다. 하지만, 상관관계를 살펴본 결과 이러한 패턴은 나타나지 않았다.

Tabachnick과 Klugman(1967) 또한 상쇄효과를 주장하였지만, 이는 Freud의 이론에 근거한 것이었다. Freud는 한 사회의 구성원들은 일정한 에너지를 가지고 있다고 주장하였다. 이 개념을 확장하여 Tabachnick과 Klugman은 죽음 본능이 한 사회에서 나타나는 비율은 일정하다고 가정하였다. 따라서 죽음 본능에 대한 한 가지 징후가 감소하면, 죽음 본능에 대한 또다른 징후가 증가한다는 것이다. 미국사회에서 이 가설을 검증한 결과(Lester, 1989a), 죽음 본능의 세 가지 징후로 볼 수 있는 자동차사고, 간경화, 자살로 인한 사망률은 서로 부적 상관관계가 있을 것이라고 예측하였지만 정적 상관관계가 있음을 발견하였다.

좌절–공격 가설

Naroll(1963)은 좌절-공격 가설(Dollard, Doob, Miller, Mowrer, & Sears, 1939)을 재해석하였다. Naroll은 좌절(대인관계에서 또는

특정 개인과 상관없이 발생)이 편리한 대상에 대한 공격으로 이어질 수 있다고 해석하였다. 또한 인생 초기에 경험한 좌절이 인생 말기에 공격으로 나타날 수도 있다고 지적하였다.

Naroll은 58개 사회의 11가지 문화적 스트레스 요인과 6가지 문화적 스트레스 증상의 관련성을 살펴보았는데, 해당 가설은 검증되지 않았다. 11가지 문화적 스트레스 요인에는 결혼제한, 자녀구타, 엄격한 젖떼기, 혼외자식 처벌, 독단적 사형, 기근, 자연재해, 전염병, 남성의 이혼제한, 직업제한, 사회적 계급제도가 포함되었다. 6가지 문화적 스트레스 증상에는 항의자살, 저항살인, 아동학대, 취중난동, 아내구타, 동물구타가 포함되었다. 총 66개의 상관관계 중 32개는 정적 상관관계, 31개는 부적 상관관계, 3개는 상관관계가 없는 것으로 나타났고, 정적 상관관계 중 3개만이 통계적으로 유의미하였다.

과거에는 어린 시절 경험했던 좌절이 향후 공격적이고 살인적인 행동으로 이어질 가능성이 더 많다고 생각하였다(Palmer, 1960). 그러나 최근의 연구에 따르면, 부모상실이나 신체적/성적 학대와 같은 어린 시절의 좌절이 대조군에 비해 자살충동을 가진 사람들에게서 더 자주 발견된다(Lester, 1992b). 따라서 Naroll이 설명한 좌절-공격 가설은 자살을 이해할 수 있는 근거를 제시하였다는 점에서 의의가 있다.

삶의 질 척도로써 자살

Naroll(1963, 1969)은 19세기 대표적인 인류학자들이 때로는 개인적인 가치관에 기초하여 원시문화의 질을 평가했다고 지적하였다. Naroll은 행동을 관찰하여 문화를 평가할 것을 제안하였는데, 예를 들면 자살이 평가의 척도로 사용될 수 있다.[60] 비록 다른 문화적 행동도 척도로 포함될 수 있고 다른 문화적 변수들도(예: 자살에 대한 문화적 태도) 자살률에 영향을 줄 수 있지만,[61] 자살률이 높은 문화는 자살률이 낮은 문화에 비해 열등하다고 할 수 있다. Naroll은 자살이 상대적 희소성으로 인해 사회의 "안전판 역할"을 할 가능성이 적고, 자살률이 높다 하더라도 사회의 전체적인 좌절감을 낮추지는 못할 것이라고 지적하였다.[62]

이러한 전제조건이 있음에도 불구하고, Naroll의 주장은 가치가 있다. 개인이 자살을 하게 되면 개인이나 가족구성원에 대해 부정적 판단을 내리게 된다. 즉, 자살이라는 낙인은 고인과 관련된 사람들에게 확산되는 것이다. 국가의 자살률에 대해서도 때로는 부정적 판단이 내려진다. 헝가리가 20세기에 자살률이 가장 높은 국가였다는 것이 밝혀졌을 때, 사람들은 그 사회의 병리학적 특징에 대해 궁금해 하였다. 아이젠하워 대통령은 스웨덴과 덴마크의 높은 자살률을 이용하여 사회주의정책의 이점을 반대하였다.

Ausenda(1990)는 자살을 사회적 스트레스의 척도로 사용할 것을

---

60 실제로 자살이 좋은 척도는 아니었지만, Naroll이 생각할 수 있는 최선이었다.

61 물론, 자살률이 높은 사회에서는 자살에 익숙해지기 때문에 자살에 대한 사회의 태도가 바뀔 수도 있다.

62 Naroll은 건강과 관련된 다양한 척도를 사용해 보았지만, 자살률만이 신뢰할 수 있는 척도였다. 원시사회에서는 사회적 관행에 반하는 정신질환, 언어장애, 정신신체화 질병, 마약복용, 범죄에 대해 거의 언급하지 않았다. 또한 살인, 취중난동, 아동학대는 문화적 스트레스와 관련이 없었다.

제안하였다. Ausenda는 전쟁의 원인에 관심을 갖고, 전쟁발생 이전에 자살률이 수년에 걸쳐 일관된 변화를 보일 것이라고 예측하였다. 하지만 Lester와 Ausenda(1992)의 연구에서 자살률이 임박한 전쟁의 신호로 작용할 것이라는 가설은 검증되지 못하였다.

삶의 질

Naroll의 주장을 토대로, Lester(1989b)는 많은 연구를 통해 현대국가와 지역의 자살률이 삶의 질과 정적 상관관계가 있다는 것을 밝혀냈다. 미국의 경우에는 경제, 주거, 선거권, 교육, 의료시설, 건강을 토대로 한 삶의 질 척도를 사용하였다. 따라서 현대사회에서는 삶의 외적상태의 객관적 질이 향상됨에 따라 자살률의 지표로 사용되는 정신건강이 나빠지는 것으로 보인다.

Lester는 Henry와 Short(1954: 12장 참조)의 이론을 이용하여 이러한 부적 관련성을 예측하였다. Henry와 Short에 의하면, 외적상태가 좋아질수록 사람들은 자신의 불행에 대한 책임을 외부로 돌릴 수 없기 때문에 우울해지고 자살할 가능성이 높아진다. 현대의 비평가들은 삶의 물질적 조건이 개선되면 사람들의 정신건강이 향상된다고 생각하였기 때문에 이러한 결과에 종종 놀라움을 표하였다.

여기에는 두 가지 설명이 가능하다. (a) 자살은 사회의 정신건강상태에 대한 타당한 척도가 아니다. (b) 자살은 사회의 정신건강상태에 대한 타당한 척도이며, 정신건강상태는 물질적, 외적상황에 의해 결정되는 것이 아니다. Lester는 후자의 설명을 선호하였다.

결론

이 장에서는 Naroll의 이론에 대해 살펴보았다. 좌절시키는 혼돈 상황이라는 개념은 Durkheim의 사회통합과 사회규제라는 개념에 역동적인 차원을 추가함으로써 새로운 가설을 만들어냈다. 삶의 물질적 조건이 개선되면 자살률도 일반적으로 높아지기 때문에 자살이 한 문화의 정신건강 척도로 사용될 수 있다는 Naroll의 주장은 자극적인 개념이다. 이에 따르면, 현대사회는 우리의 행동을 이끄는 목적의식, 삶의 의미와 자기가치, 도덕적 틀을 제공하지 못하고 있다고 결론짓게 되기 때문이다(Eckersley, 1993).

자살에 대한 Naroll의 통찰력은 그 가치에 부합하는 관심을 받지는 못했는데, 이는 그의 주장이 더 포괄적인 주제를 다루는 논문이나 저서에 실렸기 때문이다. 이 장을 통해 다른 자살학자들이 Naroll의 이론을 발견하고, 이를 더 발전시키길 희망한다.

[참고문헌]

Ausenda, G. (1990, June). *Configurations of social stress in uninational and multinational states*. Paper presented at the International Conference on Social Stress, London.

Dollard, J., Doob, L. W., Miller, N. E., Mowrer, O. H., & Sears, R. F. (1939). *Frustration and aggression*. New Haven, CT: Yale University Press.

Durkheim, E. (1897). *Le Suicide*. Paris: Felix Alcan.

Eckersley, R. (1993). Failing a generation: The impact of culture on the health and well-being of youth. *Journal of Paediatrics & Child Health, 29* (Suppl. 1), S16-19.

Field, P. B. (1963). Mortality rates and aggression management. *Journal of Health & Human Behavior, 4*, 99-04.

Henry, A. F., & Short, J. F. (1954). *Suicide and homicide.* Glencoe, IL: Free Press

Johnson, B. D. (1965). Durkheim' one cause of suicide. *American Sociological Review, 30,* 875-86.

Krauss, H. H., & Krauss B. J. (1968). Cross-cultural study of the thwarting disorientation theory of suicide. *Journal of Abnormal Psychology, 73,* 353-57.

Krauss, H. H., & Tesser, A. (1971). Social contexts of suicide. *Journal of Abnormal Psychology, 78,* 222-28.

Lester, D. (1970). Adolescent suicide and premarital sexual behavior. *Journal of Social Psychology, 82,* 131-32.

Lester, D. (1987). Murder and suicide: Are they polar opposites? *Behavioral Sciences & the Law, 5,* 49-0.

Lester, D. (1989a). Is the amount of death instinct constant from region to region? *Perceptual & Motor Skills, 69,* 810.

Lester, D. (1989b). *Suicide from a sociological perspective.* Springfield, IL: Charles C Thomas.

Lester, D. (1990). Lethal aggression, suicide and homicide. *Deviant Behavior, 11,* 293-95.

Lester, D. (1992a). A test of Durkheim' theory of suicide in primitive societies. *Suicide & Life-Threatening Behavior, 22,* 388-95.

Lester D. (1992b). *Why people kill themselves.* Springfield, IL: Charles C Thomas.

Lester, D. (1995). Thwarting disorientation and suicide. *Cross-Cultural Research, 29,* 14-6.

Lester, D. (1998). *Suicide in African Americans.* Commack, NY: Nova Science.

Lester, D., & Ausenda, G. (1992). Suicide and homicide as indicators of social stress leading up to war. *Peace Research, 24*(1), 57-3.

Naroll, R. (1963). *Thwarting disorientation and suicide: A cross-cultural survey.* Unpublished discussion paper, Northwestern University.

Naroll, R. (1969). Cultural determinants and the concept of the sick society. In S. C. Plog & R. B. Edgeton (Eds.), *Changing perspectives in mental illness,* pp. 128-55. New York: Holt, Rinehart & Winston.

Naroll, R. (1983). *The moral order: An introduction to the human situation.* Beverly Hills, CA: Sage.

Palmer, S. (1960). *A study of murder.* New York: Crowell.

Tabachnick, N., & Klugman, D. (1967). Suicide research and the death of instinct. *Yale Scientific Magazine, 6,* 12-5.

Whitt, H. P. (1969). The lethal aggression ratio and the suicide-murder ratio. *Dissertation Abstracts, 29B,* 2624-625.

Whitt, H. P., Gordon, C. C., & Hofley, J. R. (1972). Religion, economic development and lethal aggression. *American Sociological Review, 37,* 193-01.

제16장

경제학 이론

Bijou Yang

　자살의 실태와 원인에 대한 많은 저서가 출판되었음에도 불구하고, 현재까지 자살에 대해 잘 이해하지 못하는 것은 아마도 자살의 원인이 복잡하고 다양하기 때문일 것이다. 심리학자와 정신과의사는 개인적 차원에서 자살을 이해하려고 노력해 온 반면, 사회학자는 사회적(집단적) 측면에서 자살을 이해하려 하였다. 각각의 접근법은 자살현상을 전체로 이해하기 보다는 특정 측면만을 파악하고 있을 뿐이다. 자살학은 개인적 차원에서의 행동과 거시생태적 수준에서의 사회적 영향 모두를 포함하는 자살에 대한 통합이론을 필요로 한다. 경제학은 아마도 자살에 대한 통합이론을 제시할 수 있는 적절한 통로가 될 수 있을 것이다.

　경제학적 접근이 자살행동을 분석하는데 도움이 되는 이유는 다음과 같다. 첫째, 자살은 의사결정과 관련이 있는데, 이는 경제학자들이 관심을 갖는 주제이다. 둘째, 경제적 요인은 개인적 차원과 사회적 차원에서 자살과 관련이 있는 것으로 나타난다. 셋째, 자살은 경제적 비용을 사회에 부과한다. 마지막으로, 경제정책은 의도적으로 자살률을 높이거나 낮추는데 영향을 줄 수 있을 뿐만 아니라 의도하지 않더라도 자살률에 긍정적, 부정적 영향을 줄 수 있다.

경제학은 자원의 배분에 대한 학문이다. 자원은 제한되어 있는 경향이 있으며, 최적의 배분을 위해서는 선택이 필요하다. 이 점에서 경제학은 의사결정과 그에 따른 결과에 대한 학문이다(Hicks, 1979). 삶을 마감하겠다는 결정에 더하여, 사람들은 어떤 방법으로 죽을지, 유서를 쓸지 말지, 어디서 죽을지 등 여러가지를 선택해야 한다. 자살에 이르는 과정은 일련의 결정을 내리는 것과 관련이 있는데, 이러한 결정 과정은 경제학 분석의 핵심사항이다.

자살을 이해하기 위해 경제학 이론을 적용한 것은 40년 전부터였다(Yang & Lester, 2006). 성공했거나 실패했던 자살행동에 대한 경제학적 분석은 미시체계(개인적)와 거시체계(사회적) 두 차원으로 구분할 수 있다(Lester & Yang, 1991a). 자살행동에 대한 경제학적 분석은 대부분 개인행동에 기반하고 있는데, 이에 대해서는 다음 절에서 논의할 것이다. 경제학적 분석에서는 합리적 선택에 기초한 전통적인 공리주의적 접근(Hamermesh & Soss, 1974; Yeh & Lester, 1987; Huang, 1997; Dixit & Pindyck, 1994; Marcotte, 2003)이나 행동주의적 접근(Yaniv, 2001; Rosenthal, 1993)을 활용한다. 자살행동에 대한 행동주의적 접근은 최근에 발전된 것으로, 감정, 윤리, 사회화를 결합하거나(McCain, 1997)[63], 게임 이론을 활용하

---

63 McCain(1997)은 경제학 모델이라기보다는 인지 모델을 제시하였기 때문에, 이 장에서는 검토하지 않는다.

여(Yaniv, 2001; Rosenthal, 1993) 자살자의 마음을 탐구한다.

경제학자는 자살이 잘못된 것인지, 비도덕적인지, 또는 일탈행위인지를 판단하지는 않는다. 대부분의 이론에서 자살을 시도하는 것은 합리적 선택의 결과로 취급된다[64]. 즉, 개인은 다양한 대안들이 주어진 상황에서 가장 바람직하다고(최악이 아니라고) 생각하는 대안을, 비록 죽게 되더라도 선택한다는 것이다.

이 장에서는 자살사망, 자살시도, 자살예방에 대한 다양한 경제학 이론에 대해 검토해 본다. 자살사망과 관련해서는 비용-편익 분석, 생애 효용 극대화 모델, 노동시장 진입 유추, 불확실성 아래 투자로서 자살에 대해 논의할 것이다. 자살시도와 관련해서는 미래 효용 개선을 위한 수단과 신호 게임으로서 자살시도를 살펴볼 것이다. 자살예방과 관련해서는 수요-공급 분석과 도움요청 인센티브 모델을 살펴볼 것이다.

자살사망에 대한 경제학 이론

비용-편익 분석

Yeh와 Lester(1987)는 자살에 대한 결심은 자살과 여러 대안행동

---

64 Dixit와 Pindyck(1984)의 불확실성 아래 투자로서 자살 모델에서는 자살을 삶의 옵션 가치를 무시한 비합리적인 행동으로 간주한다. Huang(1997)의 노동시장 진입 유추 모델에서는 합리주의 모델을 벗어나는 자살사례를 포함하고 있다.

에 대한 비용과 편익에 따라 결정된다고 주장하였다. 자살에 따른 편익이 감소하고 비용이 증가하거나, 대안행동의 편익이 증가하고 비용이 감소하는 경우, 사람들의 자살가능성은 감소할 것이다.

자살에 따른 편익은 신체적, 정신적 고통으로부터의 탈출(말기 암으로 죽어가는 사람들의 자살), 타인이 받는 영향에 대한 예측(생존자가 죄책감을 느끼게 하려는 자살), 대중적 이미지를 회복(소포클레스의 비극 안티고네에서 안티고네의 자살)[65] 등이다.

또한 자살에는 여러 비용이 수반된다. 자살행동에 필요한 정보와 도구를 구하는데 소요되는 노력과 비용, 자살준비와 자살실행에 동반되는 고통, 자살의 결과 예상되는 손실(대부분의 종교에서 예상되는 처벌), 기회비용(대안행동을 통해 삶을 지속했을 때 얻게 되는 순이익)등이 여기에 해당된다.

이러한 관점에서 보면, 개인은 위에서 언급한 비용에 비해 편익이 더 클 경우 자살을 하게 된다. 결과적으로 비용-편익에 대한 경제학적 분석에 따르면 자살은 편익을 감소시키거나 비용을 증가시킴으로써 예방될 수 있다.[66]

생애 효용 극대화 모델

Hamermesh와 Soss(1974)의 이론은 개인의 현재 나이와 영구소

---

65 자해행동이 고조된 긴장을 완화시켜 자해과정에서 아무런 신체적 통증을 느끼지 못했다고 보고하는 경우도 종종 있다.

66 Chen과 Lien(2010)은 안락사에 대한 비용-편익 분석을 제시한 바 있다.

득에 의해 결정되는 생애효용 함수를 기반으로 한다. 영구소득은 개인의 생애에서 기대되는 평균 소득을 의미한다. 따라서 자살에 따른 기회비용은 자살로 인해 없어지는 남은 생애기간의 소득에 해당된다. 영구소득과 개인의 현재 나이는 소비 수준을 결정하는데, 만족은 소비 수준에서 파생된다. 현재 나이는 개인의 생애를 유지하는 비용을 결정하는데, 생애비용은 효용 함수의 부정적 속성이다. 자살의 세 번째 경제적 속성은 생에 대한 선호 또는 자살에 대한 비선호인데, 이는 평균이 0이고 등분산을 갖는 정규분포로 가정된다. 총 생애 효용(삶에 대한 선호를 포함)이 0에 접근하게 되면 개인은 자살을 감행한다.

이 모델은 다음과 같은 가정을 전제하고 있다. (1) 나이가 증가함에 따라 생애비용이 증가하기 때문에 현재 나이가 많을수록 총 만족은 감소한다. (2) 소득이 높을수록 더 많은 소비를 보장하기 때문에, 영구소득이 많을수록 총 만족은 증가한다. 그러나 추가적인 소득 증가에 따른 추가적인 만족은 소득이 증가함에 따라 감소한다.

생애 효용 극대화 모델을 바탕으로 몇 가지 예측이 가능하다. 첫째, 자살률은 나이가 증가함에 따라 증가한다. 생애소득의 한계 효용은 영구소득이 증가함에 따라 감소하기 때문에, 나이가 들어감에 따라 소비로부터 얻을 수 있는 개인의 추가직인 민족은 감소한다. 이점에 비추어 볼 때, 나이가 증가함에 따라 개인의 자살가능성이 증가한다. 둘째, 자살률은 영구소득과 부적 상관관계를 갖는다. 만약 개인이 더 많은 생애소득을 얻을 수 있다면, 삶으로부터 얻을 수 있는 만족도 커지기 때문에 영구소득이 많을수록 자살가능성은 감소한다[67].

노동시장 진입 유추

노동시장 진입과 탈출에 대한 경제학적 분석을 자살행동에 적용하면서, Huang(1997)은 자살을 생애시장에 진입하거나 탈출하는 것에 대한 결정으로 개념화하였다. 생애시장을 탈출하기로 한 결정은 효용 극대화에 기반하는데, 효용은 소득을 넘어서는 삶의 가치 혹은 중요성(예: 사랑, 건강, 명성, 아름다움, 즐거움, 모험, 특권, 존중, 안정 등)의 다양한 측면으로부터 파생된다. 이러한 생애소득은 획득하여야 하는데, 삶이란 삶의 보상 중 일부를 얻기 위한 투쟁이다. 이러한 소득을 획득하는 것은 또한 많은 노동(L)을 필요로 한다.

노동의 반대는 휴식과 기분전환(R)을 포함하는 여가인데, 이는 압박감과 책임감을 완화하는 것을 의미한다. 여가의 극단적 표현은 영원하고 완벽한 휴식인 죽음이 될 수 있다. 노동은 삶에 대한 의지와 노력의 수준을 측정한다. 반대로 여가는 삶에 대한 의지와 노력의 부재를 측정한다. 이와 함께 예측된 임금(W)은 삶을 위한 단위 노력에 대해 기대되는 생애소득의 기회 혹은 능력으로 이해할 수 있다.

따라서 두 가지 해결책이 가능하다. 대부분의 사람들은 내부해(interior solution)(역주: 주어진 제약 하에서 가장 높은 효용을 찾는 것)를 선

---

67 Chung(2009)은 자살률의 성별 차이에 Hamermesh와 Soss의 모델을 적용한 바 있다.

택하는데, 이는 다양한 수준의 노력을 통해 삶을 유지하는 것을 선택하는 것이다. 불행하게도, 다른 누군가는 내부해를 찾는 것이 불가능한데, 이런 경우 생애시장에서 탈출하는 것을 선택한다. 마치 실망한 노동자들이 노동시장에서 떠나듯이 이들은 자살을 감행한다.

생애를 마감하는 선택을 하도록 만드는 이유는 무엇일까? 말기질환, 반복되는 우울증, 사업실패, 공개적인 굴욕 등의 이유로 생애시장에서 얻을 수 있을 것으로 예측된 임금이 받아들일 수 있는 최저 수준의 임금보다 낮은 경우 사람들은 생애시장을 떠나는 것을 선택한다. 가능성은 낮지만 유보임금의 증가가 자살을 감행하는 원인이 될 수도 있다.[68] 생애과정에서 부유한 사람은 삶을 흥미진진하고 재미있게 만들기 위해 더 많은 것을 요구할 수 있다. 모든 것을 많이 갖고 있으면 그것들의 효용이 감소하게 되어, 삶에 대해 지루함을 느낄 수 있다. 평균적으로 더 높은 유보임금을 갖고 있지만 인지하고 있는 임금이 일치하지 않는 경우, 개인은 모서리해(corner solution)(역주: 행위자가 거래를 할 의지가 없거나 환경이 못 되는 상황)를 찾게 되고 자살을 선택하게 된다.

Huang은 이러한 관점에서는 자살이 비합리적인 것이 아니라고 결론을 내렸다. 그러나 미래에는 다양한 불확실성이 있기 때문에, 그리고 생애시장 정보는 불완전하고 불충분하기 때문에, 자살은 올바른 해결책이 아닐 수 있다. 이 모델에서 임금(W)은 생애과정에서

---

68 유보임금은 노동자들이 단위 노동을 제공하고, 그만큼의 행복을 유지하도록 유인하는 임금을 의미한다(Huang, 1997, p. 84).

인식한 예상 임금인데, 개인의 인식은 잘못된 정보, 해석, 계산으로 인해 오류가 있을 수 있다. 잘못된 인식은 자살을 선택하도록 하는데, 이는 전혀 합리적이지 않은 것이다. 이 점에서 자살예방을 위한 몇 가지 함의를 제시할 수 있다. 누군가 자살을 결정하는 과정에서 적절한 상담을 통해 객관적 정보를 얻을 수 있다면, 자살에 대한 개인의 결정은 뒤바뀔 수 있다.

불확실성 아래 투자로서 자살

Dixit와 Pindyck(1994)는 불확실성 아래 진행되는 투자의 특성을 검토하였다. 이들의 관점은 기업의 투자 결정에 초점을 맞추고 있지만, 동일한 조건(결정은 되돌릴 수 없고, 결정에 따른 미래의 보상은 불확실하며, 결정의 타이밍에는 약간의 여지가 있다)에서의 다른 결정도 투자로 볼 수 있다고 주장하였다.

Dixit와 Pindyck(1994)는 자살이 이 기준에 부합한다고 제안하였다. Harmermesh와 Soss(1974)의 주장에 의하면 개인은 남아 있는 삶의 효용에 대한 기대가치가 기준점에 미달하는 경우(또는 0인 경우), 자살을 감행한다. Dixit와 Pindyck(1994)는 Harmermesh와 Soss가 삶을 유지하는 옵션을 고려하는데 실패했다고 주장하였다. 자살은 되돌릴 수 없고, 미래는 매우 불확실하다. 따라서 상황이 개선되는지 기다려보는 옵션을 선택할 수도 있다. 삶의 기대 방향이 아래로 향하는 경우에도 0이 아닌 긍정적인 방향으로 개선될 확률도 있기 때문이다.

Dixit와 Pindyck는 자살로 삶을 마감하는 사람들은 냉정한 현재가 동일하게 냉정한 미래가 될 것이라고 생각하는 사람들이라고 분석하였다. 이들은 미래의 불확실성과 삶의 옵션 가치를 무시한 것이다. 이 점에서 Dixit와 Pindyck은 자살을 비합리적인 것으로 판단하였고, 자살을 종교적, 도덕적으로 금지하는 것은 합리성 실패에 대한 보완책이라고 설명하였다. 이는 자살에 대한 인지된 비용을 증가시키고 삶의 질에 대한 기대수준을 낮추어 자살시도를 억제한다.

자살시도에 대한 경제학 이론

미래 효용 개선을 위한 수단

Marcotte(2003)의 자살시도에 대한 관심은 5,877명의 미국인 표본을 대상으로 전국 합병증 조사(National Comorbidity Survey)에서 제공된 정실질환과 자살행동에 대한 자료를 통해 촉발되었다. 생애 효용 극대화 모델에서는 자살시도자가 자신의 미래 효용에 두 가지 방식으로 영향을 줄 수 있다고 실명힌다. 첫째, 자살시도가 신체의 훼손과 영구적인 장애를 초래하는 경우, 미래의 건강과 삶의 유지 비용은 증가할 수 있다. 둘째, 자살시도는 자신에 대해 좀 더 많은 관심과 돌봄을 촉발한다는 점에서 미래의 소비를 개선하는 수단으로 사용될 수 있다.

이런 관점에서, 자살시도는 이익과 위험을 모두 가져올 것으로 기대된다. Marcotte는 자살시도에는 예측된 이익과 위험이 있다고 추론하였다. 이익은 자살시도를 통해 나타난 효용 함수의 개선인 반면, 위험은 미래의 소비실현 확률의 변화에 기인한다. 따라서 자살시도 이후의 효용에 대한 효과가 자살시도 자체에 대한 비선호와 자살시도와 결합된 위험을 넘어서는 경우, 사람들은 자살을 시도한다(Marcotte, 2003, p.63).

Marcotte의 모델에 따르면 몇 가지 예측이 가능하다. 첫째, 높은 수준의 소득이 예상되는 사람들은 자살을 시도할 가능성이 낮다. 이러한 예측은 자살사망에 대한 Harmermesh와 Soss의 모델과도 일치한다. 둘째, 좀 더 새로운 함의는 자살을 시도하는 경향은 기대된 효용이 개선될 때(행위가 타인으로부터 동정심을 유발하거나 자원을 지출하게 하는 경우) 증가한다는 것이다. 따라서 자살행동이 보상을 통해 미래의 효용을 강화하는 수단이나 메커니즘으로 이용되는 경우(예: 자살을 통해 더 많은 소득을 얻거나, 더 많은 만족을 얻는 경우), 자살을 시도하고도 생존하는 사람들이 자살을 고려하였지만 시도하지 않은 사람에 비해 더 나을 수도 있다(Marcotte, 2003, p.63).

신호 게임

Rosenthal(1993)은 생존가능성이 있는 자살시도, 즉 사람들이 그 결과에 대해 게임을 할 수 있는 보통의 심각성을 갖는 자살시도에 초점을 맞추었다. 그는 자살시도가 신호발신자에게 유리하도록 신호수신자(배우자나 정신과의사)의 행동을 조종하려는 의도를 지니고 있는 확실한 신호로 볼 수 있다고 주장하였다. 사람들은 von Neuman-Morgenstern 선호(역주: 주어진 선호체계와 행동의 결과에 따른 위험이 존재하는 경우, 개인은 이익극대화를 위한 선택을 한다는 가정)를 가지고 있기 때문에, 위험선호자가 아님에도 불구하고 개인의 자살시도는 게임과 유사하게 나타난다(Rosenthal, 1993, p.26).

이런 관점에서, 신호발신자(자살시도자)는 우울하거나 정상일 수 있으며, 신호수신자는 두 가지 가능성의 기대확률을 알고 있다고 가정한다. 신호발신자는 자신의 유형을 알고 있지만 수신자는 그것을 모르고 있다. 신호발신자가 선택하는 신호 강도를 통해 생존여부가 결정된다. 만약 신호발신자가 두 가지 유형을 완벽하게 구분할 수 있다면, 우울한 신호발신자에게는 동정적으로, 정상인 신호발신자에게는 비동정적으로 대응할 수 있다. 신호발신자는 모두 동정적인 반응을 더 선호하지만, 우울한 신호발신자가 동정적인 반응을 더 선호한다.

Rosenthal의 신호 게임은 Nash의 균형 개념의 개선된 버전인데, 원래 버전은 대부분 비합리적인 Nash 균형을 만들어내기 때문이다(Rosenthal, 1993, p.273). 개선된 Nash의 균형 개념을 사용함으로써, Rosenthal은 두 가지 결론에 도달할 수 있다. 첫째, 자살시도자가 동정적 반응을 원할지라도, 도박과 같은 자살행동은 일반적이지 않다. 둘째, 신호수신자가 동정적 반응을 보이려 하면, 우울한 신호발신자는 도박과 같은 자살행동을 할 가능성이 낮아진다.

자살예방에 대한 경제학 이론

수요-공급 분석

자살을 마치 "시장"에서 구입할 수 있는 서비스로 간주하면서, Yang과 Lester(Yeh & Lester, 1987; Lester & Yang, 1997)는 자살을 수요-공급 분석으로 설명하였다. 이들은 자살이 불안정한 균형에 따른 행동이며, 만약 외부의 개입이 있다면 예방될 수 있다고 주장하였다.

수요측면에서, 우리가 제품을 구입하는 경우 우리가 지불하는 가격은 제품을 소비하는 과정에서 생기는 한계 이익을 반영한다. 자살을 "구입"하는데 있어서의 가격이라는 개념은 일반적인 상품의 가격과는 차이를 보인다. 자살에 대해 기대하는 이익은 엄청난 고통으로부터의 탈출이다. 따라서 자살자가 기대하는 이익을 측정하기 위해서는 고통의 척도를 이용해야만 한다. 자살자가 기대하는 이익은 자살에 지불해야만 하는 가격에 반영되어 있다. 따라서 공급곡선은 개인이 느끼는 고통 수준과 자살확률의 함수로 나타난다. 고통의 양이 증가하면 자살확률도 증가한다. 자살에 대한 수요는 우상향 곡선으로, 이는 대부분의 경제학 분석에서 확인되는 제품수요가 우하향 곡선인 것과는 다른 모습이다.

공급측면에서 자살확률은 자살하는데 드는 비용과 관련되어 있다. 자살의 비용은 생명손실의 비용, 자살수단에 대한 정보를 수집하는 비용, 자살수단을 구입하는 비용 등을 포함한다. 마지막 두 항목의 경우는 명확한 측정 척도를 가지고 있지만, 생명손실의 비용은 측정하기가 매우 어렵다. 이는 적어도 세 가지 항목을 포함하는데, (1) 죽음에 대한 심리적 공포, (2) 자살하지 않았으면 벌어들였을 소득, (3) 정상적으로 살아가는 경우 기대되는 삶의 즐거움 등이 그것이다. 자살의 비용이 증가하면 할수록, 개인이 실제로 자살할 가능성은 낮아진다. 따라서 공급곡선은 대부분의 제품에 대한 공급곡선이 우상향인 것과는 달리 우하향 곡선이다.

수요-공급 분석에서 심리적 변수들(고통의 수준, 미래의 즐거움 등)을 화폐 단위로 전환하는 것은 중요한데, 이를 통해 자살에 대한 수요와 공급을 균등화하여 균형점을 찾을 수 있다. 고통의 수준을 측정하는 한 가지 방법은 자살자가 경험하는 고통을 제거하기 위해 필요한 심리서비스 비용으로 조작화하는 것이다.

자살에 대한 비용과 가격을 각각 자살확률에 따라 도표로 그리면 수요곡선은 우상향이며 자살확률이 1에서 수직인 곡선이 된다. 자살에 대한 가격 수준은 개인이 자살을 더 이상 억제할 수 없는 지점에서 형성되는데, 이 지점은 자살확률이 1인 지점에 해당한다. 이 상황에서는 자살을 피할 수 없다. 자살의 공급곡선은 비용이 0인 지점에서 수평축과 교차한다.

균형상태에서, 자살은 수요와 공급곡선이 교차하는 지점에서 결정된다. 수요와 공급곡선의 독특한 특징으로 인해, 균형점은 안정적이지 않다. 균형점에서 약간만 벗어나는 변화가 발생하면 자살자는 균형점으로부터 멀리 벗어나는 결과를 초래할 수 있다. 자살예방의 관점에서는 보다 흥미로운 상황이 발생하는 것이다.

자살확률이 균형확률에 비해 약간 낮은 경우, 수요측면에서는 고통이 적은 것을 의미하며 공급측면에서는 자살의 비용이 높은 것을 의미한다. 결과적으로 이 상황에서 자살의 가능성은 더 낮아지고, 사람들은 자살상황으로부터 극적으로 멀어지게 된다. 결과적으로 자살에 대한 수요-공급 분석은 자살의 수요와 공급곡선 각각 혹은 전부를 왼쪽으로 이동시킴으로써 위기개입이 성공할 수 있는 기회가 있음을 보여주고 있다. 실제로는 공급측면 요인을 변화시키는 것이 더 쉬운 것으로 판명되었다.

Yeh와 Lester는 자살결정에 영향을 주는 요인들을 검토한 후, 대부분의 요인들(예: 정신질환, 성별, 나이, 가족문제 등)은 안정적인 특성을 가지고 있다고 주장하였다. 즉, 수요곡선이 형성되면 시간이 흘러도 크게 변화하지 않는다는 것이다. 공급곡선의 변화는 가까운 누군가의 갑작스런 죽음, 질병, 또는 경제활동의 어려움과 같은 사건에 의해 발생하며, 개인이 느끼는 이러한 사건의 충격은 위기개입, 상담, 심리치료 등을 통해 개선될 수 있다.

도움요청 인센티브

자살예방은 자살과 관련된 공공보건정책의 가장 중요한 목표이다. 자살을 예방하기 위한 다음과 같은 4가지 전략이 존재한다. (1) 장기간의 약물(Roy, 2001) 또는 심리치료(Ellis, 2001), (2) 위기개입(Mishra & Daigle, 2001), (3) 치명적인 수단의 접근을 제한

(Clake & Lester, 1989), (4) 학교교육 프로그램(Leenaars, 2001). 각 전략은 동일한 목표를 놓고 사회의 자원을 얻기 위해 경쟁한다.

Yaniv(2001)의 게임 이론에서는 위기개입을 강조한다. Yaniv의 게임 세팅 모델에서, 두 가지 결과(자살 또는 최후의 도움요청)를 예상하는 자살시도자는 심리치료사와 상호작용하며 자살예방을 위한 두 가지 선택지(외래를 통한 위기개입 시행, 자살방지를 위한 입원) 중에서 선택을 해야만 한다. Yaniv는 두 행위자의 행동특성을 다음과 같이 규정하였다. 최후의 도움을 요청하는 경우, 자살시도자는 입원을 두려워하는 반면 심리치료사는 비용이 덜 드는 외래를 통한 위기개입보다 입원을 선택할 것이다. 따라서 자살시도자는 비자발적인 입원의 위험에 직면하며, 심리치료사는 이로 인한 결과로 자살위험에 직면할 수 있다. 궁극적으로 자살로 인한 사회적 손실과 자살예방노력을 최소화하기 위해 심리치료사는 자살위협의 진실 가능성을 고려하여 결정을 내린다(Yaniv, 2001, p.464)

Yaniv는 이 모델에서 두 가지 결론을 도출하였다. 첫째, 입원 결정이 환자의 문제와 외생적이라면, 비자발적인 입원은 자살시도자의 도움요청 행동에 대한 억제요인이 될 것이다. 둘째, 자살시도자와 심리치료사의 상호작용을 인정하면 입원의 억제적 역할은 줄어든다. 다시 말해, 외래를 통한 위기개입은 매우 성공적일 수 있지만 "시장"에 존재하는 순수하게 자살하려는 환자와 전략적 치료사는 매우 적기 때문에 비자발적 입원의 위협은 도움요청 행동에 대한 효과적인 억제요인이 되지 못한다. 여기에 덧붙여, 심리치료사의 입원에 대한 선택이 증가해도 외래를 통한 위기개입의 성공확률이 증가하는 경우 환자의 도움요청 가능성은 높아진다.

자살예방을 위한 공공보건정책에 대한 몇 가지 가능한 제안은 성공적인 치료 제공, 그리고 이에 대한 대중의 인식 제고와 더불어 입원에 대한 두려움 감소를 포함한다. 심리치료사의 권한을 제한하는 것은 입원에 대한 두려움을 완화시키는데 도움이 된다. 그러나 환자의 상태로 인해 입원이 필요함에도 불구하고 법적으로 심리치료사의 권한을 제한하는 것은 자살예방의 효율성을 떨어뜨리는 것일 수 있다. 심각한 상태의 자살시도자를 입원시키지 않는 것은 심리치료사의 윤리에 반하는 행위이기도 하다.

비합리성에 대한 Becker의 주장

경제학자는 합리적 행위를 이익 또는 효용을 극대화하는 행위로 규정한다. 비합리적 행위가 경제학적 연구의 범위 안에 있음에도 불구하고, 경제학자들은 이를 거의 분석하지 않는다. Becker(1962)는 비합리적 행위를 (1) 무작위적이고, 엉뚱하고, 기발한 것을 선택하거나, (2) 과거에 선택했던 것을 다시 선택하는 두 가지 유형으로 구분하였다. Lester와 Yang(1991b)은 이 두 가지 비합리적 행위가 자살행동의 주요한 유형들과 유사하다는 점을 지적하였다. 즉, 자살행동은 시간제한적인 충동적 위기 또는 만성적인 부적응 패턴이라는 것이다.

이와는 달리, 심리학자는 합리성과 비합리성에 대해 좀 더 광의의 견해를 갖고 있다. 행동경제학 분야의 연구에서는 자살자 개인이 갖는 사고에 관심을 갖고 있다. 자살자의 사고는 합리적인가, 비합리적인가(Lester, 2012)? 반면, 자살의 합리성, 비합리성에 대한 심리학분야의 연구에서는 자살시도 후 생존자들에 대한 관찰을 통해 이들의 사고에서 자살하지 않는 사람들의 사고와 다른 몇 가지 독특한 특징을 발견하였다. (1) 경직성, (2) 이분적 사고(흑백사고, 삶과 죽음에 대한 양극화된 견해), (3) 비관주의와 미래에 대한 절망감(Ellis, 2001)[69]. 이러한 특징들은 인지치료사가 비합리적이라고 명명한 인지의 유형들이다(Burns, 1981). 따라서 인지치료사는 환자를 모니터하고, 비합리적 사고에 대해 정기적으로 문제제기를 하며, 보다 합리적인 사고로 전환시키려 한다.

비합리적 사고의 한 가지 요소는 사람들이 사고를 위해 동원하는 전제(가정)의 타당성과 관련이 있는데, 자살시도자의 전제가 합리적인지에 대해서는 논쟁이 되고 있다. 예를 들면, 직장에서 해고된 사람이 "나는 이 직업으로 절대 성공할 수 없어"라고 말한다면, 이 전제는 아무런 근거가 없다고 주장할 수 있다. 왜냐하면 절대는 너무 극단적인 단어이기 때문이다. 다른 한편으로 누군가 "신체적(또는 정신적) 고통이 너무 커서 견딜 수 없어"라고 말한다면, 이 전제는 반박되기 어려운데, 왜냐하면 고통은 주관적인 것이기 때문이다. 따라서 Lester(2003)는 자살을 결심하는 것이 합리적일 수 있다고 주장하면서, Harold Greenwald(1973)의 심리치료 모델을 토대로

---

69 7장 참조.

자살을 결심하는 사람들을 위한 지침을 제공하였다. 이는 대안행동들의 가격과 비용을 평가하여 좋은 결정을 내리게 하기 위함이다.

결론

이 장에서는 1970년대부터 발전된 자살에 대한 경제학 이론들을 검토하였다. 여기서는 합리적 선택과 행동에 대한 이론을 포함하여, 자살사망, 자살시도, 자살예방 등의 주제를 다루었다. 합리적 선택을 토대로 한 모델에는 몇 가지 제한점이 있다. 해당 모델에서는 자살시도자, 가족, 심리치료사와 같이 자살을 결정하는데 핵심적인 사람들 간의 상호작용을 통합시키지 못하고 있다. 게임 이론을 활용하는 두 가지 모델에서는 해당 모델의 기본적 특징[70](게임은 두 명의 행위자를 가정한다)에 따라 상호작용이 내재되어 있다.

이는 경제학자들이 미래의 연구에 기여할 수 있는 분야이다. 자살은 진공상태에서 일어나는 것이 아니라 다른 사람과의 상호작용을 포함한 전생애적 경험의 산물이다. 따라서 사회적 요인과 사회적 행동도 자살의 다양한 측면을 설명하는 모델의 일부가 되어야만 한다. 이는 사회학(사회관계망, 사회, 문화를 연구하는 학문)의 역할이 필요한 지점이다. Becker(1996)가 주장한 사회자본 개념은 합리적 선택을 토대로 한 모델을 위한 좋은 출발점이 될 수 있다. 현대사회의

---

70 외부충격보다는 개인의 내부에서 일어나는 과정에 초점을 맞춘다.

자살행동과 관련하여 사회학자들이 주장한 또 다른 유용한 개념은
아노미이다. Bulmahn(2000, p.375)에 의하면 아노미는 현대사회의
구조적 특징이며, "소외의 증가, 사회적 고립의 확대, 자살가능성의
증가"는 아노미의 파괴적인 결과들이다. 어떤 사람에게는 파괴적인
영향을 미치는 경제성장과 발전의 어두운 면인 아노미의 본질을 포
착할 수 있도록 자살에 대한 경제학 모델을 개념화하는 것이 흥미로
운 작업이 될 것이다.

또한, 다면적인 경제학 모델을 만드는데 있어서, 심리학과 같은 학
문을 통합하는 것은 유용하다. 예를 들면, Mathur와 Freeman(2004)
은 고전적인 효용의 틀에 정신건강의 생산 함수를 통합하여 부모 행
동에 대한 경제적 모델을 개발하였다. 이 모델은 부모의 고용상태가
자녀의 정신건강에 미치는 영향을 설명하기 위한 것이었다. 1970년
부터 1997년까지 미국사회에서 수집된 자료의 회귀분석을 통해 다
음과 같은 사실이 발견되었다. 부모소득이 높을수록 청소년 자살률
은 감소하지만, 부모의 경제활동으로 인해 발생하는 자녀 돌봄시간
의 손실은 청소년 자살률을 증가시킨다. 다만 소득의 영향은 돌봄시
간 상실의 영향보다 큰 것으로 나타났다.

합리적 선택 모델에서는 사회적 상호작용을 모델에 통합시켜야
하고, 추가적으로 통합시켜야 할 행위적 차원들도 존재한다. 자살충
동을 가진 사람이 자살시도가 실패하는 경우 영구적인 신체훼손이
나 장애가능성이 있다는 사실을 인지하고 있다면, 이 점이 그들의
행위에 영향을 미칠 것인가? 삶에 대한 혐오는 자살에 영향을 미치
는데, 죽음에 대한 두려움은 왜 자살에 영향을 미치지 않는가? 즉,

자살행동을 설명하기 위해서는 많은 감정들과 욕구에 대해 살펴보
아야 하며, 이는 향후 자살연구에 있어서 행동경제학 분야를 더욱
풍부하게 만드는 수단이 될 것이다.

[참고문헌]————————

Becker, G. S. (1962). Irrational behavior and economic theory. *Journal of Political Economy, 70*, 1-3.

Becker, G. S. (1996). *Accounting for tastes*. Cambridge, MA: Harvard University Press.

Bulmahn, T. (2000). Modernity and happiness: the case of Germany. *Journal of Happiness Studies, 1*, 375-00.

Burns, D. 1981. *Feeling Good*. New York: Signet.

Chan, D. D., & Lien, L. H. (2010). The value of planned death. *Journal of Socio-Economics, 39*, 692-95.

Chung, A. (2009). Gender differences in suicide, household production and unemployment. *Applied Economics, 41*, 2495-504.

Clarke, R. V., & Lester, D. (1989). *Suicide: Closing the exits*. New York: Springer-Verlag.

Dixit, A. K., & Pindyck, R. S. (1994). *Investment under uncertainty*. Princeton, NJ: Princeton University Press.

Ellis, T. (2001). Psychotherapy with suicidal patients. In D. Lester (Ed.), *Suicide prevention: Resources for the Millennium*, pp. 129-51. Philadelphia: Brunner-Routledge.

Greenwald, H. (1973). *Direct decision therapy*. San Diego, CA: Edits.

Hamermesh, D. S., & Soss, N. M. (1974). An economic theory of suicide. *Journal of Political Economy, 82*: 83-8.

Hicks, J. (1979). *Causality in economics*. New York: Basic Books.

Huang, W. C. (1997). 'ife force'participation perspective of suicide. In D. Lester & B. Yang, (Eds.), *The economy and suicide*, pp. 81-9. Commack, NY: Nova Science.

Leenaars, A. A. (2001). Suicide prevention in schools. In D. Lester (Ed.), *Suicide prevention: Resources for the Millennium*, pp. 213-35. Philadelphia: Brunner-Routledge.

Lester, D. (2003). *Fixin'to die*. Amityville, NY: Baywood.

Lester, D. (2012). The role of irrational thinking in suicidal behavior. *Comprehensive Psychology, 1*, #8.

Lester, D., & Yang, B. (1991a). Microsocionomics versus macrosocionomics as a model for explaining suicide. *Psychological Reports, 69*, 735-38.

Lester, D., & Yang, B. (1991b). Suicidal behavior and Becker' definition of irrationality. *Psychological Reports, 68*, 655-56.

Lester, D., & Yang, B. (1997). *The economy and suicide.* Commack, NY: Nova Science.

Marcotte, D. E. (2003). The economics of suicide, revisited. *Southern Economic Journal, 69*, 628-43.

Mathur, V. K., & Freeman, D. G. (2002). A theoretical model of adolescent suicide and some evidence from U.S. data. *Health Economics, 11*, 695-08.

McCain, R. A. (1997). Impulse-filtering and regression models of the determination of the rate of suicide. In D. Lester & B. Yang (Eds.), *The economy and suicide*, pp. 67-80. Commack, NY: Nova Science.

Mishara, B., & Daigle, M. (2001). Helplines and crisis interventions services. In D. Lester (Ed.), *Suicide prevention: Resources for the Millennium*, pp. 153-71. Philadelphia: Brunner-Routledge.

Rosenthal, R. W. (1993). Suicide attempts and signalling games. *Mathematical Social Sciences, 26*, 25-3.

Roy, A. (2001). Psychiatric treatment in suicide prevention. In D. Lester (Ed.), *Suicide prevention: Resources for the Millennium*, pp. 103-27. Philadelphia: Brunner-Routledge.

Yang, B., & Lester, D. (2006). A prolegomenon to behavioral economic studies of suicide. In M. Altman (Ed.), *Handbook of contemporary behavioral economics*, pp. 543-59. Armonk, NY: M. E. Sharpe. Yaniv, G. (2001). Suicide intention and suicide prevention. *Journal of Socio-Economics, 30*, 453-68.

Yeh, B. Y., & Lester, D. (1987). An economic model for suicide. In D. Lester (Ed.), *Suicide as a learned behavior*, pp. 51-7. Springfield, IL: Charles C Thomas.

제3부

결론

자살이론의 과거, 현재, 미래

제17장

자살이론에 대한 비판적 사고

David Lester

이 책에서는 과거와 현재의 자살이론들을 가능한 다양하게 요약하여 제시하고자 하였다. 마지막 장에서 자살이론에 대한 비판적 사고의 보편적 원리들을 적용해 보는 것은 유용할 수 있다. Levy (2000)는 심리학 이론과 연구에서 발생할 수 있는 일반적인 오류들에 대해 흥미로운 저서를 출판한 바 있다. 물론 자살 자체에 초점을 맞춘 것은 아니었지만, 그가 제시한 오류가 자살학 이론과 연구에서도 나타날 수 있다. 이 장에서는 자살이론에 대한 비판적 사고와 Levy가 제안한 오류의 관련성에 대해 검토해 본다.

현상 개념화

오류 1: 언어는 평가적이다

언어는 중립적인 것처럼 보이지만, 때로는 특정한 단어가 평가적 함의를 갖는다. 즉, 언어는 사고와 태도에 영향을 미치며, 역으로 사고와 태도도 언어에 영향을 미친다. 따라서, 가치판단이 객관적 진실을 반영한다고 생각하지 않는 것이 중요하다.

Robins, Murphy, Wilkinson, Gassner, Kayes(1959)의 연구는 이와 관련된 좋은 사례이다. 해당 연구에서는 과거에 발생한 134건의 자살사건을 살펴본 결과, 8건만이 정신병과 관련이 없고, 8건 중에서 5건은 불치병과 관련이 있었다는 점을 발견하였다. 이 연구의 결과를 객관적이라고 할 수 있을까? 첫째, 오류 2에서 제시한 것처럼, 정신의학적 진단은 구성물이지, 실재가 아니다. 둘째, 이 주제에 대한 다른 연구들의 결과를 살펴보면, 정신병과 관련되어 있다고 판단할 수 있는 자살의 비율이 33%에서 94%까지 보고된 것을 알 수 있다. 따라서, Robins의 논문은 하나의 의견일 뿐이다. Robins 외(1959)는 자살사망자들이 정신적으로 문제가 있다고 확신하였다. 하지만, 이들의 '과학적' 연구는 단지 정상과 비정상에 대한 주관적인 견해에 불과하다. 즉, 이들의 언어는 "자살충동을 가진 사람들은 미쳤다"는 가치판단을 보인 것이다.

오류 2: 구체화의 오류

이는 추상적인 개념을 마치 구체적인 개체로 여기는 오류를 의미한다. 이와 관련해 Levy는 *자존감* 사례를 제시하였다. 자존감은 개인이 소유하고 있는 개체가 아니다. 오히려 심리학자들이 행동을 설명하기 위해 만든 개념이다. 자살학에서는 자살시도나 자살사망 *행동*에 대해 주로 연구하는데, 이를 설명하는 개념은 대부분이 *개념*일 뿐이다. Levy는 종종 신체적 문제와 정신적 문제의 구분에 주목하였다. 신체적 과정은 구체적 개체이지만, 정신적 과정은 추상적 개념이다. 무의식은 발견된 것이 아니라 발명된 것이다. 정신병은 발견되는 것이 아니라 선고되는 것이다.

Levy는 이론들이 사건 이론(Type E)이거나, 구성 이론(Type C)이라는 점을 강조하였다. 괴롭힘이 자살위험을 높인다는 이론은 Type E 이론이지만, 인식된 짐스러움이 자살위험을 높인다는 이론은 Type C 이론으로 볼 수 있다. Type E 이론은 직접적으로 증명하거나 반박할 수 있다. 하지만, Type C 이론은 직접적으로 증명할 수 없다. Levy는 무의식의 존재여부를 증명하는 것은 불가능하다고 강조하였다. 따라서, Type C 이론은 유용성 측면에서만 평가될 수 있다. 예를 들면, 아인슈타인의 중력이론(구성물)은 뉴튼의 중력이론에 비해 더 유용할 수 있다. Type C 이론은 반박될 수 없기 때문에 사람들이 진짜라고 착각하게 만들고, 그 유용성에 비해 오랫동안 지속된다.

오류 3: 신체적, 심리적 사건은 동시에 발생한다

심리적 사건은 지각, 경험, 인지, 정신과 관련되어 있고, 신체적 사건은 생화학, 생리, 해부, 신경과 관련되어 있다. 이 두 변수들의 관계는 무엇일까? 신체적 사건이 심리적 사건을 야기하는가? 원인-결과 관계가 되기 위한 조건은 다음과 같다.

조건 1. 사건 A는 사건 B보다 앞서 발생해야 한다.
조건 2. 사건 A가 변화하면 사건 B도 변화한다.

신체적 사건은 심리적 사건이 없어도 발생할 수 있다(예: 신체적 사건은 사망 이후에도 발생한다). 반면, 심리적 사건은 신체적 사건 없이는 발생할 수 없다. 환자를 관찰하는 경우, 신체적, 심리적 사건이 동시에 발생한다. 따라서, 환자의 문제가 신체적 혹은 심리적이라고 말하는 것은 말이 되지 않는다. 둘은 항상 동시에 나타난다. 특히, 신체적, 심리적 변수를 동시에 측정하는 경우, 한 변수를 다른 변수의 원인으로 보는 것은 불가능하다.

자살에 대한 생리학적 연구를 수행하는 연구자들은 이 점을 항상 주의해야 한다. 일반적으로, 생리적 변수들은 자살행위의 발생과 동시에, 또는 자살사망의 경우 행위가 발생한 직후에 측정된다. 자살행위가 발생하기 이전에 생리적 변수를 측정한 연구의 비율을 계산해 본다면 아마도 그 비율은 매우 낮을 것이다.

대부분의 자살연구자들은 자살행위에 대한 생리적 또는 심리적 관련성을 규명하려 한다. 하지만, 이 둘은 동시에 발생하기 때문에 조건 1이 충족되기는 어렵다. 자살연구에서는 사건 A가 사건 B(즉, 자살행위)보다 앞서 측정되는 경우가 거의 없다. 더욱이 시계열 연구를 진행하는 경우, 사건 A는 구성변수인 경우가 많다. Lester (1991)는 스탠퍼드 대학에서 시행한 Terman의 연구대상자(천부적인 재능을 지닌 아동)들을 추적 조사하였다. 연구결과, 스스로 뛰어난 사람이 되고자 하는 욕망이 있다고 부모가 판단한 10세 자녀는 생애 말기에 자살위험이 있음이 발견되었다. 여기에서, 부모의 판단이 생애 말기에 자녀의 자살을 촉발하였다고 볼 수는 없다. 뛰어난 사람이 되고자 하는 욕망은 구성물이기 때문에, 욕망이 이후 자살행동의 원인이라고 볼 수는 없다. 한편, 사망이나 이혼으로 인한 아버지와의 단절과 긴 임신기간은 더 어린 시절의 자살과 관련이 있는 것으로 나타났다. 이 경우 사건 1은 앞서 발생하였고, 사건 2는 나중에 발생한 사건이므로, (1)의 기준을 충족시키고, 구체화의 오류(오류 2)도 피할 수 있다.

오류 4: 명목 오류

이 오류는 사건을 명명하는 것이 해당 사건을 설명한다고 생각하는 것과 관련이 있다. Levy는 다음과 같은 사례를 제시하였다. 왜 그녀는 잠을 잘 자지 못할까? 불면증 때문이다. 이렇게 설명하는 것은 동어반복일 뿐이다. 또 다른 예는 자살률과 관련된 성별 차이에 대한 설명에서 찾을 수 있다. 자살시도는 여성이 남성에 비해 더 많음에도 불구하고, 자살사망은 왜 남성이 여성에 비해 많을까? 이는 남성이 여성에 비해 더 강한 자살의도를 가지고 있기 때문이다. 이는 해당 사건에 대한 설명이 아니라 동어반복에 불과하다.

오류 5: 이분형변수 대 연속형변수

변수는 이분형 또는 연속형으로 구분할 수 있다. 자살행동을 하는 사람은 죽거나 또는 생존하는 이분형 결과를 가져온다. 하지만, 정상-비정상 또는 의식적-무의식적인 상태는 연속적인 결과일 수 있다. 오류는 학자들이 연속형 변수를 이분형으로 양분하여 이론화하는데서 발생한다. 예를 들면, 자살폭탄테러범이 자살을 한 것인지, 아닌지에 대한 논의에서도 이런 문제가 발생한다. 어떤 학자는 자살폭탄테러범은 자살이 아니라고 주장하지만(Abdel-Khalek, 2004), 자살의도 수준은 이분형변수가 아닌 연속형변수로 평가해야 한다. 따라서, 자살의도 수준에 대한 논의가 필요하다.

오류 6: 반대를 고려하지 않음

Levy는 개념을 정의하기 위해서는 해당 개념의 반대개념을 정의할 필요가 있다고 강조하였다. 즉, 정신질환을 정의하기 위해서는 정신건강을 먼저 정의해야 한다. 관련하여 Levy는 다음과 같은 사례를 제시하였다. McGuire와 Papageorgis(1961)는 백신에 대한 사람들의 태도변화를 연구할 때, 사람들이 얼마나 태도변화에 저항하는지 여부로 접근하였다.

자살학에서의 대표적인 사례로는 Norman Farberow(1970)의 연구가 있는데, 해당 연구에서는 성인의 자살확률을 높이는 어린 시절의 문제점에 대해 논의하였다. 이는 어린 시절부터 성인기 자살예방을 위한 대책에 대해 논의하는 논문과는 대조되는 것이다. 최근에는, 위험요인에서 보호요인으로 자살연구의 관심이 전환되었다. 어떤 경우에는, 보호요인은 위험요인의 점수가 단지 낮은 것일 수도 있지만, 삶의 이유 척도(Linehan et al., 1983)의 경우에는 위험요인과는 매우 다르게 구성되어 있다.

오류 7: 모든 것은 같다 대 모든 것은 다르다

Levy는 두 대상을 비교할 때, 겹치는 부분이 없거나, 약간 있거나, 많이 겹치거나, 완전히 겹칠 수 있다는 점을 강조하였다. 공통점이 어느 정도이든 간에, 어느 지점에서는 두 대상을 구분하는 개념적인 분기점이 존재한다. Levy는 이 분기점을 비판적 구분지점(PCD-Point of Critical Distinction)이라고 명명하였다. 즉, 해당 분기점 이전까지는 두 대상이 유사하지만, 해당 분기점 이후에는 두 대상이 다르다고 볼 수 있다. 이로 인해 두 가지 오류가 발생한다.

오류 7a: 차이가 유사성 때문에 무시된다. 이 경우에는, 두 대상의 유사성으로 인해 차이가 사라지는 것이 용인된다. 상담서비스전화에서 위기상담사는 "전형적으로 우울한 중년 남성(또는 여성)"의 사례라고 규정하고, 발신자의 특성을 무시할 수 있다. 이는 위기상담사가 흔히 적용하는 일률적 접근방식을 부적절하게 적용한 것이다.

오류 7b: 유사성이 차이 때문에 무시된다. Levy는 백인상담사가 자신의 문제를 전혀 이해하지 못한다고 불평하는 흑인고객의 사례를 예로 들었다. 상담사는 "당신 말대로, 내가 당신의 문제를 이해하지 못할 수도 있어요. 하지만, 나도 여성이기 때문에 차별을 경험한 적이 있고, 이는 당신과 유사한 경험으로 볼 수 있어요. 우리는 다르지만 유사한 점이 있어요"라고 응대할 수 있다.

Levy는 항상 다음의 두 가지 질문을 하라고 제안한다. 두 현상은 얼마나 유사한가? 두 현상은 얼마나 다른가? Lester(2014b)는 자살 폭탄테러, 항의 분신자살, 단식투쟁의 유사점과 차이점에 대한 질문을 최근에 제기하였다.

오류 8: "존재"와 "당위"를 혼동

Levy는 이를 자연주의적 오류라고 명명하였고, 다음과 같은 네 가지 유형을 제시하였다: (1) 보편적이면 정당하다, (2) 보편적이지 않으면 정당하지 않다, (3) 보편적이면 정당하지 않다, (4) 보편적이지 않은 것이면 정당하다. (1)의 경우, 과거에는 노예, 아동노동, 공적고문, 분서, 이교도, 마녀가 모두 보편적인 것이었는데, 이들이 과연 정당했는가?

Levy는 진화심리학에서 개인의 유전자를 번식하는 행동을 "자연적"인 것으로 명명한다는 점을 강조하였다. 남성이 가능한 젊은 애인을 찾거나, 여성이 가능한 부유하고 권력이 있는 남성과 일부일처제를 유지하는 것은 자연적인 것이다. 하지만 성별에 따른 이중기준을 적용하는 것을 받아들일 수 있는가? 자신의 유전자를 후세에 전할 수 없는 사람들의 높은 자살률은 해당집단에 기여할 것이다. 이 문장은 받아들일 수 있는가? 사례를 통해 네 가지 자연주의적 오류 모두를 설명할 수 있다.

오류 9: 상관관계가 인과관계를 보장하는 것은 아니다

이에 대해서는 통계학과 조사방법론 수업에서 모두 배웠을 것이다. 하지만, Levy는 이 오류의 변종으로, 두 가지 사건이 가까운 시일을 두고 발생했기 때문에 한 사건을 다른 사건의 원인이라고 보는 근접-인과 오류에 대해 주장하였다. 운동선수가 경기에서 이기기 위해 행운을 가져다주는 옷을 입는 것처럼, 이 오류는 마법적 사고와 미신을 유발한다. 왜 사람들이 자살을 선택했는지를 이해하기 위해 "선행사건"에 너무 많이 치중하면, 해당 오류의 위험에 직면할 수 있다.

오류 10: 양방향의 인과관계를 고려하는데 실패하다

두 변수 A와 B의 상관관계는 A가 B를 촉발하거나, B가 A를 촉발하거나, 제3의 변수 C가 A와 B 모두를 촉발하거나, A와 B가 양방향의 인과관계에 있다는 것을 의미한다. 1960년대에는, 체벌이 버릇없는 아이를 만드는지, 버릇없는 아이를 통제하기 어렵기 때문에 좌절한 부모가 체벌에 의지하게 되는지에 대한 논쟁이 있었다. 오히려 인과적 고리(악순환)가 작동했을 수도 있다. 유사한 양방향 인과관계는 마약사용과 우울증 사이에서도 발생한다.

오류 11: 다중인과관계를 고려하는데 실패하다

Levy는 이 오류를 양자택일 오류로 명명하였다. 우울과 자살의 원인은 무엇인가? 내재화된 분노, 학습된 무기력함, 중추신경계의 너무 낮은 세로토린 수준이 그 원인일까? Levy는 "또는(or)"을 "그리고(and)"로 대체하자고 제안하였다. Levy는 "그리고"의 접근법을 취함으로써, 다양한 변수들의 복잡한 선형, 비선형 결합을 이해할 수 있다고 주장하였다.

오류 12: 모든 원인이 동등한 것은 아니다

특정 행동에 대한 다양한 원인을 찾아내는 것은 어렵지 않다. 나는 왜 교수인가? 4가지 주요한 이유(5월, 6월, 7월, 8월)(역주: 사건의 이유를 주로 4가지로 설명하는 것에 빗댐), 어릴 적 말더듬에 대한 보상, 자기과시적 성향 등이 원인인가? 이 책을 읽고 있는 당신은 왜 자살을 공부하기로 결심하였는가? Levy에 의하면 결과에 영향을 주는 원인은 그 중요성, 정도나 강도에 있어서 모두 동일하지 않으며, 덜 중요한 원인이라도 무시하지 말아야 한다.

오류 13: 상이한 원인, 동일한 효과

우울은 약물금단증상, 비타민부족, 기아, 상실, 실패, 외로움, 트라우마, 비합리적 사고패턴 등 다양한 원인에 의해 촉발될 수 있다. 이는 처치에도 동일하게 적용된다. 우울은 항우울제, 인지치료, 사회적 지지 등을 통해 개선될 수 있다. 유사한 결과는 유사한 원인으로부터 나온다고 생각하거나, 특정 결과를 낳는 행위(자살사망)에는 동일한 원인이 있다고 생각하는 것이 오류이다.

오류 14: 근본적 원인의 오류

Levy는 이를 개인의 행동을 내적요인에 기인한 것으로 보고, 외적요인의 영향을 최소화하려하는 편견으로 정의한다. 만약 당신이 나에게 상처를 준다면, 당신은 잔인한 사람이다. 만약 당신이 식당에서 서비스를 제공하는 나에게 팁을 주지 않는다면, 당신은 인색한 사람이다. 이러한 결과는 희생자(강간피해자, 학대받는 배우자)를 비난하는 결과를 낳을 수 있다. 반대의 경우가 자신의 행동, 특히 자랑스럽지 않은 행동을 설명할 때 발생한다. 이런 경우, 우리는 대체로 그 원인이 상황 때문이라고 생각한다. 만약 당신이 시험을 살 보면, 당신은 똑똑한 자신을 자랑스러워하게 된다. 만약 당신이 시험에서 떨어지면, 당신은 채점자나 당신이 통제할 수 없는 상황의 특정요인을 비난하게 된다.

Levy에 의하면 근본적 원인의 오류는 인간의 인지적 편향(특정

상황에서 인간은 다른 행위자에 집중한다)이나 동기적 편향(인간은 개인적 욕망을 만족시키기 위해 노력한다) 때문에 발생한다. Levy 는 이에 대해 "상황의 힘을 과소평가하지 말아야한다"고 충고한다.

오류 15: 처치-인과의 오류

이 오류의 적절한 사례는 두통이 있어 아스피린을 먹는 경우에서 찾을 수 있다. 약을 먹었음에도 두통이 지속된다면, 두통의 원인이 되는 아스피린 결핍질환에 걸린 것인가? 특정 사건을 변화시키는 것 자체가 사건의 원인이 무엇인지 입증하는 것은 아니다(처치-인과의 오류). 대부분의 사건에는 다양한 원인이 있으며, 결과를 변화시키는 방법도 다양하다. 개인은 다양한 원인으로 자살할 수 있으며, 자살하지 않도록 도움을 줄 수 있는 다양한 방법이 있다.

오류 16: 결과-의도 오류

이 오류는 "결과가 의도를 증명하는 것은 아니다"라는 말로 표현될 수 있다. 결과가 의도를 증명하는 경우도 있지만, 항상 그런 것은 아니다. Levy는 손목을 심하게 그은 사람의 사례를 제시한다. 그 사람의 의도가 Farberow와 Shneidman(1961)의 저서에서 "도움요청"이라고 명명했던 자살시도처럼, 관심을 받기 위한 것이라고 추정할 수 있는가? Levy는 다른 가능한 원인에 대해서도 제시하였는데, 예를 들면 자기처벌, 감각자극, 삶을 확인, 감정의 구체화, 카타르시스,

고통에 대한 보복, 분노의 전치, 심리적 통제, 자살 등이 이에 포함되었다. Sylvia Plath는 1963년 영국 런던에서 유해한 가정용 가스를 이용해 자살하였다. 그렇다면 그녀의 의도가 자살에 따른 사망이었을까? 그녀의 친구 중 한 명인 Alvarez(1972)는 아니라고 생각하였다. 그는 그녀의 행동이 도움을 요청하는 울부짖음이었으며, 그녀는 누군가가 아침에 그녀의 집 문을 부수고 들어와 그녀를 구해줄 것이라고 믿었다고 주장하였다. Levy는 이러한 오류를 방지하기 위해, 행동의 다른 가능성에 대해 생각해 볼 것을 제안하였다.

오류 17: 감정에 의존하기

Levy는 이 오류를 "내가 그렇게 느끼면 그것은 진실"이라고 명명하고 있다. Levy는 아래 네 가지의 가능성에 주목하였다.

1. 편안한 진실: 기분이 좋아지면 진실
2. 편안한 오류: 기분이 좋아지면 오류
3. 불편한 진실: 기분이 나빠지면 진실
4. 불편한 오류: 기분이 나빠지면 오류

이러한 오류의 대표적인 사례는 어린 시절 성적 학대의 억압적인 기억에 대한 논쟁이다. 기억을 회복하였거나 타인이 기억을 회복하도록 도와주었다고 믿는 사람의 경우 (3)에 의존하게 되는데, 즉 기억을 나쁘게 느끼기 때문에 그것이 진실이라고 믿는다. 심리분석가의 특별한 분석과 해석의 결과로 인해 환자가 불안해하고, 적대적인 모습을 보이는 경우에는, 저항과 방어가 심리분석가가 시도한 해석의 타당성을 입증하는 근거로 인식되는데, 이 역시 (3)의 예로 볼 수 있다.

Levy는 사람의 감정은 진실에 다가가기에는 부정확하고 믿을 수 없는 인도자라는 점을 강조하였다.

오류 18: 극적인 오류

이 오류는 예외적인 결과는 예외적인 원인에 의한 것이라고 생각하는 오류이다. 자살행동과 관련하여, Levy는 인간의 예외적인 행동(예: 긴장병, 환각, 동물과의 섹스, 동족포식을 위한 연쇄 살인 등)은 우리로 하여금 예외적인 원인을 찾거나, 그것을 설명하기 위해 예외적인 이론을 제시하도록 만든다는 점에 주목하였다. Levy는 이는 타당한 가정이 아니라는 점을 강조한다. 예외적인 사건은 도박사가 알고 있는 것처럼 우연히 발생할 수도 있지만, 일상적인 사건의 결과로도 발생할 수 있다. 심리분석은 예외적인 행동을 규정하는 원칙도 일반적인 행동의 원칙과 동일하다는 명제를 바탕으로 한다. 두 가지 유형의 행동 사이에는 질적 차이가 없기 때문이다.

자살은 극단적인 행위처럼 보이는데, 극단적인 스트레스를 주는 사건이 원인이거나, 자살시도자가 심리적으로나 정신적으로 심하게 이상한 사람이어야 한다. 하시만, 이는 대부분 사실이 아니다. Lester(1994)는 투입요인의 작은 차이가 결과에 큰 차이를 만들어낼 수 있다는 점을 강조하였다(Gleick, 1987). 예를 들면, 수학모델을 활용하여 미래 날씨를 예측할 때, Lorenz(1984)는 투입요인의 작은 차이, 즉, 여섯 번째 자리에서의 반올림이 아닌 세 번째 자리에서의 반올림이 미래 날씨의 예측에 큰 차이를 가져올 수 있다는 점을 발견하였다. Lester는 자살과 같은 파괴적인 행동은 개인의 삶 속에서 거대한 사건에 의해 발생하는 것이 아니라, 일상생활에서의 가벼운 사건에 의해 발생한다고 주장하였다.

이와 관련된 두 가지 유추가 있다. Lorenz(1984)가 제시한 잘 알려진 사례에서처럼, 브라질나비의 과한 날갯짓이 다음 달 텍사스에 태풍을 몰고 올 수 있다. 일상생활에서 부모의 조금 과한, 혹은 부족한 행동 때문에 미래에 아동이 자살을 할 수도 있다. 두 번째 유추는 모래더미 유추이다. 만약 모래더미에 몇 알의 모래를 더하면, 모래더미는 일정 지점까지는 그 형태를 유지한 상태로 안정적이지만, 그 이상으로 모래를 더하면 모래더미 자체가 붕괴된다. 이와 같이, 자살과 같은 파괴적인 결과를 낳는 것은 몇 가지 작은 사건들일 수 있다.

오류 19: 귀납적, 연역적 추론의 함정

연역적 추론의 함정은 잘못된 전제로부터 시작하거나, 잘못된 논리를 활용할 때 발생한다. 귀납적 추론은 자료에 의존하며, 관찰에서 나타난 일반적인 패턴을 발견하여 관찰을 일반화함으로써 추상적인 규칙으로 나아간다. 이는 몇 가지 이유에서 잘못된 결론에 도달할 수 있다. (1) 생생하고 명확한 관찰에 대해 기억에만 의존하는 경우, (2) 표본수와 확률과 같은 통계의 기본원칙을 무시하는 경우, (3) 이론에 적합한 사례만 선택적으로 포함하고, 맞지 않는 사례는 무시하는 경우.

오류 20: 관찰로 인해 현상이 방해받는 경우

현상에 대한 관찰 때문에 현상 그 자체가 변화하는 경우가 종종 발생한다. 예를 들면, 질문을 어떻게 하는가는 응답자의 응답에 영향을 준다. 응급실에서 자살시도자에 대한 인터뷰를 하는 경우 임상의는 질문에 대한 정확한 응답을 얻기 어려운데, 이는 자살시도자는 대체로 정신병원에 입원하기를 원하지 않아 아주 정상적으로 보이려고 노력하기 때문이다.

자살사망자의 유가족은 사랑했던 사람의 자살에 대해 본인들은 책임이 없다는 점을 널리 알리기 위해 진실된 생각이나 감정을 위장하는 방향으로 대답할 수 있다. Lester(2013b)는 이를 잘 보여주는 사례로, 자살한 아내 Fang에 대한 Meng(2002)의 연구를 제시하였다. 자살을 촉발한 사건은 남편 식구들과의 다툼과 가정폭력이었다. 남편의 가족들은 Fang의 자살을 바보같은 행동으로 보았는데, 그 행동으로 인해 비용과 명성에 큰 손실을 보았다고 생각했기 때문이다. Fang의 가족들은 Fang의 자살을 강요된 결정으로 받아들였다. 이들은 Fang의 남편과 그 가족을 비난하며, 그 집의 가구를 부셨다. 또한, Fang의 남편 식구들에게 Fang을 위해 호화로운 장례식과 가족묘지에 비싼 묘지석을 설치해줄 것을 요구하였다. 마을사람들은

Fang의 자살에 알 수 없는 해석을 하였는데, 그녀가 귀신에 의해 납치되었다는 것이다. 이러한 해석은 두 가지 기능을 하였다. (1) Fang이나 남편 가족에 대한 비난으로부터 회피, (2) 개입하지 않았기 때문에 Fang이 자살했다는 책임감으로부터의 도피. 면접자의 인터뷰질문은 피면접자로 하여금 그들이 다른 대답을 하는 경우 어떤 결과가 나타날지, 그들이 어떤 결과를 선호하는지를 생각하게 할 것이다.

실험실에서는 연구자들이 몰래카메라나 반투명거울과 같이 왜곡되지 않은 도구를 사용할 수 있다. 자살연구의 경우, 유서나 일기 등의 문서를 연구하는 것만이 방해받지 않고 자살행동을 연구하는 방법이 될 것이다.

오류 21: 자기충족 예언

Levy는 타인에 대해 우리가 갖고 있는 태도가 그들의 행동에 영향을 줄 수 있고, 그들에 대한 우리의 판단에 영향을 줄 수 있다는 점을 강조하였다. 자기방어 살인의 경우, 개인은 의식적으로 또는 무의식적으로 다른 사람으로 하여금 자신을 살해하도록 자극하는데, 이는 자살이 도덕적으로 받아들일 수 없는 선택이기 때문이다. 이와 같이 살인처럼 보이는 행동도 자살로 보아야 하는가? 정신증적 살인의 경우, 개인은 의식적으로 또는 무의식적으로 자살로 삶을 마감하도록 타인을 부추긴다. 이는 자살처럼 보이지만 살인으로 볼 수 있지 않을까? 타인에 대한 판단을 내리는데 있어, 일부 심리학연구에서는 감식가와 정신과임상의가 관여된다. 진단이 필요한 경우에는 정신과 의사를, 인터뷰나 기록된 자료를 평가하는 경우에는 감식가를 활용한다. 연구자나 감식가가 분석 케이스와 관련된 이론과 가설에 무지하지 않은 경우가 있는데, 이로 인해 결과에 편견이 생길 수도 있다.

오류 22: 동화 오류

심리학자는 종종 현상과 행동을 범주화하는데, 일반적으로 범주화를 위해 개괄적인 도식을 사용한다. 연구하고 있는 현상에 대한 일반적인 기대, 선입관, 이론들이 도식이 된다. 현상에 마주했을 때, 어떤 일이 발생하는가? 현상이 갖고 있는 도식과 일치하는 경우, 도식에 동화된다. 정말로 도식과 일치한다면, 그것에 순응해야 한다. 즉, 새로운 현상에 적합하도록 도식을 변화시켜야 한다.

이는 다음과 같은 몇 가지 오류를 낳을 수 있다. (1) 이론과 일치하는 정보에만 주목함, (2) 이론과 일치하는 정보만을 선택적으로 추적함, (3) 이론에 맞도록 정보를 왜곡함. 정상적인 사람을 환청을 호소하는 것으로 위장해 정신병원에 입원시킨 Rosenhan의 연구(1973)는 이러한 오류를 잘 보여준다. 해당 연구에서는, 8명이 정신병원에 입원하였는데, 이들은 평균 19일(최소 7일에서 최대 52일) 후 정신분열증에서 회복된 것으로 판단되어 퇴원하였다. 환자가 행한 모든 행동, 예를 들면 메모를 하거나 카페가 열리기를 기대하는 행동 등은 병원직원에 의해 비정상을 보여주는 징표로 해석되었다. 정신과직원 어느 누구도 가짜 환자가 연구의 일부라고 생각하지 않았다. 반면, 가짜 환자를 만난 진짜 환자의 4분의 3은 가짜 환자들에게 왜 병동에 있는지 질문하였다. 병원의 정신과직원은 포섭의 오류를 범한 것이다.

물론 Rosenhan은 자신의 이론에 부합하는 정보만을 선택적으로 찾았다는 점에서 이러한 오류를 범하고 있다. 연구를 요약하면서 해당 이론에서는 "정신보건은 정신적인 문제가 있는 사람들 속에서 정상적인 사람을 구분할 수 없다"고 결론을 내렸다. 반대로, 정신적인 문제가 있는 사람들을 선택하여 정상적인 환경 속에 그 사람들을 섞어 놓을 수도 있었다. 예를 들면, 정신과 병동에서 몇몇 정신질환 환자를 선택하여 그들을 대학도서관에 데리고 갔을 수도 있다. 하지만 그렇게 하지는 않았는데, 이는 대학도서관 직원이 너무 환자를 잘 구별해 경찰에 보호를 요청할 가능성이 있었기 때문이다.

Levy는 동화 편향의 사례를 정신분석학적 농담을 통해 제시하였다. 만약 환자가 면담시간에 늦게 오면 적대적이고, 일찍 오면 불안한 것이며, 정시에 오면 강박적인 것이다. Levy는 여기서 흥미로운 문제를 제기한다. 많은 임상의들은 특정한 관점(생의학적, 정신역동적, 인지적, 행동주의적 등)을 믿으며, 모든 정보와 관찰을 자신들이 믿는 관점에 동화시킨다(*임상의 지향 동화 편향*). 자살학자는 이러한 지향 편향에서 벗어나 있는가?

오류 23: 확신 편향

연구를 디자인할 때 이론이나 가설이 있으면, 이론과 가설을 검증할 수 있는 정보만을 선택적으로 수집하고, 부인하는 증거들은 찾지 않으려 할 수 있다. 이러한 편향을 확신 편향이라 한다. 연구자는 다른 방법에 비해 해당 방법이 자신의 가설을 더 확실하게 입증하는 경우 특정한 통계검증을 선택하는 경우가 있는데, 이런 경우에는 확신 편향의 오류를 범하게 된다. 물론 연구논문의 독자들은 논문을 읽으면서 얼마나 많은 자료가 분석되었고 무시되었는지 알 수 없다. 확신 편향의 또 다른 오류는 자신이 선호하는 이론과 반대되는 이론을 비교하는 연구 대신, 자신이 선호하는 이론만을 검증하는 연구를 진행하는 것이다.

이러한 편향은 거대한 자료가 요구되는 현재의 연구에 나타날 가능성이 높다. 현재, 수백 또는 수천의 응답자에게 실시된 심리학적 검사나, 정부나 민간기구(질병통제센터나 미국대학보건협회)에서 수집된 거대한 규모의 데이터를 인터넷에서 이용하는 것이 가능하다. "자료 탐색"("낚시")이 점차 일반적인 것이 되어가고 있다.

오류 24: 신념 끈기 효과

신념 끈기 효과로 인해 연구자는 자신의 이론에 맞지 않는 증거에도 불구하고, 자신의 이론에 매달리며 때로는 증거를 무시, 거부하거나 평가절하 한다. 일부 극단값은 자료에서 삭제되기도 하고, 방법론적 오류를 이유로 전체 연구가 평가절하 되기도 한다.

오류 25: 사후 편향

이 편향의 적절한 사례는 초짜 연구자들에게서 발견된다. 대학원생들은 명확한 가설에 반대되는 사례를 발견하는 논문을 투고하는 경우가 있다. 편집위원장은 논문을 탈락시키며, 어떤 학술지가 해당 논문을 받아줄지 생각해보라고 조언을 할 것이다. 또한, 반대되는 결과를 발견하기 전에, 무엇을 발견하고자 하는지에 대해 예측하라고 조언을 할 것이다.

당연한 절차임에도 불구하고, 연구하기 전에 미리 유의미한 결과를 예측하는 대학원생이 얼마나 되는가? 데이터에 대해 수많은 분석을 시행한 후에 어떤 가설을 검증하여 어떤 논문을 쓸지 결정하는 대학원생이 얼마나 되는가? 아마 거의 없을 것이다.

오류 26: 통찰의 오류

통찰의 오류는 현상을 이해함으로써 그것을 어떻게 변화시킬 수 있는지 안다고 생각하는 것을 말한다. 자살의 원인에 대해 많은 것이 알려졌다. 하지만, 현재 미국의 자살률은 점점 증가하고 있으며, 치료받고 있는 많은 자살시도자들이 여전히 자살로 사망하고 있다. 이러한 오류는 치료를 통해 문제가 무엇인지 그 원인에 대한 통찰을 얻었지만, 변화하지 못하는 환자들에게서도 발견된다.

논의

비판적 사고와 우리가 범하는 오류에 대해 설명한 Levy의 책은 모든 분야의 연구자와 이론가들에게 자극이 될 뿐만 아니라 도움이 된다. 때로는 이론이 단지 현상에 대한 특정한 접근법을 전문용어로 번역한 것에 불과할지라도, 현상을 설명하는 것으로 보이기도 한다. 예를 들면, Freud의 정신분석이론은 단지 문제를 정신분석용어로 번역한 것에 불과하다. 반사회적 인격장애가 있는 사람은 초자아욕망이 약하거나 두드러지지 않은 것(약한 초자아)으로 이해된다. 이는 왜 특정 개인은 약하고 두드러지지 않은 초자아 욕망을 가지고 있는가라는 질문을 제기하기 때문에 현상을 설명하는 것이 아니다. 정신분석이론에서 인과적 요인은 성인이 되어서 나타나는 행동을 초래하는 아동기의 경험에 대한 것이 된다.

이 책에서 살펴본 어떤 이론은 인과적인 반면, 어떤 이론은 단지 새로운 용어로 번역한 것에 불과하다. 예를 들면, 패배감-속박감 이론에서는 자살자들이 삶에서 패배감을 느끼며, 패배감이라는 심리적 상태와 타인의 요구라는 속박감에 빠져있다고 주장한다. 이러한 주장은 인과적 이론이 아니다. 왜냐하면 이 주장은 새로운 질문, 즉 다른 사람은 그렇지 않은데 왜 어떤 사람은 패배감을 느끼고 속박감에 빠져있는지에 대한 질문을 제기하기 때문이다. Shneidman의 정신증적 모델 또한 문제에 대한 묘사만 있을 뿐 원인을 설명하지는 않는다. 반면, Joiner의 대인관계 심리학 이론은 적어도 두 가지 측면(좌절된 소속감, 자해능력 획득)에서는 인과적이다. 왜냐하면, 두 개념은 자살행동에 앞서는 현실적인 경험을 가리키고 있기 때문이다. 하지만, 인식된 짐스러움은 묘사적이다. 이는 동일한 상황에서도 짐스러움을 느끼지 않는 사람들이 있는데, 왜 특정한 사람만이 짐스러움을 느끼는지에 대한 질문을 제기하기 때문이다.

자살행동에 대한 연구수행의 어려움

끝으로 자살행동을 연구하면서 직면하게 되는 수많은 어려움을 강조하고자 한다.

유사체의 활용

유사한 대상은 관심의 대상이 아니지만 연구자가 연구하는 대상과 관련되어 있다. 연구자가 자살사망자를 연구하고 싶더라도 자살자의 사망으로 인해 이는 불가능할 수 있다. 결과적으로, 자살사망자는 심리검사와 설문에 응답할 수 없기 때문에 그 자체만으로도 흥미로운 주제인 자살시도자를 대신 연구하게 된다. 하지만, 일부 자살시도자는 자살사망자와 유사하다고 볼 수 있지만, 다수의 자살시도자는 유사하지 않다고 주장되어 왔다(Linehan, 1986).

Lester 외(1975, 1979)는 자살시도자를 자살사망자로 일반화하는 것이 가능한 상황을 다음과 같이 제시하였다. (1) 자살시도자가 자살의도에 따라 세 집단으로 구분되고(자살의도가 없는 경우, 애매모

호한 경우, 큰 경우), (2) 자살의도가 세 집단에서 단순경향(증가 또는 감소)을 보이는 경우. 이런 상황에서는, 자살의도가 가장 높은 집단에서 자살사망자를 유추해낼 수 있다. Lester 외는 자살시도자 세 집단과 자살사망자의 남성 대 여성 비율이 일치하고, 표본의 우울점수와 절망감에서 단순경향(증가)이 나타났다고 보고하였다. 또한 자살사망자는 더 높은 우울수준과 절망감을 보인다고 주장하였다. 이러한 방법론을 따라한 연구는 거의 없다.

자극과 반응 유사체 연구에서는, 이론에 부합하는 자극과 반응이 아닌, 유사한 자극을 사용하여 유사한 반응을 관찰한다. 예를 들면, 자살충동을 가진 사람이 일상생활에서의 어려움에 어떻게 대응하는지를 연구하는 경우, 일반적으로 필기구와 설문지를 동원하여 문제해결검사를 시행한다. 이를 통해 자살충동을 가진 사람이 일상생활에서 실제로 어려움을 어떻게 해결하는지를 살펴볼 수는 없다. 유사한 자극과 반응이 유용할 수도 있지만, 이는 유사체에 불과하다.

표본의 제약

자살자에 대한 대부분의 연구는 자살행위가 발생한 이후에 진행된다. 자살시도자는 응급실에서 또는 입원 후 질문을 받게 되는데, 이들은 병원에서 퇴원하기 위해 가능한 정상적인 모습을 보이려고 노력한다. 대다수는 정신병원에 입원하고 싶어하지 않는다. 자살행위 이후 자살자의 정신상태는 자살행위 이전, 즉 자살시도 바로 전과는 다르다.

또한, 대부분의 연구는 급성질환 환자보다는 만성질환 환자를 대상으로(연구윤리 때문), 민간병원보다는 공공병원에서, 정신질환이 있는 환자보다는 온전한 환자를 대상으로, 병원 표본보다는 병원밖 표본을 대상으로 진행된다.

교란변수

일부 변수는 연구를 교란시킨다. 대부분의 정신질환환자는 심리 검사나 다른 검사에서 개선하는 효과를 보이기 위해 약물을 복용한다. 따라서, 연구를 수행하기 위해 환자의 약물을 끊는 것은 비윤리적일 수 있다.

연구자는 일반적으로 어떤 집단이 실험집단인지, 어떤 집단이 통제집단인지 모르는 상태에서는 판단을 하지 않는다. 이는 특히 자살 사망자에 대한 심리적 부검 연구에서 발생한다. 면접자나 감식가가 연구대상의 집단배분에 대해 알지 못하고 진행하는 방법론적으로 훌륭한 연구는 거의 발견할 수 없다.

통제집단 또는 비교집단

자살자 연구에서 적합한 비교(또는 통제)집단은 누구인가? 대체로 자살시도를 한 정신질환 환자들은 자살시도를 하지 않은 정신질환환자들과 비교한다. 13장의 Henry와 Short이론에서 설명한 것처럼, 공격적인 사람들(극단적으로는 살인자)을 비교집단으로 활용하는 것도 대안이 될 수 있다.

이는 자살사망자가 남겨 놓은 유서에 대한 연구에서는 큰 문제가 될 수 있다. Shenidman과 Farberow(1957)는 진짜유서와 모방유서 33개 쌍을 이용하여 다수의 연구를 진행하였다. Lester(1988)는 해당 연구들이 자살사망에 대해 알려주는 바가 거의 없으며, 오히려 자살을 결심한 동기와 관련해 비자살자가 갖고 있는 근거 없는 믿음만을 알려주고 있다고 주장하였다. 좀 더 바람직한 비교는 자살자가 자살하기 1년 전에 기록한 노트와 비교하는 것이다. 이러한 작업은 자살자가 오랫동안 써왔던 일기에 대한 연구를 통해 소수의 자살자들에 대해서만 이루어졌다(Lester, 2004).

정신의학적 진단

자살자에 대한 연구에서 정신질환의 중요성은 정신의학적 진단이 갖는 타당성(신뢰성뿐만 아니라)의 문제를 제기한다. 증상을 일으키는 원인에 기초하는 신체적 질병과는 다르게, 정신의학적 진단은 원인이 아니라 증상의 집합에 근거한다. 따라서 어떤 사람은 정신의학적 진단이 타당하지 않다고 주장하기도 한다. Lester(2014a)는 정신의학적 진단에 대해 강력히 비판하였다. 하지만, 여기서 해당 주장을 논의하지는 않기로 한다. 일부 연구자들은 정신의학적 진단이 타당하지 않고, 연구에서 변수로 사용되는 경우 혼란만 가져온다는 주장을 지지하고 있다.

기타 쟁점

자살이론을 비교하는데 있어, 한 이론만을 검증하는 것은 충분하지 않다. 하나의 이론을 다른 이론과 비교하는 것이 바람직하다. 예를 들면, 패배감-속박감 이론의 증거를 발견하였다면, 다른 이론, 즉 절망이론(Lester, 2013a)에 비해 그 증거가 더 잘 맞는다는 점을 보여주는 것이 중요하다. 하지만, 자신이 선호하는 이론을 넘어서서 다른 이론들을 검증하는 연구자는 거의 없다.

대상에 대해 검증을 반복적으로 하는 것도 유용할 수 있다. 심리적 상태와 증상은 종종 일시적일 수 있다. 따라서, 대상에 대한 반복적인 검증은 심리적, 정신의학적 상태가 일시적인 것인지 파악할 수 있는 가능성을 높인다.

마지막으로, 천부적인 재능이 있는 아동을 12세부터 사망에 이르는 기간까지 추적한 Terman의 연구(Lester, 1991)와 같이 표본에 대한 장기적인 추적조사에 기반하여 진행되는 연구들이 필요하다. 운이 좋게도 장기간에 걸친 자료들이 점점 더 많이 등장하고 있는데, 이러한 자료에서 측정된 어린 시절의 행동은 시간이 지난 후에 발생하는 자살행동을 예측하는데 활용할 수 있다.

[참고문헌]————

Abdel-Khalek, A. M. (2004). Neither altruistic suicide, nor terrorism but martyrdom. *Archives of Suicide Research, 8*, 99-13.

Alvarez, A. (1972). *The savage God*. New York: Random House. Farberow, N. L.

(1970). Self-destruction and identity. *Humanitas, 6*, 45-8.

Farberow, N. L., & Shneidman, E. S. (1961). *The cry for help*. New York: McGraw-Hill.

Gleick, J. (1987). *Chaos*. New York: Viking, Lester, D. (1988). What does the study of simulated suicide notes tell us? *Psychological Reports, 62*, 962.

Lester, D. (1991). Childhood predictors of later suicide. *Stress Medicine, 7*, 129-31.

Lester, D. (1991). Completed suicide in the gifted. *Journal of Abnormal Psychology, 100*, 604-06.

Lester, D. (1994). Reflections on the statistical rarity of suicide. *Crisis, 15*, 187-88.

Lester, D. (2004). *Katie' diary*. New York: Brunner-Routledge.

Lester, D. (2013a). Irrational thinking in suicidal individuals. *Suicidologi, 18*(2), 18-1.

Lester, D. (2013b). The cultural meaning of suicide. In E. Colucci & D. Lester, *Suicide and culture*, pp. 47-7. Cambridge, MA: Hogrefe.

Lester, D. (2014a). *Reflections on rational suicide*. Hauppauge, NY: Nova Science.

Lester, D. (2014b). Suicidal protests. *Behavioral & Brain Sciences, in press*.

Lester, D., Beck, A. T., & Mitchell, B. (1979). Extrapolation from attempted suicides to completed suicides: A test. *Journal of Abnormal Psychology, 88*, 78-0.

Lester, D., Beck, A. T., & Trexler, L. (1975). Extrapolation from attempted suicides to completed suicides. *Journal of Abnormal Psychology, 84*, 563-66.

Levy, D. A. (2010). *Tools for critical thinking: Metathoughts for psychology*. Long Grove, IL: Waveland.

Linehan, M. M. (1986). Suicide people: one population or two? *Annals of the New York Academy of Sciences, 487*, 16-3

Linehan, M. M., Goodstein, J. L., Nielsen, S. L., & Chiles, J. A. (1983). Reasons for staying alive when you ar ethinking of killing yourself. *Journal of Consulting & Clinical Psychology, 51*, 276-86.

Lorenz, E. (1984). Irregularity: A fundamental property of the atmosphere. *Tellus, 36A*, 98-00.

McGuire, W. J., & Papageorgis, D. (1961). The relative efficacy of various types of prior belief defense in producing immunity against persuasion. *Journal of Abnormal & Social Psychology, 62*, 327-37.

Meng, L. (2002). Rebellion and revenge: The meaning of suicide on women in rural China. *International Journal of Social Welfare, 11*, 300-09.

Robins, E., Murphy, G. E., Wilkinson, R. H., Gassner, S., & Kayes, J. (1959). Some clinical considerations in the prevention of suicide based on a study of 134 successful suicides. *American Journal of Public Health, 49*, 888-99.

Rosenhan, D. L. (1973). On being sane in insane places. *Science, 179*, 250-58.

Sheidman, E. S., & Farberow, N. L. (Eds.) (1957). *Clues to suicide*. New York: McGraw-Hill.

저자 소개

John F. Gunn III
몽클레어 주립대학교 아동가족학과 박사과정

David Lester
스톡턴 대학교 심리학과 명예교수

Bijou Yang
드렉셀 대학교 경제학과 명예교수

역자 소개

김영범   한림대학교 고령사회연구소 교수
양준석   한림대학교 생사학연구소 연구원
유지영   한림대학교 고령사회연구소 HK교수
이정은   한림대학교 일반대학원 생명교육융합학과 박사과정

생사학총서 5

자살이론의 과거, 현재, 미래

초 판 인 쇄	2019년 09월 23일
초 판 발 행	2019년 09월 27일
지 은 이	John F. Gunn III & David Lester
옮 긴 이	김영범 · 양준석 · 유지영 · 이정은
발 행 인	윤석현
발 행 처	도서출판 박문사
책 임 편 집	최인노
등 록 번 호	제2009-11호
우 편 주 소	서울시 도봉구 우이천로 353 성주빌딩 3층
대 표 전 화	02) 992 / 3253
전 송	02) 991 / 1285
전 자 우 편	bakmunsa@hanmail.net

ⓒ 한림대학교 생사학연구소 2019 Printed in KOREA.

ISBN 979-11-89292-43-0 93180   정가 29,000원